經濟學 修訂新版

ECONOMICS

歐陽勛
黃仁德 著

三民書局

國家圖書館出版品預行編目資料

經濟學／歐陽勛, 黃仁德著.－－修訂二版六刷.－－
臺北市；三民，2006
　　面；　　公分

ISBN 957-14-2998-8　（平裝）

1.經濟

550

© 　經　濟　學

著作人　歐陽勛　黃仁德
發行人　劉振強
著作財
產權人　三民書局股份有限公司
　　　　臺北市復興北路386號
發行所　三民書局股份有限公司
　　　　地址／臺北市復興北路386號
　　　　電話／(02)25006600
　　　　郵撥／0009998-5
印刷所　三民書局股份有限公司
門市部　復北店／臺北市復興北路386號
　　　　重南店／臺北市重慶南路一段61號
初版一刷　1988年7月
修訂二版一刷　1999年9月
修訂二版五刷　2003年10月修正
修訂二版六刷　2006年8月
編　號　S 550130
基本定價　拾參元
行政院新聞局登記證局版臺業字第○二○○號

http://www.sanmin.com.tw　三民網路書店

修訂新版序

　　本書自民國八十一年八月改編出版以來，承學界先進賜教，讀者諸君熱烈厚愛採用，特此致謝。自上次改編至今，已事隔七年，在這段期間，無論是在經濟理論、國內外經濟情勢、及政府的財經措施法規等方面，均有很大的變化。為使本書更趨完善，更能符合大專教學、參考之用，特進行此次修訂，並改以電腦排印，提高出版品質。除了對全書各章節再次詳加審訂，節刪增補外，主要的修訂乃改以先介紹個體經濟理論，再介紹總體經濟理論，俾迎合以個體經濟為基礎之總體經濟學研究的潮流。此外，對於新近之理論、法規、資料、及制度等變化，均加以補充、介紹。

　　為迎合經濟學的發展，符合教學參考的需要，筆者將隨時注意修訂本書，敬祈學界先進與讀者諸君繼續不吝批評指教。最後，編者之一歐陽勛要藉此機會特別表明，因年逾八十，退休已達十年，本書修訂及改編，全由黃教授仁德獨任其勞，今後凡有增改之事，亦將由之負其全責。謹對黃教授致謝，並請學界讀者鑒諒。

歐陽勛　謹識
黃仁德
民國八十八年八月

改編新版序

拙著《經濟學原理》於七十一年在黃仁德博士（當年任政大經濟學系講師）全力協助下初版問世，承經濟商科同行碩彥厚愛，廣為採用，賜予嘉許，並建議刪節改編，去其繁奧，存其精要，俾利推廣，以適合眾多專科學校教科書之用。筆者深韙其言，而該書版權所有之三民書局亦同有此意，惟以當時身任政大校務行政，無暇分身編寫，遂委由黃君身任其勞，參照教育部訂頒之專科經濟學課程標準，全力刪節改編為《經濟學概要》，由筆者校訂潤飾，以兩人合編名義，由原書局發行，作為專科教學用書。

多年以來，該書採用者眾多，重印數次，但以未作大幅修訂，未能納入新發展之理論與資料。此一因循，自教育工作者之情懷而言，對讀者「知的權利」不免有所虧欠之感，遂趁《經濟學原理》於去年作大幅增訂之次，改編該《概要》，以配合晚近經濟商科國內外教學與研究之新發展。

此項工作，一如《經濟學原理》之增訂，仍由政大經濟研究所副教授黃仁德博士任其艱鉅，刪編初稿，筆者負最後校訂之責。改編主旨除配合專科學校之需要而外，兼能充作大學院校非財經商學本科各學系教學參考之用。由於近年國內各專科學校之師資陣容加強，大量留學國外獲高學位者返國任教，教學水準普遍提高，用書內容亦須相應配合，故以拙著增訂之《經濟學原理》為藍本，刪繁存菁，改編而成《經濟學》，用以取代原來之《概要》，俾能切合時需。其刪節之重點如次：

一、各項理論探討中，除對最基本之原理詳加闡析外，其較深入或相關之推衍部分則予省略，以免初學者滋生迷惘。

二、經濟理論較繁雜之圖解分析及數理驗證之繁冗演算部分，均予刪節，以免一般讀者產生「望而生畏」之心理壓力，降低研習興趣。

三、經濟理論中因派別不同而衍生之爭辯,其較深奧而非初學無相關知識背景所能理會者,均予刪除,以免引發困惑。

四、經濟理論用之於政策探討者,每多得失利弊之爭,其非初學者所能理會之部分,均予節略,以免誤導。

以上節刪部分,均為經濟學之重要內涵,但非不以經濟學科為主修之初學者所宜修習,讀者中如有興趣而欲涉獵者,可參考本書之藍本《經濟學原理》或其他專著。

筆者與合編人均感學力有限,刪編倉促,掛漏及欠妥之處在所難免,敬請讀者諸君寬諒賜正,至所企禱。

歐陽勛　謹識

民國八十一年八月

目 次

第 2 章　價格機能：需求與供給

第 3 章　經濟組織與循環周流

第 4 章　需求與供給彈性

第 5 章　效用與需求

目　　次　5

第 6 章　產出與成本

第 7 章　完全競爭市場價格與產量的決定

第 8 章　純獨佔市場價格與產量的決定

第 9 章　不完全競爭市場價格與產量的決定

第 10 章　邊際生產力與生產要素需求

第 11 章　要素價格與所得分配——工資與地租

第 12 章　要素價格與所得分配──利息與利潤

第 13 章　國民生產與所得

第 14 章　消費、儲蓄與投資

第 15 章　國民產出與所得均衡水準的決定

第 16 章　經濟波動：失業與物價膨脹

第 17 章　財政政策：政府的開支與租稅

第 18 章　貨幣與金融市場

 **16**

第 20 章　中央銀行與貨幣政策

第 21 章　貨幣、產出與物價

第 22 章　經濟穩定政策

第 23 章　經濟成長概要

第 24 章　落後經濟與經濟發展

 **20**

第 26 章　國際貿易

第 27 章　國際金融

第 1 章　經濟學與經濟問題

　　經濟學 (economics) 是為了解決人類經濟問題而產生的一門學科。自有人類以來便有經濟問題，不同時期的人類面臨不同的經濟問題，可以說，人類的歷史便是一連串經濟問題之產生與解決的交替過程。

　　經濟問題雖然在有人類的很早期就已存在，而且人類也一直在設法解決所面臨的經濟問題，不過早期人類面臨經濟問題時，往往是根據前人所傳遞下來的經驗來解決。就學術的觀點來說，這種以經驗法則來解決問題的方式算不上一門學科，所謂的學科必須是一有系統、有組織、且有開創性的學問或知識。因此，中國的歷史雖然遠早於西方國家，但由於中國歷朝歷代對於經濟問題的解決大都限於遵循經驗法則，因此經濟學並沒有最先在中國形成一門獨立有系統的學科。

　　西方國家的歷史雖然比中國短，但她們卻以較為科學的方法來思考與解決經濟問題。最早對經濟問題的性質與解決方法，提出完整系統與有組織的理論研究者為英國學者亞當史密斯 (Adam Smith)，他在 1776 年發表經濟學專著《國富論》(*An Inquiry into the Nature and Causes of the Wealth of Nations*) 之後，經濟學便形成一門學科，亞當史密斯也被稱為經濟學之父。其後，從事經濟學研究的人愈來愈多，研究的方法也愈來愈進步。至 1969 年，經濟學成為社會科學中唯一獲頒諾貝爾獎 (Nobel Prize) 的學門。

第 1 節 經濟學的意義與研究

一、什麼是經濟學

自亞當史密斯發表《國富論》以來，兩百多年中經濟學家們對於經濟學的定義並無一致的說法，最普遍而為多數人所接受的定義有：

㈠經濟學是一門社會科學，主要在於研究人類如何利用有限、但可作不同用途的經濟資源，來生產財貨與勞務，作為現在或未來消費之用，以使人類生活的無窮慾望獲得最大的滿足

這個定義有以下幾項重點：

1.經濟學是一門社會科學 (social science)

社會科學是研究與人群有關之社會現象的學科，以人為主體，而人常受到環境、習向、旁人的行為、或自己的情緒等因素的影響，其行為常會改變，故社會科學的變動法則不若自然科學的自然法則來得確定。社會科學的變動法則只是一種整體的主流，個體的變動可能因人而異，吾人只能在異中求同，用歸納與演繹的科學方法，將社會變動的現象予以系統化，以作預測未來變動趨向的準則。

2.有限的資源 (limited resources)

資源有限與無限的區分，是依人類的慾望 (wants)、時間與地域而判別的。有限的資源就是必須付出代價才能取得的資源，無限的資源則是不必付出代價就能取得的資源。必須付出代價才能取得者，稱之為經濟資源 (economic resources)；不必付出代價就能取得者，稱之為免費資源 (free

resources)。

　　由於人類的慾望無窮，相對這無窮的慾望而言，若干本屬無限的資源也就成為有限。例如，陽光本是無限的，但要將它轉換成太陽能、太陽熱，這轉換的熱能就成為有限的。此外，由於所處的地點的不同，對靠近河邊的人而言，水是無限的，但對靠近沙漠的人而言，水就成為非常有限的資源。另外，有的資源在本世紀雖是無限的，但到了下一世紀也可能成為有限的——如石油、森林、礦藏。因為資源是有限的，所以人們才要珍惜，考慮作最有效的利用。如果資源是無限的，則可任意使用而不必珍惜，經濟問題將不存在，經濟學將無由產生。

　　3.資源可作不同用途

　　如果資源只有一種用途，就無選擇的餘地，因此也就沒有如何利用資源的經濟問題存在。就因資源可作不同用途，這才會有緩急及合稱與否的選擇，經濟問題才會產生。

　　4.生產財貨與勞務

　　經濟資源有限，人類慾望無窮，需要的財貨與勞務種類很多，到底要生產那些財貨與勞務？如何生產？生產多少？這些都是要做選擇 (choice)的決定，經濟學的主題就是要解決這類生產選擇的問題。

　　5.現在或未來消費

　　我們不只生活在今天，還有明天；不僅只有我們這一代，還有下一代。因此，必須將有限的資源作適當的分配，以使現在與未來消費的需要獲得最大的滿足——當然不可能獲得完全的滿足。

㈡經濟學是一門研究如何選擇（或決策）的學科

　　有限的經濟資源相對於人類無窮的慾望是稀少的 (scarce)。因此，我們說經濟資源是稀少的，是指相對於人類的慾望而言，而非以其絕對數量來衡量。任何一個社會，不論它所擁有的經濟資源是如何的豐富，在任何時點，將無法同時滿足其人民一切的慾望，這一情況我們稱之為稀少法則

(law of scarcity)。

　　人類慾望的種類無窮，原有的慾望獲得滿足，又有新的慾望產生；同類的慾望，等級層次亦有不同，低層的慾望滿足了，高層的慾望隨之發生。慾望的本身固然會產生慾望，周遭環境也會因時因地引發不同的慾望。但在另一方面，社會的經濟資源，在目前已知的技術水準下，種類有限，用途亦有限，無論人類的科技如何發達，永遠跟不上人類慾望的成長。因此，古今中外，任何一個社會隨時總是有稀少性的問題存在。

　　有稀少性就必須要做選擇，亦即要權衡輕重緩急、先後次序，而做出最好的決策。經濟學便是研究如何做最適當選擇（或決策）的學問，藉以解決人們在生活的經濟社會裏所面臨的以下問題：

　　⑴生產什麼財貨與勞務？──麵包或槍炮。

　　⑵生產多少？──百萬單位或千萬單位。

　　⑶如何生產？──多用資本或多用勞力。

　　⑷由誰生產？──私人或政府。

　　⑸在那裏生產？──國內或國外。

　　⑹為誰生產？──大眾或富豪。

㈢經濟學的其他定義

　　⑴經濟學就是研究財貨與勞務之生產、交換、分配、及消費等問題的學問。

　　⑵經濟學是研究如何累積財富的學問。

　　⑶經濟學就是研究最小與最大──即以最小的代價獲得最大的受益──問題的學問。

　　⑷經濟學是一門研究如何使人類生活得更好的學問。

　　諸如此類，我們還可以為經濟學下很多不同的定義，但都是就其大體而言，失之簡略，不足成為嚴謹的科學定義。總而言之，經濟學研究的是如何利用經濟資源，來保障民生──人民的生活，社會的生存，國民的生

計，群眾的生命。重點是以人役物，而非以物役人。不是為個人的滿足，而是以社會大眾的滿足與利益為主的經世濟民、國計民生之學。

二、經濟學的研究方法

經濟學是門社會科學，其研究要運用科學的方法，主要包括歸納法 (inductive method) 與演繹法 (deductive method)。

1.歸納法

由個別現象的觀察而得出共同的一般結論或假說 (hypothesis)。此法著重統計，先有事實而後找出共同的特點。例如，觀察個別消費者的購買行為，而歸納出價格上升，購買量減少，價格下跌，購買量增加的一般結論。

2.演繹法

是一種抽象的推理法，由一般的結論推論到個別現象的發生。此法著重推理，先有一般的結論，而後再推論個別情況的發生。例如，一般認為價格上升，購買量減少，因此當某一種物品的價格上升時，我們將推論人們對這種物品的購買量會減少。

經濟理論一般可用：①語言、文字，②圖形、圖表，或③數學方程式等三種不同的方式來表示。初級經濟學的討論是以前兩者為主要的表達方法，比較高一層的經濟學研究則以數學為主要的分析工具。因此，對於有志於高深經濟理論研究者，具備良好的數學基礎是非常重要的。

影響任何經濟事象的相關因素（變數）很多，我們通常無法同時分辨這些因素影響的大小。因此，為求觀測個別因素變動的後果，經濟學的研究通常採取隔離的方法，即假設其他因素不變，而只就與所觀察之經濟事象有密切相關的因素來研究，分析其變動所可能產生的後果。這種「其他情況不變」 (other things being equal) 的假設，使得分析結果容易有偏差，但這是社會科學研究所無法避免的，也是社會科學研究的最大困難之處。

三、經濟學的分類

經濟學的範圍很廣，研究的內容與方法各有不同，因此可按不同的標準，將經濟學予以分類。

㈠依範圍和對象分

1.個體經濟學 (microeconomics)

又稱微觀經濟學。以個別的經濟主體為研究的對象，如研究廠商、消費者、或產業的生產、消費、產量、價格等經濟行為。

2.總體經濟學 (macroeconomics)

又稱宏觀經濟學。以個別經濟主體之總合為研究的對象，即從整個經濟的觀點，研究就業、所得、物價水準、經濟成長等經濟現象。

可以說，個體經濟學的研究，猶如到森林裏細察個別的樹木；總體經濟學的研究，猶如站在森林外面探究整個森林。

㈡依性質分

1.實證經濟學 (positive economics)

以客觀的態度研究經濟現象的事實，就事論事，只剖述事理的正確或錯誤，不作任何是非好壞的主觀價值判斷，故又稱之為唯真經濟學。例如，經濟理論之類的研究屬之。

2.規範經濟學 (normative economics)

以實證經濟理論為基礎，加入主觀的價值標準，分析如何決定經濟政策，並批判某種經濟政策或措施的合理性或利弊得失的取捨問題，故又稱之為唯善經濟學。例如，經濟政策之類的研究屬之。

3.敘述經濟學 (descriptive economics)

觀察經濟現象，敘述經濟事實，闡釋經濟事象的歷程。例如，經濟發

展史之類的研究屬之。

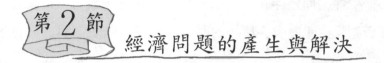

一、經濟問題的產生

如何將有限的經濟資源，作最充分有效的利用，以使人們的慾望獲得最大的滿足，是經濟學研究所要解決之經濟問題的本質。經濟問題之所以產生乃是由於：

㈠人類的慾望太多

人類的慾望無窮，一方面是慾望的種類無窮，一種慾望獲得滿足，另一種慾望隨即產生，永遠沒有終止；另一方面是慾望的層級無窮，低層的慾望獲得滿足，高一層的慾望隨即產生，人類的物質慾望的層級不斷在提升。人類因有無窮的慾望，所以有不斷的追求，但無論如何，慾望總是無法得到完全的滿足。如何使慾望獲得最大、最好的滿足，便成為人類力謀解決的一個問題。

㈡資源有限

人類的慾望雖然無窮，但如資源也是無限，則可以用無限的資源來生產無限的財貨與勞務，以滿足人類無窮的慾望，經濟問題也就不會產生。可是，任何時候，在當時的技術條件下，現有的可用資源卻是有限的，無法用以生產人們需求的一切財貨與勞務，稀少性的問題於是隨時發生。

㈢需要做選擇

　　就因稀少性的問題存在，所以人類才會要選擇最有效的途徑，利用有限的經濟資源，生產最多、最好的財貨與勞務，以使無窮的慾望獲得最大滿足。

　　因此，經濟問題的關鍵乃是由於人類無窮的慾望無法同時獲得滿足，使經濟資源顯得相對稀少而產生，所以經濟問題也就是稀少性問題。質言之，經濟問題也就是生產什麼財貨與勞務才是社會所最需要的？如何生產才能獲得最大效率，使投入的資源最少而產出最大？生產出來的產品應如何分配，才能使社會福利達於最大？這三個問題實際上就是如何以有限的經濟資源使人類無窮的慾望獲得最大滿足的問題❶。

二、生產要素

　　經濟資源的種類不勝枚舉，經濟學為求分析的方便，將其歸為四大類，稱之為生產的四大要素 (factors) 或投入 (inputs)，其中有兩種生產要素是實物資源 (physical resources)，包括天然資源 (natural resources) 的土地 (land) 與人為資源 (man-made resources) 的資本 (capital)；另兩種生產要素為人力資源 (human resources)，一是一般的勞力 (labor)，一是具有經營企業能力的企業家精神 (entrepreneurship)。

㈠土　地

　　有人斯有土，有土斯有財，土地是人類一切經濟活動的根本。經濟學上，有實體的與經濟的兩種不同觀念的土地之分。實體的土地 (physical land)，狹義是指原始自然的土地，廣義則包含有山、林、川、澤、雨量、氣候、領

---

❶ 這三個問題又稱為三W 問題——即生產什麼 (what)、如何生產 (how)、及為誰生產 (who)。

空、領海、礦藏等一切與土地有關的天然資源稟賦。短期間，實體的土地是天然存在，可視同固定不變的；長期間，縱有改變——移山填海，但相對於原始存在的自然土地，微不足道，故仍可視為固定不變的。經濟的土地 (economic land)，是指可供經濟活動使用的自然資源。隨著科學技術的進步與經濟發展的需要，可改變實體土地的性質，將原本無用或低度利用的實體資源，變成有用或高度利用的經濟資源。因此，經濟土地在長期間是可變的。

在早期農業社會，土地資源最為重要，舉凡農、林、漁、牧、礦業，無不賴土地而生產，是以會有視土地為立國之根本的說法。

㈡資　本

財貨有兩種，一種是可以直接滿足人類慾望的財貨，稱之為消費財 (consumer goods)；一種是可以進一步作為生產手段，增加生產能量 (capacity)，可長期使用而非直接滿足人類慾望的財貨，稱之為資本財 (capital goods)。

資本可分為實物資本 (physical capital)，包括機器設備、廠房、存貨等私人資本 (private capital)，及水庫、發電廠、港口、機場、道路、橋樑等社會經常資本 (social overhead capital)；金融資本 (financial capital)，包括現金、債券、股票等有價證券；及人力資本 (human capital)，包括具有科技、管理、發明、創新等特殊才能的人才，是一種無形的社會資本。

經濟學上所指的資本乃是就實物與人力資本而言。金融資本因本身並不能直接利用以生產財貨，是一種非生產性的間接資本。實物資本是天然資源經由人為的力量而造成，已經包含技術條件在內，其最主要的功能是幫助人力發揮最大的生產潛能，以增加社會財貨與勞務的產出。

㈢勞　力

指全社會人口之中，達到一定工作年齡的人口（我國目前以 15 歲為標準），經扣除監管人口、現役軍人、無工作意願者、及因體能或精神上之缺

陷而不能工作者之後，才是能夠參與民間經濟活動的勞動力 (labor force)（簡稱勞力）。勞力的計算是以勞務 (services)──勞動小時 (labor hours) 為依據，而不是以人數為單位。勞務又可分為體力勞務 (physical services) 與心力勞務 (mental services) 兩種，前者主要是指藍領階層勞動者所提供的勞務，後者主要是指白領階層勞動者所提供的勞務，但兩者同樣以勞動小時為勞務的計算單位。對體力勞務的報酬，稱之為工資 (wage)；對心力勞務的報酬，稱之為薪給 (salary)，但經濟分析通常以工資代表對所有勞務的報酬。

一個經濟社會勞力的大小與人口的數量和結構有關。人口愈多、依賴人口（指兒童及老年人）愈少，一般而言，可提供的勞力愈多。但是，勞力的量與質，不僅與人口、工作時間有關，更與健康情況、教育程度、訓練水準有密切的關係。普設學校、延長教育、增加訓練、改善醫療衛生設備、增加營養等措施，事實上就是一種人力資本的投資。經濟社會以人為主體，事在人為，萬物為人所役，人力資源的重要，由此可見。

㈣企業家精神

在以往，企業的所有權 (ownership) 與管理權 (management) 兩相結合，資本家本身也就是企業家。可是，有錢的人不一定有經營企業的能力，因此時常導致企業壽命的短暫與無法發展。到了現代，公司組織蓬勃發展，企業的所有權與管理權分開，股東有所有權，而公司的經營則由管理人才負責。如此，可借重企業家的能力來管理、經營企業，使企業得以持續長久、不斷成長。

企業家精神也是勞力的一種，但它是一種具有承擔風險、組織與管理企業、及不斷創新能力的勞力，其主要的功能是將土地、資本、及（一般）勞力等生產要素予以組合，以最低的代價生產出社會所需要的財貨與勞務。企業家精神成為近代經濟活動的必要因素，其重要性日益增加，它的豐嗇優劣，對於一國的經濟發展幾乎具有決定性的影響。

除四大生產要素外，技術知識水準亦是決定一個國家產出數量與品質的重要因素。技術知識是一個國家無形的生產要素，它的高低往往經由資本與勞力的品質表現出來。

三、生產可能曲線的意義

經濟問題是由於生產要素的相對稀少所引起，亦即因生產要素可能生產的財貨與勞務有限的緣故所致。這種相對稀少的生產要素與最大可能產出的財貨與勞務之間的關係，可以圖形或表列方式予以表示，稱之為生產可能曲線 (production possibilities curve, PPC)，或生產可能表 (production possibilities schedule)。

一個經濟社會，在一定的時候，將其現有固定而可供替代使用的經濟資源，在現行的技術水準之下，作最充分及有效的利用，以生產兩類產品，所能得到之兩類產品最大產量的組合軌跡，即為生產可能曲線，又稱為生產可能疆界 (production possibilities frontier) 或生產轉換曲線 (production transformation curve)。這種關係亦可以表列的方式加以表明，稱之為生產可能表——如表1–1。

根據定義，可知生產可能曲線的基本假設是：

(1)資源是固定的——包括量與質的固定。

(2)資源是多種用途且可有限度替代使用的。

(3)技術水準是一定的。

(4)資源是作最充分及最有效利用的。

(5)生產兩類的產品（這是為了便於二度平面空間的圖形表示所作的簡化假設）。

以表 1–1 之生產可能表中的資料，可畫出圖 1–1 上的生產可能曲線 AG。圖中，橫軸代表 X 產品，縱軸代表 Y 產品，A、B、C、D、E、F、及 G 點分別代表不同產量之 X 與 Y 產品的組合點。AG 生產可能曲

線隱含的經濟意義有：

㈠充分就業

沿著生產可能曲線移動，一種產品增加，另一種產品就必須減少，兩者無法同時增加，這顯示經濟資源的有限及其充分利用〔經濟學術語稱為充分就業 (full employment)〕的情況。

表 1-1　生產可能表

組合點	X 產品產量	Y 產品產量	生產 1 單位 X 產品的機會成本 （等於必須減少的 Y 產量）
A	0	21	0
B	1	20	1
C	2	18	2
D	3	15	3
E	4	11	4
F	5	6	5
G	6	0	6

㈡機會成本遞增

由於全部的資源，在現行技術水準下，已作最充分及有效的利用，以生產 X 與 Y 兩類產品。因此，要增加 X 的生產，勢必要減少 Y 的生產。這每增加 1 單位的 X 產量，所必須減少的 Y 產品之量，即為獲得 X 產品的機會成本 (opportunity cost) 或替代成本 (alternative cost)。

由圖 1-1 可知，每增加額外 1 單位的 X 產量，所必須減少的 Y 產量依次遞增，這種情形稱之為機會成本遞增法則 (law of increasing opportunity cost)。這種每增加額外 1 單位的 X 產量與所必須減少之 Y 產量的相對比率——即 $-\dfrac{\Delta Y}{\Delta X}$，稱之為邊際轉換率 (marginal rate of transformation, MRT)。由於

機會成本是遞增的，所以隨著 X 產量的增加，Y 產量的減少是遞增的，故邊際轉換率也是遞增的——即絕對值愈來愈大。

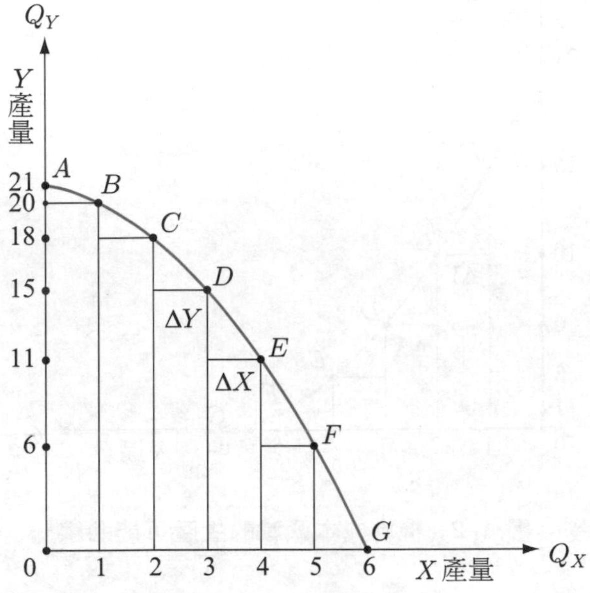

圖 1-1　生產可能曲線

㈢凹向原點的形狀

生產資源之間，只能做不完全的替代 (imperfect substitution) 使用，而不能做完全的替代使用。因此，適合生產 Y 的資源不一定適合生產 X，反之亦然。當 X 產量增加，Y 產量減少時，社會必然先將比較適合生產 X 的資源，由 Y 的生產中移轉出來生產 X。但隨著 X 產量連續的增加，Y 產量不斷的減少，由 Y 的生產中移轉出來的資源將愈來愈不適合生產 X，X 的生產效率因此愈來愈低。是故，同樣要增加 1 單位的 X 產量，所必須減少的 Y 產量也就愈來愈大，致使機會成本與邊際轉換率遞增，生產可能曲線因此凹向原點。（因為凸向原點的生產可能曲線表示機會成本遞減，如圖 1-2；直線的生產可能曲線表示機會成本不變，如圖 1-3。兩者在資源不完全替代與生產所需技術不同的情況下皆不可能成立。）

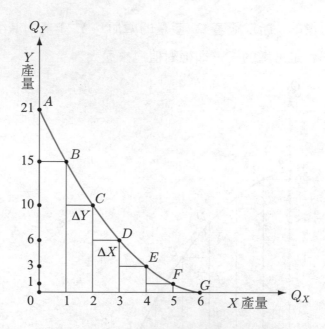

圖 1-2　機會成本遞減的生產可能曲線

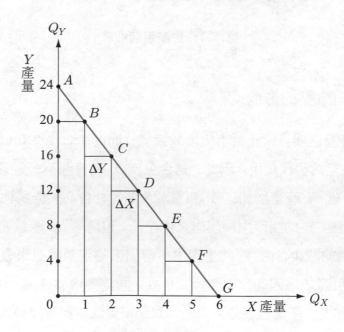

圖 1-3　機會成本不變的生產可能曲線

㈣生產效率最大

生產可能曲線上的任何一點，都是可能最大產量的組合點，代表生產達到了最大的技術效率 (technical efficiency)，但這並不代表生產一定達到了最適的經濟效率 (economic efficiency)。唯有生產可能曲線上的生產點，正好是社會人們所希望選擇的產品組合點，才是生產之最適經濟效率的達成。是故，生產可能曲線上的技術效率生產點有無數多點，但在社會的已知偏好下，經濟效率的生產點則只有一點。

㈤技術知識狀態

在現有生產資源充分有效利用下，生產可能曲線之位置的高低決定於技術知識水準的高低。技術知識水準愈高，則生產可能曲線的位置愈高；反之，則愈低。

四、生產可能曲線的應用

生產可能曲線可用以分析許多的經濟現象:

㈠反映社會資源的利用狀況

⑴若社會的生產點位於生產可能曲線上──如圖 1–4 中 F 點，代表社會的生產資源獲得充分及有效的利用，是一種充分就業的經濟情況。

⑵若社會的生產點落在生產可能曲線之下──如圖 1–4 中 U 點，代表社會的生產資源未獲得充分及有效的利用，是一種有失業或低度就業的經濟情況。

⑶在社會現有的資源與技術知識下，生產點不可能落在生產可能曲線之外──如圖 1–4 中的 I 點。

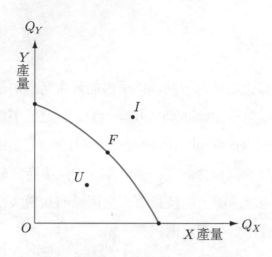

圖 1-4　生產可能曲線與資源利用

(二)表示經濟成長或萎縮

　　生產可能曲線往外移代表產出增加的經濟成長，往內移代表產出減少的經濟萎縮或退步。圖 1-5，生產可能曲線如由 Y_1X_1 移至 Y_2X_2 為經濟成長，如移至 Y_0X_0 則為經濟萎縮。在長期間，生產可能曲線通常只有外移成長的情況，內移是稀有的反常現象。

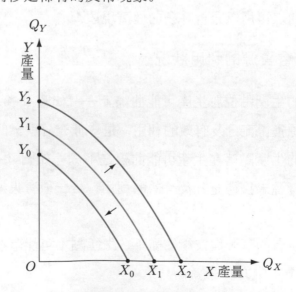

圖 1-5　生產可能曲線與經濟成長或萎縮

㈢預測未來經濟成長速度

由生產可能曲線上目前生產點的位置，可預測一個國家未來經濟成長的速度。圖 1–6，橫軸為消費財，縱軸為資本財。設生產可能曲線 PP 上 A、B、及 C 三點分別是 A、B、及 C 三個國家目前的生產點，則這三個國家未來的生產可能曲線將分別是 $F_A F_A$、$F_B F_B$、及 $F_C F_C$。表示目前生產資本財愈多，消費財愈少的國家，在其他條件相同下，其未來經濟成長的速度愈快，生產可能曲線往外移的幅度也愈大。

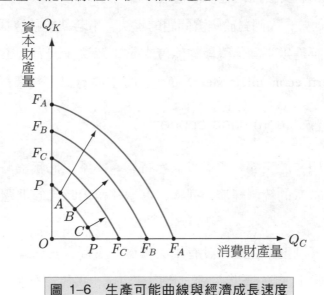

圖 1–6　生產可能曲線與經濟成長速度

五、經濟制度

自古以來，人類為了解決稀少性的經濟問題——即生產什麼？如何生產？為誰生產？等問題，在不同時期，不同的社會，各有不同的經濟制度 (economic system) 安排。希望能夠藉助經濟制度來使經濟問題獲得最好的解決，而不同的經濟制度，往往也就有不同解決經濟問題的方式。因此，經濟制度可定義為：一個經濟社會為使其經濟活動順利運行，以達到理想

的經濟目標，而根據其思想理念，所制訂的全套法令、規章、組織與安排，以為人們從事經濟活動時共同遵循的準則。

經濟制度設計的目的在於有效解決經濟問題。因此，根據解決經濟問題方式（或方法）的不同，可以將經濟制度予以分類。首先，在傳統的社會，經濟問題是根據社會傳統的風俗、習慣來解決，稱之為傳統經濟制度(traditional economic system)。其特點是經濟落後，生產方法原始，人們貧窮，沒有生產剩餘，無法累積資本，經濟很少有成長發展的機會，人們生活於聽天由命、順其自然的經濟狀態之中。

到了現代社會，人們對於經濟問題的解決，不若傳統社會採順其自然、消極的態度，而是以主動、積極的態度來謀求解決，因而有不同的現代經濟制度 (modern economic system) 產生，其主要有以下幾種形態：

㈠統制經濟 (command economy)

基本形態如共產主義經濟制度。希特勒、墨索里尼統治時代的德國、義大利可說是右派的統制經濟；列寧、史達林統治時代的俄國可說是左派的統制經濟。

在統制經濟制度下，政府設有中央經濟計畫局，一切經濟活動的優先次序、價格、產量、或分配等問題，均由其決定，人民沒有選擇的自由。一切的生產資源、工具均為公家所有，不准人民私有。至 1990 年代初期，東歐與蘇聯等共產主義國家的共黨政權紛紛瓦解，中國大陸也逐漸廢棄共產主義經濟制度而朝向市場經濟制度改革，統制經濟已近乎成為一種歷史的名詞。

另一種統制經濟的形態是社會主義經濟制度。此一制度准許人民依其自由意志對經濟活動有部分選擇的自由，也允許生產資源、工具部分私有，但有一大部分的經濟活動或重要的生產事業，均由政府所決定與擁有。因此，社會主義經濟制度是一種以統制經濟為主、私人經濟為輔的經濟制度。

㈡市場經濟 (market economy)

基本形態如資本主義經濟制度，又稱之為自由經濟制度，或私人企業經濟制度。此一制度下，一切的經濟活動均由市場價格機能的反應來決定，即亞當史密斯所說的，由冥冥中「目不可見的手」(invisible hand)──市場價格機能，來引導一切的經濟活動。

在市場經濟下，生產什麼？如何生產？為誰生產？等經濟問題，都是由市場的價格機能來決定。凡市場價格高的產品就會吸引生產者增加生產，凡市場價格低的生產要素就會招引生產者多使用，凡願出高價格的購買者就會召使生產者為之生產。如此，以市場價格為指標，可以自動解決一切的經濟問題。

資本主義的市場經濟制度，是西方工業革命後，社會主義發生前的主要經濟制度，其特點是：

1.財產與生產工具私有

因為財產與生產工具私有，可以自由取得、自由使用、自行處分、及可遺留給自己的子孫，這樣才能鼓勵人們做最大的努力，追求最大的成果，社會的財富才會增加，國家的經濟才有迅速發展的誘因。

2.個人以自利 (self-interest) 為動機

社會上每一個人都是有理性的經濟人 (economic man)，能為自己打算，追求以最小的代價獲得最大報酬。不過，這種自私自利、自求多福的動機，是在不損及他人利益的前提下進行的。因之，社會上每一個人在追求個人最大福利的同時，全社會的福利也隨著增加而達到最大。

3.自由競爭

在自利的動機下，遵循市場價格機能的指引，社會上的每一個人本其自由意志，進行自由競爭。消費者追求最大的滿足，生產者追求最大的利潤，要素所有者追求最大的報酬。如此，政府不加干涉，自由放任 (laissez-faire) 的結果，將可使經濟效率自動達到最高，社會福利自動達到最大。

　　資本主義市場經濟理想的實現，是以完全競爭為前提。但是，由於壟斷力量的出現、訊息的不完全、生產要素的缺乏流動性、所得分配的不平均等因素，使得市場經濟的完全競爭理想無法實現，而產生許多的缺點、流弊。在這種情形下，歐美的資本主義經濟制度逐漸改進，趨向現代的新資本主義經濟制度，亦即當今盛行的混合經濟 (mixed economy) 型態。

　　目前我國大部分的經濟活動以市場自由競爭為主，但有關國計民生之所必需或壟斷性的企業由政府經營或公私合營，由政府糾正自由市場的缺點，彌補自由市場的不足，使全社會的經濟活動能夠協調，資源得到最有效的派用，社會福利達到最大。因此，混合經濟制度是一種以市場自由經濟為主，政府參與經濟運作為輔的現代經濟制度。

　　以上的各種經濟制度可以表列如下：

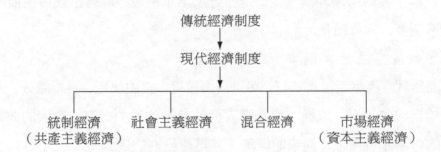

　　事實上，目前世界上並沒有任何一個國家或社會，其經濟制度是極端的統制經濟或市場經濟，而是介於兩者之間。可以說，目前各國的經濟制度，大體上介於統制與自由兩者之間，是程度 (degree) 上而非種類 (kind) 上差異的問題。在上表中，社會的經濟活動，由右往左移動，私人的自由逐漸減少，政府的干預逐漸增加；由左往右移，私人的自由逐漸增加，政府的干預逐漸減少。

重　要　名　詞

經濟學	經濟資源
免費資源	稀少法則
歸納法	演繹法
個體經濟學	總體經濟學
實證經濟學	規範經濟學
敘述經濟學	生產要素
生產可能曲線	機會成本遞增法則
邊際轉換率	技術效率
經濟效率	統制經濟
市場經濟	經濟人
混合經濟	

摘　　要

1. 要對一門學科下一確切的定義是很難的，對經濟學下定義當然也不例外。不過，現為經濟學界共同接受，較能反映經濟學之性質與範圍的定義是：經濟學是一門社會科學，主要在於研究人類如何利用有限、但可作不同用途的經濟資源，來生產財貨與勞務，作為現在或未來消費之用，以使人類生活的無窮慾望獲得最大的滿足。當然，我們亦可為它下一簡明通俗的定義：經濟學是一門研究如何做選擇（決策）的社會學科。

2. 經濟學之所以是一門社會科學，乃是因其研究的對象是人群社會的經濟活動，並用科學的方法與態度來進行。雖然如此，社會科學畢竟不同於自然科學，無法進行隔離的重覆實驗，難免有不完全的觀察或錯誤的判斷發生。

3. 經濟學的研究，事實上就是人們謀求有效解決經濟問題的探討。經濟問題的關鍵在於人類無窮的慾望無法同時獲得滿足，有限的經濟資源在任何時候及任何社會，總是顯得相對稀少，故經濟問題也就是稀少性的問題。面對經濟資源相對稀少的情況，人們通常要解決的基本選擇問題是：生產什麼？如何生產？為誰生產？

4. 造物者使人類具有無窮的慾望，但卻只賦予人類有限的資源，如何利用這有限的經濟資源，以使人類無窮的慾望獲得最大的滿足，是任何一個社會隨時所面臨的挑戰。對複雜的經濟資源，為了研究的方便，經濟學者將其歸納為土地、資本、勞力、及企業家精神等四大類，稱之為生產的四大要素。

5. 生產要素並不能直接用於消費，以滿足人類的慾望，它必須用來生產財貨與勞務後，才對滿足人類的慾望產生效用。任何一個經濟社會在：⑴

資源的質與量固定，(2)資源有多種用途且可有限的替代使用，(3)技術水準一定，(4)資源作充分及最有效利用，及(5)生產兩類產品等條件下，可以獲得兩類產品間最大產量的各種可能組合點，此組合點的軌跡稱之為生產可能曲線。

6. 生產可能曲線顯示充分就業、機會成本遞增、資源不完全替代使用、及生產的效率等特性。很多的經濟現象均可以生產可能曲線來表示，所以它是一種應用相當廣泛的經濟分析工具。

7. 不同時期與不同的經濟社會，各建立有不同的經濟制度，以使其經濟問題獲得最有效、最適當的解決。傳統社會的傳統經濟制度，不能有效地解決經濟問題，而使人們處於貧困，社會陷於停滯的狀態。現代社會存在著市場經濟、混合經濟、社會主義經濟、及統制經濟等不同型態的經濟制度。不同的現代經濟制度各有其特點，並與其社會的政治制度有密切的關係。西方經濟理論所研究的是以市場價格機能為中樞，以財產與生產手段私有、自利動機、及自由競爭為準繩的市場經濟活動。

問 題 練 習

1. 何謂經濟學？試就你所知舉出不同的定義，並闡釋其含義。

2. 經濟學為何產生？其研究的重心何在？

3. 為何依據經濟理論推究出來的結果常與實際的經濟現象不盡相符？

4. 經濟學可以怎樣分類？實證經濟學與規範經濟學的差異何在？

5. 經濟穩定與成長孰重之爭論，是屬實證經濟學抑屬規範經濟學？

6. 經濟問題何以產生？應如何解決？

7. 試述生產可能曲線的意義與基本假設，並用以說明機會成本的意義及其遞增法則。

8. 自 1950 年代以來，我國的經濟不斷成長，試以生產可能曲線表示這種現象。

9. 經濟制度何以形成？人類歷史上曾有那些主要的經濟制度，各具有那些特性？

10. 就你對各種經濟制度特性的瞭解，分析東歐國家放棄共產主義經濟制度的原因。

經濟學的圖形表示

　　經濟學上所謂的變數 (variable) 是指任何可以定義與衡量的項目。經濟現象錯綜複雜，藉助圖形，可以使我們更容易瞭解經濟變數之間的關係，圖形表示是經濟學研究的一項重要分析方法。為了便於視覺上的觀察，經濟學的圖形表示以二度平面空間的兩變數分析為主。

　　設有兩個變數——X 與 Y，若任何 X 的值有唯一的 Y 值與之對應（或任何 X 的值決定唯一的 Y 值），則數學上稱 Y 為 X 的函數 (function)，寫成 $Y = f(X)$。

　　圖 1A-1 顯示，在 $X - Y$ 的座標平面上，第一象限（Ⅰ）代表 X 為正 (+)，Y 為正 (+)；第二象限（Ⅱ）代表 X 為負 (−)，Y 為正 (+)；第三象限（Ⅲ）代表 X 為負 (−)，Y 為負 (−)；第四象限（Ⅳ）代表 X 為正 (+)，Y 為負 (−)。在經濟學分析，我們最通常使用的為第一象限。

　　若縱軸代表 Y，橫軸代表 X，則數學上 Y 變動 (ΔY) 對 X 變動 (ΔX) 的相對比率 $\left(\dfrac{\Delta Y}{\Delta X}\right)$，在圖形上正好是垂直變動距離對水平變動距離的相對比率，這在圖形上我們稱之為斜率 (slope)。若 Y 與 X 之間為增函數 (increasing function) 關係，則 $\dfrac{\Delta Y}{\Delta X} > 0$，即斜率為正；若 Y 與 X 之間為減函數 (decreasing function) 關係，則 $\dfrac{\Delta Y}{\Delta X} < 0$，即斜率為負。因此，經由圖形上的斜率亦可看出兩個變數之間變動的關係。根據兩個變數之間的關

係，在二度平面空間上可能出現的圖形主要有：

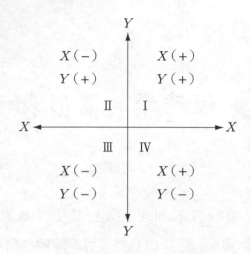

圖 1A–1　$X - Y$ 座標平面圖

(1)若 Y 與 X 之間無關（即 Y 與 X 之間為常數函數的關係，$Y = a_0$），則圖形為一與縱軸垂直的直線——圖 1A–2，斜率 $\dfrac{\Delta Y}{\Delta X} = 0$。

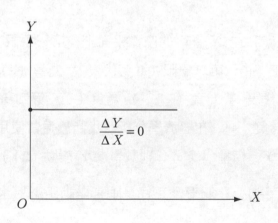

圖 1A–2　Y 與 X 無關，斜率等於零

(2)若 Y 與 X 之間無限相關（即 X 非常微小的變動就導致 Y 無限量的變動），則圖形為一與橫軸垂直的直線——圖1A–3，斜率 $\dfrac{\Delta Y}{\Delta X} = \infty$。

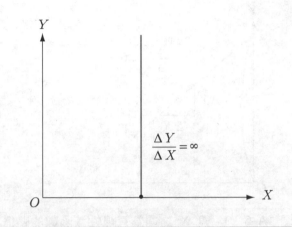

$$\frac{\Delta Y}{\Delta X} = \infty$$

圖 1A-3　Y 與 X 無限相關，斜率等於無限大

(3)若 Y 與 X 之間為直線性（或一次式）增函數的關係（即 $Y = a_0 + a_1 X$，$a_1 > 0$），則圖形為一正斜率的直線——圖 1A-4，斜率 $\frac{\Delta Y}{\Delta X} > 0$。

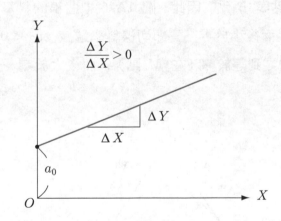

$$\frac{\Delta Y}{\Delta X} > 0$$

ΔY

ΔX

a_0

圖 1A-4　Y 與 X 之間為直線性增函數的關係

(4)若 Y 與 X 之間為直線性（或一次式）減函數的關係（即 $Y = a_0 + a_1 X$，$a_1 < 0$），則圖形為一負斜率的直線——圖 1A-5，斜率 $\frac{\Delta Y}{\Delta X} < 0$。

直線上任何一點的斜率都相同。因此，若 Y 與 X 之間為直線性（或一次式）函數關係，則 X 每變動 1 單位，總是導致 Y 相同數量的變動。

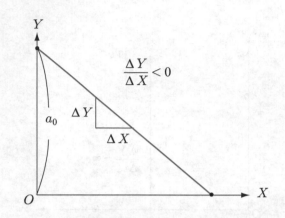

圖 1A–5　Y 與 X 之間為直線性減函數的關係

⑸若 Y 與 X 之間為二次式函數關係，則圖形為圖 1A–6 (即 $Y = a_0 + a_1 X + a_2 X^2$, $a_2 < 0$)，或圖 1A–7 (即 $Y = a_0 + a_1 X + a_2 X^2$, $a_2 > 0$)。當圖形為曲線而非直線時，曲線上任何一點的斜率以該點之切線的斜率代表之——如圖中 A 點與 B 點。因此，圖 1A–6 中曲線的斜率由大於零到等於零（在 M 點），而後小於零——即切線斜率遞減，$a_2 < 0$；圖 1A–7 中曲線的斜率由小於零到等於零（在 M 點），而後大於零——即切線斜率遞增，$a_2 > 0$。

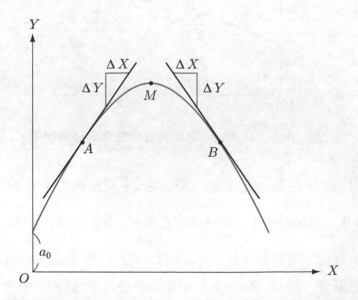

圖 1A–6　Y 與 X 之間為二次式函數關係，$Y = a_0 + a_1 X + a_2 X^2$, $a_2 < 0$

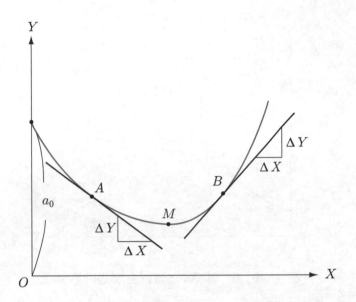

圖 1A-7　Y 與 X 之間為二次式函數關係，$Y = a_0 + a_1 X + a_2 X^2$，$a_2 > 0$

(6)若 Y 與 X 之間為三次式函數關係（即 $Y = a_0 + a_1 X + a_2 X^2 + a_3 X^3$），則圖形將為圖 1A-8 或圖1A-9。圖 1A-8，曲線先凹向橫軸，而後凸向橫軸，曲線斜率隨著 X 之增加而減少，至 R 點斜率等於零，R 點之後，斜率又隨著 X 之增加而增加；圖 1A-9，曲線先凸向橫軸，而後凹向橫軸，曲線斜率隨著 X 之增加而增加，至 R 點斜率達於最大，R 點之後，斜率又隨著 X 之增加而減少。在此情況下，轉折點 R 稱之為反曲點 (inflection point)。

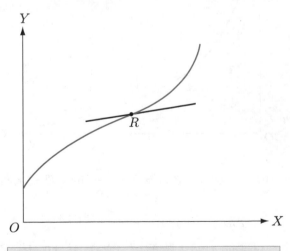

圖 1A-8　Y 與 X 之間為三次式函數關係

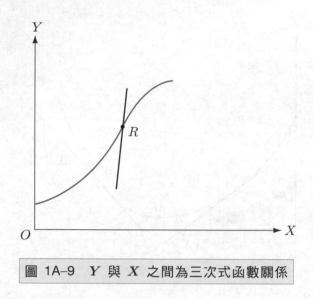

圖 1A-9　Y 與 X 之間為三次式函數關係

(7)若 Y 與 X 之間為 $Y = \dfrac{a}{X}$ 或 $YX = a,\ a > 0$ 的有理式函數 (rational function) 關係，則圖形為一直角雙曲線 (rectangular hyperbolar)——圖 1A-10。在此情況下，曲線向兩軸漸近（但永不相交），曲線上任何一點至兩軸所構成的四方形面積均等於固定常數值 a。

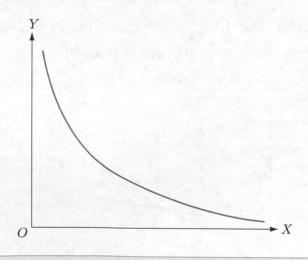

圖 1A-10　Y 與 X 之間為 $Y = \dfrac{a}{X}$ 的有理式函數關係

以上 Y 與 X 兩變數之間的函數關係及其所對應的圖形是經濟學上分析時常應用到的，只要能夠深入瞭解圖 1A-1 至 1A-10，對於閱讀經濟學圖形將不會有困難。

第2章 價格機能：需求與供給

　　我們研究的是自由經濟制度下的市場經濟活動，經濟學上的市場 (market) 是指買賣雙方對財貨、勞務、或生產要素進行交易的地方。市場的交易活動必須要有買賣雙方的需求與供給才能發生。因此，需求與供給的研究是市場經濟探討的起點。

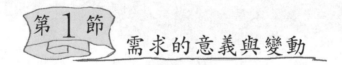
第1節　需求的意義與變動

一、需求的意義與需求法則

　　需求 (demand) 是指：在一定時間內，消費者（或購買者）對於一種財貨或勞務，在其不同價格下，所願意而且能夠購買的數量。這定義表示，談到需求時，必須限定在某一特定的時間內，如 1 天、1 星期、或 1 個月；必須是願意而且能夠購買，才是一種有效的需求 (effective demand)，若只是願意但沒有能力購買，或有能力但不願意購買，均是一種不會實現、不

會影響市場價格與數量之無效的需求。

需求產生的條件必須是，客觀上，財貨與勞務具有滿足人們慾望的能力——即有用性；主觀上，人們對財貨與勞務有嗜好 (taste) 或偏好(preference)存在。需求表 (demand schedule) 是指用表列的方式表明一位需求者（消費者或購買者），在一定時間內，對於一種財貨或勞務，在其不同價格下，所願意而且能夠購買的數量（如表 2–1）。將需求表所表示的產品價格與需求量之間的關係，繪在平面座標圖上，可得出一條由左上方往右下方傾斜的曲線（如圖 2–1），即為需求曲線 (demand curve)。

表 2–1　需求表

價格（$）(P)	需求量（單位）(Q)
5	6
4	7
3	9
2	12
1	16

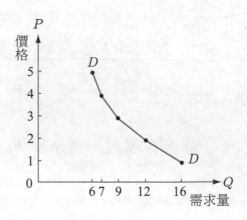

圖 2–1　需求曲線

需求曲線上的任何一點，表示在任何購買量下，需求者所願意支付的最高價格——需求價格 (demand price)；或在任何價格下，需求者所願意

購買的最大數量──需求量 (quantity demanded)。根據需求曲線由左上方往右下方傾斜的負斜率特性,可以得到一個重要的法則,稱之為需求法則 (law of demand),即在其他情況不變下,一種財貨或勞務的需求量與其價格呈減函數的關係,即價格上升,需求量減少;價格下降,需求量增加。

　　將所有個別需求者對某一種財貨或勞務,在其各個價格下的需求量予以加總,就可得到該財貨或勞務的市場需求 (market demand)。因之,如圖 2-2,將所有個別需求者對某一種財貨或勞務的需求曲線予以水平併合,就可以得到該財貨或勞務的市場需求曲線。

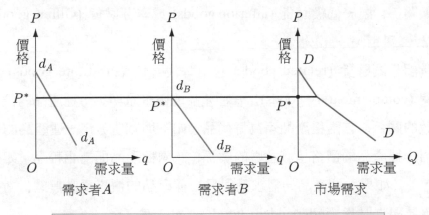

圖 2-2　個別需求曲線水平併總,得到市場需求曲線

　　由個別需求曲線併總而得的市場需求曲線,亦是一條由左上方往右下方傾斜的曲線,故市場需求亦如同個別需求者一樣,符合需求法則的規範。

二、市場需求的決定因素

　　經濟學家研究市場上人們對一種產品的需求行為,發現決定這種產品市場需求量大小最主要的因素為這種產品本身的價格。但是,除了本身的價格外,產品的市場需求亦受到其他許多因素的影響,這些因素主要為:

1.消費者平均所得

市場上對產品購買力的大小決定於消費者平均所得的高低。消費者之（貨幣）所得的改變對產品需求的改變有兩種可能的情況。在產品的價格不變下，對大部分的產品而言，消費者所得增加將引起該產品的需求增加，消費者所得減少將引起該產品的需求減少，這些產品之需求與消費者所得呈增函數關係，屬於高級財貨 (superior goods) 或正常財貨 (normal goods)；對少部分的產品而言，消費者所得增加反將引起該產品的需求減少，消費者所得減少，則將引起該產品的需求增加，這些產品之需求與消費者所得呈減函數關係，屬於低級財貨 (inferior goods) 或季芬財貨 (Giffen goods)。

2.相關財貨的價格

所謂相關財貨 (related goods) 包括替代財貨 (substitute goods) 與相輔財貨 (complementary goods)。一種產品的需求量與另一種產品的價格呈增函數的關係，該兩種產品互為替代品（如茶與咖啡）；一種產品的需求量與另一種產品的價格呈減函數的關係，該兩種產品即為相輔品（如奶油與麵包）。如果一種產品的需求量與另一種產品的價格變動無關，則兩種產品互為獨立財貨 (independent goods)，如茶與汽車。

當某產品之替代品的價格上升或其相輔品的價格下跌時，該產品的需求會增加；當其替代品的價格下跌或其相輔品的價格上升時，該產品的需求會減少。

3.嗜好（或偏好）

若由於廣告或生活習慣的改變，而使人們對一種產品的嗜好增強，則在每一價格下，對該產品的需求量會增加。反之，對一種產品的嗜好減弱，則在每一價格下，對該產品的需求量會減少。

4.市場大小

通常以人口來衡量市場的大小。若由於人口成長，使產品的市場需求者增加，需求將增加；反之，人口減少，使產品的市場需求者減少，需求將減少。

5.預期

消費者如預期未來產品的供給會減少、未來產品的價格會上漲，或未來的所得會提高，均會導致產品的現時需求增加；反之，如預期未來產品的供給會增加、未來產品的價格會下跌，或未來的所得會下降，均會導致產品的現時需求減少。

6.特別的因素

每一種產品均有其特殊的功能與特性，因此每一種產品的市場需求也就受到某些特殊因素的影響。例如，雨傘與冷飲的需求就特別受到天候因素的影響，小汽車需求就特別受到大眾運輸系統是否方便的影響。

在分析某一種產品的需求行為時，通常將注意力集中於這種產品本身的價格之上。但我們不應忽略除了產品本身的價格外，還有許多重要的其他因素會影響人們對該產品的需求。

三、需求量的改變與需求的改變

如上所述，影響一種產品的市場需求，除產品本身的價格外，尚有許多重要的其他因素，為觀察產品本身價格與「其他因素」變動對產品市場需求變動的影響，經濟學上將市場需求的變動區分為需求量的改變與需求的改變兩種情況。

㈠需求量的改變 (changes in the quantity demanded)

假設影響產品需求的其他因素不變（或簡稱為其他情況不變），則一種產品的需求量與其價格呈減函數的關係。即若其價格上升，其需求之量減少；若其價格下降，其需求之量增加，在圖形上，這是沿著需求曲線上下移動的一種變動，稱之為需求量的改變。

市場需求量的改變，實際上就是一種市場需求法則的表現。圖 2–3，當產品價格由 P_1 降為 P_2，需求量由 Q_1 增至 Q_2，在需求曲線上由 A 點

移到 B 點，就是一種需求量增加 (increase in the quantity demanded) 的改變；反之，價格上升，需求量減少，在需求曲線上由 B 點移到 A 點，就是一種需求量減少 (decrease in the quantity demanded) 的改變。

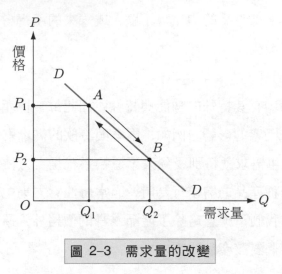

圖 2-3　需求量的改變

(二)需求的改變(changes in demand)

　　除產品本身的價格外，當影響產品需求的其他因素發生改變時，將使產品的需求量與需求價格發生改變。這表示在任何一定的價格下，需求者願意購買更多或較少的量；或在任何一定購買量下，需求者願意支付更高或較低的價格。在圖形上，這是整條需求曲線的位置升高或降低的一種變動，稱之為需求的改變❶。

　　圖 2-4，當一種產品的市場需求曲線 DD 往右上方移至$D'D'$時，表示任何一定價格下，例如 P_0，需求量由 Q_0 增為 Q_1；或在任何一定需求量下，例如 Q_0，消費者願意支付的價格由 P_0 升高至 P_1，這是一種需求增加 (increase in demand) 的改變。DD 往左下方移至 $D''D''$ 時，表示任

---

❶ 因為二度平面空間的兩軸只能代表兩個變數，現橫軸代表需求量，縱軸代表產品本身的價格，因此其他影響產品需求的因素發生改變時，就只有藉助整條需求曲線的移動來表示。

何一定價格下, 例如 P_0, 需求量由 Q_0 減少至 Q_2; 或在任何一定需求量下, 例如 Q_0, 消費者願意支付的價格由 P_0 降低至 P_2, 這是一種需求減少 (decrease in demand) 的改變。

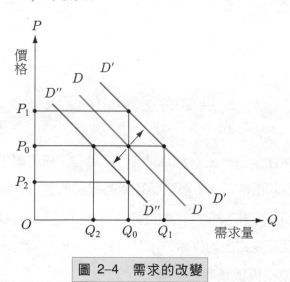

圖 2-4　需求的改變

　　需求量的改變, 是在影響產品需求的其他因素不變而只有產品本身的價格發生改變下的結果; 需求的改變, 正好相反, 是在產品本身的價格不變而其他影響產品需求的因素改變的結果。因此, 需求曲線的位置決定於影響產品需求的其他因素。對一種正常財貨而言, 只要消費者平均所得提高、對其嗜好增強、替代品價格上升、相輔品價格下跌、人口增加, 及預期未來該產品的供給減少、價格上漲、所得提高, 則此一產品的市場需求曲線均將會往右上方移動, 表示需求增加的改變; 反之, 如果消費者平均所得減少、對其嗜好減弱、替代品價格下跌、相輔品價格上升、人口減少, 及預期未來該產品的供給增加、價格下跌、所得下降, 則此一產品的市場需求曲線均將會往左下方移動, 表示需求減少的改變。

第 2 節 供給的意義與變動

一、供給的意義與供給法則

供給 (supply) 是指: 在一定時間內, 供給者（或產銷者）對於一種財貨或勞務, 在其不同價格下, 所願意而且能夠提供的數量。這定義同樣表示, 談到供給, 必須限定在某一特定的時間內, 如 1 天、1 星期、或 1 個月; 必須是願意而且能夠提出的供給, 才是一種有效的供給 (effective supply), 才能對市場的價格與數量發生影響力。

供給表 (supply schedule) 是指用表列的方式, 表明一位供給者（或產銷者）, 在一定時間內, 對於一種財貨或勞務, 在其不同價格下, 所願意而且能夠提供的數量（如表 2-2）。將供給表所表示之價格與供給量的關係, 用平面座標繪成圖形, 則形成一條由左下方往右上方傾斜的曲線, 稱之為供給曲線 (supply curve)（圖 2-5）。

供給曲線上的任何一點, 表示在任何供給量下, 生產者願意供給的最低價格——供給價格(supply price); 或任何價格下, 供給者願意提供的最大數

表 2-2　供給表

價格（$） ($P$)	供給量（單位） (Q)
1	3
2	8
3	12
4	15
5	17

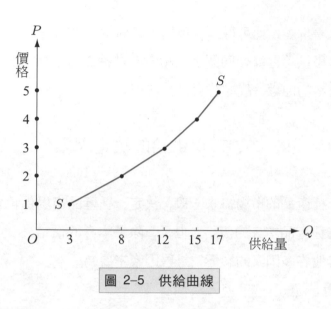

圖 2–5　供給曲線

量——供給量 (quantity supplied)。根據供給曲線由左下方往右上方傾斜的正斜率特性，可以得到一個重要的法則，稱之為供給法則 (law of supply)，即在其他情況不變下，一種財貨或勞務的供給量與其價格呈增函數的關係，即價格上升，供給量增加；價格下降，供給量減少。

　　將所有個別供給者對某一種財貨或勞務，在該財貨或勞務的各個不同價格下供給的數量予以加總，就可得到該財貨或勞務的市場供給 (market supply)。因之，如圖 2–6，將所有個別供給者對某一種財貨或勞務的供給

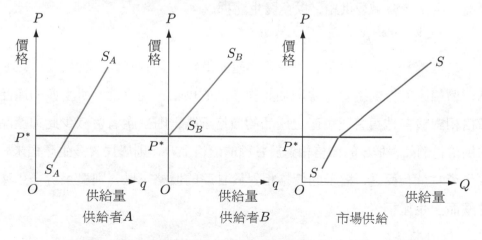

圖 2–6　個別供給曲線水平併總，得到市場供給曲線

曲線予以水平併總，就可得到其市場供給曲線。

由於市場供給曲線如同個別供給者的供給曲線一樣，是一條由左下方往右上方傾斜的曲線，故亦符合供給法則。

二、市場供給的決定因素

如同一種產品的市場需求一般，決定一種產品市場供給量大小最主要的因素為這種產品本身的價格。但是，除了本身的價格外，產品的市場供給亦受到其他許多因素的影響，這些因素主要為：

1.技術狀態

在產品價格與要素價格一定下，生產技術進步，會使勞動與資本的生產力提高，生產成本下降，生產者會增加生產，以增加利潤；反之，若生產技術退步（現實很少有此可能），會使勞動與資本的生產力降低，生產成本提高，生產者會減少生產，以免發生虧損。

2.要素價格

在產品價格與生產技術一定下，生產要素的價格下降，生產成本降低，生產者會增加供給，以增加利潤；反之，生產要素的價格上升，生產成本提高，生產者會減少供給，以免發生虧損。

3.可替代生產之產品的價格

為追求利潤，若生產者所生產的產品價格相對於其他可替代生產之產品的價格上升，則生產者會增加此種產品的供給；相反地，所生產的產品價格相對於其他可替代生產之產品的價格下跌，則生產者會減少此種產品的供給。例如，稻米的價格相對於甘蔗的價格上升，則農民會多生產稻米，少生產甘蔗；反之，稻米的價格相對於甘蔗的價格下跌，則農民會多生產甘蔗而少生產稻米。

4.預期

預期未來產品的價格會上升，有兩種情況可能發生，一是因此產生惜

售的心理而將產品囤積，等待未來比較高的價格出售，供給因此減少；一是馬上擴大生產規模，增加生產，供給於是增加。同樣地，預期未來產品的價格下跌，亦有兩種情況可能發生，一是急於將產品拋售，以免遭受跌價的損失，供給因此增加；一是馬上縮減生產規模，減少生產，供給於是減少。是故，預期對於供給的影響，難以準確的預料。不過，一般是短期的反應會是存貨的惜售（或拋售）；長期的反應會是產量的擴增（或收縮）。

　　5.供給人數（或市場組織）

　　一般而言，市場供給者的數目愈多，市場競爭將愈激烈，市場的供給量將愈大；市場供給者的數目愈少，市場的競爭性將愈弱，獨佔性將愈強，市場的供給量將愈少。

　　6.租稅與補貼

　　政府對產品的生產課以租稅，使生產成本提高，供給減少；予以補貼，使生產成本下降，供給增加。

　　7.特別的因素

　　由於每一種產品各有不同的特性，因此其市場供給往往也就受到某些特別因素的影響。例如，天候對農產品、最低資本額的規定對證券商或銀行勞務的供給。

三、供給量的改變與供給的改變

　　根據一種產品的市場供給變動是受其本身價格，或是受「其他因素」的影響，市場供給的變動可區分為供給量的改變與供給的改變。

(一)供給量的改變 (changes in the quantity supplied)

　　假設影響產品供給的其他因素不變，一種產品的供給量與其本身的價格呈增函數的關係，即若其價格上升，其供給之量增加；若其價格下降，其供給之量減少，這種沿著供給曲線上下移動的變動，稱之為供給量的改變。

供給量的改變，實際上就是供給法則的表現。圖 2–7，當市場上產品價格由 P_1 上升為 P_2，供給量由 Q_1 增為 Q_2，這在供給曲線上由 A 點移到 B 點，就是一種供給量增加 (increase in the quantity supplied) 的改變；反之，由 B 點移到 A 點，價格下降，供給量減少，就是一種供給量減少 (decrease in the quantity supplied) 的改變。

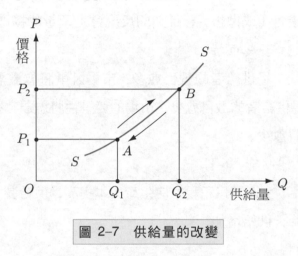

圖 2–7　供給量的改變

(二)供給的改變(changes in supply)

除產品本身的價格外，當影響產品供給的其他因素發生改變時，也將使產品的供給量與供給價格發生改變。這表示在任何一定的價格下，供給者願意供給更多或較少的數量；或在任何一定的供給數量下，生產者要求較高或較低的價格。這種情形將使整條供給曲線的位置上下移動，這種變動稱之為供給的改變。

圖 2–8，當一種產品的市場供給曲線 SS 往左上方移至 $S'S'$ 時，表示任何一定價格下，例如 P_0，供給量由 Q_0 減少至 Q_1；或任何一定供給量下，例如 Q_0，供給者要求的價格由 P_0 提高至 P_1，這是一種供給減少 (decrease in supply) 的改變。SS 往右下方移至 $S''S''$ 時，表示任何一定價格下，例如 P_0，供給量由 Q_0 增至 Q_2；或任何一定供給量下，例如 Q_0，供給者要求的價格由 P_0 降低至 P_2，這是一種供給增加 (increase in supply)

的改變。

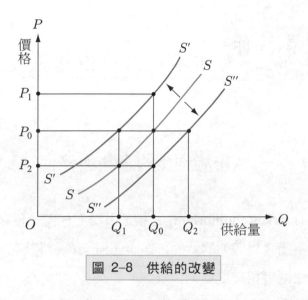

圖 2-8　供給的改變

　　供給量的改變與供給的改變，兩者不同之處，前者是影響產品供給之其他因素不變，而只有產品本身的價格發生改變的結果；後者是產品本身價格不變，而影響產品供給之其他因素發生改變的結果。根據上一小節的分析可知，若生產技術進步、要素價格下跌、其他可替代生產之產品的價格相對下跌、預期未來產品價格下跌而拋售、供給人數增加、租稅減少或補貼增加，則市場供給曲線往右下方外移，表示供給增加；反之，生產技術退步、要素價格上升、其他可替代生產之產品的價格相對上升、預期未來產品價格上升而惜售、供給人數減少、租稅增加或補貼減少，則市場供給曲線往左上方內移，表示供給減少。

第 3 節 市場均衡與價格機能

一、市場均衡的意義與條件

市場均衡 (market equilibrium) 是指：市場上任何一種財貨或勞務的需求與供給達到平衡（相等）的狀態，亦即任何一種財貨或勞務的市場需求曲線與供給曲線兩者相交之處的情況。

圖 2–9，當某一種財貨或勞務的市場需求曲線 *DD* 與供給曲線 *SS* 相交於 *E* 點，則 *E* 點稱之為均衡點 (equilibrium point)，表示這種財貨或勞務達到市場均衡。均衡點所對應的價格 P^*，稱之為均衡價格 (equilibrium price)，表示需求價格等於供給價格；均衡點所對應的數量 Q^*，稱之為均衡數量 (equilibrium quantity)，表示需求量等於供給量。由此可知，達到市場均衡的條件必須：①買方對於要購買之財貨或勞務所願支付的價格，與賣方所願接受的價格達到一致，即需求價格等於供給價格；②買方在某價

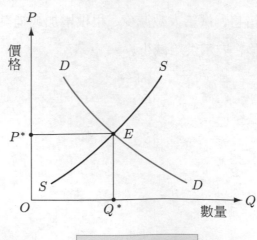

圖 2-9　市場均衡

格下對於該財貨或勞務所願購買的數量，與賣方在該價格下所願銷售的數量達到一致，即需求量等於供給量。

二、價格機能與市場調整

當市場的需求不等於供給，即需求價格不等於供給價格或需求量不等於供給量時，稱之為市場失衡 (market disequilibrium)。

圖 2-10，若一市場發生失衡的話，就數量而言，有兩種可能情況發生，一是市場價格高於均衡價格時 $(P_1 > P^*)$，致使供給量大於需求量 $(P_1B > P_1A)$，產生 AB 之量的供給過剩 (surplus)；一是市場價格低於均衡價格時 $(P_2 < P^*)$，導致需求量大於供給量 $(P_2H > P_2G)$，產生 GH 之量的供給短缺 (shortage)。就價格而言，亦有兩種可能情況發生，一是市場數量小於均衡數量 $(Q_1 < Q^*)$，使得需求價格高於供給價格 $(Q_1M > Q_1N)$；一是市場數量大於均衡數量 $(Q_2 > Q^*)$，使得供給價格高於需求價格 $(Q_2J > Q_2K)$。

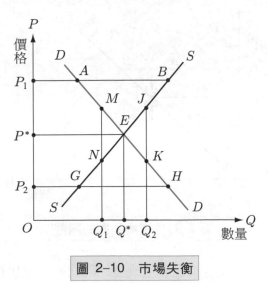

圖 2-10　市場失衡

在這些情形下，必有一種市場力量存在，使市場重新恢復供給等於需求的均衡，這種力量就是價格機能 (price mechanism)，又稱為市場機能 (market

mechanism)。因此，所謂的價格（或市場）機能，就是指價格或數量的調整，致使失衡的市場重新恢復均衡的市場力量。

當市場價格高於均衡價格，而有供給過剩產生時，供給者相互競爭銷售的結果，價格會下跌，這將使需求量增加，供給量減少；當市場價格低於均衡價格，而有供給短缺產生時，需求者相互競爭購買的結果，價格會上升，這將使需求量減少，供給量增加。兩種情況的價格變動（下跌或上升），將繼續到過剩或短缺消失，市場價格等於均衡價格為止。

圖 2–11，市場價格在 P_1 時，有 AB 量的供給過剩產生，供給者競爭銷售的結果，價格會下降，引起需求量如 AE 箭頭方向的增加，供給量如 BE 箭頭方向的減少，直到價格下降至 P^*，需求量等於供給量為止。市場價格在 P_2 時，有 GH 量的供給短缺產生，需求者競爭購買的結果，價格會上升，引起需求量如 HE 箭頭方向的減少，供給量如 GE 箭頭方向的增加，直到價格上升至均衡價格 P^*，需求量等於供給量為止。

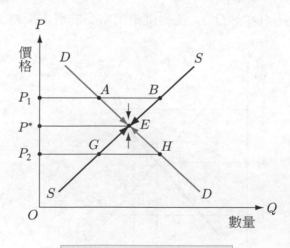

圖 2–11　市場失衡的調整

市場在均衡下，若其他情況發生改變，則均衡情況也會隨之發生改變。在供給不變的情況下，需求增加，會使價格上升、交易量增加；需求減少，會使價格下跌、交易量減少。圖 2–12，原來均衡點在 E 點，假設供給維持不變，而需求由 DD 增加為 $D'D'$，在原來均衡價格 P^* 下，將產生 AE 數

量的短缺，需求者競爭購買的結果，使價格上升，引起需求量減少，供給量增加，直到新的均衡點 E_1 達到為止。如果需求由 DD 減為 $D''D''$，在原來均衡價格 P^* 下，將產生 BE 數量的剩餘，供給者競爭銷售的結果，使價格下降，引起需求量增加，供給量減少，直到新的均衡點 E_2 達到為止。

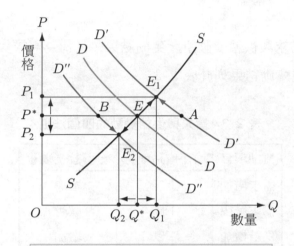

圖 2–12 需求改變對市場均衡的影響

在需求不變的情況下，供給減少，會使價格上升、交易量減少；供給增加，會使價格下跌、交易量增加。圖 2–13，原來的均衡點在 E 點，假設需求維持不變，而供給由 SS 減為 $S'S'$，在原來均衡價格 P^* 下，將產

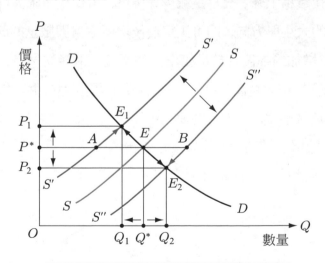

圖 2–13 供給改變對市場均衡的影響

生 AE 數量的短缺，需求者競爭購買的結果，使價格上升，引起供給量增加，需求量減少，直到新的均衡點 E_1 達到為止。如果供給由 SS 增加為 $S''S''$，在原來均衡價格下，將產生 EB 數量的供給剩餘，供給者競爭銷售的結果，使價格下降，引起供給量的減少，需求量的增加，直到新的均衡點 E_2 達到為止。

　　以上四種需求與供給變動所產生的結果，又稱為需求與供給的四個法則，我們將這些變動結果列於表 2–3。

表 2–3　需求與供給變動的四個法則

變動項目	均衡價格變化	均衡數量變化
需求增加	上升	增加
需求減少	下跌	減少
供給增加	下跌	增加
供給減少	上升	減少

　　當需求與供給同時發生變動時，根據需求增加使價格上升、交易量增加，需求減少使價格下跌、交易量減少；供給增加使價格下跌、交易量增加，供給減少使價格上升、交易量減少等後果，再比較需求與供給兩者變動力量（幅度）的大小與方向，即可決定最後均衡價格與數量的改變。例如，圖 2–14，需求增加的幅度等於供給增加的幅度，最後均衡時，價格不變，而數量的變化會比較大。圖 2–15，需求減少的幅度等於供給增加的幅度，最後均衡時，數量不變，而價格的變化會比較大。如果需求增加（減少）的幅度不等於供給增加（減少）的幅度，最後均衡價格與數量的變化，視需求與供給兩者變化的方向與幅度而定——如圖2–16。

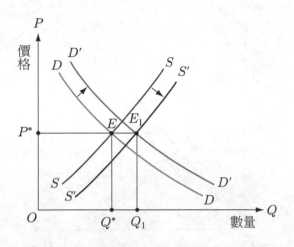

圖 2-14　需求增加等於供給增加對市場均衡的影響

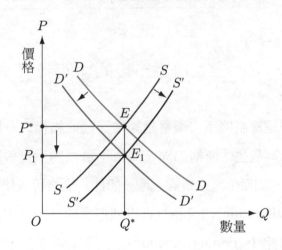

圖 2-15　需求減少等於供給增加對市場均衡的影響

　　以上我們對需求與供給的分析，均以產品市場為對象。但只要將橫軸改為表示生產要素的數量，縱軸改為表示生產要素的價格，同樣的分析方法可應用於要素市場的供需分析及其均衡價格與數量的決定。

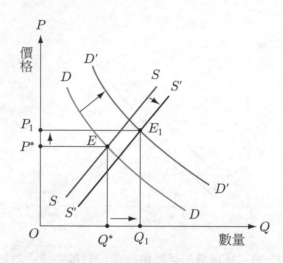

圖 2-16　需求與供給變動幅度不同對市場均衡的影響

三、自由市場的功能

在自由市場經濟制度下，價格是經濟活動的指標，一切經濟行為透過
市場價格的指引而發生，價格如同一隻目不可見的手一般，指引市場生產
什麼？生產多少？如何生產？為誰生產？如此，價格可以使生產資源得到適
當有效的派用 (allocation)，產品能夠得到適當的分配，這是價格在市場上
所執行的配給功能 (rationing function)。又產品或要素價格的變化，會使
產品或要素的需求與供給發生增加或減少的改變，工資的差別會鼓勵人們
轉業，要素價格的改變會誘發要素效能（或使用效率）的改進，這些作用
便是價格在市場上產生的激勵功能 (incentive function)。因此，藉由配給與
激勵功能，價格機能可以主導經濟活動的進行。

價格機能下，產品都是以最佳的技術、最低的成本生產，因此達到生
產的技術效率。價格機能下，重視消費者的主權 (consumer sovereignty)，
生產的產品都是經過消費者投下的「金錢票」 (dollar vote) 所選出來符合
消費者需要的產品，故符合生產的經濟效率。職是之故，價格機能猶如一

隻目不可見的手，引導個人追求自利的同時，使社會有限的資源作最充分有效的利用。

重 要 名 詞

價格機能	有效需求
需求表	需求價格
需求量	需求法則
需求量的改變	需求的改變
高級財貨	正常財貨
低級財貨	季芬財貨
替代財貨	相輔財貨
有效供給	供給表
供給價格	供給量
供給法則	供給量的改變
供給的改變	市場均衡
均衡價格	均衡數量
市場失衡	

摘　　要

1. 市場價格機能是藉由需求與供給的交互力量而發生作用。

2. 需求是指，在一定時間內，需求者（或購買者）對於一種財貨或勞務，在其不同價格下，所願意且能夠購買的數量。需求曲線由左上方往右下方傾斜，這顯示在影響需求的其他因素不變下，需求量與價格呈減函數關係之需求法則的特性。

3. 將個別需求者對某種財貨或勞務的需求曲線予以水平併總，可以得到該財貨或勞務的市場需求曲線。市場需求曲線亦由左上方往右下方傾斜，仍符合需求法則。

4. 市場需求的變動，可分為需求量的改變與需求的改變兩類。前者是指，在其他情況不變下，一產品的需求量與其本身的價格呈減函數關係的變動，是沿著需求曲線上下移動的一種變動，是一種市場需求法則的表現；後者是指，產品本身價格不變，但影響產品需求的其他因素發生改變，而使需求量與價格發生改變的一種變動，是整條需求曲線的位置上下移動的一種變動，是由於嗜好、市場大小、消費者平均所得、相關財貨價格、及預期等因素發生改變的結果。

5. 供給是指，在一定時間內，供給者（或產銷者）對於一種財貨或勞務，在其不同價格下，所願意且能夠提供的數量。無論是個別供給者或市場的供給曲線均是一條由左下方往右上方傾斜的曲線，這顯示在其他情況不變下，供給量與價格呈增函數關係之供給法則的特性。

6. 市場供給的變動亦有供給量的改變與供給的改變之分。前者是指，在其他情況不變下，一種產品的供給量與其本身的價格呈增函數關係的變動，是沿著供給曲線上下移動的一種變動，是一種市場供給法則的表現；後

者是指，產品本身的價格不變，影響產品供給的其他因素發生改變，而使供給量與價格發生改變的一種變動，是整條供給曲線的位置上下移動的一種變動，是由於技術、要素價格、可替代生產之產品的價格、預期、供給人數、及租稅與補貼等因素發生改變的結果。

7. 市場均衡是指市場上任何一種財貨或勞務的供需達到平衡的一種狀態。只要市場價格機能能夠發揮作用，市場上任何一種財貨或勞務最後必能達到需求量等於供給量、需求價格等於供給價格的均衡狀態。

8. 當市場發生供需不等的失衡情況時，藉助價格機能的調整，最後市場必能重新恢復供給等於需求的均衡。

9. 在供給不變下，需求增加將使均衡價格上升、交易量增加，需求減少將使均衡價格下跌、交易量減少；在需求不變下，供給增加將使均衡價格下跌、交易量增加，供給減少將使均衡價格上升、交易量減少。

10. 供需雙方或任何一方發生改變，均可能使市場均衡價格或數量發生改變，而均衡價格或數量改變的方向與大小則視供給或需求變動的方向與幅度的大小而定。

1. 什麼是價格機能？其構成要件為何？

2. 何謂需求？需求法則為何能夠成立？

3. 需求量的改變與需求的改變有何差異？影響兩者變動的因素有那些？

4. 麵粉的價格下跌，米的需求曲線會如何變動？為什麼？麵包的價格上升，
   奶油的需求曲線可能會怎樣變動？為什麼？

5. 何謂供給？供給法則是何意義？為何發生？

6. 供給量的改變與供給的改變有何不同？影響兩者變動的因素各有那些？

7. 有人說：一種物品的價格上升，它的需求量減少；也有人說：一種物品
   的供給不變，如需求增加，它的價格上升。這兩種說法是否矛盾，試剖
   述之。

8. 試以供需圖形闡釋「物以稀為貴」這句話的意義。

9. 假定其他情況不變，預期未來經濟將趨繁榮，這對於一般財貨的供給將
   有何影響？試分析之。

10. 石油的價格上升，對煤炭的供給、汽車的需求、及石油化學原料的供給，
    各會發生什麼影響？試說明之。

11. 什麼是市場均衡？若市場供需失衡，什麼力量使其重新恢復均衡？

12. 對房屋的需求增加導致房價的上漲，房價高漲導致對房屋的需求減少，
    這兩種現象是否矛盾呢？試以圖形說明之。

13. 假定稻米的需求和供給均增加，但供給增加的程度大於需求增加的程度，
    試用圖解分析此種變化對於稻米市場均衡的影響。

14. 價格機能在自由市場上有什麼功能？你對價格機能具有這些功能的看法
    如何？

第 3 章 經濟組織與循環周流

一個社會的經濟活動，是由不同的參與者所構成，必須對這些參與經濟活動的主體有所瞭解，才能對市場經濟的運行有深一層的認識。每個參與經濟活動的主體，各有不同的功能，且彼此息息相關，它們之間相互的關係形成了一種生生不息的經濟循環周流。

第 1 節 經濟部門與市場種類

一、經濟部門與功能

根據參與經濟活動主體的性質，整個經濟社會可以劃分為四個部門：①家計部門 (household sector)，②企業部門 (business sector)，③政府部門 (government sector)，及④國外部門 (foreign sector)。若一個社會沒有對外貿易關係，則其經濟活動為一閉鎖經濟 (closed economy)；有對外貿易的關係，則為一開放經濟 (open economy)。閉鎖經濟又可分為私人部門 (private sector)──包括有家計及企業部門，與公共部門 (public sector)──即政府部門。開放經濟可分為國內部門 (domestic sector)──包括家計、企業、及政府部門，與國外部門。

每一經濟部門均有其參與經濟活動的主體，稱之為經濟主體 (economic entities) 或經濟單位 (economic units)。每一經濟部門或構成部門的經濟主體都兼具有供給與需求或生產與消費的功能。

㈠家計部門

這部門的經濟主體是家計 (households)，屬於消費單位，對有形之財貨與無形之勞務處於需求的一方。但對生產要素而言，家計是處在供給的一方，主要是對生產單位提供勞力、土地、資本、及企業家精神，因而獲得工資、地租、利息、及利潤的報酬。不過，家計部門對財貨與勞務也有供給，對生產要素也有需求。

㈡企業部門

這部門的經濟主體是廠商 (firm)，屬於生產單位。廠商之下通常還有工廠 (plant)，許多生產同性質產品的廠商構成一個產業 (industry)，一個經濟是由無數的產業組成的。

企業部門的經濟主體也有供給與需求的雙重身分，一方面生產財貨與勞務，供給其他部門使用；同時需要各種的生產要素，將之結合以產出財貨與勞務。不過，企業部門本身對於財貨與勞務也有需求，對生產要素也有供給。

㈢政府部門

這部門又稱公共部門，其經濟主體包括由中央至地方的各級政府、公家機關及團體。這部門的需求功能主要是對財貨與勞務──如辦公文具、雇用公務員──的需求；其供給功能主要是對私人部門提供公共財貨 (public

goods)，如道路、港口、公園、水電、國防、司法等。不過，政府部門對生產要素仍有需求（如公共或國營事業生產所需的生產要素）與供給（如提供私人部門以土地或資本）。

㈣國外部門

這部門的經濟主體是本國從事國際貿易的進、出口商。它們需求本國的財貨或勞務以之輸出外國，同時進口外國的財貨與勞務以之供給本國。不過，國外部門對生產要素亦具有（出口）需求及（進口）供給的功能，如國際間資本與勞力的移動。

由此可知，每個經濟部門對於財貨、勞務、及生產要素，均同時具有供需的功能，但其偏重則各有不同。

二、市場的種類

根據市場上買賣雙方交易的標的而言，市場可分為：①產品市場，②要素市場，及③金融市場。

㈠產品市場 (product markets)

這是財貨與勞務進行交易的地方。產品市場的需求者（買方）主要是家計部門，但也包括企業、政府、及國外部門；供給者（賣方）主要是企業部門，但也包括其他部門。

㈡要素市場 (factor markets)

這是勞力、土地、資本、及企業家精神等生產要素進行交易的地方。要素市場的需求者主要是企業部門，但家計、政府、及國外部門對生產要素亦有需求；供給者主要是家計部門，但企業、政府、及國外部門亦提供生產要素。

(三)金融市場 (financial markets)

這是資金借貸與有價證券進行交易的地方。包括有短期（1年以下）資金、有價證券交易的貨幣市場 (money markets) 與長期（1年以上）資金、有價證券交易的資本市場 (capital markets)——主要是債券與股票市場。金融市場主要的資金需求者是企業部門，但家計、政府、及國外部門同樣有資金的需求；供給者主要是家計部門，但企業、政府、及國外部門同樣也有資金的供給。在開放經濟下，除了貨幣與資本市場外，尚有為方便國與國之間貿易、投資活動順利進行的外匯市場 (foreign exchange markets)，它是本國通貨 (currency) 與外國通貨進行交易的地方。外匯市場外匯（外國通貨）主要的需求者為國外部門的進口商，主要的供給者為國外部門的出口商，但其他部門對外匯亦有供需。

由此可知，每一個經濟部門或主體，同時是每一個市場的供給者及需求者，只不過扮演的角色有輕重之分而已。但在一個以國內市場為主的自由市場經濟制度下，參與市場經濟活動的則以家計與企業部門為主。

第2節 企業的組織

企業部門的組織可根據其經濟主體的大小分為：①工廠 (plant)，指將生產要素予以結合而生產產品的地方，是一個生產單位。②廠商 (firm)，指將生產及行政相結合的企業組織。一家廠商可能只擁有一家工廠，但也可能擁有一家以上的工廠。廠商在以前可能是一規模很小的店舖，在現代則大規模的公司組織日漸普遍。③產業 (industry)，指所有生產同類產品之廠商的集合，如鋼鐵業、紡織業、資訊業。④部門 (sector)，指所有生產性質相近之產業的集合，如紡織業、成衣業等稱為輕工業部門，鋼鐵業、造船

業等稱為重工業部門，或可將經濟劃分為農業部門、工業部門、及服務業部門。在這四層企業部門的經濟主體中，經濟分析主要是以廠商為對象。依據法定的組合形式，廠商的組織又可分為：①獨資 (proprietorship)，②合夥(partnership)，及③公司 (corporation) 等三種不同的形態。

㈠獨　資

這是由資本主獨自出資經營的企業組織，是最古老、最單純、及最普遍的形態。獨資的優點為：①開業、營運容易；②資本主即是老闆，可就近照顧企業，自己決策，能果斷果行。獨資的缺點則為：①規模太小，不能收規模經濟之效；②很難籌得足夠資金，周轉不易，企業難以發展；③無法雇用足夠的專業人才，進行管理分工，經營效率無法提高；④必須負無限債務責任 (unlimited liability)，即該企業如果經營失敗而負債，債權人除了對獨資企業的資產有償還請求權外，對於獨資者的所有財產均有償還請求權。

㈡合　夥

這是指兩位以上的投資者，共同出資經營的企業組織。合夥的優點是：①創業、管理容易；②可進行較細的管理分工；③可以籌得較多的資金。缺點是：①限於幾個人的資本，資本來源仍不夠充裕，企業仍難以發展；②決策難以協調，容易發生衝突，管理功能難以發揮；③如遇合夥者退夥或死亡時，企業組織即行瓦解，故合夥企業不易維持長久；④同獨資一般，合夥者必須共同負無限債務責任，即合夥企業有債務發生時，合夥人均負連帶償還的無限責任，亦即債權人對合夥企業本身的資產及所有合夥人私人的資產，均有請求償還的權利。

㈢公　司

這是依據法律規定，有 2 人以上的股東，經由認購股份而共同集資成立

的企業組織❶。公司是一法律主體 (legal entity)，為一法人 (legal person) 組織，其優點是：

1.資金來源充分，可以籌得充足資本

公司可以經由發行股票 (stocks)、發行債券 (bonds)、或向金融機構貸款等途徑，籌得足夠資本，以利企業發展。公司發行的股票又可分為：①優先股 (preferred stocks)，可以優先分得一定比例的股息（股金的利息），在公司清算時可以優先取得資產的償還，但不能分享紅利；②普通股 (common stocks)，此種股份須等優先股的股息分配完後，有剩餘時才可以分配股息，但除股息之外尚可分享利潤（即紅利）。

2.所有權與管理權分開

股東出資籌組公司，所有權屬於股東，公司雇用企業專家經營管理，管理權屬於企業家。如此，權責分明，可以進行有效的管理分工，提高企業經營效率。

3.負有限債務責任(limited liability)

即債權人只能對公司的資產有償還請求權，股東的損失只限於其所持有股票的價值，此外不負任何連帶債務責任。

4.可以有持續穩定的發展

公司為一法人組織，只要它所發行的股票仍然為人們所願意持有，其營業不受股權移轉或股東死亡的影響，故有利於長期計畫的執行與企業的成長。

5.可以促進經濟民主

---

❶ 根據我國公司法的分類，公司分為：①無限公司，指 2 人以上股東所組織，對公司債務負連帶無限清償責任之公司；②有限公司，由 1 人以上股東所組織，就其出資額為限，對公司債務負其責任之公司；③兩合公司，指 1 人以上無限責任股東，與 1 人以上有限責任股東所組織，其無限責任股東對公司債務負連帶無限清償責任，有限責任股東就其出資額為限，對公司負其責任之公司；④股份有限公司，指 2 人以上股東或政府、法人股東一人所組織，全部資本分為股份，股東就其所認股份，對公司負其責任之公司。

公司主要的決策須經股東大會或董事會開會決定，而非管理部門所能獨斷，這可以擴大經濟活動的參與，有利經濟的民主化。

公司組織的缺點有：

⑴法令約束較多，成立公司的手續較繁複。

⑵公司組織資金雄厚，容易發展成壟斷企業、妨害人民利益。

⑶經濟力量龐大的公司，很可能成為影響、甚至左右政府決策的財閥。

⑷股東大會與董事會有時並不真能監督管理部門，甚而站在附和的立場，造成管理部門的極權，而無法實現經濟民主。

雖然公司組織有以上的缺點，但從整個社會的觀點來看，以公司型態組織企業，對社會有以下的好處：

1.業務資料公開

公司定期公佈代表流量的損益表 (income sheet)，這是在一段時間（通常為一年）內的公司營業、財務狀況報告，及代表存量的資產負債表 (balance sheet)，這是在某一時點（通常是一年的最後一日）的公司營業、財務狀況報告，有助於社會大眾對公司經濟活動的瞭解。

2.產品價格便宜

公司組織能夠籌集足夠的資本，進行大規模生產，而使成本下降，產品價格降低。

3.消費者有保障

公司是一法人組織，個人可對其進行控訴，當其產品使消費者受到損害時，消費者可以控訴公司要求賠償。

4.方便管理

公司組織依法登記，目標明顯，凡有危害社會的行為產生時，政府容易加以糾察、管理。

5.有利經濟成長

因為公司組織能夠籌集大量的資本，可以長期持續存在，故較其他的企業組織更願意而且能夠進行研究、發明、與創新活動，因而有利於整體

經濟的成長。

鑒於以上的這些好處，現代各國政府均積極鼓勵廠商以公司形態來組成。

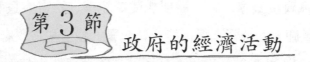 第 3 節 政府的經濟活動

古典學派的經濟學者極力推崇自由競爭的市場經濟制度，認為經由價格機能的引導，人們在追求自利的過程中，會使社會福利自動達於最大。因此，干涉愈少的政府就是愈好的政府，主張政府採自由放任的態度。但是，在現實的經濟環境裏，自由競爭市場的理想並無法實現，諸多的缺失不斷出現，基於社會與群眾的利益，乃有政府干預的必要，以彌補市場經濟的不足。

一、政府的開支與租稅

政府功能的發揮，是經由各級政府的開支與租稅的收入來執行。政府將未來一段期間的開支與收入，逐項列舉估計，稱之為政府預算 (budget)。若政府的收入大於開支，會產生預算盈餘 (budget surplus)；若收入小於開支，會產生預算赤字 (budget deficit)；若收入等於開支，則為平衡預算 (balanced budget)。在一般的情況下，政府通常都追求收入與支出的平衡。

現代世界各國，逐漸有中央政府的支出比重相對提高的趨勢。政府利用租稅收入與支出的預算手段，以達到經濟穩定、成長、公平，及國際收支平衡等目標的實現，稱之為財政政策 (fiscal policy)。一般咸信，政府財政政策的實行，應以對私人經濟活動的干涉愈少愈好。

政府的開支可以區分為兩大類：①購買財貨與勞務的開支，包括有政

府的消費開支，如雇用公務員、購買辦公文具等，及政府的投資開支，如道路、公園、港口、機場的興建等；②移轉支付，這是政府部門對私人部門的片面無償給付，如災害救濟、社會安全與福利給付等。

　　政府開支主要來自租稅 (tax)收入。租稅是人民對政府的一種義務給付，政府為達成公共目標所需之財源，依法律向人民（包括法人）課徵，是強制性的無償徵收。對於租稅，我們應有以下的基本認識：

㈠稅　基 (tax base)

　　課稅所賴以依據的金額，稱之為稅基。如對 1 萬元的物品課稅，這1萬元就是稅基。

㈡稅標的 (tax target)

　　課稅的對象，稱之為稅標的。根據稅標的之不同，租稅一般分類為：

1.所得稅(income tax)

　　指以所得為課稅標的之租稅，又可分為以個人所得為課稅標的之個人所得稅、以公司利潤所得為課稅標的之公司所得稅❷、及以財產交易所得為課稅標的之財產交易所得稅❸。

　　個人所得並非是全部皆為稅基。個人所得扣除免稅額 (exemptions)──包括本人、配偶、及扶養親屬的生活必需費用，及扣除額 (deductions)──包括捐贈、保險費、醫藥費用、及災害損失等，剩餘的才是可課稅所得 (taxable income)，亦即個人所得稅的稅基。現今世界各國為了促進所得的平均分配，對於個人所得稅大都採行累進稅制。對先進國家而言，個人與公司所得稅是中央政府的主要稅收來源。一個國家的經濟愈進步，稅制愈健全，其所得稅佔租稅收入的比重也就愈大。

---

❷ 如我國的綜合所得稅（對個人）及營利事業所得稅（對公司）。

❸ 世界各國對財產交易所得課稅的最重要兩個對象是證券交易所得與房地產交易所得（即證券與房地產買賣價格的差額），我國的證券交易所得稅與土地增值稅屬之。

2.財產稅(property tax)

指以財產為課稅標的之租稅，房屋稅、土地稅、遺產稅、及贈與稅等屬之。

3.消費稅(consumption tax)

指以消費為課稅標的之租稅，貨物稅 (excise tax)、關稅(customs duties)、及銷售稅 (sales tax)或加值稅 (value-added tax)等屬之[4] 。

4.薪給稅 (payroll tax)

指以薪給為課稅標的之租稅，又稱為社會安全稅 (social security tax)。這是為了支付社會安全計畫（如健康保險、失業保險、退休養老金）的支出，而對每次的薪水給付課徵一定比例的租稅。

(三)稅　率 (tax rate)

稅額對稅基之比為稅率，即稅率 $= \dfrac{稅額}{稅基}$。稅率可分為：①平均稅率 (average tax rate)，為平均 1 單位稅基所需繳納的稅額，即納稅總額與稅基總額的比率，亦即平均稅率 $= \dfrac{納稅總額}{稅基總額}$；②邊際稅率 (marginal tax rate)，為額外 1 單位稅基所需繳納的稅額，即對額外增加 1 單位之稅基與其所增課之稅額的比率，亦即邊際稅率 $= \dfrac{稅額增量}{稅基增量}$。根據稅率的性質，租稅可分類為：

1.比例稅(proportional tax)

即稅率不隨稅基總值之改變而改變的租稅，亦即邊際稅率不變的租稅。圖 3–1，橫軸代表稅基，縱軸代表稅率，T_1 就是代表固定稅率的比例稅。

2.累進稅(progressive tax)

即稅率隨稅基總值的增加而遞增的租稅，亦即邊際稅率遞增的租稅。圖 3–1 的 T_2 代表累進稅。

---

[4] 我國從 1986 年起，實施加值稅制（新制營業稅）。

3.累退稅(degressive tax)

即稅率隨稅基總值的增加而遞減的租稅，亦即邊際稅率遞減的租稅。圖 3-1 的 T_3 代表累退稅。

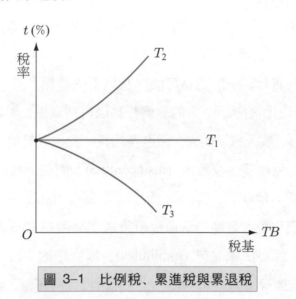

圖 3-1　比例稅、累進稅與累退稅

一般的租稅如消費稅、薪給稅，均採用比例稅。所得稅、財產稅、遺產稅、及贈與稅大都採累進稅。現實社會的租稅中，找不到累退稅的表面事例——即全世界各國的稅法與稅則之中，都不會有隨稅基之升高而稅率降低的情形，累退稅是理論上由比例稅所衍生而來的。例如，每月所得 50,000 元的人，買一雙 2,000 元的皮鞋，繳納5%的比例銷售稅100 元。每月所得 100,000 元的人，同樣買一雙 2,000 元的皮鞋，繳納 5%的比例銷售稅 100 元。雖然表面上兩者同樣繳納 100 元的比例銷售稅。但對所得 50,000 元的人而言，稅額佔其所得比例為 0.2%；對所得 100,000 元的人而言，稅額佔其所得比率為 0.1%，形成一種所得高，租稅負擔輕；所得低，租稅負擔反而重的累退現象。

累進稅制的實行，一般認為其優點為:

⑴有使財富與所得分配平均的功效。由遞增的邊際稅率，使所得高、財富多的人，租稅負擔重；所得低、財富少的人，租稅負擔輕。如此，可以

降低財富與所得分配的不平均❺ 。

　⑵有自動穩定經濟活動的功效。經濟繁榮時，國民所得增加，物價上升，由於累進稅的實施，稅收會自動增加，可以緩和物價膨脹；經濟衰退時，國民所得減少，失業增加，由於累進稅的實施，稅收會自動減少，可以緩和經濟衰退。

　累進稅制的實行，一般認為可能存在以下的缺點：

　⑴降低人們工作的誘因。人的經濟行為以自利為主，而累進稅的實施，乃使工作愈努力、收入愈多的人，繳愈多的稅，於是對於努力奮發的人不但缺乏激勵作用，反而產生反激勵 (disincentive)，而使社會缺少努力工作、創業與冒險創新的精神。

　⑵驅使人們逃稅。高度的累進稅率將誘使高所得者尋求租稅規避 (tax avoidence)──探尋法律漏洞 (loopholes)，以合法的手段，使個人稅負減至最低；或租稅逃避 (tax evasion)──隱瞞所得，用漏報、短報等非法的方式逃稅，以減輕個人的租稅負擔。這不僅腐蝕稅基，導致稅負不公平，且助長地下經濟 (underground economy) 活動的盛行。

　⑶減少工作機會。對公司利潤課以累進的公司所得稅，一方面不僅是重複課稅 (double taxation)──公司利潤要繳公司所得稅，股東分配到利潤後又須繳納個人所得稅；一方面又減少公司的稅後利潤，使公司保留的未分配盈餘也隨之減少，公司的投資可能因此降低，所能創造的就業機會也就減少。

㈣稅的歸宿 (tax incidence)

　租稅的實際負擔者稱之為稅的歸宿。依據租稅負擔能否轉嫁 (shift) 作標準，租稅可分類為：

---

❺ 目前我國個人所得稅累進稅率分為 5 級。所得淨額（總所得減除免稅額與扣除額後的餘額）在 30 萬元以下，稅率 6%；30～80 萬元之間，稅率 13%；80～160 萬元之間，稅率 21%；160～300 萬元之間，稅率 30%；300 萬元以上，稅率 40%。

1.直接稅(direct tax)

凡稅負 (tax burden) 不能轉嫁給他人的租稅稱之，亦即付稅者就是稅的最後歸宿者。如個人所得稅、財產稅、遺產稅。

2.間接稅(indirect tax)

凡稅負可以全部或部分轉嫁的租稅稱之，亦即付稅者不是稅的最後歸宿者。如銷售稅、貨物稅。間接稅的轉嫁又可分為：①向前轉嫁，即政府課稅，納稅的廠商對消費者提高產品價格，而以增加的收入支付稅額；②向後轉嫁，即政府課稅，納稅的廠商要求提供其原料或中間產品的廠商降低價格，使成本下降，而以節餘的資金支付稅額。至於是向前或向後轉嫁、轉嫁幅度的大小，視抗拒租稅轉嫁力量的強弱而定。

二、租稅的目標與原則

政府課徵租稅除了是要取得開支所需的收入外，更積極的目的是要利用租稅手段來達成經濟目標，而其主要的目標有：促進資源有效運用、促進經濟穩定、促進所得公平分配、促進經濟發展、及促進對外國際收支平衡。亞當史密斯在其《國富論》一書裏，曾經提到政府課徵租稅時，所應遵循的四個原則：

1.公　平

每一個人所納的稅應與其所得成同樣的比例，如此才能使所得愈高的人納的稅愈多，所得愈低的人納的稅愈少。

2.確　定

應使人民知道何時繳稅，要繳什麼稅，並使政府的稅收穩定可靠。

3.方　便

租稅應以人們最方便的方式來課徵，即以不擾民為原則。

4.經　濟

應使政府的稅務行政支出佔稅收的比例達到最小。

根據以上的原則，現代的經濟學家們認為現代政府課稅應遵循的原則為：

1.公　平

租稅應由社會人們來公平分配負擔。

2.符合經濟目標

租稅是政府實現經濟目標的有力工具之一，其課徵自應配合達成所追求的經濟目標。

3.可行性

租稅的課徵，無論在稅基、稅標的、及稅率方面，均應合乎公平合理，讓一般民眾能夠接受，而後才能順利執行。

任何租稅制度能否成功，其關鍵在於能否使人民相信它是一種公平的制度。唯有公平的租稅制度，才能為社會大眾所接受，才能順利執行。當人們認為租稅制度不公平時，就會設法逃避它、抗拒它，稅務行政的效率與風氣也就容易低落。要評定一種租稅制度是否公平，有兩種標準：

1.橫的公平

即所得與財富一樣多的人，就必須繳納一樣多的稅。

2.縱的公平

即所得與財富不一樣的人，所繳的稅也就不一樣。所得與財富多的人，多納稅；所得與財富少的人，少納稅。

要使租稅的課徵能夠公平，一般認為可以根據下面的兩個基本原則課徵租稅：

1.受益原則 (benefit principle)

主張人民納稅的多少，應根據其由政府開支所得到受益的大小來決定。這個原則在應用上有兩點困難：

⑴人民由政府開支得到的受益大小，很少是能夠測度、決定的。如個人由道路、公園、港口、司法、國防、學校等公共財貨得到的利益如何決定？

⑵得到受益的人不一定有能力負擔租稅。如得到社會福利救助的人，

那有能力負擔租稅呢？

　　2.量能原則 (ability-to-pay principle)

　　主張按納稅能力的大小來決定租稅負擔的多少。這個原則的應用同樣有兩點困難：

　　⑴納稅能力很難有客觀的標準加以測度、決定。財富、所得較多的人，其開支亦較多，因此很難說一定有較大的納稅能力。

　　⑵縱然納稅能力能夠決定，其大小亦難以區分。如兩個人同樣有能力負擔租稅，但兩者納稅能力的大小、相差程度的大小等仍是很難決定的。

　　在現實的社會，租稅課徵以量能原則為主，但在規費的課徵上則以受益原則為主。

第 4 節　經濟循環周流

　　經濟活動就如同人體的血脈一樣，周流不息。我們可將以上介紹過的經濟主體與市場之間的關係，予以聯繫起來，成為一個經濟循環周流 (economic circular flow) 的圖表，藉助這個圖表，可以對市場經濟的運行有更深刻的認識❻。

　　圖 3-2 是一最簡化的兩部門與兩市場循環周流模型。在要素市場，家計部門供給生產要素，企業部門對生產要素產生需求；企業部門必須支付要素成本以取得需求的生產要素，家計部門因為供給生產要素，而取得生產要素的所得收入。在產品市場，企業部門將從要素市場取得的生產要素，予以組合而產出產品，供給到產品市場，家計部門將從要素市場取得的要素所得，在產品市場購買所需求的產品；家計部門必須付出消費開支，以

---

　　❻ 經濟循環周流的概念最早是由十八世紀法國經濟學家奎納 (Froncois Quesnay) 所提出。

取得需求的產品，企業部門因為供給產品，而取得銷貨的收入。因為家計與企業部門同時兼具需求與供給的功能，而形成這種生生不息的經濟循環周流。

根據以上的分析可知，循環周流的上半圈，是一種產品周流 (products flow)；下半圈是一種要素周流 (factors flow)。內圈反時針方向的周流，是一種實物周流 (physical flow)，或稱為實質周流 (real flow)；外圈順時針方向的周流是一種貨幣收支的貨幣周流 (money flow)。加入貨幣因素後的貨幣周流，是否會影響到實物周流的本質呢？古典學派認為貨幣只是一層面紗，並不會影響到實物周流的進行，反而有加強推動實物周流順利運行的功能。

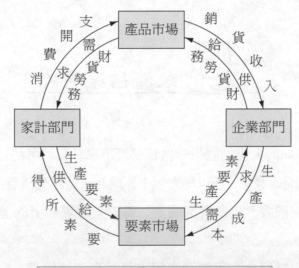

圖 3-2　兩部門與兩市場的循環周流

複雜的經濟活動，藉助循環周流模型，可以簡單、清楚地予以表示出來。整個經濟學研究的重心，就是這個簡單模型所表示的基本關係。

重要名詞

經濟部門	閉鎖經濟
開放經濟	私人部門
公共部門	國內部門
國外部門	經濟主體
廠商	產業
貨幣市場	資本市場
外匯市場	公共財貨
預算盈餘	預算赤字
平衡預算	稅基
稅標的	可課稅所得
平均稅率	邊際稅率
比例稅	累進稅
累退稅	租稅規避
租稅逃避	重複課稅
租稅歸宿	直接稅
間接稅	橫的公平
縱的公平	受益原則
量能原則	經濟循環周流
產品周流	要素周流
實物周流	貨幣周流

摘　　要

1. 在經濟分析上，我們將整個經濟劃分成家計、企業、政府、及國外等四個部門，每一個部門各有其參與經濟活動的主體，每一部門或經濟主體在市場上，均同時具有供給與需求的功能，但所偏重則各有不同。

2. 根據市場上買賣雙方交易之標的內容不同，市場可分為產品、生產要素、及金融市場三種，每一種市場均分別有其主要的供給者與需求者。

3. 企業部門的組織是由工廠、廠商、產業、及部門等大小不同的經濟主體所構成，而以廠商為經濟分析的單位。依據法律，廠商的組織又可分為獨資、合夥、及公司等不同型態，現代企業組織則以公司型態為最普遍、重要。

4. 政府的開支可分為消費開支、投資開支、及移轉支付。租稅依稅標的可分為所得稅、財產稅、消費稅、及薪給稅等，依稅率可分為比例稅、累進稅、與累退稅，依稅的歸宿可分為直接稅與間接稅。

5. 除了取得收入外，租稅的課徵更在於達成促進資源的有效運用、經濟穩定、所得公平分配、經濟發展、與國際收支平衡等目標。

6. 課徵租稅所應遵循的原則，亞當史密斯曾提出公平、確定、方便、與經濟等原則。現代經濟學者則認為應遵循公平、符合經濟目標、與可行性的原則。

7. 評定一種租稅制度是否公平，有橫的公平與縱的公平兩種標準。要使租稅的課徵能夠公平，可以根據受益原則及量能原則來執行。

8. 複雜的經濟活動，無論是貨幣或實質的現象，藉助循環周流模型，均可以清楚地表示出各經濟部門與各市場之間的關係。

1. 在經濟分析上，通常將全經濟社會劃分為那幾個部門？每一部門參與經濟活動的主體為何？其主要的功能為何？

2. 在經濟分析上，通常將市場區分為那幾類？每一市場的參與主體為何？

3. 試分述各主要類型企業組織的優劣點。公司組織為何成為現代最普遍的企業組織型態？

4. 試概述政府預算的要義，對於政府的開支與租稅，應有那些基本的認識？

5. 累進稅有那些優點與缺點？在什麼情況下會產生累退稅的現象？

6. 何謂直接稅？其最後的歸宿何在？

7. 租稅的課徵應遵循那些基本原則？政府課徵租稅的經濟目標何在？

8. 評定租稅公平與否有什麼標準？要使租稅課徵能夠公平，有什麼原則可以遵循？實際應用時有什麼困難產生？

9. 對於公共設施，有人主張「使用者付費」，你的看法如何呢？

10. 試以兩部門與兩市場的循環周流圖形，說明市場經濟的運作？

第 4 章　需求與供給彈性

　　需求法則陳述一種財貨或勞務的需求量與其價格呈減函數的關係，表示需求者在價格低時，需求量大；價格高時，需求量小。供給法則陳述一種財貨或勞務的供給量與其價格呈增函數的關係，表示供給者在價格低時，供給量小；價格高時，供給量大。吾人不禁要問，財貨或勞務的價格如果發生變化，到底會使其供需量產生多少相對應的變化呢？這就是供需的價格彈性問題。

　　彈性 (elasticity) 是一種反應 (responsiveness)。如果一個變數發生改變而引起另一個變數隨著發生反應，這種反應就是有彈性，沒有反應就是沒有彈性。彈性有大小，反應大，彈性就大；反應小，彈性就小。換句話說，一個函數關係——$Y = f(X)$，如果解釋變數 (X) 稍一改變，應變數(Y) 就發生劇烈反應，表示彈性大；反應弱，就表示彈性小。供需彈性所探討的就是當影響供給與需求的因素發生一定的改變時，供給量與需求量將會產生多大的對應變動。

 需求彈性

一、需求價格彈性的意義

　　需求價格彈性 (price elasticity of demand)──通稱需求彈性，其定義為：在一定時間內，消費者對一種財貨或勞務的需求量，隨其價格變動而發生的相對反應程度，亦即需求量變動之百分比與價格變動之百分比的相對比率。

　　不同產品衡量的價格尺度與數量單位各不相同，因此直接比較價格與數量的變化將無意義。例如，米以斤衡量，汽車以輛衡量；一塊錢的價格變動對 1 斤米而言很大，對 1 輛汽車而言非常微小。因此，比較一塊錢價格變動對米及汽車需求的影響將無意義。

　　由於彈性所測量的是兩個變數之百分比變動的相對比率，因此用不同單位衡量價格與數量的產品之間，可以作彈性大小的比較。例如，一塊錢的價格變動對於米的需求的影響與一萬塊錢的價格變動對汽車需求量的影響，唯有兩者均以百分比變化的形式相比較，才可看出它們變動程度的大小。

二、需求價格彈性的測量

　　根據定義，需求價格彈性是需求量變化之百分比與價格變化之百分比的相對比率，這個比率稱之為需求價格彈性係數 (coefficient of price elasticity of demand)。以 ε 代表此係數，則

$$\varepsilon = (-)\frac{\text{需求量變動的百分比}}{\text{價格變動的百分比}} = (-)\frac{\dfrac{\text{需求量的變額}}{\text{需求量的總額}}}{\dfrac{\text{價格的變額}}{\text{價格的總額}}}$$

$$= (-)\frac{\dfrac{\Delta Q}{Q}}{\dfrac{\Delta P}{P}} = (-)\frac{\Delta Q}{\Delta P}\frac{P}{Q}$$

因為 $\varepsilon = (-)\dfrac{\Delta Q}{\Delta P}\dfrac{P}{Q}$，而 $\dfrac{\Delta Q}{\Delta P}$ 正好是需求曲線斜率的倒數，所以需求價格彈性與需求曲線的斜率呈反變關係，即斜率（絕對值）愈大，彈性愈小；斜率愈小，彈性愈大。根據需求法則，$\dfrac{\Delta Q}{\Delta P}$ 為一負值。因此，在 $\dfrac{\Delta Q}{\Delta P}\dfrac{P}{Q}$ 之前加上負號，需求價格彈性將成為正數；否則，將為負數。

　　對於需求彈性的測量，通常有兩種計算的方法，一是點彈性 (point elasticity)，一是弧彈性 (arc elasticity)。根據圖 4–1，我們說明這兩種彈性如何計算。

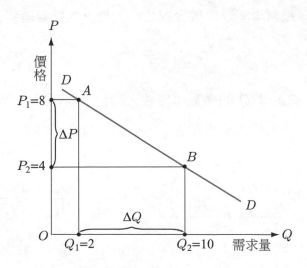

圖 4–1　點彈性與弧彈性的計算

㈠點彈性

根據需求彈性計算公式，$\varepsilon = (-)\dfrac{\Delta Q}{Q}\bigg/\dfrac{\Delta P}{P}$，如果 P 與 Q 分別以 P_1 及 Q_1 代入，則計算出來為 A 點的彈性；如果 P 與 Q 分別以 P_2 及 Q_2 代入，則計算出來為 B 點的彈性，這是點彈性稱呼的由來。

如果 P 與 Q 在變化前與在變化後的差距很微小，則不論以變化前或以變化後的 P 與 Q 的數值代入，得到 ε 的值不會有多大的偏差，因而可以不必計較；如果 P 與 Q 在變化前與在變化後的差距很大，則全以變化前或全以變化後的 P 與 Q 的數值代入，求出的 ε 值均將有很大的偏差。在此情況下，需求彈性的計算公式可以適當地修正為：

$$\varepsilon = (-)\frac{\dfrac{\Delta Q}{Q_1}}{\dfrac{\Delta P}{P_2}}, \quad 或\varepsilon = (-)\frac{\dfrac{\Delta Q}{Q_2}}{\dfrac{\Delta P}{P_1}}$$

上式 P_1 與 Q_1 代表變化前的數值，P_2 與 Q_2 代表變化後的數值。這樣，價格與數量總額均同時取較大或較小的值，估計偏差將比較小。

㈡弧彈性

當價格 P 與數量 Q 的變動幅度較大時，通常都以 P 與 Q 變化前與變化後數值的中間值代入需求彈性計算公式，這樣求得的 ε 值較為準確，其公式為：

$$\varepsilon = (-)\frac{\dfrac{Q_2 - Q_1}{Q_2 + Q_1}}{2}\bigg/\frac{\dfrac{P_2 - P_1}{P_2 + P_1}}{2} = (-)\frac{Q_2 - Q_1}{Q_2 + Q_1}\bigg/\frac{P_2 - P_1}{P_2 + P_1}$$

$$= (-)\frac{\Delta Q}{\Delta P}\frac{P_2 + P_1}{Q_2 + Q_1}$$

根據以上公式計算出來的將是 AB 線段的彈性，這是弧彈性稱呼的由來。以圖 4–1 說明點彈性及弧彈性的實際計算。假設價格由 8 元 (P_1) 降到 4 元 (P_2)，需求量由 2 單位 (Q_1) 增至10 單位(Q_2)，則依點彈性計算為：

(1)取 P_1、Q_1 或 P_2、Q_2：

$$\varepsilon = \frac{\dfrac{\Delta Q}{Q_1}}{\dfrac{\Delta P}{P_1}} = \frac{\dfrac{10-2}{2}}{\dfrac{4-8}{8}} = \frac{\dfrac{8}{2}}{\dfrac{-4}{8}} = -8 \cdots A \text{ 點彈性，偏高}$$

$$\varepsilon = \frac{\dfrac{\Delta Q}{Q_2}}{\dfrac{\Delta P}{P_2}} = \frac{\dfrac{10-2}{10}}{\dfrac{4-8}{4}} = \frac{\dfrac{8}{10}}{\dfrac{-4}{4}} = -\frac{4}{5} \cdots B \text{ 點彈性，偏低}$$

(2)取 P_2、Q_1 或 P_1、Q_2：

$$\varepsilon = \frac{\dfrac{\Delta Q}{Q_1}}{\dfrac{\Delta P}{P_2}} = \frac{\dfrac{10-2}{2}}{\dfrac{4-8}{4}} = \frac{\dfrac{8}{2}}{\dfrac{-4}{4}} = -4 \cdots \text{ 較適中}$$

$$\varepsilon = \frac{\dfrac{\Delta Q}{Q_2}}{\dfrac{\Delta P}{P_1}} = \frac{\dfrac{10-2}{10}}{\dfrac{4-8}{8}} = \frac{\dfrac{8}{10}}{\dfrac{-4}{8}} = -1.6 \cdots \text{ 較適中}$$

(3)弧彈性計算為：

$$\varepsilon = \frac{\dfrac{\Delta Q}{(Q_1+Q_2)/2}}{\dfrac{\Delta P}{(P_1+P_2)/2}} = \frac{\dfrac{10-2}{(2+10)/2}}{\dfrac{4-8}{(4+8)/2}} = \frac{\dfrac{8}{6}}{\dfrac{-4}{6}} = -2 \cdots \text{ 適中}$$

　　需求彈性的正負符號並不代表大小，只是代表價格與需求量變化的方向。由於需求的數量與價格呈減函數的關係，其價格彈性係數必然為負，而彈性的大小通常由彈性係數的絕對值比較。只要有實際的價格與數量的變動資料，就可以代入點或弧彈性公式而求得需求彈性。

　　接著，我們探討如何決定需求曲線圖上任何一點彈性的大小。圖 4–2，需求曲線是一條非直線型的曲線，如何求得 P_1 及 Q_1 組合點 E 的需求彈性呢？首先，劃一條與 E 點相切的直線 AB，設價格由 P_1 降為 P_2，需求量由 Q_1 增為 Q_2。如果 P_1 與 P_2 之間的差距非常微小，則 Q_3 與 Q_2 也

將非常地接近，因此在計算 E 點彈性時可以 Q_3 代替 $Q_2$❶。

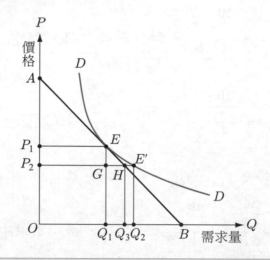

圖 4-2　非直線型需求曲線上點彈性的測量

其次，將圖形上的值（以線段長度衡量）代入點彈性的計算公式：

$$\varepsilon = \frac{\dfrac{\Delta Q}{Q}}{\dfrac{\Delta P}{P}} = \frac{\dfrac{Q_1Q_2}{OQ_1}}{\dfrac{P_1P_2}{OP_1}} = \frac{\dfrac{Q_1Q_3}{OQ_1}}{\dfrac{P_1P_2}{OP_1}} = \frac{Q_1Q_3}{P_1P_2}\frac{OP_1}{OQ_1}$$

因為 $\dfrac{Q_1Q_3}{P_1P_2} = \dfrac{GH}{EG}$，且 ΔEGH 與 ΔEQ_1B 為相似三角形，所以

$\dfrac{GH}{EG} = \dfrac{Q_1B}{EQ_1} = \dfrac{Q_1B}{OP_1}$。因此，

$$\varepsilon = \frac{Q_1B}{OP_1}\frac{OP_1}{OQ_1} = \frac{Q_1B}{OQ_1}$$

因為 EQ_1 與 AO 相平行，所以 $\dfrac{Q_1B}{Q_1O} = \dfrac{EB}{EA} = \dfrac{P_1O}{P_1A}$。因此，估計非

直線型需求曲線上 E 點價格微量變動的彈性公式為：

$$\varepsilon = \frac{EB}{EA} = \frac{Q_1B}{Q_1O} = \frac{P_1O}{P_1A}$$

同樣地，只要對非直線型需求曲線上任何一點畫一條直線與其相切，而

---

❶ 這是依據微積分上無限微量變動的觀念。

後計算此點到需求量軸之距離與其到價格軸之距離的相對比率，即可求得此點的彈性。此一彈性計算公式應用到直線型需求曲線，可以準確地判斷該線上任何一點彈性的大小。圖 4–3，M 為需求曲線 DD' 的中點，其彈性等於 $1\left(=\dfrac{MD'}{MD}\right)$；在 M 點左邊任何一點的彈性均大於 1（如 R 點彈性 $=\dfrac{RD'}{RD}$）；在 D 點彈性無限大；在 M 點右邊任何一點的彈性均小於 1（如 S 點彈性 $=\dfrac{SD'}{SD}$）；在 D' 點彈性等於零。職是之故，需求曲線上每一點的彈性均不相同，只有中點的彈性等於 1，其以上愈接近價格軸的部分——表示量愈少、邊際效用愈高，需求彈性愈來愈大；其以下愈接近需求量軸的部分——表示量愈多、邊際效用愈低，需求彈性愈小。

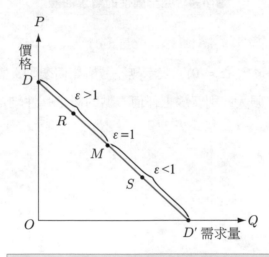

圖 4–3　直線型需求曲線上點彈性的測量

三、彈性係數與彈性分類

根據所計算之需求價格彈性係數的絕對值，可將彈性程度分類如下：

1.完全彈性 (perfectly elastic)

即彈性係數為無限大 ($\varepsilon = \infty$)，表示價格略有下跌，需求量增至無窮

大；價格略有上升，需求量減至零。若需求曲線為一條與橫軸平行的直線，其斜率等於零，則直線上任何一點的需求彈性均為無限大（圖 4-4）。

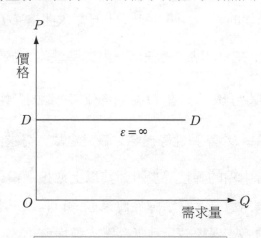

圖 4-4　完全彈性的需求曲線

2.完全缺乏彈性 (perfectly inelastic)

即彈性係數等於零 ($\varepsilon = 0$)，表示無論價格如何變動，需求量始終不變。若需求曲線斜率無限大，則直線上任何一點的需求彈性均為零（圖 4-5）。

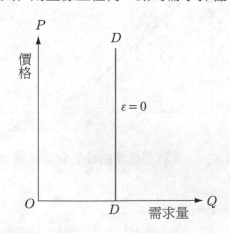

圖 4-5　完全缺乏彈性的需求曲線

3.中一彈性 (unitarily elastic)

即彈性係數等於 1 ($\varepsilon = 1$)，表示需求量變動的百分比等於價格變動的百分比。若需求曲線為一條直角雙曲線，則線上任何一點的切線到兩軸的

距離均相等，故彈性均等於 1（圖 4–6）。

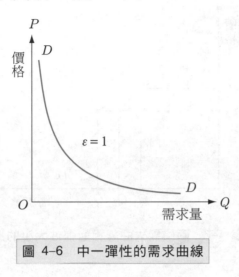

圖 4–6　中一彈性的需求曲線

4.富於彈性 (elastic)

即彈性係數大於 1 $(\varepsilon > 1)$，表示需求量變動的百分比大於價格變動的百分比。

5.缺乏彈性 (inelastic)

即彈性係數小於 1 $(\varepsilon < 1)$，表示需求量變動的百分比小於價格變動的百分比。

我們知道，任何一條需求曲線均有富於、中一、及缺乏彈性的部分，因此兩條需求曲線彈性的比較是相對的。必須兩者的價格與數量的衡量尺度一樣，且價格變化的幅度相同才能進行比較。圖 4–7，兩條需求曲線的價格與數量的衡量尺度一樣，價格變化的幅度 $P_1 P_2$ 也相同，結果 $D_1 D_1$ 的需求增加量為 $Q_1 Q_2$，$D_2 D_2$ 的需求增加量為 $Q_1 Q_2'$。顯然地，$Q_1 Q_2 > Q_1 Q_2'$。因此，我們聲稱 $D_1 D_1$ 較 $D_2 D_2$ 需求曲線相對富於彈性 (relatively elastic)，$D_2 D_2$ 較 $D_1 D_1$ 需求曲線相對缺乏彈性 (relatively inelastic)。通常說那一條需求曲線較富於或缺乏彈性，是針對這種相對的比較觀念而言的[2]。

---

[2] 在圖形上，需求曲線愈平滑（斜率愈小），其將愈富於彈性。

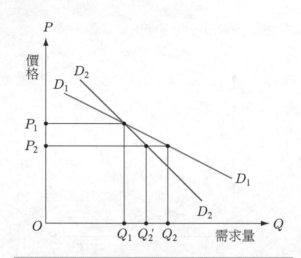

圖 4-7　兩條需求曲線相對彈性大小的比較

四、需求彈性的決定因素

市場上任何財貨或勞務的需求，其相對需求價格彈性的大小，主要受到以下幾個因素的影響：

1.替代品的數目與替代性的強弱

任何一種產品，其替代品愈多，替代性愈強，表示產品間的競爭愈強，價格變動所引起需求量變動的反應也就愈強烈，彈性愈大；反之，替代品愈少，替代性愈弱，彈性也就愈小。

2.必需品抑奢侈品

必需品是生活中不可或缺的消費，縱然價格改變，需求量也不會有太大的變化，所以彈性小；奢侈品是生活中可有可無的消費，其價格發生改變時，消費者的需求量將有較大的變動，所以彈性較大。

3.佔消費者總開支比例的大小

一種財貨的消費佔消費者總開支的比例愈大，其價格變動對實質所得的影響愈大，需求量的改變也就愈大，故愈富於彈性；反之，一種財貨的消費佔消費者總開支的比例愈小，其彈性也就愈小。

4.時間的長短

一個人的消費習慣與偏好在長期間較在短期間容易改變、養成。因此，價格改變的結果，時間愈長，愈能改變消費習慣，彈性也就愈大；時間愈短，消費習慣無法馬上改變，彈性較小。

5.用途的多寡

一種財貨的用途愈廣，其價格改變對需求量的影響愈大，彈性將愈大；反之，用途較少的財貨，其價格彈性也就較小。

6.消費者的人數

對整個市場而言，一種財貨的消費者愈多，受到價格改變影響的人愈多,彈性愈大；反之，消費者愈少，受到價格改變影響的人愈少，彈性就愈小。

五、需求的交叉彈性與所得彈性

任何財貨的需求量，除本身的價格外，尚受到其他相關物品價格的影響。因此，在一段時間內，一種財貨的需求量隨另一種相關財貨價格變動而發生的相對反應程度，或一種財貨需求量變動之百分比對另一種相關財貨價格變動之百分比的相對比率，稱之為需求的價格交叉彈性 (price cross-elasticity of demand)。

以 ε_{XY} 代表 X 產品需求量對 Y 產品價格改變的價格交叉彈性，則

$$\varepsilon_{XY} = \frac{\dfrac{X\ 需求量的變額}{X\ 需求量的總額}}{\dfrac{Y\ 價格的變額}{Y\ 價格的總額}} = \frac{\dfrac{\Delta Q_X}{Q_X}}{\dfrac{\Delta P_Y}{P_Y}} = \frac{\Delta Q_X}{\Delta P_Y}\frac{P_Y}{Q_X}$$

由交叉彈性係數的符號與數值，可以判斷 X 與 Y 兩種產品互為替代品或相輔品及其替代性或相輔性的高低：

(1)如果 $\varepsilon_{XY} > 0$，表示 X 產品的需求量與 Y 產品的價格呈增函數的關係（P_Y 上升 $\rightarrow Q_X$ 增加，P_Y 下降 $\rightarrow Q_X$ 減少），則 X 與 Y 互為替代品，其值愈大，替代性愈大（圖 4-8(a)）。

(2)如果 $\varepsilon_{XY} < 0$，表示 X 產品的需求量與 Y 產品的價格呈減函數的關係（P_Y 上升 $\to Q_X$ 減少，P_Y 下降 $\to Q_X$ 增加），則 X 與 Y 互為相輔品，其值愈大，互輔性愈高（圖 4-8(b)）。

(3)如果 $\varepsilon_{XY} = 0$，表示 X 產品的需求量與 Y 產品的價格變動無關，則 X 與 Y 互為獨立品（圖 4-8(c)）。

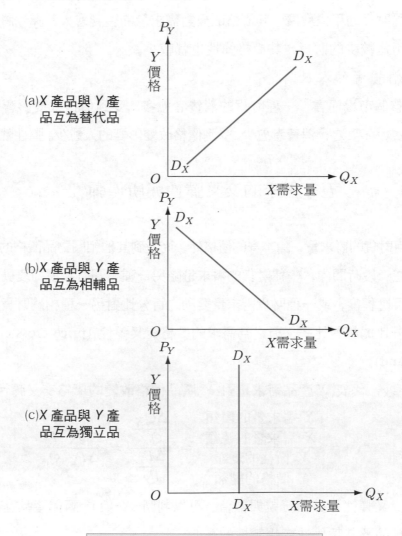

(a)X 產品與 Y 產品互為替代品

(b)X 產品與 Y 產品互為相輔品

(c)X 產品與 Y 產品互為獨立品

圖 4-8　X 產品與 Y 產品之間的關係

除相關財貨的價格外，消費者的所得亦是決定對一種財貨或勞務需求量大小的重要因素。財貨或勞務的需求量隨消費者之所得變動而發生反應

的情形, 是需求的所得彈性 (income elasticity of demand) 使然。需求的所得彈性可定義為: 一種財貨或勞務的需求量隨消費者之所得變動而發生的相對反應程度, 亦即一種財貨或勞務之需求量變動之百分比對所得變動之百分比的相對比率。以 ε_{XM} 代表 X 財貨的需求所得彈性, 則

$$\varepsilon_{XM} = \frac{\dfrac{X \text{ 需求量的變額}}{X \text{ 需求量的總額}}}{\dfrac{\text{所得的變額}}{\text{所得的總額}}} = \frac{\dfrac{\Delta Q_X}{Q_X}}{\dfrac{\Delta M}{M}} = \frac{\Delta Q_X}{\Delta M}\frac{M}{Q_X}$$

由需求所得彈性係數的符號與數值, 可區分財貨為正常財貨或低級財貨:

⑴如果 $\varepsilon_{XM} > 1$, 表示 X 財貨需求量變動的百分比大於所得變動的百分比, X 為正常財貨的奢侈品, 其恩格爾曲線 (Engel curve) 為一條斜率遞增的曲線 (圖 4–9(a)) ❸。

⑵如果 $0 < \varepsilon_{XM} < 1$, 表示 X 財貨需求量變動的百分比小於所得變動的百分比, X 為正常財貨的必需品, 其恩格爾曲線為一條斜率遞減的曲線 (圖 4–9(b))。

⑶如果 $\varepsilon_{XM} < 0$, 表示所得增加, X 財貨的需求量反而減少; 所得減少, X 財貨的需求量反而增加, X 為低級財貨, 其恩格爾曲線為一條負斜率的曲線 (圖 4–9(c))。

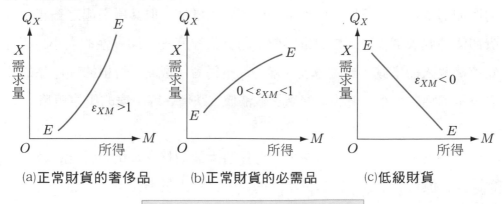

(a)正常財貨的奢侈品　　(b)正常財貨的必需品　　(c)低級財貨

圖 4–9　需求所得彈性與產品分類

❸ 所謂恩格爾曲線是一條表示財貨需求量與所得之間關係的曲線。

第 2 節　需求價格彈性與銷貨收入

　　需求的價格彈性表示需求量變動的百分比與價格變動的百分比之間的關係，銷貨總收入或購貨總支出的增減，亦是價格與數量之間互變關係的結果。需求價格彈性的大小決定產品價格改變後引起需求量呈反方向改變的大小，進而決定總收入（或總支出）的增加或減少。因此，需求價格彈性與銷貨收入或購貨支出之間有著密切的關係。

一、需求價格彈性與總收入

　　價格與數量的乘積 $(P \times Q)$，從銷售者的觀點來看是一種總收入 (total revenue，TR)，從消費者的觀點來看則是一種總支出(total outlay)，因此銷售者的總收入等於消費者的總支出。

　　對一條負斜率的需求曲線而言，總收入是由兩個力量相反的因素所決定。因為 $TR = P \times Q$，價格下降使總收入減少，但價格下降所引起銷售量的增加卻使總收入增加；價格上升使總收入增加，但其所引起之銷售量減少卻使總收入減少。比較數量與價格的變化程度——即彈性的大小，即可知道總收入的增減。為使總收入增加，銷售者（廠商）可根據其產品的需求價格彈性的大小，來決定究應採取漲價、跌價、或不變的價格策略。

　　1.需求彈性大於 1

　　價格若上升，需求量減少的百分比將大於價格增加的百分比，總收入會減少；價格若下跌，需求量增加的百分比將大於價格下降的百分比，總收入會增加，故宜採跌價政策。

　　2.需求彈性小於 1

價格若上升，需求量減少的百分比將小於價格增加的百分比，總收入將增加；價格若下跌，需求量增加的百分比將小於價格下降的百分比，總收入會減少，故宜採漲價政策。

3.需求彈性等於 1

無論價格上升或下跌，需求量變動的百分比將等於價格變動的百分比，總收入不變，故宜採價格不變的政策。

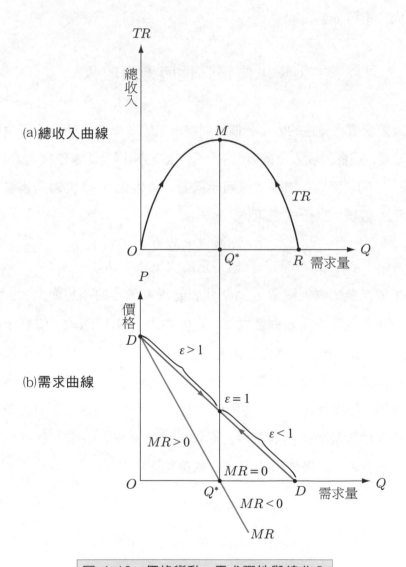

圖 4-10 價格變動、需求彈性與總收入

　　需求價格彈性、價格變動、及總收入變動之間的關係如圖 4-10 所示。上圖表示需求量與總收入的關係，*OR* 為總收入曲線，從原點到總收入曲線上任何一點射線的斜率等於平均收入或價格。下圖表示價格與需求量關係的需求曲線。銷售量小於 Q^* 時，需求曲線處於富於彈性的階段，跌價結果，總收入增加；銷售量大於 Q^* 時，需求曲線處於缺乏彈性的階段，漲價結果總收入增加；銷售量為 Q^* 時，需求曲線的彈性正好等於1，總收入達到最大，不再變動。

二、需求價格彈性與邊際收入

　　根據需求價格彈性的大小，價格與需求量的改變會使總收入發生增加或減少的改變，這種總收入變量與需求變量之間的關係是為邊際收入 (marginal revenue, *MR*)。因此，邊際收入可定義為：每變化 1 單位的銷售量，使總收入變化的數額。以公式表示：

$$邊際收入 = \frac{總收入的改變}{銷售量的改變} = \frac{\Delta TR}{\Delta Q}$$

式中 ΔTR 代表總收入變量，ΔQ 代表財貨或勞務的銷售變量。

　　對一條負斜率的需求曲線而言，在彈性大於 1 的階段，價格下降，銷售量增加，總收入增加，邊際收入為正；在彈性等於 1 時，價格下降，銷售量增加，但總收入不變，邊際收入為零；在彈性小於 1 階段，價格下跌，銷售量增加，但總收入減少，邊際收入為負。因此，圖 4-10 中的邊際收入曲線是一條由大於零，至等於零，而後為負的直線。價格下跌時，需求價格彈性、總收入、及邊際收入三者的關係如下：

$$\varepsilon > 1, \ MR > 0, \ 總收入上升$$

$$\varepsilon < 1, \ MR < 0, \ 總收入下降$$

$$\varepsilon = 1, \ MR = 0, \ 總收入不變$$

當銷售量微量變動時，邊際收入將等於總收入曲線的切線斜率。因此，在總收入曲線上升的部分，其斜率為正但遞減，故邊際收入為正但遞減；在總收入曲線達到最大時，其斜率為零，故邊際收入為零；在總收入曲線下降的部分，其斜率為負，故邊際收入為負。

第 3 節　供給彈性

供給是指在一定的時間內，生產者對於一種產品，在其不同價格下所願意且能夠提供銷售的對應數量。供給法則所陳述的是：在其他情況不變下，任何一種財貨的供給量與其價格呈增函數的關係。這種供給量隨價格變化而發生反應的關係就是供給彈性。

一、供給價格彈性的意義

供給價格彈性 (price elasticity of supply)——簡稱供給彈性，表示在一定時間內，一種財貨或勞務的供給量隨其價格變動而發生的相對反應程度，亦即供給量變動之百分比對其價格變動之百分比的相對比率。以 η 代表供給的彈性係數，則

$$\eta = \frac{供給量變動的百分比}{價格變動的百分比}$$

$$= \frac{\dfrac{供給量的變額}{供給量的總額}}{\dfrac{價格的變額}{價格的總額}} = \frac{\dfrac{\Delta Q}{Q}}{\dfrac{\Delta P}{P}} = \frac{\Delta Q}{\Delta P}\frac{P}{Q}$$

因為 $\dfrac{\Delta Q}{\Delta P}$ 為圖形上供給曲線斜率的倒數，故供給曲線的彈性亦與其斜率呈反變的關係。由於供給量與價格呈增函數的關係，所以供給彈性的

係數為正。

二、供給價格彈性的測量與分類

供給彈性的大小──即彈性係數的大小，可由下式測量之：

$$\eta = \frac{\Delta Q}{Q} \bigg/ \frac{\Delta P}{P} = \frac{\Delta Q}{\Delta P} \frac{P}{Q}$$

因為供給的價格與數量是同方向變化的，所以上式中所取的 P 與 Q，不論同是變化前或同為變化後的值，所求得的彈性係數值都不致有過分的偏高或偏低。

根據供給彈性係數的大小，可將供給價格彈性的變化分類為：

1.富於彈性

即彈性係數大於 1 $(\eta > 1)$，表示供給量變動的百分比大於價格變動的百分比。

2.缺乏彈性

即彈性係數小於 1 $(\eta < 1)$，表示供給量變動的百分比小於價格變動的百分比。

3.中一彈性

即彈性係數等於 1 $(\eta = 1)$，表示供給量變動的百分比等於價格變動的百分比。

4.完全彈性

即彈性係數為無限大 $(\eta = \infty)$，表示價格略有下跌，供給量減至零；價格略有上升，供給量增至無窮大。

5.完全缺乏彈性

即彈性係數等於零 $(\eta = 0)$，表示無論價格如何變動，供給量始終不變。

對於價格與數量測量尺度相同的兩條供給曲線，可根據相同價格變化

所引起之供給量變化的大小，而指出那一條供給曲線相對較富於彈性，那一條供給曲線相對較缺乏彈性。較陡的供給曲線，將相對較缺乏彈性。

三、供給彈性的決定因素

影響市場一種財貨或勞務相對供給彈性大小的因素，主要有下列幾項：

(一)時　間

由於生產要素的流動性、生產規模的大小與過程的長短，在短期內是無法馬上改變的，所以任何一種財貨與勞務的供給，在短期間比較缺乏彈性，在長期間比較富於彈性。在經濟分析上，一般將時間分成三種長短：

1.市場時間 (market time)

例如，正在拍賣的成衣生意，早晨的果菜市場。時間非常的短，其供給只能由現有的存貨來供應，而無法改變產量，故供給曲線完全缺乏彈性（如圖 4–11 的 S_M）。

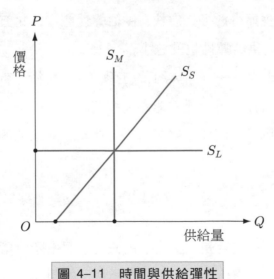

圖 4–11　時間與供給彈性

2.短　期(short run)

較市場時間為長，可以在現有的設備下增加生產，但對廠商而言，短期的時間太短，以致不能改變生產能量（設備），而只能改變可變生產要素雇用量；對產業而言，短期的時間太短，以致不能改變廠商數目。無論廠商或產業，在短期間產量的改變受到相當的限制，其供給曲線也就較缺乏彈性（如圖 4–11 的 S_S）。

3.長　期(long run)

對廠商而言，時間之足以容許改變生產能量（設備）者，為長期；對產業而言，時間之足以容許改變全產業廠商的數目者，為長期。無論廠商或產業，在長期間生產的改變較不受限制，其供給曲線也就比較富於彈性。只要時間足夠長，供給曲線的彈性可以逐漸增加以至達到無限大（如圖 4–11 的 S_L）。

㈡技　術

可區分為科學與技能兩方面的技術：

⑴科學方面──指發明與創新的技術。此方面的技術進步愈快、愈容易，則產品能夠生產得愈多、愈快，供給彈性愈大；此方面的技術進步愈慢、愈難，產品的供給彈性也就愈小。

⑵技能 (skill) 方面──指勞工的工藝 (art) 技術。有些財貨與勞務的生產需要特殊的技能，而此種技能需要長期訓練與經驗累積的專業人才，供給因此較缺乏彈性。例如，精巧的手工藝品、高水準的音樂演奏會、繪畫等屬之。

㈢預　期

產量是否改變，完全是由生產者所決定，而生產決策受到對未來價格預期的影響很大。有價格上升與下降兩種情況的預期：

⑴當產品價格上升時，生產者若預期價格的上升會持續下去，且市場看好，則供給會大幅增加，彈性大；若預期目前的價格上升只是短暫的，

價格即將回跌，則供給增加有限，彈性小。

　　(2)當產品價格下跌時，生產者若預期跌價只是短暫的，價格即將回升，則供給減少有限，彈性小；若預期價格的下跌會持續下去，則供給會大幅減少，彈性大。

　　因此，生產者對未來的預期，可以決定供給量是否改變及其改變的大小。對整個產業而言，若生產者之間的預期不同，有的預期價格會上升，有的預期價格會下降，則相互抵銷的結果，供給量的改變小，供給缺乏彈性；反之，若生產者之間的預期相同，供給量的改變大，則供給彈性大。

㈣資源的流動性

　　當產品的價格發生改變時，其產量能否馬上且大量的改變，決定於資源流動性 (mobility) 的大小，而資源流動性的大小又與時間呈正比。一般而言，時間愈長、資源的流動性愈大，產量的改變也就愈大，供給彈性因此也就愈大；反之，則愈小。

㈤生產者多寡

　　對整個產業而言，某種產品的生產者愈多，競爭愈激烈，價格改變所引起供給量的改變也就愈大，故供給彈性愈大；反之，生產者愈少，競爭弱，供給彈性也就較小。

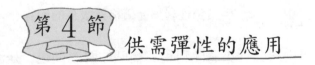

第 4 節　供需彈性的應用

　　需求與供給價格彈性的大小，對於消費者的利益、生產者價格與產量的決策、以及政府干預政策的考慮，均有很大的影響。以下我們就供需彈性在政府課稅及補貼方面的應用，加以討論。

一、租稅、補貼與彈性

　　任何一種財貨或勞務的供給彈性的大小，會影響到消費者的利益。一般而言，供給彈性大，價格穩定，對消費者有利；供給彈性小，價格不穩定，對消費者不利。在已知的需求下，供給富於彈性，則價格小幅度上升，會引起供給量大幅度增加，消費者因價格上升而受的損害將愈小；價格小幅度下跌，供給量大幅度減少，消費者因價格下跌而獲利的程度也就減少。圖 4-12 顯示，在需求一定下，不同彈性的供給曲線對均衡價格與數量有著不同的影響。供給曲線愈陡，其愈缺乏彈性，則價格愈高而數量愈少；供給曲線愈平，其愈富於彈性，則價格愈低而數量則愈大。

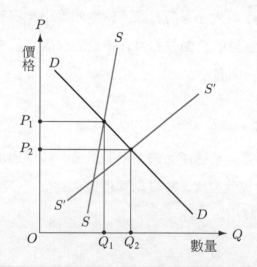

圖 4-12　供給彈性對均衡價格與數量的影響

　　利用需求與供給彈性來討論租稅與補貼的歸屬問題，是討論對一種產品課稅究竟是由生產者負擔抑是由消費者負擔？誰負擔得大，誰負擔得小？對一種產品的生產予以補貼究竟是由誰來受益？誰受益得多，誰受益得少？從財政學的觀點來看，貨物稅表面上是可以完全轉嫁的，屬於一種間接稅；但以經濟學的觀點來分析，貨物稅由生產者繳納後表面上雖然可以提高價

格，轉嫁給消費者來負擔，但事實上，貨物稅並非一定能夠完全轉嫁，在某些特殊情況下根本不能轉嫁，完全是由生產者負擔，或是祇能部分轉嫁，由雙方共同負擔，其轉嫁的程度要視供給與需求雙方相對彈性的大小而定。

與租稅相對的是政府的補貼。在某種情況下，政府對某種產品非但不課稅，並且予以補貼，如採價格低限 (price floor) 就是一種變相的補貼方式。表面上看來，補貼是由生產者獲得，但由經濟學的觀點分析，補貼可能是由生產者完全獲益，也可能是由消費者完全獲益，或由生產者與消費者共同受益，其獲益的程度要視供給與需求雙方相對彈性的大小而定。

二、租稅負擔與彈性

租稅——尤其是貨物稅，對生產者而言，無異是一種額外的負擔，它使財貨的成本提高，因而使生產者提高供給價格，這種租稅成本表現在供給曲線上，代表供給曲線往左上方移動。貨物稅因課稅的方式不同，又可分為兩種：

1.從量稅(specific tax)

每一單位的產品課徵一定量的稅額，如 500 元一雙的皮鞋課 50 元的稅，1,000 元一雙的皮鞋也課 50 元的稅，這 50 元的稅額是按貨品單位而固定的。

2.從價稅(ad valorem tax)

稅額隨產品價格的高低而不同，價格高的稅額大，價格低的稅額小，但通常採比例稅的方式，即按產品價格的某一固定比例課稅。

圖 4–13，左圖代表課徵從量稅的情形。 SS 與 $S_t'S_t'$ 分別代表稅前與稅後的供給曲線，兩者中間的垂直距離代表從量稅額 (T)。由於從量稅額固定，所以 $S_t'S_t'$ 與 SS 相平行，兩者之間的垂直距離始終不變。右圖代表課徵從價稅的情形。 SS 與 $S_t'S_t'$ 分別代表稅前與稅後的供給曲線，兩者之間的垂直距離代表從價稅額，由於從價稅額隨售貨價格的提高而增加，所以

$S'_t S'_t$ 與 SS 之間的垂直距離隨銷售價格的提高而擴大。為了分析方便，我們以下祇就從量稅進行討論，其道理同樣適用於從價稅。

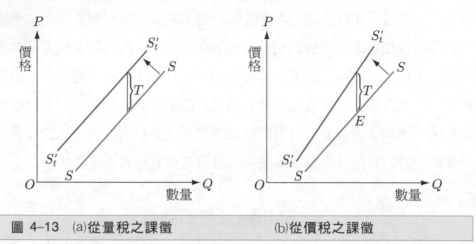

圖 4–13　(a)從量稅之課徵　　　　　(b)從價稅之課徵

租稅究由生產者或需求者負擔，誰負擔多少，這須由各種不同的需求及供給彈性情況來決定：

1.需求彈性等於供給彈性

圖 4–14，當市場需求與供給相對彈性相同時，消費者與供給者負擔的稅額相等。稅後均衡價格 P' 高於稅前均衡價格 P^* 的部分 (P^*P') 是消費者負擔的稅額，而生產者實際收入價格 P'' 低於稅前收入價格 P^* 的部分 (P^*P'')

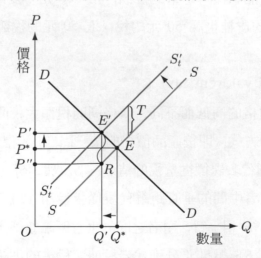

圖 4–14　需求與供給相對彈性相同，消費者與生產者的租稅負擔均等

是生產者負擔的稅額，兩者負擔的稅額之和等於貨物稅 $(P^*P' + P^*P'' = T)$。

2.需求彈性相對大於供給彈性

圖 4–15，當需求彈性相對大於供給彈性時，課貨物稅使生產者的負擔 (P^*P'') 大於消費者的負擔 (P^*P')，$P^*P' + P^*P''$ 之和即為課稅總額 T。

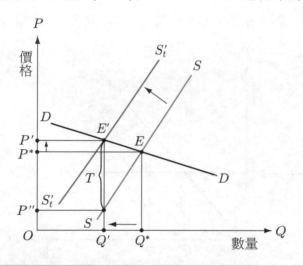

圖 4–15　需求彈性相對大於供給彈性，生產者租稅負擔大於消費者

3.需求彈性相對小於供給彈性

圖 4–16，當需求彈性相對小於供給彈性時，課貨物稅使消費者的負擔

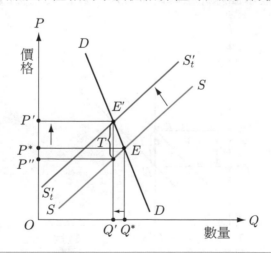

圖 4–16　需求彈性相對小於供給彈性，消費者租稅負擔大於生產者

(P^*P') 大於生產者的負擔 (P^*P'')。

4.需求曲線為完全彈性

圖 4–17，當需求曲線為完全彈性時，貨物稅完全由生產者來負擔。因為稅前及稅後消費者所負擔的價格一樣（即 $P' = P^*$），但生產者必須繳納租稅 $T = AE'$，其實際單位收入等於價格 $Q'E'$ 減去 AE' 租稅以後的 $Q'A$。

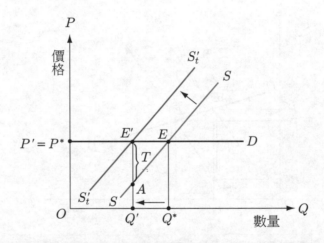

圖 4–17　需求曲線完全彈性，租稅完全由生產者負擔

5.需求曲線完全缺乏彈性

圖 4–18，當需求曲線完全缺乏彈性時，貨物稅完全由消費者負擔。因

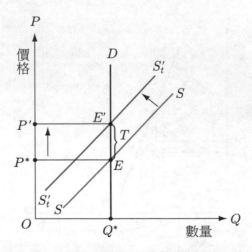

圖 4–18　需求曲線完全缺乏彈性，租稅完全由消費者負擔

為需求完全缺乏彈性，價格升高也不影響需求量。因此，消費者負擔的價格由稅前的 P^* 提高到 P'，所提高的價格等於所課的貨物稅；生產者稅前及稅後的實際收入價格皆為 $Q^*E\ (=OP^*)$，而將貨物稅完全轉嫁給消費者。

6.供給完全彈性

圖 4–19，當供給為完全彈性時，貨物稅完全由消費者負擔。消費者在稅前付 P^* 的價格，稅後付 P' 的價格，兩者之差 $(P'-P^* = P^*P')$ 為稅的全部。

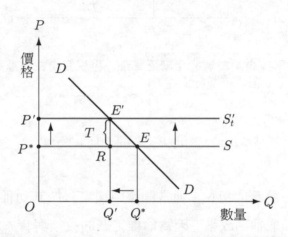

圖 4–19　供給曲線完全彈性，租稅全部由消費者負擔

7.供給完全缺乏彈性

圖 4–20，當供給完全缺乏彈性時，供給價格的提高，反映在需求的減少上面，即需求曲線往左下方移，稅後均衡點為 E'，生產者的稅後實際收入價格為 P''。在課稅移動需求曲線的情況下，稅後生產者的實際收入價格加上稅額為稅後均衡價格 $(P' = P'' + T)$，故稅後均衡價格與稅前相同 $(P' = P^*)$，貨物稅完全由生產者負擔 $(P^* - P'' = T)$。

根據以上的分析，可知貨物稅轉嫁的程度由供需相對彈性的大小來決定。需求彈性相對愈大，消費者負擔愈少，需求彈性相對愈小，消費者負擔愈多；供給彈性相對愈大，生產者負擔愈少，供給彈性相對愈小，生產者負擔愈多。

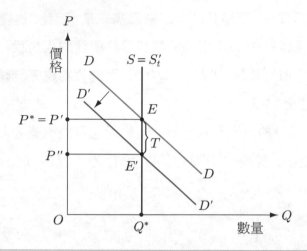

圖 4-20　供給曲線完全缺乏彈性，租稅完全由生產者負擔

三、補貼受益與彈性

　　補貼等於一種負的租稅。通常開發中國家對於其幼稚工業 (infant in-dustry)，都會採取補貼政策。因為幼稚工業的技術與資本均不夠完備，產品的成本高，價格高，無法與國外產品競爭，難以繼續發展。因此，需要政府予以補貼，俾以降低價格，得以確保本國市場，進而爭取國際市場。有了市場，才能發展，擴大生產規模，慢慢地降低其生產成本。

　　表面上，補貼好像完全由生產者獲得，其實並不然，補貼的受益可能是消費者與生產者雙方的，因此在採取補貼政策時，必須考慮到社會大眾的受益。對奢侈品而言，因為生產與消費雙方都是高所得者，政府若予以補貼，會使有錢人更有錢，形成不利的所得重分配效果，使社會更不公平。因此，奢侈品是不應補貼的。另一方面，補貼政策的實行，若能發展產業、增加就業機會，降低產品價格，增進社會大眾福利，則補貼是值得實行的。消費者與生產者雙方由補貼得到受益的多少，亦由供需相對彈性的大小所決定。以下我們專就從量補貼 (specific subsidy) 分析，其過程與結果正好是貨物稅課徵分析的對稱。

　　圖 4–21，原來市場需求與供給曲線決定均衡價格 P^*，數量 Q^*。補貼使私人生產成本下降，供給價格因此可以降低，供給曲線由 SS 往右下方移為 $S'_S S'_S$，SS 與 $S'_S S'_S$ 之間的垂直距離代表從量補貼額。補貼後的均衡價格為 P'，但生產者的收入價格為 P''，$P' P''$ 的差距就是補貼。表面上補貼全由生產者獲得，實際上，補貼後均衡價格 P' 低於補貼前均衡價格 P^* 的部分 $(P^* P')$，是由政府補貼給消費者的，補貼後生產者收入價格 P'' 高於補貼前均衡價格 P^* 的部分 $(P^* P'')$，才是政府補貼給生產者的。消費者與生產者所得到的補貼收益之和等於從量補貼額 $(P^* P' + P^* P'' = S)$。

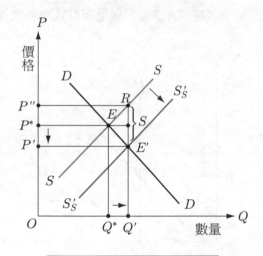

圖 4–21　補貼的受益分配

　　圖 4–22，當需求為完全彈性時，補貼後與補貼前消費者所支付的價格相同 $(P' = P^*)$，補貼受益因此完全由生產者獲得。圖 4–23，當需求完全缺乏彈性時，補貼後與補貼前消費者所支付的價格差額 $(P^* P')$ 等於從量補貼全額，補貼受益因此完全由消費者獲得。圖 4–24，當供給為完全彈性時，補貼後與補貼前消費者所支付的價格差額 $(P^* P')$ 等於從量補貼全額，補貼受益因此完全由消費者獲得。

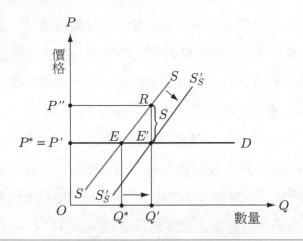

圖 4-22　需求曲線完全彈性，補貼受益完全由生產者獲得

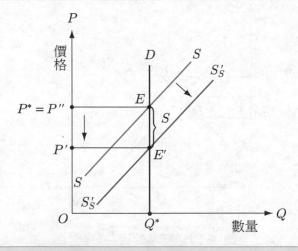

圖 4-23　需求曲線完全缺乏彈性，補貼受益完全由消費者獲得

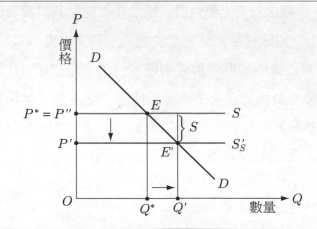

圖 4-24　供給曲線完全彈性，補貼受益完全由消費者獲得

　　根據以上的分析，可知消費者與供給者得到補貼受益的大小與供需彈性的關係是：相對彈性愈大者，受益愈小；相對彈性愈小者，受益愈大。

　　總結租稅、補貼與供需彈性的關係，可以得到以下的結論：當需求（供給）相對愈富於彈性時，消費者（生產者）負擔的稅愈少，補貼受益的程度也愈小；當需求（供給）相對愈缺乏彈性時，消費者（生產者）負擔的稅愈多，補貼受益的程度也愈大。之所以如此，乃是需求彈性愈大時，價格稍微上升，需求量將減少很多，生產者因此不會將價格提高太多，消費者的租稅負擔也就愈小；需求彈性愈大時，價格稍微下跌，需求量將增加很多，生產者因此不會將價格降低很多，消費者的補貼受益也就愈小。

重　要　名　詞

需求價格彈性	點彈性
弧彈性	完全彈性
完全缺乏彈性	中一彈性
富於彈性	缺乏彈性
需求交叉彈性	替代品
相輔品	獨立品
需求所得彈性	正常財貨
低級財貨	邊際收入
供給價格彈性	市場期間
短期	長期
從量稅	從價稅
補貼	

摘　　要

1. 需求的價格彈性是指: 在一定時間內, 一種財貨或勞務的需求量隨其價格變動而發生的相對反應程度, 亦即需求量變動之百分比與價格變動之百分比的相對比率。

2. 需求的價格彈性有點彈性與弧彈性兩種測量方法。需求曲線上每一點的彈性均不同, 隨著需求量的增加, 需求彈性不斷下降。

3. 根據彈性係數的絕對值為無限大、等於零、等於 1、大於 1、或小於 1 等五種情況, 可將需求的價格彈性區分為完全彈性、完全缺乏彈性、中一彈性、富於彈性、及缺乏彈性。通常所稱相對富於彈性或缺乏彈性, 係針對兩條需求曲線, 因相同的價格變動所引起之需求量變動的大小比較而言。

4. 任何一種財貨或勞務的價格需求彈性的大小, 通常受替代品數目的多寡與替代性的強弱, 該產品為必需品抑為奢侈品, 該產品之消費開支佔消費者總支出的比例, 時間的長短, 該產品的用途多寡, 及消費者人數的多寡等因素的影響。

5. 一種財貨或勞務的需求量對其他相關財貨或勞務價格變動的相對反應程度, 稱為需求的交叉彈性, 其值如大於零為正數, 則兩種產品互為替代品; 如小於零為負數, 兩種產品則為相輔品; 如等於零, 兩種產品互為獨立產品。

6. 一種財貨或勞務的需求量因消費者之所得變動而發生的相對反應程度, 稱為需求的所得彈性, 如其值大於 1, 則該產品為正常財貨奢侈品; 小於 1 而大於零, 則該產品為正常財貨必需品; 若小於零, 則該產品為低級財貨。

7. 產品的需求價格彈性大於1，總收入與價格呈減函數關係的變動；小於
   1，總收入與價格呈增函數關係的變動；等於 1，總收入不隨價格變動
   而改變。

8. 在需求曲線富於彈性階段，降低價格，總收入增加，邊際收入為正；缺
   乏彈性階段，降低價格，總收入減少，邊際收入為負；中一彈性時，價
   格變動，總收入不變，邊際收入等於零。

9. 在一定時間內，一種財貨或勞務的供給量隨其價格變動而發生的相對反
   應程度，稱為供給彈性，亦即供給量變動之百分比與價格變動之百分比
   的相對比率。

10. 根據供給彈性係數值大於1、小於1、等於1、無限大、及等於零等五種情
    況，可將供給彈性區分為富於彈性、缺乏彈性、中一彈性、完全彈性、
    及完全缺乏彈性等五類。

11. 影響供給曲線彈性大小的因素主要有時間、技術、預期、資源流動性、
    及生產者人數等。

12. 政府對某種產品課徵租稅或給予補貼，其對消費者與生產者分擔稅負與
    分享受益的大小，須視該產品的供需相對彈性大小而定。彈性相對較大
    的一方，租稅的負擔較輕，補貼的受益較小；彈性相對較小的一方，租
    稅的負擔較重，補貼的受益較大。

1. 什麼是需求的價格彈性？彈性係數是如何測量的？試舉數字例證說明之。

2. 直線型與非直線型需求曲線上任何一點的需求彈性如何測量？直線型需求曲線中點的彈性如何？

3. 需求價格彈性為何為負？需求價格彈性可以分為那幾類？試以圖形說明之。

4. 如何比較兩種財貨之需求價格彈性的大小？什麼因素決定這種彈性？

5. 何謂需求交叉彈性？如何用以判定兩種產品之間的關係？

6. 何謂需求所得彈性？其與產品的等級分類有何關係？

7. 試以圖解剖述總收入、邊際收入、及需求彈性之間的關係？面對不同的需求彈性，銷售者應採怎樣的價格策略，才能增加收入？

8. 何謂供給價格彈性？其值為何是正號？其彈性係數如何測定？

9. 供需彈性與租稅的負擔及補貼的受益有何關係？試以圖解說明需求曲線完全缺乏彈性下的租稅負擔與補貼受益的情形。

第 5 章　效用與需求

消費者為何會對某種財貨或勞務產生需求呢？為何需求量與價格呈反方向的變動呢？消費者如何支用其有限的所得購買各種財貨與勞務，以使其滿足達到最大呢？產品的價格發生改變如何影響消費者的需求量呢？這些有關消費者的行為是本章所要探討的。

第 1 節　效用與消費者行為

消費者對於財貨與勞務的需求乃是為了獲得消費的滿足 (satisfaction)，而滿足包括有心理的 (psychological) 及生理的 (physiological) 滿足。因為財貨及勞務都具有某種物理特性 (characteristics)，所以才能使人們產生心理及生理上的滿足，而這種物理的特性一定要與消費者的偏好或嗜好相配合，需求才會發生。例如，人們口渴時對於能夠解渴的財貨就會產生偏好，而水具有解渴的物理特性，故對水產生需求，水也就使人們產生滿足的感受。若財貨與勞務具有的特性與消費者的偏好愈相配合，消費者所能獲得的滿足程度愈高，需求也就愈大；反之，財貨與勞務具有的特性與消費者的

偏好愈不配合，消費者所能獲得的滿足程度愈低，需求也就愈小。因此，在一定時間內，具有不同偏好的消費者，面對不同特性的各種財貨與勞務，也就產生不同的需求量。

一、效用的意義

消費者對財貨或勞務發生需求，乃是它們能夠滿足慾望，亦即財貨與勞務對消費者產生了效用 (utility)，而效用是指財貨與勞務對消費者產生滿足慾望的一種感受。滿足慾望的感受愈強，效用愈大；滿足慾望的感受愈弱，效用愈小。效用是消費者的一種滿足之感，屬於一種心理狀態，是消費者對任何一種財貨或勞務的主觀 (subjective) 感受。

財貨與勞務的效用與有用性 (usefulness) 是不同的。任何一種財貨或勞務均具有「有用性」，表示每一種財貨或勞務在經濟活動中均可作為某種用途，是一種物理特性，是一種客觀存在的事實。財貨與勞務必先具有客觀的物理有用性，而後才能對消費者產生主觀的心理滿足的效用感受。財貨與勞務的有用性純粹是一種客觀的物理屬性，始終存在而不因人而異（如水可止渴，可以灌溉），效用則是因人而異的主觀感受（如水對口渴的人效用高，對不口渴的人效用低），相同的財貨或勞務對同一個人在不同的環境也會有不同的效用感受。

二、邊際效用遞減法則

任何一種財貨或勞務對人們所產生的效用，可分為總效用 (total utility, TU) 及邊際效用 (marginal utility, MU) 兩種。總效用是指：在消費者偏好不變的一段時間內，消費一種財貨或勞務所得到效用滿足的總數。如果 U 代表效用， $X_1, X_2, \cdots, X_n$ 代表歷次消費某種財貨或勞務的數量 $U_i(X_i)$ 代表第 i 次消費時產生的效用，則在一段時間內消費 X 財貨或勞務 n 次所

得到的總效用可以表示為：

$$總效用 TU = U_1(X_1) + U_2(X_2) + \cdots + U_n(X_n)$$

邊際效用是指：在消費者偏好不變的一段時間內，額外增加 1 單位財貨或勞務的消費，使總效用增加的數額。以公式表示：

$$邊際效用 MU = \frac{總效用的改變}{消費量的改變} = \frac{\Delta TU}{\Delta Q}$$

上式中，ΔTU 代表總效用變動量，ΔQ 代表財貨或勞務之消費變量，邊際效用是測量這兩個變數改變的一個比率。

表 5-1 為總效用、邊際效用、及消費量的關係，其顯示總效用隨著財貨或勞務消費量的增加而增加，但到達某一程度的消費量後，總效用反而隨消費量的增加而減少。

表 5-1　消費量與總效用及邊際效用的關係

(1) 消費量 (Q)	(2) 總效用 (TU)	$(3) = \dfrac{\Delta(2)}{\Delta(1)}$ 邊際效用 (MU)
0	0	0
1	12	12
2	27	15
3	40	13
4	50	10
5	56	6
6	56	0
7	49	−7

表 5-1 也顯示，第 n 單位財貨的邊際效用等於消費 n 單位財貨得到的總效用減去消費 $n-1$ 單位財貨得到的總效用，即 $MU_n = TU_n - TU_{n-1}$。可以看出，隨著消費量的增加，邊際效用起先遞增，而後遞減，最後為零，甚至為負數——產生負效用 (disutility)。這種消費量增加到某一額度後，發生邊際效用遞減的現象，稱之為邊際效用遞減法則 (law of diminishing marginal utility)，是探討消費者行為所依據的最重要的一個法則。

　　嚴謹的邊際效用遞減法則是指：一位消費者，在其他情況不變下（包括偏好及其他產品的消費不變），於一段時間內，連續不斷消費一種財貨或勞務，每增加額外 1 單位的消費，在起初時，總效用的增加呈遞增的現象——邊際效用遞增，但當達到某一消費量後，繼續增加該財貨或勞務的消費，其使總效用的增加將呈依次遞減的現象，且遞減的速度依次加快，這種情形稱為邊際效用遞減法則。

　　邊際效用遞減法則是一種消費者的心理法則，是人們消費任何財貨或勞務時，心理與生理自然反應的必然結果。在一般經濟分析中，邊際效用遞增的部分通常不予考慮，而只討論邊際效用遞減的現象。可以說，只要本定義所稱的消費期間與數量足夠，我們尚無法舉出一種消費行為能夠違背此一法則。通常以連續一杯、一杯的喝水作為這個法則的典型例子，但時下一首流行歌曲，由生疏、排拒、習近、愛好、流行、而至厭惡，亦可反映出這種邊際效用遞減的心理狀態。

　　圖 5-1 表示總效用曲線與邊際效用曲線的關係。根據總效用的特性，其曲線是一條先凸而後凹向橫軸的曲線，R 為其反曲點 (reflection point)，M 為其最高點。當消費量及總效用的變動趨近於無限微小時（即 ΔQ 及 ΔTU 趨近於零），總效用曲線上任何一點的切線斜率等於邊際效用。

　　總效用曲線上 0 至 R 點，切線斜率遞增，邊際效用遞增；在 R 點切線斜率最大，表示第 Q_1 單位的消費，其邊際效用達於最大；R 至 M 點切線斜率遞減，邊際效用遞減；在 M 點切線斜率等於零，表示第 Q_2 單位的消費，其邊際效用為零；超過 M 點，總效用曲線上切線的斜率為負，邊際效用為負。據此，可以由總效用曲線導出邊際效用曲線。一般而言，只要產品的邊際效用為正且是遞增的，則消費者將會繼續消費此種產品，只有當產品的邊際效用為正且開始遞減時，消費者才會考慮最適消費量止於何處，而消費者通常是不會消費產品至其邊際效用為負的境界，故一般的經濟分析只就邊際效用為正且開始遞減之邊際效用曲線部分——即圖 5-1 中的 $R'Q_2$ 線段，予以討論。

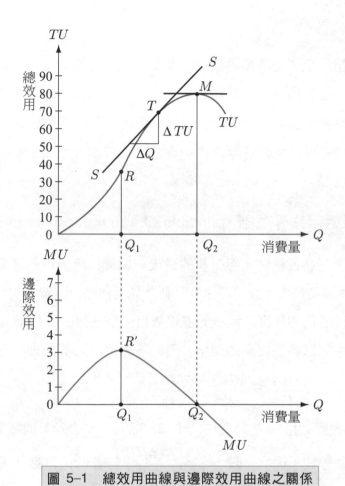

圖 5–1　總效用曲線與邊際效用曲線之關係

三、消費者均衡

　　一般對消費者行為的探討，是基於以下兩個假設：①消費者的行為是理性的，即以追求最大的效用滿足為目標；②消費者受到所得預算的限制，因為所得有限，故必須對消費作慎重的選擇。如果消費者的行為不是理性的，所得是無限的，將無消費者行為的探討可言。

　　任何消費者，在一定的時間內，不祇消費一種物品，而要以他有限的所得預算，購買各種不同的財貨與勞務，使其滿足達到最大。這需要消費者在各種不同財貨與勞務之間作適當的選擇，而達到所謂的消費者均衡 (consumer

equilibrium)。

均衡是指一種不再改變的狀況。準此,消費者均衡是指: 消費者在一定的時間內,在各種財貨與勞務已知的價格下,以其有限的所得預算,消費不同的財貨與勞務,當其效用滿足達到最大,其消費組合不再變動的一種狀態。消費者可以根據邊際效用均等法則及成本—效益分析,來實現消費者均衡的理想。

(一)邊際效用均等法則 (principle of equal marginal utility)

當消費者花在各種財貨與勞務的最後一塊錢,所獲得的邊際效用均相等時,總效用達到最大,故均等法則又稱為最大法則。消費者對於各種不同的財貨與勞務所花的最後一塊錢的邊際效用,是把每一種物品 1 單位所產生的邊際效用除以各該物品的價格,因此邊際效用均等法則可以表示為:

$$\frac{MU_1}{P_1} = \frac{MU_2}{P_2} = \frac{MU_3}{P_3} = \cdots = \frac{MU_n}{P_n}$$

式中 MU 為邊際效用, P 為價格, 1, 2, 3, $\cdots$, n 表示不同種類的物品。

如果這個等式不成立,設 $\frac{MU_1}{P_1} > \frac{MU_2}{P_2}$,表示花在第 1 種產品最後一塊錢得到的邊際效用大於花在第 2 種產品最後一塊錢得到的邊際效用。在這種情形下,消費者應該重新調配其所得的支用,減少第 2 種產品的消費,而將其花費轉移用於增加第 1 種產品的支出。這樣調整,可增加消費的總效用,而且根據邊際效用遞減法則,第 1 種產品的消費增加,其邊際效用下降,第 2 種產品的消費減少,其邊際效用上升,如此消費量的改變,直到達於 $\frac{MU_1}{P_1} = \frac{MU_2}{P_2}$ 為止。反之,如果 $\frac{MU_1}{P_1} < \frac{MU_2}{P_2}$,應該增加第 2 種產品的消費而減少第 1 種產品的支出,以使總效用達到最大。職是之故,依據邊際效用遞減法則,對邊際效用高的物品增加消費,邊際效用低的物品減少消費,可以使花在每一種物品最後一塊錢所得到的邊際效用趨於均等,而達到效用滿足最大的目標。

㈡成本－效益分析

上面的邊際效用均等法則是假設消費者把所有的貨幣所得全部用於購買財貨與勞務，而沒有儲蓄發生的情況。事實上，貨幣亦是一種財貨，對消費者而言亦同其他財貨一樣有效用產生。貨幣的邊際效用同樣有遞減的現象，高所得者較低所得者擁有較多的貨幣，高所得者之最後一塊錢的邊際效用因此小於低所得者之最後一塊錢的邊際效用。

貨幣支出是購買財貨與勞務的一種代價。由於貨幣本身是一種綜合財貨（因其可用於購買任何的財貨與勞務），同樣具有效用，以貨幣購買財貨，是以一種效益換取另一種較高的效益，而當貨幣的邊際效用與花在其他財貨最後一塊錢所獲得的邊際效用相等時，對消費者而言，購買財貨或保有貨幣就沒有什麼差別了。

如果貨幣的邊際效用小於花在其他財貨最後一塊錢所獲得的邊際效用，人們會繼續以貨幣換取財貨，而依邊際效用遞減法則，隨著其他財貨消費的增加，其邊際效用逐漸下降，貨幣的邊際效用上升，直到貨幣的邊際效用與花在其他財貨最後一塊錢所獲得的邊際效用相等為止。是故，當貨幣的邊際效用等於花在其他財貨最後一塊錢所獲得的邊際效用時，消費者的滿足達到最大。這種關係可以寫成：

$$\frac{MU_1}{P_1} = \frac{MU_2}{P_2} = \frac{MU_3}{P_3} = \cdots = \frac{MU_m}{P_m} = MU_m$$

式中 1, 2, …，代表貨幣以外的其他財貨，MU_m 代表貨幣邊際效用，P_m 代表貨幣的價格，由於一塊錢的價格等於一塊錢，故 $P_m = 1$，$\frac{MU_m}{P_m} = MU_m$。

如果 $\frac{MU_1}{P_1} = \frac{MU_2}{P_2} = \cdots > MU_m$，表示消費者將一塊錢用於購買財貨或勞務所獲得的邊際效用大於將其留在身邊所獲得的邊際效用，這意謂用於購買財貨與勞務的所得過少，而保存的貨幣儲蓄過多，消費需求不足，消費者的滿足未能達到最大。因此，把貨幣當成一種財貨考慮後——即有儲蓄發生，在儲蓄以外花於各種財貨與勞務最後一塊錢的邊際效用均等時，

只是一種貨幣除外之財貨與勞務的最佳消費組合，總效用不一定是最大，唯有在其再與貨幣的邊際效用相等時，才是儲蓄、消費、及消費組合最理想的狀態，消費者的效用滿足才能達於最大。

四、效用與需求曲線

由財貨或勞務的消費可以得到效用滿足，對於效用的探討其目的在於根據效用的資料來導出消費需求曲線。根據所消費的財貨與勞務的邊際效用及貨幣的邊際效用，可以導出消費者對於不同財貨的需求曲線，並能證明價格高時需求少、價格低時需求多的需求特性。

為簡化分析，假設消費者祇購買兩種產品，每一塊錢貨幣的邊際效用固定 ($\overline{MU}_m$)，產品消費原先達於最佳組合的狀態：$\dfrac{MU_1}{P_1} = \dfrac{MU_2}{P_2}$，下附標 1 與 2 分別代表兩種產品。圖 5-2，如果第 1 種產品的價格由 P_1^* 下降至 P_1'，而第 2 種產品的價格 P_2 不變，則 $\dfrac{MU_1}{P_1'} > \dfrac{MU_2}{P_2}$，為了重新恢復均等條件，必須增加第 1 種產品的購買，而減少第 2 種產品的購買。如此，

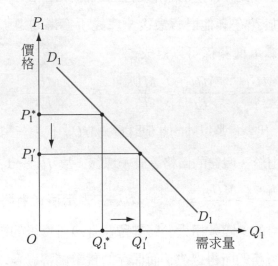

圖 5-2　邊際效用遞減而使需求量與價格呈減函數關係

根據邊際效用遞減法則，MU_1 將下降，MU_2 將上升，直到 $\dfrac{MU_1'}{P_1'} = \dfrac{MU_2'}{P_2}$ 為止。準此，根據邊際效用遞減法則，可以得到第 1 種產品的價格與需求量呈減函數的關係。

再依據消費者最大滿足條件，就第 1 種產品而言，必須滿足條件：

$$\frac{MU_1}{P_1} = \overline{MU}_m$$

式中 $\overline{MU}_m$ 代表固定的貨幣邊際效用。上式可化為：

$$P_1 = \frac{MU_1}{\overline{MU}_m}$$

上式表示消費者對於一種產品所願意支付的最高價格等於該產品的邊際效用除以貨幣的邊際效用。根據此公式，再由表 5-2 的資料，可以求出不同需求量下的產品價格。在貨幣的邊際效用一定下，由於產品的邊際效用遞減，為了維持 $P_1 = \dfrac{MU_1}{\overline{MU}_m}$ 或 $MU_1 = P_1 \times \overline{MU}_m$ 等式的成立，當 MU_1 隨 Q_1 消費的增加而遞減時，P_1 也必須隨著下降，消費者才願意購買更多的數量。換句話說，當 P_1 下降時，為了滿足消費者均衡條件，Q_1 的購買量必然增加。表 5-2 中的這種產品需求數量、邊際效用、與價格之間的關係，另可以圖 5-3 表示。在貨幣邊際效用一定下，由產品的邊際效用曲線可以導出產品的需求曲線。

表 5-2　需求量與價格之間的關係

(1) 數量 (Q_1)	(2) 貨幣邊際效用 $(\overline{MU}_m)$	(3) 產品邊際效用 (MU_1)	$(4) = \dfrac{(3)}{(2)}$ 產品價格 $\left(P_1 = \dfrac{MU_1}{\overline{MU}_m}\right)$
1	5	100	20
2	5	90	18
3	5	75	15
4	5	55	11
5	5	30	6

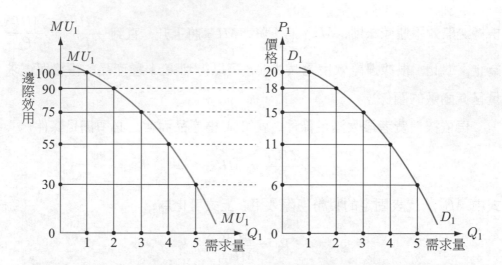

圖 5-3　在貨幣邊際效用一定下，由邊際效用曲線可以導出需求曲線

　　根據邊際效用的分析，可以求出需求量與價格變化關係的任何一條需求曲線，以表示消費者最佳的消費組合改變。在一般的情況下，需求量與價格呈減函數關係，邊際效用與需求量呈減函數關係，故邊際效用與價格呈增函數關係，即價格低，需求量多，邊際效用低；價格高，需求量少，邊際效用高。換言之，需求量少時，邊際效用高，消費者願意支付較高的價格；需求量多時，邊際效用低，消費者只願意支付較低的價格。

五、消費者剩餘

　　因為財貨或勞務的需求價格（消費者所願支付的最高價格）是根據最後 1 單位產品消費的邊際效用決定的，故消費者購買任何一種財貨，其獲得的邊際效用，除最後 1 單位外，其餘每 1 單位的邊際效用均大於其所花費的代價。消費者對每 1 單位財貨支付的代價雖然相同，但是財貨的邊際效用卻依次遞減，消費者對財貨的需求，直到由財貨所獲得的邊際效用等於取得財貨的代價──即貨幣的邊際效用──為止。因此，要是財貨能夠一單位一單位地加以分割出售，消費者所願意支付的貨幣代價將大於實際

支付的貨幣代價，或是消費者由財貨消費所得到的總效用將大於其所支付貨幣代價的總效用，這差額稱之為消費者剩餘 (consumer's surplus, CS)。

　　以圖 5-3 為例，價格為 6 元時，消費者購買 5 單位的數量，實際貨幣總支出等於 6元 ×5 = 30 元。設該產品可以一單位一單位分開地出售給消費者，則消費者購買 5 單位產品所願支付的代價等於 20 元 +18 元 +15 元 +11 元 +6 元=70 元，故消費者剩餘等於 70 元 −30 元 =40 元。以效用表示，每一塊錢貨幣的邊際效用為 5 單位，消費者支出 30 元，減少了 $5 \times 30 = 150$ 單位的效用，但其由 5 單位產品的消費得到 $100 + 90 + 75 + 55 + 30 = 350$ 單位的總效用，故消費者剩餘等於 $350 − 150 = 200 (= 5 \times 40)$ 單位的效用。

　　通常均以貨幣作為計算消費者剩餘的單位，因此，將總效用除以貨幣的邊際效用，可以得到以貨幣表示的消費總受益，再將其減去總支出 (TE)，即為消費者剩餘，故 $CS = \dfrac{TU}{MU_m} - TE$。如上例，$CS = \dfrac{350}{5} - 6$ 元 $\times 5 = 40$ 元。若要計算第 n 單位的消費剩餘 (CS_n)，可以第 n 單位產品的邊際效用 (MU_n) 除以貨幣的邊際效用，而後減去對其所支付的代價 (P_n)——即 $CS_n = \dfrac{MU_n}{MU_m} - P_n$。

　　在產品可以無限微小分割出售的情況下，消費者剩餘的計算如下。圖 5-4

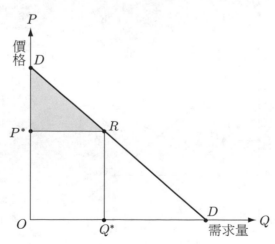

圖 5-4　消費者剩餘

對某一種產品，消費者購買 Q^* 數量，實際的貨幣支出等於 OP^*RQ^*，願意的貨幣支出等於 $ODRQ^*$，所以消費者剩餘等於 $ODRQ^* - OP^*RQ^* = P^*DR$，即為圖 5–4 中陰影的三角形部分。

六、鑽石與水的矛盾

古典學派的學者對於水比鑽石更為有用，但是鑽石卻比水更為昂貴的現象感到困惑。之所以如此，乃其未能將總效用與邊際效用加以區分，才產生價值（有用性）與價格的矛盾。一種財貨的價值是由總效用所決定，而其價格則由邊際效用決定（任何一種財貨，其消費者所願意支付的最高價格，等於其對消費者所產生的邊際效用除以貨幣對消費者的邊際效用）。因為鑽石相對於水是稀少的，因此邊際效用較高，所以鑽石的價格比水高。但是，水的消費量遠較鑽石為大，由消費水所得到的總效用遠較由消費鑽石所獲得的總效用為大，所以水較鑽石有用。

這種鑽石與水的矛盾(diamond-water paradox)——又稱為價值的矛盾(paradox of value)，可以圖 5–5 來解釋。圖中，MU_W、MU_D 分別代表水

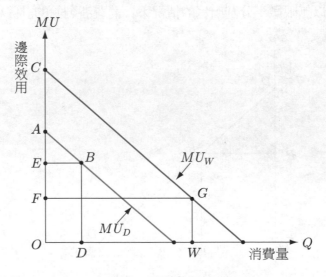

圖 5–5　鑽石與水的矛盾

與鑽石的邊際效用曲線，鑽石的消費量只有 D，邊際效用等於 E；水的消費量為 W，邊際效用祇有 F，因此，鑽石比水貴。但是，由水的消費所得到的總效用 (TU_W) 等於邊際效用曲線下的面積——即 $OCGW$，由鑽石消費得到的總效用 (TU_D) 為 $OABD$。顯然地，$OABD < OCGW$。水較鑽石有用 $(TU_W > TU_D)$，而鑽石的價格卻較水高 $(MU_D > MU_W, P_D > P_W)$ 的矛盾，獲得合理的解釋。

第 2 節　無異曲線分析

傳統的效用理論，以邊際效用遞減法則來解釋由左上向右下傾斜之需求曲線的存在，其基本前提是：①不同產品消費的效用函數是獨立的——即 X 物品的消費並不影響到 Y 物品消費的效用高低；②效用可用基數 (cardinal numbers) 測量；③不同產品的效用雖是個別獨立，但可相加——即 $TU = U_1(X_1) + U_2(X_2) + \cdots + U_n(X_n)$，$U_i(X_i)$，$i = 1, 2, \cdots, n$，代表不同產品，$U_i(X_i)$ 代表其消費的各別總效用。

傳統的基數效用 (cardinal utility) 理論的這些假設受到嚴厲的批評：產品消費的效用函數是相關而非獨立的，效用是一種主觀的感受，無法用一種客觀統一的標準加以基數測量，更無法將不同產品消費所得到的效用予以加總。針對這些缺點而產生現代的序數效用 (ordinal utility) 理論——消費無異曲線分析，其基本前提為：①效用仍可測量，但祇須以序數 (ordinal numbers) 來衡量——即用比較的方法判斷其第一、第二、……，等大小次序，而無須以基數測出多大的效用量；②總效用是在一段時間內，由各種產品的消費 (X_i) 所得到的總滿足——即 $TU = U(X_1, X_2, X_3, \cdots, X_n)$，而非各種產品獨立效用的加總。

一、無異曲線的意義與特性

消費無異曲線 (consumption indifference curve)——簡稱無異曲線，是指：消費者在其已知的偏好下，購買兩種不同的產品，可作不同組合的選擇而產生相同的效用滿足，此不同組合對消費者將無偏好差異，此對消費者產生相同效用滿足之兩種產品不同組合點的軌跡，稱為消費無異曲線，又稱為等效用曲線 (iso-utility curve)。這個定義假設消費者的偏好已知一定，無異曲線的形狀才能確定；兩種產品的假設是適於用平面幾何圖形分析。

圖 5–6，橫軸代表 X 財貨的需求量，縱軸代表 Y 財貨的需求量，兩軸所構成的 $X-Y$ 平面稱之為產品空間 (commodity space)。在產品空間裏，任何一條由左上往右下傾斜的曲線，代表相同效用水準之兩種產品組合的軌跡，就是消費者的消費無異曲線。許多條形狀相同的無異曲線——表示偏好一定——即構成無異曲線圖 (indifference map)。

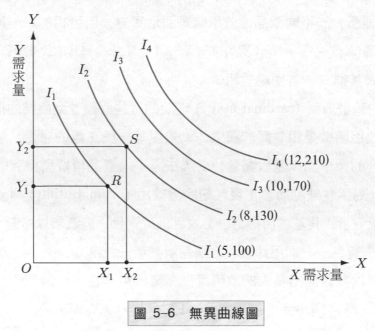

圖 5–6　無異曲線圖

根據圖 5–6，無異曲線圖的特性是圖中每一條無異曲線分別代表不同

的效用水準，而位置愈高、愈右上方的無異曲線，表示產品組合所包含的產品數量愈多，根據偏好函數，其代表的效用水準也就愈大。例如，無異曲線 I_1 的 R 點是 Y_1 與 X_1 數量的產品組合；無異曲線 I_2 的 S 點是 Y_2 與 X_2 數量的產品組合，$Y_2 > Y_1$，$X_2 > X_1$，所以 I_2 的效用大於 I_1。至於任何一條無異曲線所代表的效用水準到底多少——即基數的效用測量，則無關緊要。祇要無異曲線的偏好次序能夠成立——即以序數大小表之，如 $I_4 > I_3 > I_2 > I_1$，我們可以對任何一條無異曲線給予任何效用的數值。例如，對 I_1、I_2、I_3 及 I_4 等無異曲線給予 5、8、10、及 12，或 100、130、170、及 210 單位的效用並不重要。一般的無異曲線具有以下的特性：

(一)無異曲線是一負斜率的曲線

這表示為了維持消費者效用滿足的一定，一種財貨的消費增加，另一種財貨的消費就必須減少。假設無異曲線的斜率如圖 5-7為正，表示 X 與 Y 兩種財貨的消費都增加時，效用水準仍維持不變，這是不合理的。因此，圖中的 I 不是正常的無異曲線，其與在正常情況下，兩種財貨均為正效用，

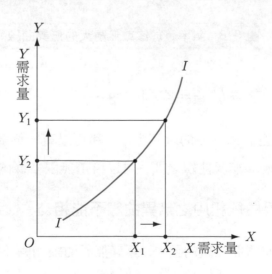

圖 5-7　正斜率的無異曲線

消費量愈多，效用愈大的道理不符❶。

如果無異曲線的斜率如圖 5-8 分別為零的 I_h 或無窮大的 I_v，表示在 Y 財貨的消費量一定下 $(\overline{Y})$，增加 X 財貨的消費，效用水準維持於 I_h 的水準不變，所以 X 財貨的邊際效用為零；在 X 財貨的消費量一定下 $(\overline{X})$，增加 Y 財貨的消費，效用水準維持於 I_v 的水準不變，所以 Y 財貨的邊際效用為零，這兩種情形在一般的效用理論中同樣是不考慮的。因此，一般的無異曲線是一條負斜率的曲線。

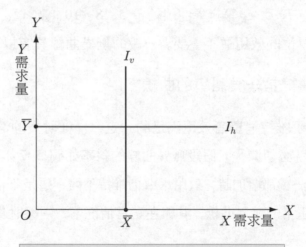

圖 5-8　斜率等於零或無窮大的無異曲線

㈡無異曲線密佈於產品空間的每一點

這表示產品空間每一點的產品組合，都可以有一條無異曲線通過。換句話說，已知的兩條無異曲線之間，可以再畫無限多條的無異曲線。

㈢同一無異曲線組中之無異曲線不能相交

假設在同一無異曲線組的圖中，兩條無異曲線如圖 5-9 交於 A 點。首先，依據無異曲線的定義，在 I_1 上 A 點無異於 C 點，在 I_2 上 A 點無異於

---

❶ 事實上，如果兩種財貨一為產生正效用的財貨，一為產生負效用的負財貨，則會產生正斜率的消費無異曲線。

B 點，因此，C 點應無異於 B 點。其次，依據無異曲線圖的特性，位置愈右、愈高的無異曲線，效用水準愈大，所以 C 點效用應大於 B 點效用。由以上的推論，可知無異曲線相交將產生 C 點組合與 B 點組合無差異及 C 點組合較 B 點組合的效用水準高，兩者同時存在，這是矛盾的現象，不能成立，故同一無異曲線組群中之無異曲線不能相交。不過，在同一產品空間可以有不同的無異曲線組群分別代表不同個人或社會的偏好，這不同

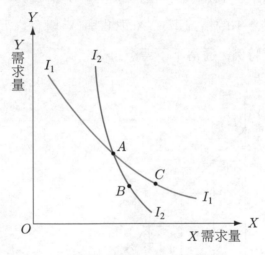

圖 5-9　無異曲線不能相交

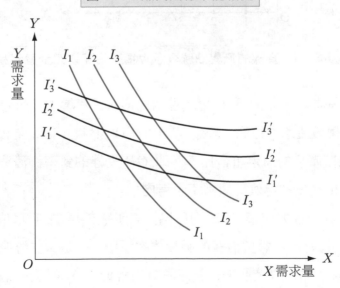

圖 5-10　不同組群的無異曲線可以相交

組群的無異曲線是可以相交的（圖 5–10）。

㈣無異曲線是凸向原點的曲線

假設無異曲線不是凸向原點的曲線，而如圖 5–11為一直線，因為直線的斜率不變——即 $\dfrac{\Delta Y}{\Delta X}$ 不變，表示每額外增加 1 單位的 X 財貨消費所必須減少 Y 財貨消費的數量都一樣，這意謂 X 財貨與 Y 財貨互為完全替代品（在斜率等於 -1 的情況下， X 財貨與 Y 財貨之間可以一對一相互替代）。這是一種特例，通常不予考慮。

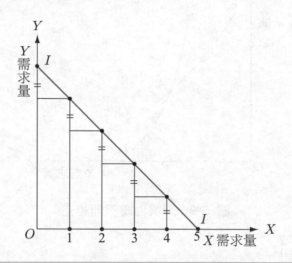

圖 5–11　直線的無異曲線表示兩種產品互為完全替代品

如果無異曲線是如圖 5–12直角曲線的形狀。只增加 X 或 Y 財貨的消費，均不能使效用水準提高，表示 X 財貨與 Y 財貨互為完全相輔的產品，消費者祇能按產品的固定組合比率（即 OR 直線的斜率）消費，別無選擇的餘地。這也是一種特例，通常不予考慮。

如果無異曲線如圖 5–13凹向原點，表示額外增加 1 單位的 X 財貨消費，所必須減少 Y 財貨消費的數量依次遞增。但是，依據邊際效用遞減法則， X 財貨的消費量愈多，其邊際效用愈低， Y 財貨的消費量愈少，其邊際效用愈高，所以每額外增加 1 單位的 X 財貨消費，消費者所願意

減少 Y 財貨消費的數量應該依次遞減，以維持效用水準的不變，即需滿足 $MU_X \Delta X = -MU_Y \Delta Y$ 的條件。因此，除非對 X 或 Y 財貨有偏好狂，否則不會產生凹向原點的無異曲線形狀。

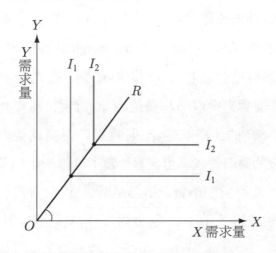

圖 5-12　直角曲線的無異曲線表示兩種產品互為完全相輔品

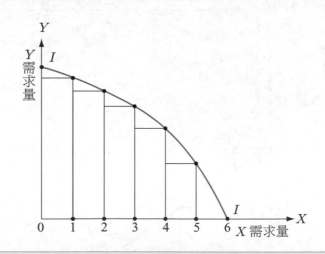

圖 5-13　凹向原點的無異曲線與邊際效用遞減法則不符

　　由以上的推論可知，無異曲線若不凸向原點，其所代表的若不是真實經濟社會的特例，就是不合理的消費行為。因此，一般的消費無異曲線是凸向原點的[2]。

---

　❷ 進階的個體經濟學將討論各種特殊形態的無異曲線。

二、邊際替代率遞減法則

　　根據無異曲線凸向原點的特性，可以得到相對於邊際效用遞減法則的邊際替代率遞減法則 (law of diminishing marginal rate of substitution)。圖 5–14，消費者的消費組合點若由 R 移到 P 點，在消費者個人主觀上認為以 RS 單位的 Y 財貨來換取 SP 單位的 X 財貨，將使其效用水準維持不變，這種 RS 對 SP 的比率就是 X 財貨對 Y 財貨的邊際替代率。因此，X 財貨對 Y 財貨的邊際替代率可定義：為了維持一定的效用滿足水準，每額外增加 1 單位 X 財貨的消費，所必須減少 Y 財貨消費的數量，兩者之相對比率稱之。根據圖 5–14，X 財貨對 Y 財貨的邊際替代率 $(MRS_{X/Y})$ 可以寫成：

$$MRS_{X/Y} = -\frac{Y_2 - Y_1}{X_2 - X_1} = -\frac{\Delta Y}{\Delta X} = -\frac{RS}{SP}$$

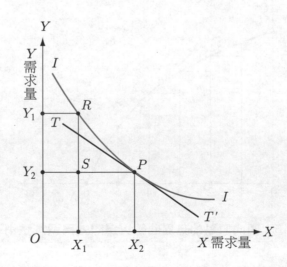

圖 5–14　無異曲線上任何一點切線的斜率等於該點的邊際替代率

　　無異曲線上 R 點愈向 P 點接近時，$\dfrac{RS}{SP}$ 的比率愈來愈接近 P 點切線 TT' 的斜率。在極限上，在 P 點附近的微量變動，可以 P 點的斜率當作

X 財貨對 Y 財貨的邊際替代率。職是之故，無異曲線上任何一點切線的斜率就是X 財貨對 Y 財貨的邊際替代率。無異曲線上任何一點的效用水準均相同，這意謂減少Y 財貨消費所減少的效用 $(= -\Delta Y \cdot MU_Y)$ 等於增加 X 財貨消費所增加的效用 $(= \Delta X \cdot MU_X)$，即 $-\Delta Y \cdot MU_Y = \Delta X \cdot MU_X$，因此邊際替代率 $MRS_{X/Y} = -\dfrac{\Delta Y}{\Delta X} = \dfrac{MU_X}{MU_Y}$。

　　由圖 5–15 可以看出，隨著 X 財貨消費的增加，Y 財貨消費的減少，無異曲線上的切線斜率（絕對值）遞減，表示邊際替代率遞減，這種現象稱之為邊際替代率遞減法則。表示為了維持效用水準不變，要增加 X 財貨的消費就必須減少 Y 財貨的消費，而每額外增加 1 單位的 X 財貨消費所必須減少 Y 財貨消費的數量依次遞減。或由無異曲線來看，表示沿著曲線由左上往右下移動，以 X 財貨代替 Y 財貨之消費，Y 財貨的邊際效用遞增，X 財貨的邊際效用遞減，曲線上各點的切線斜率（邊際替代率）依次遞減。例如，圖 5–15，$X_1X_2 = X_2X_3$，而 $Y_1Y_2 > Y_2Y_3$，所以 R 點較 Q 點的邊際替代率為小。由於沿著無異曲線移動，增加 X 財貨的消費就必須減少 Y 財貨的消費，故其斜率 $\left(\dfrac{\Delta Y}{\Delta X}\right)$ 為負，所以加上負號後，邊際替代率為一正數。

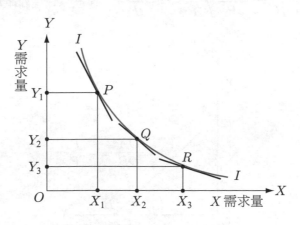

圖 5–15　邊際替代率遞減法則

<h1 style="text-align:center">三、預算線的意義與特性</h1>

消費無異曲線是消費者主觀存在的消費偏好曲線。但在所得有限的情況下，消費者的行為受到客觀的個人所得及市場財貨價格的限制，消費者所能作的是在所得預算及財貨市價下，追求效用的最大滿足。

消費者將其全部的貨幣所得，在已知的產品價格下，用於購買 X 與 Y 兩種產品，所能得到兩種產品組合的軌跡，稱之為預算線 (budget line)，又稱之為消費可能疆界 (consumption-possibility frontier)。由於其斜率等於兩種產品價比的負數，故又稱之為價格線 (price line)。

圖 5–16，AB 直線就是預算線。消費者的所得預算可以寫成 $M = P_X X + P_Y Y$，M 為貨幣所得，P_X 與 X 分別代表 X 產品的價格與購買量，P_Y 與 Y 分別代表 Y 產品的價格與購買量。若全部所得用於購買 Y 產品，可以買得 OA 數量的 Y 產品，$OA = \dfrac{M}{P_Y}$；若全部所得用於購買 X 產品，可以買得 OB 數量的 X 產品，$OB = \dfrac{M}{P_X}$。AB 的斜率——即預算線的斜率，$-\dfrac{OA}{OB} = -\dfrac{M}{P_Y} \bigg/ \dfrac{M}{P_X} = -\dfrac{P_X}{P_Y}$，等於 X 產品價格對 Y 產品價格的相對比率。

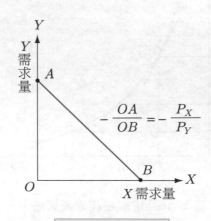

圖 5–16 預算線

　　由於消費者的所得一定，因此增加 X 產品的消費就必須減少 Y 產品的消費，故預算線的斜率為負，價比的值須加負號。

　　在 $X-Y$ 平面的產品空間，預算線 AB 與兩軸所形成的三角形面積 OAB 稱之為預算空間(budget space)，表示消費者花費其全部或部分的貨幣所得，所能購買到的所有產品組合。預算線的特性有：

　　⑴設 X 與 Y 兩種產品的價格不變（所以價比亦不變），在圖 5-17，當消費者的所得增加時，預算線向外平行移動(A_1B_1)，表示所能購買到的 X 與 Y 產品的數量增加；所得減少時，預算線向內平行移動(A_2B_2)，表示所能購買到的 X 與 Y 產品的數量減少。是故，預算線位置的高或低，代表消費者所得的多或少（在兩種產品的絕對價格均不變下，實質所得──以實物表示的所得，等於貨幣所得──以貨幣表示的所得）。

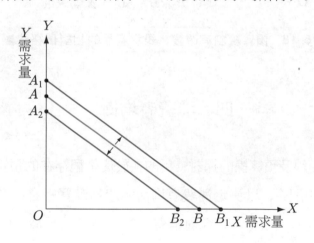

圖 5-17　預算線平行移動，表示消費者所得變動

　　⑵設消費者的貨幣所得與 Y 產品的價格不變──即所能購買到的 Y 產品的數量不變，則 X 產品的價格變動將使預算線的斜率──即相對價格，發生改變。圖 5-18，以 A 點為軸心點，當 X 產品的價格下跌，預算線往右移(AB_1)，變得較平，表示其相對價格下降，同樣的貨幣所得可以買到更多 X 的產品，消費者的實質所得增加；X 產品的價格上升，預算線往左移 (AB_2)，變得較陡，表示其相對價格上升，同樣的貨幣所得所能買

到的 X 產品減少，消費者的實質所得減少。同樣地，當消費者的貨幣所得
與 X 產品價格不變，而 Y 產品的價格改變，將使預算線以 B 點為軸心點
發生變動。

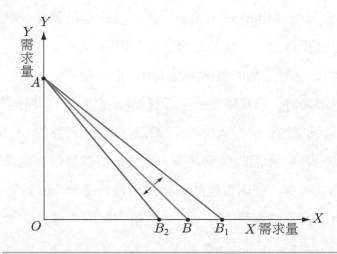

圖 5-18　預算線斜率改變，表示產品的相對價格改變

四、消費者均衡

　　消費無異曲線及預算線的探討，目的在於使客觀存在的預算線與主觀存
在的無異曲線相配合，以決定消費者均衡的產品購買組合，亦即在有限貨
幣所得及已知的產品價格下，探討消費者如何達到效用最大的消費均衡。

　　假設消費者行為是在有限的貨幣所得下追求效用的最大滿足。圖 5-19 中
LM 直線代表消費者一定所得的預算線，I_1 至 I_4 代表消費者主觀的無異
曲線圖，在什麼樣的情況下，才能使消費者滿足最大呢？預算線 LM 以上
的任何產品組合均非消費者現有的所得所能負擔，故縱有主觀的無異曲線
存在亦無法實現。預算線以下之預算空間的產品組合是消費者的所得所能
負擔的，但是購買的產品組合愈接近預算線，可以達到較高的無異曲線，
獲得較大的效用滿足。是故，整個產品空間與消費者決策有關的產品組合
部分，祇是預算線上的任何點。

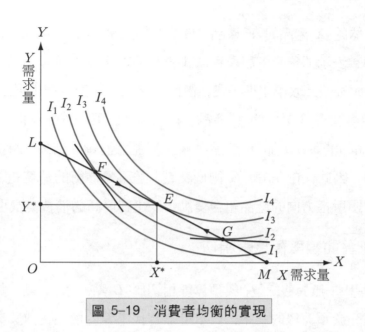

圖 5-19　消費者均衡的實現

在預算線上的產品組合有兩種可能，即無異曲線與預算線相交或相切之點：

㈠無異曲線與預算線相交

圖 5-19，無異曲線 I_2 與預算線交於 F 與 G 兩點。在 F 點，無異曲線的切線斜率大於預算線的斜率，表示邊際替代率大於價比（絕對值），而邊際替代率是消費者主觀願意的 X 產品對 Y 產品的交換比率，價比是市場客觀能夠的 X 產品與 Y 產品之間的交換比率。

假設在 F 點的邊際替代率 $\left(-\dfrac{\Delta Y}{\Delta X}\right)$ 為 3 比1，表示消費者主觀願意以 3 單位的 Y 產品來替代 1 單位的 X 產品消費，而維持其效用水準不變；但價比 $\left(-\dfrac{P_X}{P_Y}\right)$ 卻為 2 比1，表示在市場上 2 單位的 Y 產品就能夠換得 1 單位的 X 產品。在這種情況下，消費者將以 X 產品代替 Y 產品的消費，增加 X 產品而減少 Y 產品消費的結果，將提高其效用滿足水準。

相反地，在 G 點，無異曲線的切線斜率小於預算線的斜率，表示邊際替代率小於價比，消費者主觀願意的 X 產品對 Y 產品的替代比率小於市

場客觀能夠的 X 產品與 Y 產品之間的交換比率。設在 G 點，邊際替代率為 1 比 1，表示消費者主觀願意以 1 單位的 X 產品來換取 1 單位的 Y 產品消費，而維持其效用水準不變；價比為 2 比 1，表示在市場上 1 單位的 X 產品能夠換得 2 單位的 Y 產品。在這種情況下，消費者將以 Y 產品代替 X 產品的消費，增加 Y 產品而減少 X 產品消費的結果，將提高其效用滿足水準。因此，在 F 與 G 兩個交點，並不是均衡的消費組合，消費者將隨著箭頭所指方向的產品組合變動，以達到更高的消費無異曲線。

㈡無異曲線與預算線相切

圖 5-19，無異曲線 I_3 與預算線相切於 E 點。在 E 點，無異曲線的切線斜率等於預算線的斜率，表示邊際替代率等於價比，消費者主觀願意的 X 產品對 Y 產品的替代比率等於市場客觀能夠的 X 產品與 Y 產品之間的交換比率，此時達到了消費者均衡的狀態，是消費者之一定預算 LM 所能達到最大的效用水準 I_3。因為在切點 E，邊際替代率等於價比，所以 $-\dfrac{\Delta Y}{\Delta X} = \dfrac{MU_X}{MU_Y} = -\dfrac{P_X}{P_Y}$，移項結果，$\dfrac{MU_X}{P_X} = \dfrac{MU_Y}{P_Y}$，正與前面傳統基數效用理論所討論的消費者均衡條件相符合。職是之故，與預算線相切之無異曲線是消費者的現有所得所能達到的最大效用滿足水準，而其切點所對應的兩種產品消費組合 (Y^*, X^*) 是消費者均衡的實現。

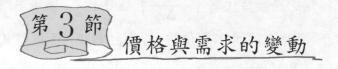

第 3 節 價格與需求的變動

無論是傳統的基數效用分析或現代的序數效用無異曲線分析，其目的均在於導出對一種物品的需求曲線。需求表示消費者在一定的時間內，對不同的財貨或勞務，在不同的價格之下，所願意而且能夠購買的數量。對

一般的產品需求而言，需求法則總是成立的——即消費者對一種財貨或勞務的需求量與其價格呈減函數的關係。這種價格與需求量變化的關係，是探討需求理論的重心之一。

一、價格、替代與所得效果

一種財貨或勞務的價格改變而引起需求量的改變，是為價格效果 (price effect)，而價格效果可以分解成替代效果 (substitution effect) 與所得效果 (income effect)。

在消費者的貨幣所得一定之下，一種財貨的價格改變就會影響到對它的替代品的需求量，而使消費者以相對價格較低的財貨來代替相對價格較高之財貨的消費，此即價格變動的替代效果。假設 A 與 B 是可相互替代消費的財貨，當 A 的價格上升，而 B 的價格不變時， A 對 B 的相對價格上升，在消費者有限的所得下， A 與 B 競爭的結果， A 的需求量會減少，而 B 的需求量將會增加。

任何一種財貨或勞務的價格改變，縱使消費者的貨幣所得不變，其實質所得將因之發生改變，進而使消費者對財貨與勞務的需求發生改變，此為價格變動的所得效果。假設消費者的貨幣所得不變，當 A 物品的價格上升，同樣的貨幣所能購買的 A 物品減少，表示消費者的實質所得的減少，所以會使消費者對各種物品的需求量減少。

替代效果不因財貨的品級不同而有所不同，它存在於任何可相互替代的物品之間。在消費者的貨幣所得一定之下，凡可相互替代消費的任何物品的相對價格上升，其需求量必然減少；相對價格下降，其需求量必然增加。由於替代效果使財貨的需求量與其相對價格呈減函數的關係，故通常稱之為負的替代效果。

所得效果則因財貨的品級不同而有所不同。對於正常財貨，當其價格上升時，消費者實質所得減少，對其需求量減少，故正常財貨的需求量與

所得呈增函數的關係，因此通常稱之為正的所得效果。但是，對低級財貨而言，當其價格上升，消費者實質所得減少時，對其需求量反而增加，故低級財貨的需求量與所得呈減函數的關係，而產生負的所得效果。以下我們利用無異曲線分析上述財貨或勞務價格變動所產生的替代及所得效果。

二、正常財貨的價格變動效果

為維持效用水準不變，在無異曲線上，兩種產品必然呈替代的關係，即一種產品的消費增加，另一種產品的消費必然減少，故總有負的替代效果——需求量與價格呈減函數的關係，而正常財貨均有正的所得效果——需求量與所得呈增函數的關係。

圖 5–20，縱軸與橫軸分別代表同是正常的 X 與 Y 兩種財貨。我們假設貨幣所得與 Y 的價格不變，而分析 X 價格下跌所產生的價格效果。首先分析價格效果中的替代效果。由於 X 產品的價格下跌，消費者的實質所得因此由 LM 增至 LM'，效用水準由 I_1 提高為 I_2。為了祇分析替代效果，必須將實質所得增加的部分暫時予以擱置，可以當作在新的價比下，貨幣所得正好減少到維持實質所得不變的程度。為作此分析，吾人可以作一條與 LM' 相平行而與原來無異曲線 I_1 相切的預算線 $L'M''$，$L'M''$ 代表實質所得不變（因與原來的無異曲線相切），又反應出在新的相對價格（因與新的價格線相平行）之下的預算線。實質所得不變而祇有價格改變的結果，消費者均衡由 E_1 點移到 E_2 點。沿著原來的無異曲線從 E_1 移到 E_2，消費者購買 X 產品的數量由 X_1 增加到 X_2，而其購買 Y 產品的數量則由 Y_1，減少到 Y_2，這代表 X 產品價格下跌的替代效果。

接著分析價格效果中的所得效果。將 X 價格下跌所引起的實質所得增加的部分加回去，這樣預算線由 $L'M''$ 平行移到 LM'。LM' 代表在新的價比下較高的實質所得，消費者均衡由原來無異曲線 I_1 上的 E_2 點移到較高無異曲線 I_2 上的 E_3 點，購買 X 產品的量由 X_2 增加到 X_3，購買 Y

產品的量亦由 Y_2 增加到 Y_3，這種需求量的增加，完全是由於實質所得由 $L'M''$ 增加到 LM' 的結果，代表 X 產品價格下跌的所得效果。

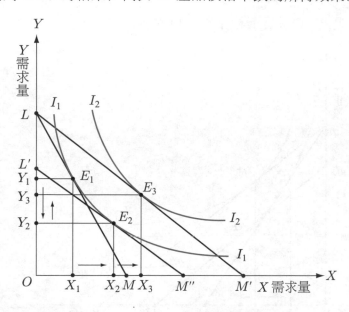

圖 5–20　正常財貨價格下跌的價格效果分析

　　正常財貨價格變動所產生的價格效果，就 X 產品而言，是由負的替代效果與正的所得效果相互加強的總結果，即 $X_1X_3 = X_1X_2 + X_2X_3$。依同樣的推理過程，讀者可以自行練習分析正常財貨價格上升的情況。

三、低級財貨的價格變動效果

　　所謂低級財貨是指所得效果為負——需求量與所得呈減函數關係的財貨。圖 5–21，假設 X 是低級財貨（Y 產品必然為正常財貨）。LM 是原來的預算線，當 X 產品的價格下跌，預算線移為 LM'，消費者均衡從無異曲線 I_1 的 E_1 點移到無異曲線 I_2 的 E_3 點，X 產品的需求量由 X_1 增加到 X_3。如同上述分析一樣，$L'M''$ 與 LM' 相平行並與原來的無異曲線 I_1 相切，代表新的價比但實質所得不變的預算線，因此從 E_1 移到 E_2 或從 X_1 到 X_2，是為 X 財貨價格下跌的替代效果，仍然為負——實質所得不

變下，需求量與價格呈減函數的關係。從 $L'M''$ 移到 LM' 代表新的價比而實質所得增加，因此從 E_2 移到 E_3 或從 X_2 減為X_3 完全是實質所得增加的結果，是為 X 財貨價格下跌之負的所得效果。

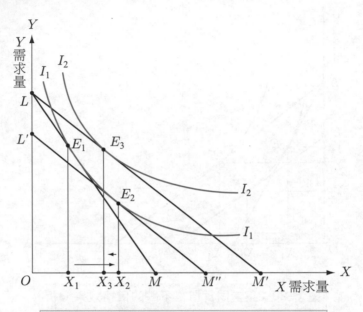

圖 5-21　低級財貨價格下跌的價格效果分析

雖然負的所得效果使 X 產品的需求量減少，但由於替代效果的力量大於所得效果的力量，最後淨的價格效果等於 X_1X_3。是故，X 產品的價格下跌需求量仍有增加，但增加的幅度較小。因此，低級財貨仍然符合需求法則。依同樣的推理過程，讀者可自行練習分析低級財貨價格上升的情況。

四、季芬財貨的價格變動效果

圖 5-22，X 產品屬於季芬財貨（Y 產品必然為正常財貨）。LM 是原來的預算線與無異曲線 I_1 切於 E_1 點，當 X 產品的價格下跌，預算線移為 LM'，作一條 LM' 的平行線 $L'M''$ 與原來的無異曲線 I_1 切於 E_2 點，從 E_1 移到 E_2，或從X_1 增加到 X_2，是為 X 產品價格下跌的替代效果。

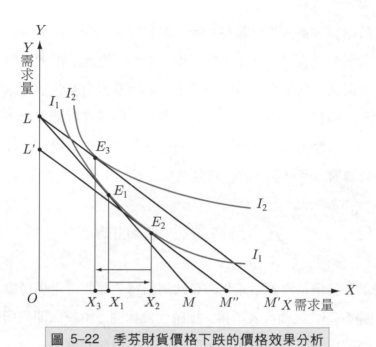

圖 5-22　季芬財貨價格下跌的價格效果分析

　　X 產品的價格下跌，在新的價比下，較高的實質所得為 LM'，與較高的無異曲線 I_2 切於 E_3 點，從 E_2 移到 E_3 或從 X_2 減為 X_3，是實質所得增加的結果，是為 X 產品價格下跌的所得效果。由於所得效果使 X 產品的需求減少大於替代效果使 X 產品的需求增加，最後的淨價格效果等於需求量減少的部分 X_1X_3。依同樣的推理過程，讀者可以自行練習分析季芬財貨價格上升的情況。

　　由以上的分析可以知道，季芬財貨是一種低級財貨——因其所得效果為負，但是低級財貨並不一定是季芬財貨——因一般低級財貨的所得效果小於替代效果，而季芬財貨的所得效果卻大於替代效果。季芬財貨的需求量與價格呈增函數的關係，違背了需求法則，這種現象有時又稱為季芬的矛盾 (Giffen's paradox)。

　　季芬財貨是由季芬 (S. R. Giffen) 所提出，是一種特殊的低級財貨。通常是低所得者大量消費的低級財貨，當其價格下降時，需求量減少；價格上升時，需求量增加，是一種需求法則的例外情形。例如，低所得者將大部

分所得用於購買季芬財貨以維持生活，當其價格上升，原來所得所能購買
的季芬財貨數量就會減少（即實質所得減少），使低所得者更無能力購買
其他的正常財貨，於是將更多的所得用於購買季芬財貨，故需求量增加。
當季芬財貨的價格下跌時，原來所得所能購買的季芬財貨數量增加（即實
質所得增加），低所得者因此有餘力去購買其他的正常財貨，於是將較少
的所得用於購買季芬財貨，故需求量減少，形成一種少見的需求現象[3]。

五、後彎勞動供給曲線

財貨或勞務價格變動所產生的替代與所得效果，可用於勞動供給行為
的分析。圖 5-23，縱軸代表所得，橫軸代表休閒。由於休閒同所得一樣可
以帶給人們效用滿足，故所得與休閒可以形成無異曲線的組合。一個人可
以選擇一天 24 小時都休息而不工作——OZ，或 24 小時都工作而不休息

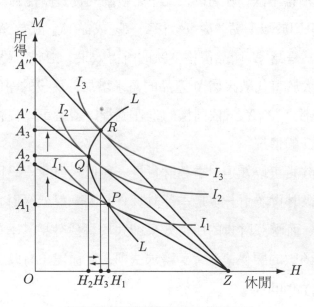

圖 5-23　後彎勞動供給曲線

---

[3] 西方國家通常以馬鈴薯作為季芬財貨的典型例子。1950年代，臺灣的地瓜
（又稱蕃薯）亦可視為一種季芬財貨。

以賺取 OA 的所得，故 AZ 代表個人休閒與所得的預算線，其斜率就是工資率 $\left(=-\dfrac{OA}{OZ}\right)$。

　　預算線 AZ 與無異曲線 I_1 切於 P 點，個人選擇休閒 OH_1 時間，工作 ZH_1 時間，所得為 OA_1。工資率上升，預算線移為 $A'Z$，與較高的無異曲線 I_2 切於 Q 點，個人選擇休閒 OH_2 時間，工作 ZH_2 時間，所得為 OA_2，因此工資率上升使得個人的工作時間增加。如果工資率進一步提高，預算線移為 $A''Z$，而與無異曲線 I_3 切於 R 點，個人所得仍然增加為 OA_3，但工作時間減為 ZH_3。因此，工資率繼續提高的結果，個人願意工作的時間反而減少。連接 P、Q 及 R 等均衡點，形成一條工資—工作曲線 (wage-work curve)，又稱為勞動供給曲線 (labor-supply curve)。

　　圖 5–23 的勞動供給曲線 LL 到 Q 點後，往後彎，稱之為後彎勞動供給曲線 (backward-bending labor supply curve)。形成這種形狀之勞動供給曲線的原因，是由於工資率變動所產生的替代與所得效果相互作用的結果。工資提高的結果產生①替代效果：工資是休閒的機會成本，工資上升，表示休閒的價格提高，個人會減少休閒，多工作，以更多的工作代替較少的休閒；②所得效果：當工資提高，個人工作與以前相同的時間就能賺取更多的貨幣所得，這將使個人希望消費包括休閒在內的更多正常財貨，因此工資提高的所得效果有使個人減少工作的傾向。

　　在 Q 點以前的勞動供給曲線，工資提高產生的替代效果大於所得效果，勞動供給增加；到達 Q 點以後，工資繼續提高所產生的所得效果大於替代效果，勞動供給減少，因此形成一條後彎的勞動供給曲線。一些經濟學家研究的結果，證實後彎的勞動供給曲線在許多開發中國家確實存在。

重 要 名 詞

偏好	效用
有用性	總效用
邊際效用	邊際效用遞減法則
消費者均衡	邊際效用均等法則
成本—效益分析	消費者剩餘
鑽石與水的矛盾	基數效用
序數效用	產品空間
無異曲線	無異曲線圖
預算空間	預算線
邊際替代率遞減法則	價格效果
所得效果	替代效果
季芬財貨	後彎勞動供給曲線

摘　　要

1. 消費者主觀的偏好與財貨或勞務客觀存在的物理特性相配合時, 就產生了需求。財貨或勞務因為有特性而存在有用性, 但唯有其存在的特性與消費者的偏好 (慾望) 相一致, 才能對消費者產生主觀的心理效用滿足。

2. 邊際效用是指任何一種財貨或勞務的消費量改變引起總效用改變的數額。在消費者偏好與其他物品消費不變的情況下, 消費者於一段期間內, 連續消費一種財貨或勞務, 到達某一消費量後, 額外增加 1 單位財貨或勞務的消費, 使總效用增加的數量依次遞減, 稱之為邊際效用遞減法則。在圖形上, 邊際效用遞減由總效用曲線的反曲點開始, 總效用達到最大時, 邊際效用正好為零。

3. 消費者於一定的時間內, 在已知的各種財貨與勞務價格下, 以有限的所得預算, 購買不同的財貨與勞務, 當消費組合使其效用滿足達到最大時, 稱之為消費者均衡。為了實現消費者均衡, 消費者用作消費決策依循的是: ⑴邊際效用均等法則──即在沒有儲蓄的情況下, 花在每一種財貨或勞務最後一塊錢所得到的邊際效用均等; ⑵成本─效益法則──即在有儲蓄的情況下, 花在每一種財貨或勞務最後一塊錢所得到的邊際效用等於貨幣的邊際效用。

4. 效用的探討, 目的在於導出需求曲線。在貨幣的邊際效用固定的假設下, 根據邊際效用遞減法則與消費者均衡條件, 可以導出一條需求量與價格呈減函數關係的需求曲線。

5. 消費者由一種產品消費所得到的總效用減去所支付貨幣代價之總效用, 剩餘部分, 稱之為消費者剩餘。乃是消費者對於一種產品願意支付的貨幣代價大於其實際支付的貨幣代價的結果。

6. 總效用與邊際效用，可用以解決鑽石與水之間所產生的價值矛盾。鑽石的量少，總效用少，邊際效用高，故價值低，但價格高；水的量多，總效用大，邊際效用低，故價值高，但價格低。

7. 傳統基數效用理論，由於基本假設難以被人接受與遭到產品不可分割及效用無法測度的困難，而為現代序數效用理論的無異曲線分析所取代。在嚴謹的前提假設下，消費者以定額的所得，在已知的偏好下，購買兩種產品，可作不同組合的選擇，而產生相同的效用滿足，對消費者將無偏好差異，此不同組合點的軌跡形成無異曲線。

8. 無異曲線具有負斜率、密佈產品空間的每一點、同一無異曲線組群中之任兩條曲線不能相交、及凸向原點等特性。

9. 沿著無異曲線，為了維持一定的效用水準，額外增加 1 單位 X 產品消費，所必須減少之 Y 產品消費的數量，兩者之相對比率，稱為 X 產品對 Y 產品的邊際替代率。由於邊際效用遞減的特性，沿著無異曲線，每增加 1 單位 X 產品消費，所必須減少 Y 產品消費的數量依次遞減，稱之為邊際替代率遞減法則。

10. 消費者將其全部貨幣所得用於購買兩種產品，所能得到兩種產品組合的軌跡，稱為預算線，或消費可能疆界，又稱為價格線。預算線平行移動表示貨幣所得發生改變而兩種產品的相對價格不變；在貨幣所得不變下，預算線的斜率改變，表示兩種產品的相對價格發生改變。

11. 消費者主觀的無異曲線與其客觀的預算線相切之點，是實現消費者均衡的兩種產品的購買組合。

12. 利用無異曲線可以分析一種產品價格變動對需求量所產生的影響。價格變動的效果可以分解成替代效果與所得效果兩部分，對任何產品而言，替代效果總是負的——即一種產品的需求量與其相對價格呈減函數的關係；對正常財貨而言，所得效果是正的——即需求量與所得呈增函數的關係，對低級財貨而言，所得效果是負的——即需求量與所得呈減函數的關係。

13. 對正常財貨而言，價格變動所產生正的所得效果加強了負的替代效果，
    需求量因此與價格呈較大的反方向變動；低級財貨價格變動所產生負的
    所得效果抵銷了部分負的替代效果，需求量因此與價格呈較小的反方向
    變動；季芬財貨價格變動所產生負的所得效果大於負的替代效果，需求
    量因此與價格呈同方向的變動，違背了一般的需求法則。季芬財貨是一
    種低級財貨，但低級財貨並不一定是季芬財貨。

14. 工資變動所產生的替代與所得效果，可用以解釋勞動供給曲線的形狀。
    如果工資提高所產生的替代效果大於所得效果，勞動供給將會增加，勞
    動供給與工資呈增函數的關係；工資提高到某一水準後，如果繼續提高
    工資所產生的替代效果小於所得效果，勞動供給反而減少，勞動供給與
    工資呈減函數的關係，形成一種後彎勞動供給曲線。

1. 試述財貨和勞務的特性與消費者偏好及效用之間的關係。

2. 何謂邊際效用遞減法則？為何會發生這種現象？試根據此一法則畫出總效用曲線及邊際效用曲線。

3. 何謂消費者均衡？試闡釋消費者應如何支用其所得才能達到此目標？

4. 試以圖解闡釋如何由邊際效用曲線導出需求曲線，並說明需求法則成立的原因。

5. 何謂消費者剩餘？試舉例說明如何以效用或貨幣單位計算消費者剩餘。

6. 何謂鑽石與水的矛盾？如何解說此一矛盾的現象？試用圖解剖述之。

7. 何謂消費無異曲線？試述其特性。

8. 何謂邊際替代率遞減法則？其與邊際效用遞減有何關係？

9. 何謂預算線？試述其特性。

10. 試以無異曲線與預算線剖析消費者均衡。

11. 試以圖解剖析正常財貨、低級財貨、及季芬財貨之價格上升或下降的價格效果。

12. 低級財貨與季芬財貨之價格變動效果有何異同？為何對季芬財貨的需求違背需求法則呢？

13. 何謂後彎勞動供給曲線？試圖解其形成的原因。

第 6 章　產出與成本

在前一章，我們已經對需求背後所隱含的效用，作了扼要的討論。在本章，我們所要探討的就是供給背後的產出與成本問題。

第 1 節　投入與產出

一、時間與生產要素

在第 4 章已經提到，經濟分析上一般將時間分成三種概念，一是市場時間，一是短期，一是長期，其中短期與長期對生產與成本的分析尤為重要，值得再加申述。

所謂短期可以從個別廠商和從整個產業兩種觀點來說。就個別廠商而言，是指產量雖可改變，但生產能量（指生產的機器、設備、及廠房）卻不能改變，這表示至少有一種或一種以上的生產要素是固定的，廠主只能將現有的機器設備與廠房的使用程度加以調整而改變產量。因此，對廠商而

言，凡時間不足以容許生產能量改變的就是短期。不過，不同產業中各個廠商的情況並不相同，鋼鐵廠的短期可能是紡織廠的長期，所以不能以絕對的時間長短（如 1 年，1 個月），作為經濟上衡量長期或短期的標準。就整個產業的觀點而言，所謂短期是指廠商數目無法改變，產量的增加或減少，僅能由原有的廠商加以調整。因此，對產業而言，凡是時間不足以容許新廠商加入或原廠商退出者就是短期。

所謂長期，對個別廠商而言，就是足以容許生產能量完成改變的時間，亦即所有生產要素的使用都能隨產量的調整而改變的時間。因此，在長期間，一切生產要素都是可變的，沒有固定的。就整個產業的觀點而言，所謂長期是指時間足以容許改變廠商的數目，也就是指新的廠商有足夠的時間完成建廠，加入生產，或原有的廠商有足夠的時間完成歇業退出。

勞動、資本、土地、及企業家精神，稱為生產四大要素。生產要素又稱為生產投入，四大生產要素為任何生產活動的最基本投入，因此又有基本投入 (primary inputs) 之稱。由四大生產要素結合而生產之產出，如其不能直接滿足消費者慾望而作消費之用，但可與四大生產要素配合而作生產投入之用，則稱為中間產品 (intermediate products)，或稱之為中間投入 (intermediate inputs)。經濟學上的生產一般指附加價值 (value-added) 的創造，因此所稱的生產要素通常只包括基本投入。

根據上述時間的概念，短期間，生產要素可分為：

1.可變生產要素 (variable factors of production) 或可變投入 (variable inputs)

凡短期間，一種生產要素的使用量能隨產量的改變而改變者，稱之。如勞工、肥料、種籽、原料。

2.固定生產要素 (fixed factors of production) 或固定投入 (fixed inputs)

凡短期間，一種生產要素的使用量不能隨產量的改變而改變者，稱之。如機器、廠房。

　　在長期間，無可變與固定生產要素之分。因為只要時間足夠，可以增加或減少機器、廠房的設置數量，所以一切的生產要素都是可變的。

二、生產函數

　　生產函數 (production function) 是指：在一定的技術水準下，不同生產要素的組合與其所對應之最大產出之間的一種依存聯變關係。這種關係可用數學方程式、圖形、或表列的方式來表示。根據生產過程中生產要素之間可否相互替代為標準，生產函數可分為兩類：

㈠固定比例生產函數 (fixed proportion production function)

　　表示生產要素之間的使用量，只有一種固定比例的組合適於從事某種財貨的生產。假設生產 X 產品只須資本(K) 與勞動 (L) 兩種投入，則生產函數可以寫成 $Q_X = f(K, L)$。若生產過程中資本與勞動的組合比例固定為3 比 1，表示只有 3 單位的資本與 1 單位勞動的組合才可以生產 1 單位的 X 產出。在此情況下，若資本—勞動比例為 2 比 1，不能生產；4 比1，資本浪費，惟有 3 比 1 的資本—勞動組合，才是最適當的生產要素組合。這表示在生產過程中，資本與勞動無法相互替代使用，生產函數中之生產要素組合比例是固定的。

㈡可變比例生產函數 (variable proportion production function)

　　表示生產要素之間的使用量，可以不同的比例組合來從事某種財貨的生產。例如，同樣的生產函數 $Q_X = f(K, L)$，但資本與勞動的組合無論是2 比 2、3 比 1、或 1 比4，均可以用以生產 1 單位的 X 產出。這表示在生產過程中，資本與勞動之間可以相互替代使用，生產函數中之生產要素組合比例可以改變。

　　生產要素之間能否相互替代使用與時間的長短有密切的關係。在短期，

由於有可變及固定生產要素之分，要增加產量，惟有增加可變生產要素的使用來配合固定生產要素，故生產函數通常屬於可變比例。在長期，由於一切的生產要素都是可變的，廠商可以選擇一最佳的生產要素組合比例而繼續維持，故生產函數通常屬於固定比例。因此，生產函數的型態會受到時間長短的影響。

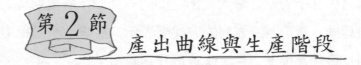
第2節　產出曲線與生產階段

本節祇就僅有一種可變生產要素——勞動，與一種固定生產要素——土地的短期投入與產出關係，予以討論。

一、總產出曲線

設短期生產函數為：$Q_X = f(L, \overline{R})$，Q_X 代表 X 產品產量，L 代表勞動可變生產要素，$\overline{R}$ 代表土地固定生產要素。勞動可變生產要素與 X 產品產量之間的關係如表 6-1。

表 6-1　可變生產要素勞動投入與產出之間的關係

(1) 勞動數量 (L)	(2) 總產出 (TP)	(3) 邊際產出 $\left(MP = \dfrac{\Delta(2)}{\Delta(1)}\right)$	(4) 平均產出 $\left(AP = \dfrac{(2)}{(1)}\right)$
0	0	0	－
1	20	20	20
2	50	30	25
3	90	40	30
4	120	30	30
5	140	20	28
6	150	10	25
7	150	0	21.4
8	140	−10	17.5

註：Δ 代表變動量。

　　根據生產函數，在一定的技術水準與固定生產要素下，各種不同數量的可變生產要素投入所能獲得的最大產出數量，稱之為總產出 (total product, TP)（表 6–1 第 2 欄）。這種可變投入與總產出之間的函數關係，表示在圖形上，就是圖 6–1 的總產出曲線 TP。

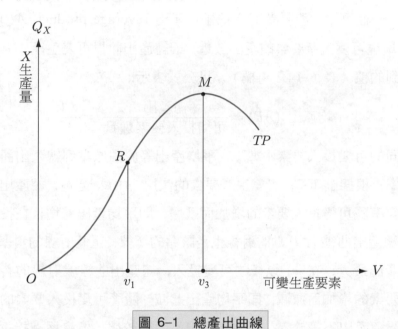

圖 6–1　總產出曲線

　　圖 6–1，橫軸代表可變投入要素（勞動），縱軸代表產量。可變生產要素的使用，在 Ov_1 範圍內，每增加 1 單位可變生產要素投入，總產出的增加遞增，所對應的總產出曲線凸向橫軸；v_1 時，總產出的增加達於最大；所對應的 R 點為反曲點；在 v_1v_3 範圍內，每增加 1 單位可變生產要素投入，總產出的增加遞減，所對應的總產出曲線凹向橫軸；v_3 時總產出達於最大，所對應的 M 點為總產量達到最大的點；超過 v_3，總產出不僅沒有增加，反而減少。因此，總產出曲線是一條凸向橫軸、反曲點、凹向橫軸、達於最大，而後斜率為負的曲線。

二、平均產出與邊際產出曲線

從總產出與可變投入要素之間的關係，可以引申出平均產出與邊際產出的觀念。一種可變生產要素 (V) 的平均產出 (average product, AP) 是指：平均 1 單位可變生產要素的產出數量，即總產出除以可變生產要素投入數量所得到的值（表 6-1 第 4 欄）。以公式表示：

$$平均產出\ (AP) = \frac{總產出}{可變投入要素數量} = \frac{TP}{V}$$

不同的可變投入要素水準下，平均產出等於由原點到總產出曲線上射線的斜率。根據圖 6-2，可變生產要素的使用，由 O 至 v_2，總產出曲線上射線的斜率隨可變投入要素的增加而遞增，即平均產出遞增；在投入達到 v_2 時，總產出曲線上 T 點的射線也是該點的切線，這時射線的斜率最大，故平均產出最大；在 v_2 以後的可變投入，總產出曲線上射線的斜率隨可變投入要素的增加而遞減，即平均產出遞減。隨著可變投入要素的繼續增加，只要總產出不等於零，則平均產出不會等於零，但會逐漸接近於零。

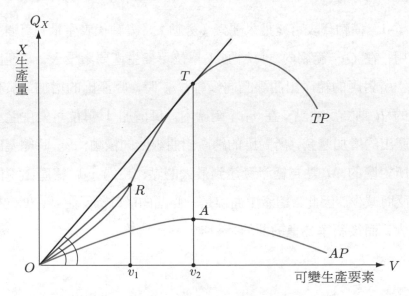

圖 6-2　平均產出曲線的導引

因此，平均產出曲線由原點遞增至 A 點達到最高，而後遞減，以至逐漸與橫軸接近。T、A、及 v_2 是垂直相對應的三點。

　　一種可變生產要素的邊際產出 (marginal product, MP) 是指：在技術水準與固定生產要素一定下，額外變動 1 單位的可變生產要素的使用所引起總產出改變的數量，即總產出變量除以可變生產要素變量所得到的值（表 6–1 第 3 欄）。以公式表示：

$$\text{邊際產出 } (MP) = \frac{\text{總產出變量}}{\text{可變生產要素變量}} = \frac{\Delta TP}{\Delta V}$$

　　當生產要素與總產出均為無限微量變動時，在不同可變投入要素水準下，邊際產出等於總產出曲線上切線的斜率。根據圖 6–3，可變生產要素的使用由 O 至 v_1，總產量曲線上切線的斜率隨可變投入要素的增加而遞增，即邊際報酬（產出）遞增；在投入到 v_1 時，其所對應的總產出 $v_1 R$ 正好落在反曲點 R 處，其切線的斜率為最大，故邊際產出最大；由 v_1 至 v_3 總產出曲線上切線的斜率隨可變投入要素的增加而遞減，即邊際產出遞減；在投

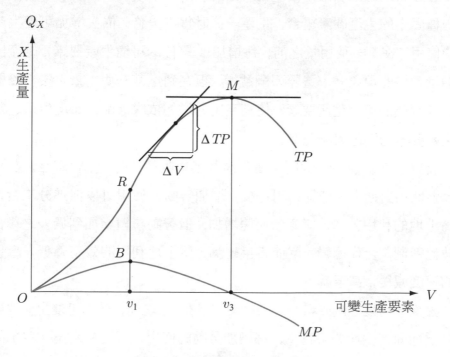

圖 6–3　邊際產出曲線的導引

入到 v_3 時，其所對應的總產出 v_3M 達到最大，而其切線的斜率等於零，故邊際產出等於零；在 v_3 以後的投入，總產出曲線上的切線斜率為負，即邊際產出為負。因此，邊際產出曲線由原點遞增至 B 點達到最高，而後遞減，至 v_3 等於零，而後為負。R、B 及 v_1 三點垂直相對應，M 與 v_3 垂直相對應。

三、邊際報酬遞減法則

短期間，生產要素有可變與固定之分，要改變產量，透過短期生產函數，只能改變可變生產要素的使用量而固定生產要素無法改變，故在改變產量的過程中，可變與固定生產要素組合的比例必然發生改變，這種改變產生短期生產函數一個很重要的特性——邊際報酬遞減法則(law of diminishing marginal returns)。

邊際報酬遞減法則是指：在一定的技術水準下，以可變生產要素與至少一種固定的生產要素組合，生產一種財貨或勞務，依次增加可變生產要素的使用，在某一使用量之前，每增加 1 單位的可變生產要素，總產出的增加呈遞增的現象——邊際報酬遞增，但在到達某一使用量之後，繼續每增加 1 單位的可變生產要素，使總產出的增加依次遞減，此現象稱之為可變生產要素的邊際報酬遞減。

設以一定數量的土地與可變生產要素勞動組合生產 X 產品。在開始時，土地相對過多，勞動相對過少，增加勞動的使用可以促進分工合作，提高土地的利用效率，使產量快速增加；但勞動繼續增加到過多之後，勞工彼此牽制，合作困難，反而礙手礙腳，使土地利用的效率降低，產量增加的速度減緩，甚至減少。

圖 6–3 可變生產要素——勞動使用量在 v_1 之前，勞動可變生產要素相對於土地固定生產要素為少，每增加勞動的使用，可使總產出 (TP) 的增

加遞升——即總產出曲線上的切線斜率 $\frac{\Delta Q_X}{\Delta v}$ 遞增，是即勞動的邊際產出 (MP) 遞增；但勞動使用量超過 v_1 後，由於土地固定生產要素不變，每增加勞動可變生產要素的使用，使總產出的增加遞降——即總產出曲線上的切線斜率 $\frac{\Delta Q_X}{\Delta v}$ 遞減，是即勞動的邊際產出遞減；到勞動可變生產要素增加超過 v_3，過多的勞動反而使土地固定生產要素不能發揮其功能，總產出反而減少，勞動的邊際產出甚至為負——即總產出曲線上的切線斜率 $\frac{\Delta Q_X}{\Delta v}$ 為負。從 v_1 開始，總產出變化的現象，即為邊際報酬遞減法則的作用。邊際報酬遞減法則的發生乃由於短期間可變與固定生產要素組合的比例愈來愈不適當的結果，因此邊際報酬遞減法則又稱為可變比例法則 (principle of variable proportion)。

　　一般而言，只要可變生產要素的邊際產出為正且是遞增的，則生產者將會繼續雇用此種生產要素。只有當可變生產要素的邊際報酬為正且開始遞減時，生產者才會考慮最適要素雇用量止於何處，而生產者通常是不會雇用可變生產要素至其邊際產出為負的程度，故一般的經濟分析只就邊際產出為正且開始遞減之邊際產出曲線部分——即圖 6–3 中的 Bv_3 線段，予以討論。

四、總產出、平均產出與邊際產出曲線

　　平均產出曲線是由原點至總產出曲線上各點射線的斜率所導出。根據圖 6–2，總產出曲線與平均產出曲線的關係是，總產出曲線上射線與切線合一之處的 T 點，正與平均產出曲線上最高處的 A 點相對應，在這之前平均產出曲線遞升，其後平均產出曲線遞降。

　　邊際產出曲線是由總產出曲線上各點切線的斜率所導出。根據圖 6–3，總產出曲線與邊際產出曲線的關係是，總產出曲線的反曲點 R 正與邊際產出曲線上最高處的 B 點相對應，在這之前邊際產出曲線遞升，其後邊際產

出曲線遞降。在總產出曲線的最高點 M，對應的邊際產出曲線與橫軸交於 v_3，其後總產出曲線下降，邊際產出曲線落於橫軸以下而為負數。

平均與邊際產出曲線之間的關係如下。根據圖 6-4，總產出曲線上 T 點射線的斜率最大，其所對應的平均產出曲線達到最高點 A。但是，T 點的射線同時又是切線，所以邊際產出 Av_2 等於最大的平均產出 Av_2，邊際產出曲線通過平均產出曲線的最高點，兩者相交於 A 點。

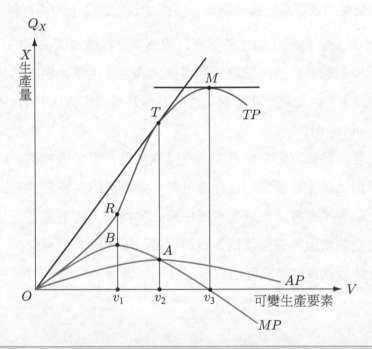

圖 6-4　總產出曲線、平均產出曲線、及邊際產出曲線之間的關係

在總產出曲線 T 點之前，取其上任何一點，其射線的斜率小於切線的斜率，表示平均產出小於邊際產出，平均產出因邊際產出之提攜而增加，故在平均產出曲線遞升的階段，邊際產出曲線位於平均產出曲線的上方。在總產出曲線 T 點之後，取其上任何一點，其射線的斜率大於切線的斜率，表示平均產出大於邊際產出，平均產出因邊際產出之拖拉而減少，故在平均產出曲線遞降的階段，邊際產出曲線位於平均產出曲線的下方。

事實上，根據數學的觀念可知，邊際產出大於平均產出時，平均產出必

然增加；邊際產出小於平均產出時，平均產出必然減少；邊際產出等於平均產出時，平均產出達於不再變動的最大狀態。例如，一個班級平均身高170 公分，若增加一個身高大於 170 公分的人，則全班平均身高會增加；若增加一個身高低於 170 公分的人，則全班平均身高會下降；若增加一個身高等於 170 公分的人，則全班平均身高不會改變。

五、生產的三個階段

　　根據總產出、平均產出、及邊際產出三條曲線，可將生產劃分成三個階段，作為廠商生產決策的參考。首先，在圖 6-5 以平均產出曲線的最高點為界，可劃出 O 至 v_2 的可變要素投入使用量為生產的第一階段。其次，以邊際產出曲線與橫軸的交點——即邊際產出等於零之處為界，可劃出 v_2 至 v_3 的可變要素投入使用量為生產的第二階段，v_3 以後的可變要素投入使用量為生產的第三階段。

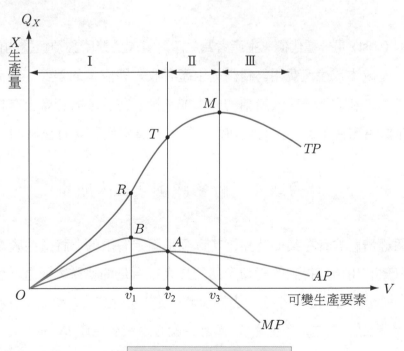

圖 6-5　生產的三個階段

在生產的第一階段，平均產出遞增。一方面表示增加可變要素使用，可增加總產量，而平均成本卻遞減——平均成本與平均產出兩者呈減函數的關係；因此，追求利潤最大的理性生產者，生產不會落在第一階段內，而會繼續增加生產。

在生產的第三階段，可變生產要素的邊際產出為負，表示生產者花費代價增加可變生產要素的使用，不僅對生產沒有貢獻，反而使總產出減少，是不合理的生產階段。因此，理性的生產者，生產不會落在第三階段內，而會減少生產。是故，生產者要獲得最大利潤，最理想的生產階段是在第二階段，亦即在 v_2 點和 v_3 點之間，也就是在邊際產出小於平均產出但大於零的範圍內從事生產。

第 3 節　成本的種類與利潤

成本 (cost) 是一種代價。生產者為生產財貨或勞務所必須負擔的代價，稱之為生產成本或生產費用。利潤是生產者收入與成本的差額。經濟學上所指的成本或利潤與一般人所稱的成本或利潤，在意義與範圍上有很大的不同，在對生產決策進行探討之前，首先應對這兩個觀念有正確的認識。

一、機會成本、社會成本與私人成本

一個經濟社會，在某一時點，其資源是固定有限的，將這些資源作最充分及有效利用所能得到的兩類產品的最大組合量的軌跡，稱之為生產可能曲線。從全社會的觀點來看，由於資源一定，多生產 X 產品，就必須減少生產 Y 產品；反之，多生產 Y 產品，就必須減少生產 X 產品。因此，增加生產 X（或 Y）產品 1 單位所必須減少 Y（或 X）產品生產的數量，

就是生產 X （或 Y）產品 1 單位的機會成本，又稱替代成本。將此觀念一般化，凡是為了取得 X 所必須放棄的 Y（當面臨多種可能選擇時，以最佳可能替代選擇代表），即是取得 X 的機會成本。對個人而言，機會成本或是可以客觀衡量的市場價格 (market price)，或是無法衡量的個人主觀價格 (subjective price)，在經濟分析上，吾人通常假設機會成本是可以市場價格衡量的。

由於社會資源有限，生產必須有所選擇，而有機會成本發生。但是，就社會整體而言，增加生產 X 產品除了必須減少生產 Y 產品外，在生產 X 產品的過程中，尚有伴隨生產 X 產品而產生的負產出，例如生產 X 產品的工廠，上冒黑煙，中生噪音，下排廢水，而使社會的生態環境受到破壞，社會大眾必須承受這些損害，這是私人於生產 X 產品的過程中，社會所必須額外負擔的代價，此即是私人生產 X 產品所發生的無償外部不經濟 (external diseconomy)。將私人生產 X 產品所支出的私人成本與生產 X 產品所發生的外部不經濟加總，即為生產 X 產品的社會成本 (social cost)❶。如何將這種私人生產所發生的外部不經濟予以減除，或由私人生產者合理地負擔——即將外部不經濟予以內部化，以使產品生產的私人成本等於或儘可能接近社會成本，乃是晚近經濟學者所關切的主題之一。

對個別的生產者而言，其於從事任何財貨或勞務的生產必須投入生產要素，購買或雇用生產要素所支付的一切費用，就是生產的私人成本 (private cost)。一般所稱的生產成本，係指生產的私人成本而言，在沒有外部不經濟發生下，生產的私人成本等於社會成本；如有外部不經濟發生，則生產的私人成本將小於社會成本❷。按性質的不同，生產的私人成本又有明顯

---

❶ 如果私人於生產 X 產品的過程中對社會產生額外的受益——即私人生產 X 產品對社會發生無償外部經濟 (external economy)，則將私人生產 X 產品所支出的私人成本減除生產 X 產品所發生的外部經濟後，才是生產 X 產品的社會成本。

❷ 如私人於生產的過程中有外部經濟發生，則生產的私人成本將大於社會成本。

成本 (explicit cost) 與隱含成本 (implicit cost) 及固定成本 (fixed cost) 與可變成本 (variable cost) 之分。

二、明顯成本與隱含成本

會計學上所指的成本，是指從事任何財貨或勞務的生產所作的一切帳面的貨幣開支，因為顯而易見，故稱為明顯成本或會計成本 (accounting cost)，如購買原料、機器設備，雇用生產要素的一切開支。換句話說，明顯成本是生產者雇用他人擁有的生產要素或中間投入所須負擔的代價，內包括一切設備折舊和租稅等費用。

經濟學上所稱的成本，是一種機會成本的觀念，除了生產者購買各種生產要素或中間投入而支付的明顯費用外，尚包括生產者自己所提供的資本及勞務的代價，這部分的代價因無明顯的帳面支出，故被稱為隱含成本。經濟分析注重的是使用成本，故對自有自用之生產要素應該支付而沒有實際支付代價的隱含成本，仍須包括在生產成本之中。

生產者將自己擁有的生產要素投入生產之中，自己的勞務不需要支付的薪資、自己的資金不需要支付的利息、自己的土地與房舍不需要支付的租金，在會計帳務上並不列記在生產成本中，但在經濟分析上這些都是生產的成本。對於這種隱含成本的估計，可以生產者自己擁有的生產要素在其他最佳替代用途上所能賺取的報酬，用以設算這些生產要素如果不自己使用而雇用於他人所能賺取到的報酬，作為自己使用的機會成本。因此，隱含成本對生產者個人而言就是一種機會成本，而生產的私人總成本等於明顯與隱含成本之和。

三、固定成本與可變成本

按生產能量可否改變，生產時間有短期與長期之分。短期間，生產要

素有固定與可變之分；長期間，則一切生產要素都是可變的。因此，在短期的生產，成本有固定與可變之分；在長期的生產，一切成本都是可變的。

　　固定成本是在短期生產中為使用固定生產要素所必須支付的代價，因此固定成本不隨產量的改變而改變。由於隱含成本投入後，在短期內亦不隨產量之改變而改變，亦屬於一種固定成本。可變成本是在生產中為使用可變生產要素所支付的代價，可變要素是隨產量之改變而改變的，因此可變成本亦是隨產量的改變而改變的。

　　依據時間的長短期為標準，私人的總生產成本，在短期是總固定成本與總可變成本之和；在長期則等於總可變成本，因長期間生產要素都是可變的。

四、成本與利潤

　　利潤 (profit) 就是銷貨的總收入減去生產該財貨或勞務所需總成本之後的剩餘，同樣有會計帳務上與經濟分析上之利潤觀念的差異。會計帳務上的觀念，利潤等於總收入減去明顯成本之後的剩餘，稱之為會計利潤 (accounting profit)。經濟分析上的觀念，利潤等於總收入 (TR) 減去總成本 (TC)，而總成本是明顯與隱含成本之和。以符號表示：

$$\pi = TR - TC$$
$$= P \times Q - (EC + IC)$$

式中 π 代表利潤，P 與 Q 分別代表價格與產量，EC 與 IC 分別代表明顯與隱含成本。

　　若總收入等於總成本（即 $\pi = TR - TC = 0$），表示廠商沒有經濟利潤，也沒有經濟損失，但獲得正常利潤 (normal profit)。因為計算利潤時總成本中已包括隱含成本，所以經濟利潤等於零時仍有正常利潤，表示生產者已獲得其自有的生產要素若用在其他用途（產業）上所能獲得的同等報酬。

若總收入大於總成本 $(\pi = TR - TC > 0)$，表示廠商獲得超額利潤，稱之為經濟利潤 (economic profit) 或純利潤(pure profit)。其所以稱為經濟利潤，是表示生產者將自己擁有的生產要素投入於目前的生產上所獲得的報酬，大於投入在其他的生產上可能獲得的報酬。

若總收入小於總成本 $(\pi = TR - TC < 0)$，表示廠商發生負的利潤——即經濟損失 (economic loss)。其所以稱為經濟損失，是表示生產者將自己擁有的生產要素投入於目前的生產上所獲得的報酬，小於投入在其他的生產上可能獲得的報酬。

因此，經濟學上根據總收入與總成本的差額，依其等於、大於、或小於零，而稱廠商賺得正常利潤、經濟利潤、或蒙受經濟損失。

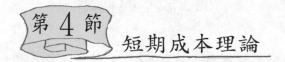

第 4 節　短期成本理論

根據廠商在短期生產期間有固定與可變生產要素及固定與可變成本之分的特性，經濟學者研究出一套有系統的短期成本理論，作為分析廠商短期生產行為的準則。

一、短期總成本

從實物面來看，投入與產出之間是一種生產函數的關係；從貨幣面來看，購買投入要素須花費貨幣支出的代價，因而發生成本開支，故成本與產出之間亦可形成一種函數的關係，稱之為成本函數 (cost function)。以數學方程式表示，短期成本函數可以寫成：

$$C = F + V(Q)$$

式中 C 代表總成本，F 代表固定成本，$V(Q)$ 代表可變成本，是產量 (Q) 的函數。

　　由成本函數可知，生產的短期總成本 (total cost, TC) 等於總固定成本 (total fixed cost, TFC) 與總可變成本 (total variable cost, TVC)之和。以方程式表示：

$$TC = TFC + TVC$$

　　總固定成本又等於短期明顯固定成本（機器、設備、廠房等）與隱含成本（生產者自己擁有的生產要素）之和，總可變成本等於可變生產要素的使用量與其價格的乘積。

　　根據成本函數，可以將總成本、總固定成本、總可變成本三者與產量的關係表示於圖形上。圖 6-6，橫軸代表產量，縱軸代表成本。由於總固定成本不隨產量的改變而改變，故總固定成本曲線與橫軸平行，其與縱軸交點 F 之下的截距 OF，代表產量縱使為零時固定成本仍然存在。

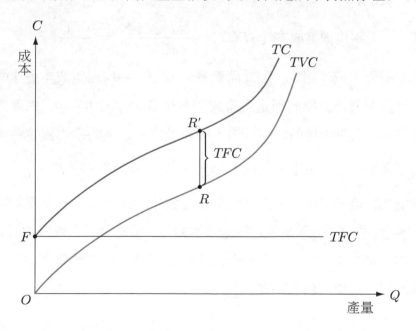

圖 6-6　總固定成本曲線、總可變成本曲線、及總成本曲線

總可變成本曲線由原點開始，表示產量為零時，總可變成本也等於零，其形狀為一先凹而後凸向橫軸的曲線，R 為反曲點。總成本曲線由總固定成本曲線與縱軸的交點 F 開始，表示產量為零時，總成本等於總固定成本，其形狀亦是一先凹而後凸向橫軸的曲線，R' 為反曲點。總成本曲線與總可變成本曲線之間的垂直距離等於總固定成本。當兩條曲線愈陡時，兩者之間的垂直距離會愈大，為了使總成本曲線與總可變成本曲線之間保持一定的總固定成本，故兩條曲線在斜率愈來愈大時應愈為接近。

二、短期平均成本與邊際成本

由總成本可以導出各種平均成本與邊際成本的觀念，以作為分析廠商短期生產決策的依據。首先，討論各種平均成本。平均固定成本 (average fixed cost，AFC)是平均生產 1 單位產出所需的固定成本，等於總固定成本除以產量，即

$$平均固定成本\ (AFC) = \frac{總固定成本}{產量} = \frac{TFC}{Q}$$

因為總固定成本固定，因此隨產量的增加，平均固定成本愈來愈小，表示每單位產量所分攤的固定生產成本愈來愈少。圖 6–7(a)，由原點到總固定成本線上各點射線的斜率代表不同產量水準之下的平均固定生產成本（如 Q_1 產量的平均固定生產成本等於 OA 射線的斜率，即 $\frac{AQ_1}{OQ_1}$）。隨產量的增加，總固定成本線上各點射線的斜率愈來愈小，表示平均固定成本愈來愈小。圖 6–7(b)即為平均固定成本曲線，當產量很小或很大時，平均固定成本曲線向兩軸漸近。因為總固定成本不隨產量的改變而改變，所以固定成本沒有邊際的觀念存在。

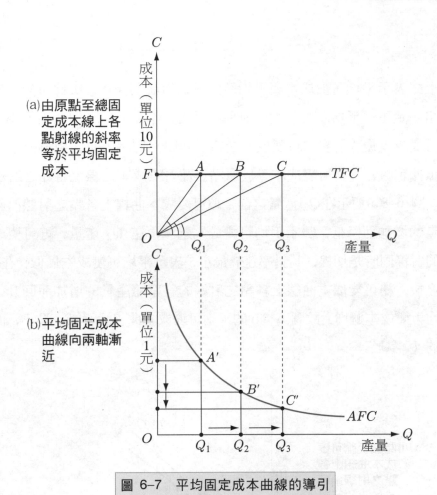

(a) 由原點至總固定成本線上各點射線的斜率等於平均固定成本

(b) 平均固定成本曲線向兩軸漸近

圖 6-7 平均固定成本曲線的導引

平均可變成本 (average variable cost, AVC) 是平均生產 1 單位產出所需的可變成本，等於總可變成本除以產量，即

$$平均可變成本 (AVC) = \frac{總可變成本}{產量} = \frac{TVC}{Q}$$

由於總可變成本等於總可變生產要素的使用量 (V) 乘以要素價格 (P_V)，即 $TVC = V \times P_V$，所以上式可以改寫為：

$$AVC = \frac{TVC}{Q} = \frac{P \times V_V}{Q} = P_V \times \frac{V}{Q}$$

上式中，$\frac{V}{Q}$ 正好是平均產出 $\left(AP = \frac{Q}{V} \right)$ 的倒數，所以

$$AVC = P_V \times \frac{V}{Q} = P_V \times \left(\frac{1}{AP}\right)$$

上式表示平均可變成本與平均產出成逆對應的關係。由此可知，在要素價格一定下，平均產出愈大，則平均可變成本愈小；平均產出愈小，則平均可變成本愈大。平均可變成本曲線正好與平均產出曲線相對稱。

根據定義，平均可變成本等於原點至總可變成本曲線上各點之射線的斜率。圖 6–8(a)顯示在 Q_2 產量之前，總可變成本曲線上各點之射線的斜率隨產量的增加而降低，表示平均可變成本遞減；在 Q_2 產量，總可變成本曲線的射線同時是切線，其斜率達於最小，表示平均可變成本最低；在 Q_2 產量之後，總可變成本曲線上各點之射線的斜率隨產量的增加而回升，表示平均可變成本遞增，故圖 6–8(b)的平均可變成本曲線呈遞減、最小，而後遞增的 U 字形。

(a)原點至總可變成本曲線上各點之射線斜率等於平均可變成本

(b)平均可變成本曲線呈遞減、最小，而後遞增的 U 字形

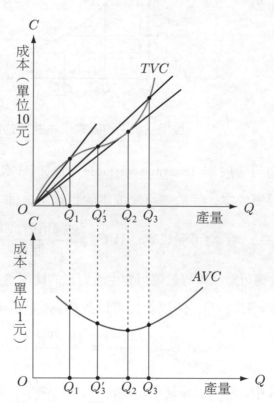

圖 6–8　平均可變成本曲線的導引

平均總成本 (average total cost, ATC) 是平均生產 1 單位產出所需的總成本，等於總成本除以產量，即

$$平均總成本\ (ATC) = \frac{總成本}{產量} = \frac{TC}{Q}$$

又總成本等於總固定成本與總可變成本之和 $(TC = TFC + TVC)$，所以

$$ATC = \frac{TC}{Q} = \frac{TFC + TVC}{Q} = AFC + AVC$$

$$ATC - AVC = AFC$$

上式表示，平均總成本等於平均固定與平均可變成本之和，平均總成本與平均可變成本的差額等於平均固定成本。

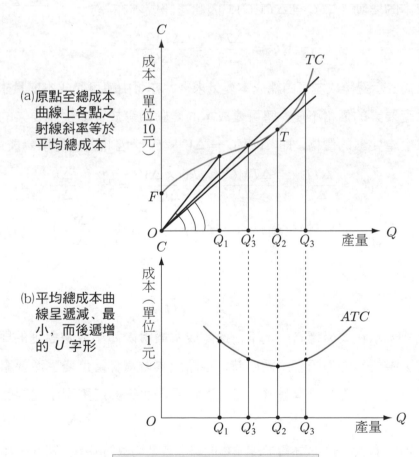

(a) 原點至總成本曲線上各點之射線斜率等於平均總成本

(b) 平均總成本曲線呈遞減、最小，而後遞增的 U 字形

圖 6-9 平均總成本曲線的導引

同樣由定義又可知，平均總成本等於原點至總成本曲線上各點射線的斜率。圖 6-9(a)亦顯示，總成本曲線上各點射線的斜率以 T 點的射線兼為切線時為最小。在這之前，射線的斜率隨產量的增加而降低；在這之後，射線的斜率隨產量的增加而升高，故圖 6-9(b)的平均總成本曲線亦是呈遞減、最小，而後遞增的 U 字形狀。

其次，討論邊際成本。邊際成本 (marginal cost, MC) 是每改變 1 單位產量所引起之總成本的變動量，等於總成本變量除以產量變量，即

$$邊際成本\ (MC) = \frac{總成本變量}{產量變量} = \frac{\Delta TC}{\Delta Q}$$

當產量發生改變時，由於總固定成本不變，所以總成本的變動等於總可變成本的變動 $(\Delta TC = \Delta TVC)$，因此邊際成本亦等於：

$$MC = \frac{\Delta TC}{\Delta Q} = \frac{\Delta TVC}{\Delta Q}$$

上式表示邊際成本可由總成本變量求得，亦可由總可變成本變量求得。假設生產要素的價格不變，總可變成本的變動額等於可變生產要素的變動量乘以生產要素的價格，即 $\Delta TVC = \Delta V \times P_V$，因此上式可以寫成：

$$MC = \frac{\Delta TC}{\Delta Q} = \frac{\Delta TVC}{\Delta Q} = \frac{P_V \times \Delta V}{\Delta Q} = P_V \times \frac{\Delta V}{\Delta Q}$$

上式中，$\frac{\Delta V}{\Delta Q}$ 正是可變生產要素之邊際產出 $\left(MP = \frac{\Delta Q}{\Delta V}\right)$ 的倒數，所以：

$$MC = P_V \times \left(\frac{1}{MP}\right)$$

上式表示在要素價格一定下，邊際成本與邊際產出成逆對應的關係。當可變生產要素的邊際產出遞增時，邊際成本遞減；當可變生產要素的邊際產出遞減時，邊際成本遞增，因此邊際成本曲線與邊際產出曲線正好相對稱。

由定義可知，邊際成本等於總成本曲線上各點切線的斜率。圖 6-10(a)，產

量由 Q_1 增加到 Q_2，總成本由 C_1 增為 C_2，邊際成本等於 $\dfrac{C_2 - C_1}{Q_2 - Q_1} = \dfrac{BE}{AE}$，當 Q_2 非常接近 Q_1，或 B 點非常接近 A 點時，表示產量與總成本都是微量的變動，於是 Q_2 的邊際成本可以 B 點切線的斜率代表。由圖可知，在 Q_3 產量之前，總成本曲線上各點切線的斜率隨產量的增加而遞減，表示邊際成本遞減；在 Q_3 產量時，正好是總成本曲線的反曲點，其切線的斜率最小，表示邊際成本最低；在 Q_3 產量之後，總成本曲線上各點切線的斜率隨產量的增加而遞升，表示邊際成本遞增。因此，圖 6-10(b)的邊際成本曲線亦呈遞減、最小，而後遞增的 U 字形狀。以上所討論之各種成本觀念的數據實例，請參閱表 6-2。

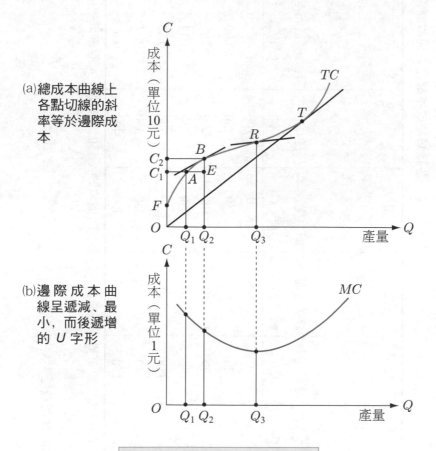

圖 6-10　邊際成本曲線的導引

表 6-2 各種短期成本觀念之間的關係

(1)	(2)	(3)	(4)	(5)	(6)	(7)	(8)	(9)
			$= \$50 \times (1)$	$= (3) + (4)$	$= \dfrac{(3)}{(2)}$	$= \dfrac{(4)}{(2)}$	$= \dfrac{(5)}{(2)}$ $= (6) + (7)$	$= \dfrac{\Delta (5)}{\Delta (2)}$ $= \dfrac{\Delta (4)}{\Delta (2)}$
可變生產要素——勞動 (V)	每月產量 (Q)	總固定成本 (TFC)	總可變成本 (TVC)	總成本 (TC)	平均固定成本 (AFC)	平均可變成本 (AVC)	平均總成本 (ATC)	邊際成本 (MC)
0	0	$100	$ 0	$100	–	–	–	–
1	20	100	50	150	$5.00	$2.50	$7.50	$2.50
2	50	100	100	200	2.00	2.00	4.00	1.67
3	88	100	150	250	1.14	1.70	2.84	1.32*
4	118	100	200	300	0.85	1.69*	2.54	1.67
5	140	100	250	350	0.71	1.79	2.50*	2.50
6	150	100	300	400	0.67	2.00	2.67	5.00

註: (1)假設每單位可變生產要素（勞動）的價格均為 $50，所以第 4 欄總可變成本等於 $50 乘以第 1 欄的數據。

(2)△ 代表變動量。

(3)* 代表最低平均與邊際成本。

三、平均成本曲線與邊際成本曲線的關係

　　將以上討論的平均固定、平均可變與平均總成本曲線及邊際成本曲線同時以圖 6–11(b)表示，這些曲線之間有以下的特性及關係：

　　⑴平均固定成本曲線是一條向兩軸漸近的曲線。

　　⑵平均可變成本、平均總成本、及邊際成本曲線均呈遞減、最低，而後遞增的 U 字形狀。

　　⑶平均總成本及平均可變成本曲線之間的差額等於平均固定成本。由於平均固定成本隨產量的增加而下降，所以平均可變成本曲線隨產量的增加而愈來愈接近平均總成本曲線。

　　⑷平均可變成本曲線最低點的產量小於平均總成本曲線最低點的產量。這可由圖 6–11(a)總成本及總可變成本曲線上，既是射線又是切線所對應的產量比較 $(Q_3 > Q_2)$ 得到證實。或者，當平均可變成本開始遞升時，平均固定成本仍持續下降，其下降的程度大於平均可變成本上升的程度，因此，使平均總成本達到最低的產量大於平均可變成本達到最低的產量。直到平均可變成本上升的程度大於平均固定成本下降的程度時，平均總成本才開始上升。

　　⑸邊際成本曲線最低點的產量小於平均總成本及平均可變成本曲線最低點的產量。此點亦可由圖 6–11(a)證實，對應總成本及總可變成本曲線反曲點的產量 Q_1，依次小於對應總可變成本及總成本曲線上既是射線又是切線之點（分別為 S 點和 T 點）的產量 Q_2 及 Q_3。

　　⑹平均可變成本及平均總成本曲線的最低點均依次等於邊際成本，即邊際成本曲線先後通過平均可變成本及平均總成本曲線的最低點。邊際成本是總成本或總可變成本因產量變動而變動的部分，唯其等於平均總成本與平均可變成本時，平均總成本曲線及平均可變成本曲線才達到最低。又根據圖形，平均總成本及平均可變成本的最低點，是總成本曲線與總可變

成本曲線上既是射線又是切線之點，故在其處之平均總成本與平均可變成本，均分別與邊際成本相等。

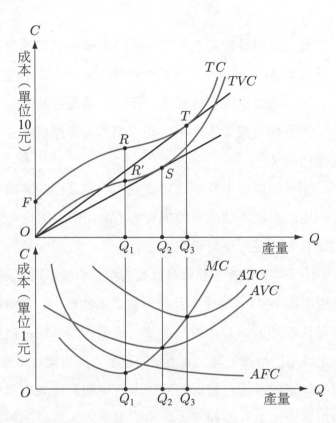

(a)由總成本曲線與總可變成本曲線上各點之射線與切線斜率，可以分別導出各種平均成本曲線及邊際成本曲線

(b)平均成本曲線與邊際成本曲線之間的關係

圖 6-11　各成本曲線之間的關係

(7)當邊際成本曲線在平均總成本及平均可變成本曲線的下方時，平均總成本及平均可變成本下降；當邊際成本曲線在平均總成本及平均可變成本曲線的上方時，平均總成本及平均可變成本上升。這是一種邊際與平均的關係，當邊際小於平均時，平均會因之降低；當邊際大於平均時，平均會因之升高。又根據圖形，在總成本及總可變成本曲線上既是射線又是切線的產量之前，兩條曲線上射線的斜率大於切線的斜率，所以平均總成本及平均可變成本大於邊際成本；之後，兩條曲線上射線的斜率小於切線的斜率，所以平均總成本及平均可變成本小於邊際成本。

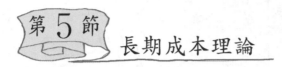

第 5 節　長期成本理論

在短期間，廠商有固定與可變生產要素或成本之分，故其生產不能調整至最理想的狀態。在長期間，一切生產要素與成本都是可變的，沒有固定與可變要素或成本之分，故廠商可以進行計畫，使生產達到最理想的狀態。因此，長期是廠商的一個計畫期間，短期則是廠商的生產期間，長期是由廠商可能面對的一切短期情況所構成的。例如，在投資設廠前，廠商是處於一種長期的狀態，他可以選擇任何規模的投資，故一切是可變的；但投資設廠後，廠商只能在固定的機器設備下從事生產，是一種短期的生產情況，如要改變生產規模只有在長期間才能實現。

一、長期總成本

在短期，廠商只能依其現有的生產規模從事生產；在長期，廠商可以根據其產量選擇任何最適的生產規模從事生產，以使生產成本達於最低。圖 6–12 表示廠商可以選擇建立三種大小不同的短期生產規模 (STC)，若要生產 Q_1 產量，則選擇 STC_1 的規模生產，使總成本 Q_1E 最低。若產量增加到 Q_2，短期間生產規模無法改變，仍須以 STC_1 的生產規模來生產，總成本為 Q_2A。但是，在長期間，可以另建一較大的生產規模 STC_2，使生產 Q_2 的總成本達到 Q_2A' 最低。進一步要生產 Q_3 產量，短期間亦只能以 STC_2 的生產規模，總成本支出 Q_3B，但長期間可以建更大的生產規模 STC_3，使生產 Q_3 的總成本達到 Q_3B' 最低。是故，長期總成本 (long run total cost, LTC) 是長期間，各個不同產量水準下，能使生產成本達於最低的總成本。

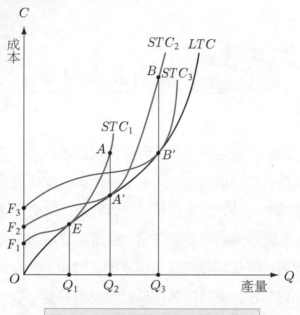

圖 6–12　長期總成本曲線的導引

　　長期間，廠商可以適當地選擇生產規模，使生產總成本達到最低。假設工廠規模可以無限分割，即任何產量水準均有一個大小不同的最適生產規模與之對應，使其生產總成本最低，則無限多的短期總成本曲線，即可構成一條平滑的長期總成本曲線。因此，長期總成本曲線顯示的是：長期間，各個不同產量水準下，使生產的總成本達於最低之短期總成本組合的軌跡。由於長期間沒有固定成本存在，故長期總成本曲線是一條由原點開始，先凹而後凸向橫軸的曲線。

二、長期平均成本

　　長期平均成本 (long run average cost, LAC) 是平均生產 1 單位產出所需的長期總成本，等於長期總成本除以產量，即

$$LAC = \frac{LTC}{Q}$$

因此，長期平均成本為由原點至長期總成本曲線上各點射線的斜率。

　　長期邊際成本 (long run marginal cost, *LMC*) 是長期間，每改變 1 單位產量所引起的長期總成本改變的最小數量，等於長期總成本的變量除以產量的變量，即

$$LMC = \frac{\Delta LTC}{\Delta Q}$$

這顯示長期邊際成本為長期總成本曲線上各點切線的斜率。

　　如何導出長期平均成本與邊際成本曲線呢？首先，根據圖 6–13(a)的長期總成本曲線，由原點至該曲線上各點射線的斜率，隨產量的增加而遞減、最小，而後遞增，故形成圖 6–13(b)的 *U* 字形長期平均成本曲線；由該曲線上各點切線的斜率隨產量的增加而遞減、最小，而後遞增，亦導出圖 6–13(b)

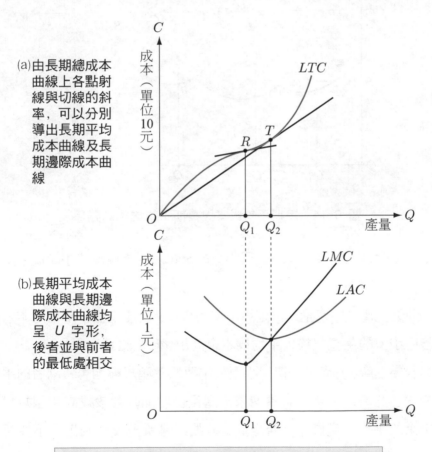

(a)由長期總成本曲線上各點射線與切線的斜率，可以分別導出長期平均成本曲線及長期邊際成本曲線

(b)長期平均成本曲線與長期邊際成本曲線均呈 *U* 字形，後者並與前者的最低處相交

圖 6–13　長期平均成本曲線與邊際成本曲線的導引

的 U 字形長期邊際成本曲線。在 Q_2 產量，長期總成本曲線的射線同時又是切線，其斜率最小，表示長期平均成本最低且等於長期邊際成本，亦即長期邊際成本曲線通過長期平均成本曲線的最低點。在 Q_1 產量，長期總成本曲線正好是反曲點，其切線斜率最小，表示此處的長期邊際成本最低。

接著，我們分析如何由短期平均成本曲線導出長期平均成本曲線。假設，廠商在投資之前（即處於長期的狀態）可以決定建立大、中、小不同的三種短期生產規模。任何產量均可以三種生產規模來生產，但廠商必定選擇使平均生產成本最低的規模。根據圖 6–14：

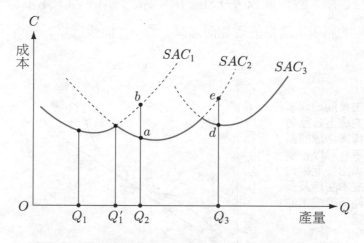

圖 6–14　短期平均成本與長期平均成本的關係

(1)若要生產 Q_1 產量，一定用小型的 SAC_1 生產規模，才能使平均成本達到最低。

(2)若要生產 Q_2 產量，一定用中型的 SAC_2 生產規模，平均成本才能最低；若用小型的生產規模，平均成本會高出 ab 單位。

(3)若要生產 Q_1' 產量，使用小型或中型的生產規模均可，兩者的平均成本均相等。此時，生產者若預期未來產量會增加，應該建立中型規模，以減少未來的平均生產成本；若是資金有限則建所需資金較少的小型規模。

(4)Q_3 產量時，一定用大型的生產規模，才能使總成本達到最低；若用中型的生產規模，平均成本會高出 de 單位。

　　因此，長期平均成本是長期間，不同產量水準下，生產可能達到的最低平均生產成本。上例之長期平均成本曲線是由三條短期平均成本曲線實線的部分所構成，長期成本曲線因此又稱為包絡線 (envelope curve) 或計畫線 (planning curve)。

　　事實上，可能的生產規模不只 3 個，長期間廠商於不同產量下，必然從不同的生產規模中選擇最適當的生產規模，以使長期平均成本達到最低。假設生產規模可以無限分割，廠商有無限多的生產規模可供選擇，在產量一發生改變時，即可更換一個生產規模，使平均生產成本達到最低。在圖 6-15 中，我們將生產規模增加到 10 個。在 Q_1 產量時，以 SAC_1 的規模生產，平均成本 Q_1A 為最低，但 A 點並非 SAC_1 的最低點。若產量增到 Q_2，於短期間又只能用 SAC_1 的生產規模來生產，平均成本為 SAC_1 的最低點 Q_2B，但在長期間，廠商可建立 SAC_2 的規模，使平均成本更進一步由 Q_2B 降到 Q_2E。因此，長期平均成本是長期間，不同產量水準下，生產可能達到的最低平均生產成本，而長期平均成本曲線則是長期間，不同產量水準下，使生產的平均成本達到最低之短期平均成本曲線組合的軌跡。

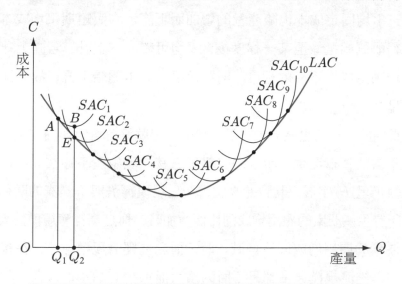

圖 6-15　由短期平均成本曲線導引長期平均成本曲線

再次強調，長期平均成本曲線是生產不同產量水準時，短期平均成本
達到最小的組合軌跡，而非短期平均成本曲線最低點的組合軌跡。由於長
期平均成本曲線與每一短期平均成本曲線在兩者相等之點相切，長期平均
成本曲線遞降的部分斜率為負，必須短期平均成本曲線也是遞降的部分斜
率為負，兩者才能相切，斜率相等；長期平均成本曲線遞升的部分斜率為
正，必須短期平均成本曲線也是遞升的部分斜率為正，兩者才能相切，斜
率相等；長期平均成本曲線最低點的斜率為零，只能與一條短期平均成本
曲線的最低點相切，斜率同時為零。

三、規模經濟與不經濟

觀察長期與短期平均成本曲線，兩者均呈 U 字形，但兩者所以成 U 字
形的原因各有不同。短期平均成本曲線出現成本遞降、遞升的原因，乃是
由於固定與可變生產要素組合比例發生不當的改變而引起邊際報酬遞減所
產生。因為產出與成本是一體的兩面，最先邊際報酬遞增，平均可變成本
下降，又平均固定成本也隨產量的增加而下降，均使短期平均成本下降；
當邊際報酬開始遞減至某一程度後，平均可變成本上升，若其上升的程度
大於平均固定成本下降的程度，則短期平均成本開始上升，故短期平均成
本曲線呈 U 字形。

在長期間，一切生產要素均是可變的，也就沒有可變與固定生產要素組
合比例不當的情形發生，所以邊際報酬遞減的現象並不存在。但長期平均
成本曲線仍呈 U 字形，其致此之由，乃是規模經濟與不經濟的關係使然。

當所有生產要素的雇用均成同比例增加時，稱之為經濟規模擴大；當所
有生產要素的雇用均成同比例減少時，稱之為經濟規模縮小。在實際的經
濟活動中，經濟規模通常都是不斷的擴大而很少有縮小的現象，故一般談
到規模經濟通常是指經濟規模擴大所產生的經濟後果而言。如果隨生產規
模的擴大，產量增加，而使平均成本發生遞減者，稱為規模經濟 (economy

of scale)；隨生產規模的擴大，產量增加，而使平均成本發生遞升者，稱為規模不經濟 (diseconomy of scale)。

　　廠商生產規模擴大所產生的規模經濟或不經濟又可分為：①廠商本身內在的因素所肇致的內部規模經濟或不經濟 (internal economy or diseconomy of scale)，②廠商本身以外而因整個產業或全經濟的因素所肇致的外部規模經濟或不經濟 (external economy or diseconomy of scale)。首先，討論廠商擴大生產規模引起的內部規模經濟與不經濟的原因。

㈠內部規模經濟

　　在廠商擴大生產規模的過程中，因廠商本身內在的因素而肇致平均生產成本下降者，稱之為內部規模經濟。其發生的原因為：

　1.規模報酬遞增

　　當生產規模擴大，所有生產要素的雇用均成同比例增加時，經由生產函數，若總產出增加的比例大於生產要素增加的比例，稱之為規模報酬遞增 (increasing returns to scale)。例如，所有生產要素之使用均增加 1 倍，總產出增加 1 倍以上者稱之。既然總產出增加的比例大於生產要素增加的比例，在生產要素價格及其他情況不變下，必然導致平均成本的下降❸ 。在經濟學上為了分析方便，通常假設生產函數為一直線性齊次生產函數 (linearly homogeneous production function)──又稱一次齊次生產函數 (homogenous production function of degree one)，表示所有生產要素均成同比例增加使用時，總產出增加的比例與其相同，此又稱之為規模報酬不變 (constant returns to scale)。在其他情況不變下，吾人通常假設具有此種生產函數特性之廠商的平均成本不隨產量之變動而變動。

　2.實行更精密的專業與分工

---

❸ 規模經濟是成本與產出之間的關係，規模報酬遞增是產出與投入之間的關係。在要素價格與其他情況不變下，規模報酬遞增（遞減）將等於規模經濟（不經濟），因此有很多的文獻將這兩個名詞視為同義語使用。

生產規模不斷擴大的結果，廠商可雇用更多的專業人才及機器設備與勞工從事更進一步的專業與分工，可以減少不必要的時間浪費，增進工作的技能，因而提高生產效率，降低平均生產成本。

3.可以使用品質好，效率高的機器設備

一般品質好、效率高的機器設備的成本都很昂貴，唯有生產規模擴大，產量增加，才能降低使用的單位成本。例如，挖一條小水溝用人工及鏟子就可以，但要挖一條大馬路，使用現代的挖土機則效率大為提高；其他如汽車、鋼鐵的生產設備也是同樣需要大規模的生產才划算。

4.投入要素單位成本的減少

大量購買生產要素可獲得折扣的優待，大規模廠房較小規模廠房的建築單位成本為低，因此生產規模擴大可以降低平均生產成本。

5.利用副產品

生產規模擴大後，小規模生產時所不能利用的副產品 (by-product) 可以獲得利用，使收入增加，生產成本下降。

㈡內部規模不經濟

在廠商擴大生產規模的過程中，因廠商本身內在的因素而肇致平均生產成本上升者，稱之為內部規模不經濟。其發生的原因為：

1.規模報酬遞減

當生產規模擴大，所有生產要素的雇用均成同比例增加時，經由生產函數，若總產出增加的比例小於生產要素增加的比例，稱之為規模報酬遞減 (decreasing returns to scale)。例如，所有生產要素之使用量均增加 1 倍，總產出增加不及 1 倍者稱之。既然總產出增加的比例小於生產要素增加的比例，在生產要素價格及其他情況不變下，必然導致平均成本的上升。

2.行政管理效率的降低

除生產外，企業的管理尚包括有人事、運輸、銷售、融資等活動。生產規模不斷擴大，員工增加，業務繁忙，企業的高階層負責人每天忙於例行

公事，無法周全管理，而採分層負責，其結果往往使下情不能上達，無法作快速、正確的決策，人事、運輸、銷售、融資等活動無法有效的控制與協調，導致行政管理效率的降低，平均生產成本的提高。

當廠商生產規模不斷擴大，產量不斷增加時，內部規模經濟會使平均成本下降，內部規模不經濟會使平均成本上升。一般而言，在某一產量之前，隨產量的增加，內部規模經濟的程度大於內部規模不經濟的程度，長期平均成本因而遞降；當到達某一產量時，內部規模經濟使成本下降的程度等於內部規模不經濟使成本上升的程度，此時長期平均成本達到最低；在此一產量後，內部規模經濟使成本下降的程度小於內部規模不經濟使成本上升的程度，長期平均成本因此上升，故長期平均成本曲線呈遞降、最低，而後遞升的 U 字形狀。

其次，討論廠商擴大生產規模所引起的外部經濟與不經濟的原因。

㈢外部規模經濟

因廠商本身以外之整個產業或全經濟的因素，而肇致廠商平均生產成本下降者，稱之為外部規模經濟。例如，如果許多個別的廠商同時都擴大生產規模或廠商的數目增加，而使整個產業擴大，以致對勞工的需求增加，政府或產業公會因而擴大這類勞工的教育、訓練，提高整個產業的勞工素質，使個別廠商都可雇用到素質較高的專業勞工，因此提高生產力，降低成本。另一方面，整個產業的擴大，會引起政府的關切，而予以許多行政方面的支援，例如予以優惠的融資條件，增加該產業地區的公共設施，如此可以降低廠商融資及運輸的成本。

㈣外部規模不經濟

因廠商本身以外之整個產業或全經濟的因素，而肇致廠商平均生產成本上升者，稱之為外部規模不經濟。例如，每家廠商擴大生產規模或廠商的數目增加，使整個產業對生產要素的需求增加。在生產要素與專業勞工

供給有限的情況下，生產要素的價格會提高（包括工資上升），而使生產成本增加❹。再者，當廠商的生產規模擴大或數目增加，而使產量增加後，在市場不能對應擴大或其成長相對緩慢的情況下，必然導致廠商之間競爭的加劇，這對於整個經濟的進步雖有助益，但卻使廠商的銷售成本提高，是一種外部不經濟。

當外部規模經濟使平均成本下降的程度大於外部規模不經濟使平均成本上升的程度時，整條長期平均成本曲線往下移；當外部規模經濟使平均成本下降的程度小於外部規模不經濟使平均成本上升的程度時，整條長期平均成本曲線往上移（圖 6-16）。

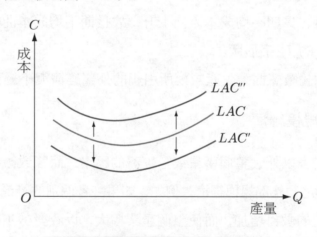

圖 6-16　長期平均成本曲線的移動

四、長期平均成本曲線的類型

長期平均成本曲線的形狀會因產業的性質不同而有差異，一般而言有圖 6-17表示的三種不同類型。

⑴LAC_1，在很大的產量範圍內，內部規模經濟的程度大於內部規模不經濟的程度，成本遞降。這種形態屬於重工業——如鋼鐵、鋁、汽車工業

---

❹ 這種現象稱之為金融性外部不經濟 (pecuniary external diseconomy)。

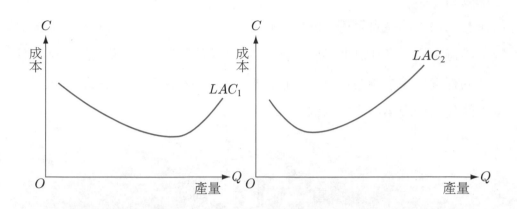

圖6–17　(a) 內部規模經濟重大之產業的長期平均成本曲線　　(b)內部規模經濟輕微之產業的長期平均成本曲線

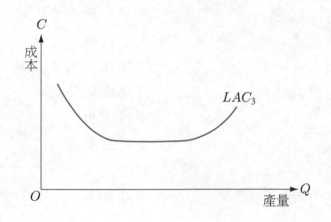

(c)很大產量範圍內內部規模經濟與不經濟程度相同之產業的長期平均成本曲線

的長期生產平均成本曲線，其大規模生產使成本愈來愈低，直到產量擴充到很大的程度後，成本才會開始遞升。

(2)LAC_2，在很小的產量範圍內，內部規模不經濟的程度便開始大於內部規模經濟的程度，成本開始遞升。這種形態屬於零售業或若干輕工業的長期生產平均成本曲線，其擴大生產規模，成本迅速降低，但產量擴充的程度有限，成本又迅速遞升。

(3)LAC_3，在很小的產量範圍內，成本遞減的內部規模經濟就消失了，

而後有一很大的產量範圍，內部規模經濟與規模不經濟的力量相互抵銷，成本維持不變，直到很大的產量後，內部規模不經濟的程度大於內部規模經濟的程度，成本開始遞升。這種形態屬於食品加工、手工業、或家具工業等的長期生產平均成本曲線。

重要名詞

中間投入	短期
長期	可變生產要素
固定生產要素	生產函數
固定比例生產函數	可變比例生產函數
邊際報酬遞減法則	可變比例法則
總產出	平均產出
邊際產出	生產三階段
機會成本	社會成本
私人成本	明顯成本
隱含成本	固定成本
可變成本	正常利潤
經濟利潤	經濟損失
成本函數	短期總成本
短期平均成本	短期邊際成本
長期總成本	長期平均成本
長期邊際成本	包絡線
內部規模經濟	規模報酬遞增
內部規模不經濟	規模報酬遞減
外部規模經濟	外部規模不經濟

摘　　要

1. 短期，對廠商而言，不足以容許改變生產能量；對產業而言，不足以容許改變廠商數目。相對地，長期，對廠商而言，足以容許改變生產能量；對產業而言，足以容許改變廠商數目。在短期，生產要素有可變與固定之分；在長期，一切生產要素都是可變的。

2. 表示投入與產出之間關係的生產函數可分為固定比例與可變比例兩類。由於有固定與可變生產要素之分，故生產函數在短期通常屬可變比例；在長期，由於一切生產要素都是可變的，故生產函數通常屬固定比例。

3. 在一定技術水準與固定生產要素下，各種不同數量之可變生產要素投入所能獲得的最大產出，是為總產出。總產出除以可變生產要素數量，是為平均產出。額外變動 1 單位可變生產要素之使用所引起之總產出改變的數量，是為邊際產出。根據圖形，平均產出等於原點至總產出曲線上各點射線的斜率，邊際產出等於總產出曲線上各點切線的斜率。

4. 短期間，隨著產量的擴大，不斷增加的可變生產要素與固定生產要素的組合比例愈來愈不適當，終將使額外增加 1 單位可變生產要素使用所引起總產量增加的數量依次遞減，這情形稱之為邊際報酬遞減法則，又稱可變比例法則。

5. 當可變生產要素使用量對應的總產出曲線上之一點既是射線又是切線的所在時，平均產出達到最大，而後隨可變生產要素使用量的增加，平均產出曲線逐漸與橫軸愈接近，但不相交。當可變生產要素使用量達到總產出曲線反曲點時，邊際產出達到最大；當平均產出最大時，邊際產出等於平均產出；總產出達到最大時，邊際產出等於零；若可變生產要素再進一步的增加，邊際產出將為負數。

6. 根據總產出、平均產出、及邊際產出三條曲線的關係，可以邊際產出曲線與平均產出曲線最高點的交點及邊際產出曲線與橫軸的交點作為兩個分界點，而將可變生產要素的使用量劃分成生產的三個階段，唯有第二個階段才是可變生產要素使用量最適當的合理生產階段。

7. 生產財貨或勞務所支付的成本，從總體與個體的觀念來看，有社會成本與私人成本之分；從生產要素為購入或自有的觀點來看，有明顯成本與隱含成本之分；從時間長短的觀點來看，有可變成本與固定成本之分。

8. 廠商從生產的總收入減去明顯及隱含成本的總額後，若其值大於零則表示獲得經濟利潤，等於零則表示只獲得正常利潤，小於零則表示遭受經濟損失。

9. 從實物面而言，投入與產出之間的關係是生產函數；從貨幣面而言，成本與產出之間的關係是成本函數。

10. 在短期，生產的總成本等於總固定與總可變成本之和。短期平均固定成本等於總固定成本除以產量，等於原點至總固定成本線上各點之射線的斜率，由於固定成本不隨產量而改變，故平均固定成本曲線為一條向兩軸漸近的曲線。平均可變成本等於總可變成本除以產量，等於原點至總可變成本曲線上各點之射線的斜率，平均可變成本與平均產出成逆對應的關係。平均總成本等於總成本除以產量，等於原點至總成本曲線上各點之射線的斜率，也等於平均固定與平均可變成本之和。

11. 邊際成本表示每改變 1 單位產量所引起總成本或總可變成本變動的數量，等於總成本或總可變成本曲線上各點之切線的斜率。邊際成本與邊際產出成逆對應的關係。

12. 短期的平均可變成本、平均總成本、及邊際成本曲線均呈遞減、最低，而後遞增的 U 字形狀。平均總成本與可變成本曲線之間的平均固定成本差額隨產量增加而降低，平均可變成本曲線最低點的產量小於平均總成本曲線最低點的產量；邊際成本曲線最低點的產量小於平均可變成本與平均總成本曲線最低點的產量，邊際成本小於平均可變及平均總成本

時，平均可變及平均總成本曲線下降；邊際成本大於平均可變及平均總成本時，平均可變及平均總成本曲線上升；邊際成本曲線並通過平均可變及平均總成本曲線的最低點。

13. 對廠商而言，長期是一計畫期間，一切生產成本都是可變的，長期總成本曲線因此是由原點開始而能使廠商在不同產量水準下，生產總成本達到儘可能最低的不同短期生產總成本的軌跡。

14. 長期平均成本等於長期總成本除以產量，等於原點至長期總成本曲線上各點之射線的斜率，表示生產不同產量水準的平均成本達到最小。

15. 長期邊際成本表示長期間變動 1 單位產量所引起之總成本變動的最小數量，等於長期總成本曲線上各點之切線的斜率。

16. 所有生產要素同比例增加以擴大產量，而使平均生產成本下降者，稱為規模經濟；使平均生產成本提高者，稱為規模不經濟。隨廠商增加產量，內部規模經濟使平均成本下降的程度大於內部規模不經濟使平均成本上升的程度時，長期平均成本曲線遞降；相等時，長期平均成本曲線達到最低；小於時，長期平均成本曲線遞升。隨各廠商擴大生產規模而使產業擴大，若外部規模經濟使平均成本下降的程度大於外部規模不經濟使平均成本上升的程度，長期平均成本曲線往下移；小於時，長期平均成本曲線往上升。

17. 依產業性質的不同，不同廠商的長期平均成本曲線可能在很大的產量內繼續遞降，有的在擴大少許產量後馬上遞升，有的可能在很大的產量範圍內維持平均成本不變。

問題練習

1. 在生產上，時間的長短與生產要素的分類及生產函數的特性有何關係？試剖析之。

2. 什麼是邊際報酬遞減法則？為何會發生這種現象？試根據此一法則畫出總產出、平均產出、及邊際產出等曲線的圖形。

3. 什麼是生產函數？試根據生產函數的觀念畫出生產的三個階段，並說明何者是合理的生產階段。

4. 試就生產的各種成本觀念，分別討論之。

5. 經濟學上，利潤如何計算？為何總收入等於總成本時，稱為正常利潤？

6. 圖示短期總固定成本、總可變成本、及總成本等曲線，並說明如何由其導出短期之平均固定成本、平均可變成本、平均總成本、及邊際成本等曲線。

7. 試以圖解剖析短期之總成本曲線、平均成本曲線、及邊際成本曲線之間的關係。

8. 圖解長期總成本曲線的意義，並說明如何由其導出長期的平均及邊際成本曲線。

9. 何謂長期平均成本曲線？該曲線如何由短期平均成本曲線導出？

10. 內部規模經濟或不經濟與外部規模經濟或不經濟有何不同？各由那些因素所肇致？

第 7 章　完全競爭市場價格與產量的決定

　　討論過一種產品的需求效用與供給成本後，我們開始將兩者合併一起考慮，即產品在不同的市場結構裏，由於需求與供給情況的不同，會使產量與價格有不同的決定。

　　所謂市場是指買賣雙方交易的場所。市場有大有小，小至地方性的市場，大至全國性、國際性的市場。狹義的市場是指有具體地點存在的有形市場——如果菜市場、百貨市場；廣義的市場是指，凡有買賣雙方對某一種產品或要素發生交易，雖無一確定具體的地點，仍然要算是市場，例如以電話、電腦網路進行債券、股票買賣的無形市場。

　　市場結構或組織，乃指買賣雙方組成的形態，其異同是視買賣雙方競爭程度的大小而定。競爭的程度可以分別由購買者方面或由銷售者方面來分析，不過通常討論市場的結構型態時都著重於銷售者方面。因為銷售者代表生產者，其是否為競爭與競爭性的大小，影響到廣大購買者（消費者）的利益；而買方通常是競爭程度很大，很少有獨買的可能，在有獨買的情況下，該獨買者一定既是買者，同時又是賣者，居於雙元獨佔的地位。至於純粹的買方獨佔通常是不可能產生的。

　　以下幾章，我們從供給面所決定的市場組織形態，來分析不同的市場結構對於產品之產量與價格決定的影響。首先，我們討論經濟學者認為最

理想的市場組織——完全競爭市場 (perfect competition market)。

第 1 節　完全競爭市場的意義與條件

完全競爭市場是指具有下述特性的市場組織：①有眾多的買者與賣者，②眾多賣者的產品完全相同，③每一位買者與賣者具有市場價格與產量的完全訊息，④沒有人為干預，及⑤資源具有完全流動性。這些特性分別闡述如下。

㈠眾多的買者與賣者

對於一種財貨或勞務，買賣雙方均有眾多的人數，且雙方的行為均很理性，能為自己的利益著想，作個別獨立的決定，不受他人的干擾與影響。因為有眾多的買者與賣者，故每一單獨的買者或賣者所買賣的數量，在總購買量或總產量中所佔的比例非常微小。因此，每一單獨的買者或賣者對於市場價格無法發生決定性的影響，亦即無法以其個別的力量使市場價格發生改變，故完全競爭市場是一種非個人的市場 (impersonal market)。因此，每一種產品的市場價格不是個別的購買者或生產者所能決定的，而必須由參與市場的全部供給者與消費者所共同決定。

在完全競爭市場中，對於單獨廠商（或銷售者）而言，市場價格為一已經決定的已知數，它既不能提高價格銷售，亦無需降低價格銷售，故個別廠商是市場價格的接受者 (price taker)，而非市場價格的決定者 (price maker)。圖 7–1(a)是市場的總供給與總需求情況，圖 7–1(b)是代表性廠商所面對的需求情況。由市場總需求與總供給決定市場均衡價格 P_1 後，代表性廠商所面臨的需求曲線乃是一條由市場均衡價格延伸而成之彈性無限大的水平線 d_1。廠商若將價格提高超過市場價格，所有的消費者會轉向其他廠

商購買同樣的產品，其面臨的需求量成為零，而無法將產品銷售出去；若將價格下降低於市場價格，則整個市場的總需求將完全移轉至此廠商，產生供不應求的現象，故廠商只要在市場均衡價格下，可以銷售任何他所能提供而想要銷售的數量，而無需改變價格。唯有整個市場的供給或需求改變，使市場的均衡價格發生改變——如由 P_1 降至 P_2，代表性廠商面對的價格與需求才能隨著發生改變——如由 d_1 降至 d_2。

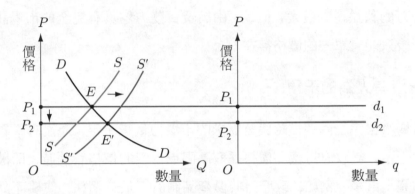

圖 7-1　(a)市場決定均衡價格　　　　(b)代表性廠商的需求曲線

㈡相同的產品

所謂相同的產品 (identical products)，不只是狹義的產品物理性的品質相同，而是廣義的產品經濟性的相同，包括產品的品質、型式、包裝、服務、甚至商標均相同。相同性愈高，替代性就愈大，競爭性亦愈強。由於各廠商的產品完全相同，所以任一廠商均不可能壟斷市場，影響市場價格。此外，由於產品同質，廠商之間沒有非價格競爭 (non-price competition)，購買者向任何一家廠商購買都沒有什麼差別。

㈢完全市場訊息

無論消費者或供給者對於目前及未來的市場供需情況及價格變化，均要有完全的訊息 (perfect information)，才能確保供需的迅速調整與完全競

爭的存在。市場訊息的不靈通往往導致價格的差異及產品的短缺或過剩。若某地區缺乏某種產品，假使其他地區的人對於市場訊息不靈通，則可能導致該地區此種產品的價格上漲；反之，若對市場訊息靈通，則其他地區的產品將迅速流往該地區，則價格無法上漲，也就不會破壞了完全競爭。因此，消費者具有完全的訊息，永遠可以買到市場價格最低的產品；生產者具有完全的訊息，永遠可以將產品以最高的市場價格出售，如此可以使買賣雙方的利益達到最大。但是，由於買賣雙方均具有完全的市場訊息，市場最後只能有單一的價格存在。

㈣沒有人為的干預

市場價格完全由總供給與總需求的市場力量來決定，而沒有人為的外力加以干預。當政府對產品價格採取高限或低限的價格管制時，即破壞了市場的完全競爭。例如，政府對於農產品制訂了最低價格，使農產品市場無法達成完全競爭。

㈤資源完全的流動性

資源的完全流動性表示勞動者可以作地理上、行業間的自由移動，資本與土地可以作任何用途的使用。具體而言，即廠商可以自由加入或退出產業的生產，沒有任何制度性的限制──如工會、專利特許等；沒有經濟性的限制──如需要大量的資本始可創業；也沒有技術性的限制──如需要專門技術訓練等。

由於資源具有完全的流動性，所以當市場價格上升而有經濟利潤發生時，新廠商可以自由加入生產，使供給增加，價格隨之下跌；當市場價格下跌而有經濟損失發生時，原有的廠商可以自由退出生產，使供給減少，價格回升，而使市場價格維持穩定。

根據以上的條件，可以說真實的經濟社會沒有一種產品的市場組織可以稱之為完全競爭。即使農產品與股票市場被認為最接近完全競爭，但仍

然很難符合完全市場訊息的條件，故完全競爭的市場組織是一個十分理想而不切實際情況的理論模型，它假設在自由市場的經濟制度下，一切經濟活動可以完全沒有摩擦 (frictionless)的運行，這種假設猶如物理學上的「真空」假設一般不切實際。

雖然完全競爭的市場組織是一個理論上而非實際上的模型，但是它使我們對於真實複雜的經濟現象能夠獲得簡單而一般化的觀念。以它為基礎，我們可以發展出比較符合事實的其他市場組織模型，來分析經濟現實的活動，並以完全競爭模型為標準，來比較不同的市場組織對產品的產量、價格、及其對社會福利的影響。職是之故，完全競爭的市場組織模型雖不是很切實際，但卻是一個很有用的理論模型。

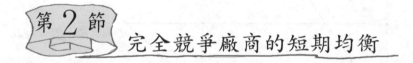

第 2 節　完全競爭廠商的短期均衡

一、基本假設

在分析完全競爭廠商的經濟行為時，我們假設理性的廠商以追求利潤最大為企業的唯一目標，這是一個很強烈但很合理的假設。無可置疑地，並非所有企業家時時均以追求利潤最大為其營業唯一的目標，他們可能以追求銷售量最大、一定的市場佔有率、或一定的投資報酬率為目標。但是，除非能夠賺取到利潤，否則企業是無法長期生存下去，更談不上擴大發展。因此，追求利潤最大的假設雖非絕對妥當，但直至目前尚無其他更適當的假設能以替代作為分析廠商行為的準則。

二、完全競爭廠商的收入

生產同樣產品之所有廠商的集體稱之為產業，產業的供給構成市場的總供給，所有消費者對全產業產品的需求構成市場的總需求。因此，某一種產品的市場總供給與總需求就是該產業的總供給與總需求。根據完全競爭的條件，代表性廠商是市場價格的接受者而非決定者，價格對個別廠商而言是一已經存在的參數 (parameter)，故在追求利潤最大的決策過程中，完全競爭廠商所能決定的只是產量的大小。

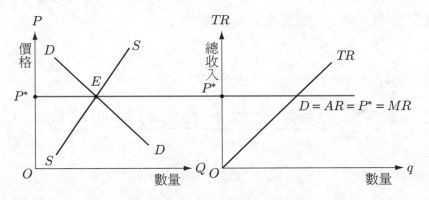

圖 7–2　(a)市場決定均衡價格　　　　　(b)廠商的平均收入等於邊際收入，等於市場均衡價格

廠商的總收入等於價格乘以銷售量 $(TR = P \times Q)$，總收入除以銷售量等於平均收入 (average revenue, AR)，等於價格，因為：

$$\frac{TR}{Q} = \frac{P \times Q}{Q} = AR = P$$

廠商的邊際收入是指 1 單位銷售量的改變所引起之總收入的改變部分。由於完全競爭廠商的銷售價格不變，所以總收入的改變等於價格乘以銷售量的改變，即

$$\Delta TR = P \times \Delta Q$$

而邊際收入是：

$$MR = \frac{\Delta TR}{\Delta Q} = \frac{P \times \Delta Q}{\Delta Q} = P$$

因此，完全競爭廠商的邊際收入等於價格，也等於平均收入（$MR = P = AR$）。

在圖形上，總收入曲線上射線的斜率等於平均收入（價格），切線的斜率等於邊際收入。圖 7-2(b)中完全競爭廠商的總收入曲線，是一條由原點開始的直線，其本身既是射線，又是切線，且斜率不變，這表示平均收入等於邊際收入，等於市場決定的均衡價格。

三、完全競爭產業的市場期間均衡

在分析完全競爭廠商短期均衡之前，我們首先介紹完全競爭在最短時間——市場期間之均衡價格與數量的決定。由於在市場期間，個別廠商接受市場決定的價格且產量完全固定，故不予考慮而只分析產業的情況。

在市場期間，產業的供給是完全缺乏彈性的，所以圖 7-3 的供給曲線為一垂直線，與市場不同的需求情況 D_1D_1、D_2D_2、或 D_3D_3，可以決定不同的市場均衡價格 P_1、P_2、或 P_3，但市場均衡數量仍維持 Q^* 不變。因此，完全競爭產業的市場期間，在供給固定下，需求單獨決定市場均衡價格，而供給單獨決定市場均衡數量。這與產業在短期或長期間，總需求與

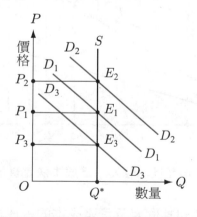

圖 7-3　完全競爭產業的市場期間均衡

總供給共同決定市場均衡價格與數量的情況大不相同。

四、完全競爭廠商的短期均衡：總收入─總成本分析法

　　廠商生產的目的在於追求最大利潤，當廠商決定一價格與產量的組合，使其利潤達到最大或損失達到最小時，價格與產量的組合即不再變動，此一狀態稱之為廠商均衡 (firm equilibrium)。完全競爭廠商必須接受市場所決定的價格，故其在追求利潤最大的過程中，所能決定的只剩產量這一變數。以下我們分析在短期間，完全競爭廠商如何決定最適的產量，以使其達到利潤最大或損失最小的均衡狀態。

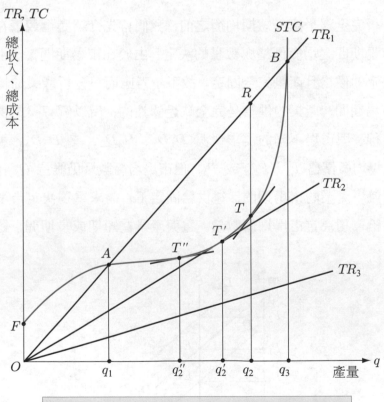

圖 7-4　廠商以總收入－總成本決定最適的產量

　　利潤是總收入減去包括固定及可變成本的總成本之後的剩餘。因此，

總收入減去總成本的剩餘最大時，即表示利潤最大。圖 7-4，TR_1 為由原點開始之完全競爭廠商的總收入直線，STC 為其短期總成本曲線。總收入與總成本之間的差額有三種情況發生：

⑴小於 q_1 或大於 q_3 的產量，廠商的總收入小於總成本，有經濟損失發生。

⑵在 q_1 或 q_3 的產量，廠商的總收入等於總成本，經濟利潤等於零而只賺取正常利潤，故 A 與 B 兩點稱為扯平點 (break-even points)。

⑶在 q_1 與 q_3 之間的產量，廠商的總收入大於總成本，有經濟利潤發生，而在總成本曲線上找一點，其切線的斜率等於總收入直線的斜率，則總收入直線與總成本曲線之間的差距最大，其所對應之產量 q_2 的經濟利潤最大。因此，當總收入直線為 TR_1 時，完全競爭廠商在短期間，必然生產 q_2 的產量，而達到經濟利潤最大的均衡狀態。

根據以上的分析，若完全競爭廠商的短期總成本與總收入情況分別是 STC 與 TR_2，則其短期均衡產量是總收入直線與總成本曲線相切之點 (T') 所對應的產量 q_2'，廠商短期均衡的經濟利潤等於零，而只有正常利潤；若完全競爭廠商的短期總成本與總收入情況分別是 STC 與 TR_3，則其短期均衡產量是總成本與總收入差距最小之點 (T'') 所對應的產量 q_2''，廠商短期均衡發生最小的經濟損失。因此，完全競爭廠商的短期均衡可能有三種情況：

⑴有經濟利潤的均衡——利潤最大的均衡。

⑵只有正常利潤的均衡。

⑶有經濟損失的均衡——損失最小的均衡。

五、完全競爭廠商的短期均衡：邊際收入—邊際成本分析法

在總收入對總成本的最大利潤分析中，以總成本曲線之切線斜率等於總收入直線之斜率，決定利潤最大或損失最小的產量。由於總成本曲線之

切線斜率等於邊際成本，總收入直線之斜率等於邊際收入，所以這種分析事實上已經隱含著廠商最大利潤生產決定的另一法則：邊際收入等於邊際成本。

圖 7–5(a)表示市場的供需，決定市場均衡價格 P^* 與均衡量 Q^*。圖 7–5(b)表示代表性廠商的平均單位收入與平均單位成本的情況。市場均衡價格等於廠商的平均收入、邊際收入、及價格。由圖形我們可以證明完全競爭廠商在邊際成本等於邊際收入的產量時，達到利潤最大的均衡。

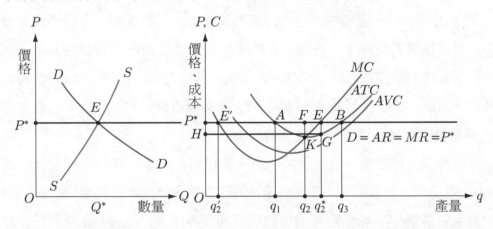

圖 7–5　(a)市場決定均衡價格　　(b)邊際收入等於邊際成本決定廠商的均衡產量

邊際成本表示產量增加 1 單位所引起之總成本的增加額，邊際收入表示銷售量增加 1 單位所引起之總收入的增加額。顯然地，當邊際收入大於邊際成本時，增加生產使總收入的增加大於總成本的增加，所以利潤增加；當邊際成本大於邊際收入時，增加生產使總收入的增加小於總成本的增加，所以利潤減少；唯有邊際收入等於邊際成本時，總收入的增加等於總成本的增加，利潤達到最大。

圖 7–5(b)顯示，在 q_1 產量之前，廠商的邊際收入遠大於邊際成本，平均收入小於平均成本，廠商有經濟損失發生。由於邊際收入大於邊際成本，所以繼續增加生產，到 q_1 產量時，平均收入等於平均成本，廠商獲得正常利潤。但邊際收入仍大於邊際成本，所以繼續增加生產，到 q_2 產量時，平

均成本最小，單位利潤 (unit profit) FK 最大，但邊際收入仍大於邊際成本，所以總利潤不是最大，唯有生產到 q_2^* 產量時，邊際收入等於邊際成本，總利潤等於 HP^*EG 達到最大。產量超過 q_2^* 後，邊際成本大於邊際收入，總利潤反而減少。若產量超過 q_3，平均成本均大於平均收入，廠商將會發生經濟損失。因此，在短期間，完全競爭廠商要追求利潤最大（或損失最小），在邊際收入大於邊際成本時，應該增加生產；在邊際成本大於邊際收入時，應該減少生產，直到產量使邊際收入等於邊際成本時，利潤達到最大或損失達到最小。

在圖 7-5(b)，邊際成本曲線與邊際收入曲線的交點除 E 點外尚有 E' 點，與 E' 對應的產量 q_2' 是否亦為廠商的最大利潤產出呢？由於在 E' 點時邊際成本尚在遞減中，這表示可變生產要素的邊際產出仍在遞增，生產成本仍繼續下降，所以廠商會繼續增加生產，q_2' 不是利潤最大的產量。

在完全競爭廠商的成本結構一定下，圖 7-6(b)顯示：如果完全競爭廠商所面對的市場價格是 P_1，根據邊際均等法則生產 q_1 產量，經濟利潤最大；市場價格如果是 P_2，根據邊際均等法則生產 q_2 的產量，廠商尚能賺取正常利潤，若產量大於或小於 q_2，均將發生經濟損失；市場價格如果是 P_3，根據邊際均等法則生產 q_3 的產量，經濟損失達到最小。

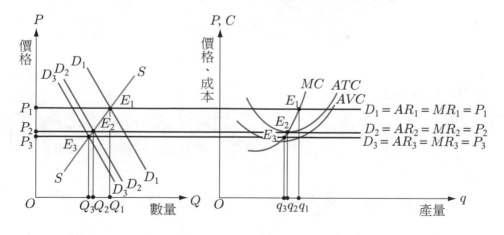

圖 7-6　(a)市場決定不同的均衡價格　　(b)廠商面對不同價格下的均衡產量

　　因此，無論是用總收入對總成本或邊際收入對邊際成本分析法，均得到相同的結論。但在經濟學上，以邊際均等分析法較為重要且廣泛應用。假設完全競爭廠商的短期均衡有經濟利潤發生，圖 7-7中最上面的圖形表示總收入—總成本分析法，中間圖形表示邊際收入—邊際成本分析法，最下面圖形表示利潤與產量的關係。可以看出三個圖形是一致對稱的。數據實例，請參閱表 7-1。

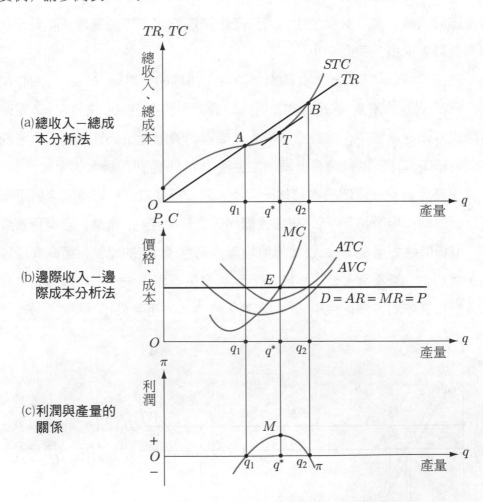

圖 7-7　總收入—總成本與邊際收入—邊際成本的均衡產量決定

表 7-1　完全競爭廠商利潤最大之產量的決定

(1) 總產量 (Q)	(2) 價　格 (P)	(3) = (1)×(2) 總收入 (TR)	(4) 總成本 (TC)	(5) = (3)-(4) 總利潤 (π)	(6) = Δ(3) 邊際收入 (MR)	(7) = Δ(4) 邊際成本 (MC)	(8) = $\frac{(4)}{(1)}$ 平均總成本 (ATC)
0	$10	$ 0	$10	$-10	—	—	—
1	10	10	20	-10	$10	10	$20
2	10	20	28	-8	10	8	14
3	10	30	35	-5	10	7	11.7
4	10	40	40	0	10	5	10
5	10	50	45	5	10	5	9
6	10	60	52	8	10	7	8.7
7	10	70	60	10	10	8	8.6
8*	10	80	70	10	10	10	8.8
9	10	90	90	0	10	20	10

註：＊代表利潤最大之產量。

第3節　完全競爭廠商的短期供給曲線

　　根據完全競爭廠商可能面臨的不同市場均衡價格，及其一定的成本結構，吾人可以導出完全競爭廠商的短期供給曲線。圖 7-8(a)表示市場可能決定的均衡價格，圖 7-8(b)表示廠商面臨的市場價格、平均單位成本、及均衡產量的情況。如果市場的供給與需求所決定的均衡價格為：

　　⑴ P_1，廠商按此價格，依邊際均等法則 $(MC = MR = P_1)$，決定生產 q_1 產量，單位利潤等於 AE_1，總經濟利潤等於 $AE_1 \times Oq_1$ 達到最大。

　　⑵ P_2，廠商按此價格，依邊際均等法則 $(MC = MR = P_2)$，決定生產 q_2 產量，平均單位成本 q_2E_2 等於平均收入 OP_2，只賺取到正常利潤。

　　⑶ P_3，廠商按此價格，依邊際均等法則 $(MC = MR = P_3)$，決定生產 q_3 產量，單位損失等於 E_3B，總經濟損失等於 $E_3B \times Oq_3$ 達到最小。在

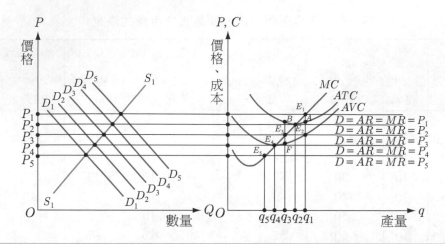

圖 7-8 (a)市場決定不同的均衡價格　　(b)完全競爭廠商短期供給曲線的導引

此有經濟損失發生的情況，為何廠商仍願意生產 q_3 的產量呢？因為平均總成本與平均可變成本曲線之間的垂直距離代表平均固定成本，市場均衡價格為P_3 時，還超過平均可變成本 E_3F 的額度，繼續從事生產，不僅可以收回所有的可變成本，還可以收回部分的固定成本 $E_3F \times Oq_3$，而只損失 $E_3B \times Oq_3$ 的固定成本。若停止生產，則所有的固定成本 $BF \times Oq_3$ 全部損失。顯然地，　$BF \times Oq_3$ 的損失大於 $E_3B \times Oq_3$ 的損失，故廠商仍會繼續生產。

　(4) P_4，此價格正好等於最低平均可變成本，廠商可生產亦可不生產。若生產，則依邊際均等法則 $(MC = MR = P_4)$ 而生產 q_4 之產量，經濟損失等於所有固定成本; 若不生產，經濟損失亦等於所有的固定成本。因為是否生產都損失所有的固定成本，故稱 E_4 點為停止生產點 (shut-down point)。

　(5) P_5，此價格比平均可變成本的最低點還低，廠商決不會生產。因為生產的結果不僅仍損失所有的固定成本，反而連可變成本也不能全部收回，故理性的廠商在 P_5 價格時，必然不生產，均衡供給量等於零。

　　依據以上各種可能的市場價格與廠商生產決策的分析，可以得到如下的結論: 完全競爭廠商的短期供給曲線是由平均可變成本曲線最低點開始

向上延伸的邊際成本曲線，它表示在不同的市場價格下，生產者願意且能夠生產提供的數量（圖 7–9）。

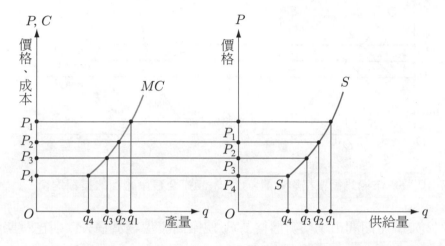

圖 7–9　(a)完全競爭廠商的邊際成本　　(b)完全競爭廠商的短期供給曲線
曲線

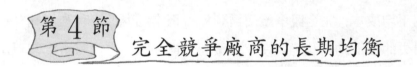
第 4 節　完全競爭廠商的長期均衡

一、長期均衡的達成

由於完全競爭市場具有完全訊息、資源完全流動（自由加入與退出）的特性，完全競爭廠商的長期均衡只有一種狀態，即所有廠商都只有正常利潤，而沒有經濟利潤，也沒有經濟損失。根據圖 7–10，其原因乃是：

⑴如果短期間市場均衡價格為 P_1，使廠商有超正常利潤（即經濟利潤）產生，則在長期間，會有新廠商加入生產，使市場供給增加，價格下跌，直到下跌至 P^* 使所有廠商都只有正常利潤為止。

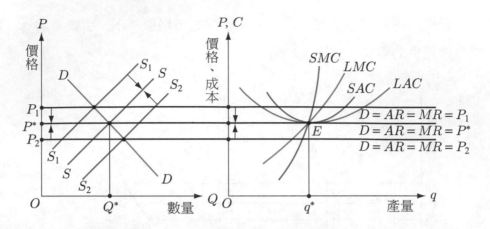

圖7-10　(a) 市場均衡價格與數量　　(b)完全競爭廠商的長期均衡

(2)如果短期間市場均衡價格為 P_2 使廠商發生經濟損失，則在長期間，效率較低、承受不起損失的原有廠商會退出生產，使市場供給減少，價格上升，直到上升至 P^* 使繼續存在的廠商都有正常利潤為止。

因此，在長期間，唯有完全競爭市場的均衡價格 P^* 正好等於廠商最低的長期平均成本 q^*E，廠商的邊際收入等於長期邊際成本，平均收入等於長期平均成本，完全競爭廠商達到只有正常利潤，沒有經濟利潤也沒有經濟損失的長期均衡狀態。沒有新廠商想再加入，也沒有廠商想退出此一產業，因為整個經濟完全競爭的結果，任何產業的任何廠商都只能賺取到正常利潤而已。整個產業廠商的均衡數目等於市場均衡產量 Q^* 除以代表性廠商的均衡產量 q^*。

長期均衡產量決定後，廠商必然使用一個最有效率的短期生產規模來從事生產，由於是在長期平均成本的最低點生產，必然也在最有效率的短期生產規模的最低點生產，而短期邊際成本曲線也通過短期平均成本曲線的最低點。因此，在完全競爭廠商的長期均衡點，形成平均（邊際）收入曲線、長期平均成本曲線、長期邊際成本曲線、短期平均成本曲線、及短期邊際成本曲線，五線共點的現象 ——即 $P = AR = MR = LMC = LAC = SAC = SMC$，這個等式稱為完全競爭廠商的長期均衡條件。

二、經濟效果評估

　　要評估一種市場組織的經濟效果，有兩個重要的標準，一是效率 (ef-ficiency)，一是公平 (equity)。首先，談效率問題。這是一種成本─效益的問題，即任何一種經濟活動花費的成本最少，所得的報酬利益最大，效率就最高。一般而言，在其他因素相同時，一個市場結構的競爭性愈高，產品的生產將愈能符合社會的偏好、成本將愈低、產量將愈適當，故效率愈高；反之，競爭性愈低，產品的生產愈可能不符合社會的偏好、成本將愈高、產量將愈不適當，故效率也就愈低。

　　其次，談公平問題。在任何經濟制度中，只有相對的均等 (equality)，而沒有絕對的均等，公平就是一種相對的均等。效率與均等有密切的關係，在經濟學上，為了維持效率，通常只考慮公平，而無法要求所有個人的報償絕對均等。若所有個人的報償都均等，則經濟活動沒有競爭，即無效率可言，也就無法進步。一般而言，競爭愈強，愈容易達到公平，也就愈有效率；競爭愈弱，愈不易達到公平，也就愈沒有效率。

　　古典學派由效率與公平的觀點，認為無任何阻礙而充分競爭的市場是最理想、最完善的市場結構。整個古典學派的理論均以完全競爭市場為分析的對象。有此認識，並根據本章的分析，我們對完全競爭市場長期均衡的經濟後果作如下的評估：

㈠優　點

1.使消費者的滿足達到最大

完全競爭下，廠商以最低的成本生產消費者偏好的產品，而且產量最大，消費者支付的價格最低，故消費者以最小的代價獲得慾望的最大滿足，福利最大。

2.使社會資源作最有效的利用

完全競爭下的產品是消費者所偏好的，且產量又是在最有效率、最低成本下生產，故社會資源得到最有效的派用。

3.確保生產要素的充分就業

在完全競爭下，產品與要素價格具有升降自如完全的韌性，故市場價格機能可確保生產資源的充分就業。

4.使生產要素得到合理的報酬

在完全競爭下，廠商依據生產要素對生產所作的貢獻──即邊際生產力給予報酬，而使生產要素得到合理的報酬。

(二)缺　點

1.不能正確反映消費大眾的願望

在完全競爭市場，消費者的偏好是由「金錢票」來反映，對某種產品的偏好愈強，其支出也就愈多，故由產品需求的強弱，價格的高低，即可知道消費者的偏好何在。這個論點要在所得分配完全平均的前提下才能成立。事實上，所得分配並不平均，高所得者較低所得者擁有更多的「金錢票」，他們對需求與價格有更大的影響力，完全競爭的市場價格機能因此無法正確反映出所有消費者的偏好。此外，對於國防、道路、港口、或公園等公共財貨，雖然是社會大眾所需要的，但仍無法經由完全競爭市場的價格機能顯示出來。

2.不能充分反映社會福利

完全競爭市場上的需求代表私人受益，供給代表私人成本，故市場價格是反映出私人受益與成本。事實上，產品的需求會產生消費的外部性（外部經濟或不經濟），供給會產生生產的外部性，但市場價格卻無法包括消費與生產的外部性。因此，私人受益等於私人成本並無法保證社會收益 (social benefit)──私人受益與消費外部性之和──一定等於社會成本──私人成本與生產外部性之和，故無法確保社會福利達到最大。

3.缺乏進步的誘因

在完全競爭市場下，生產者都是屬於小規模的廠商，而且都只有正常利潤，所以沒有能力從事研究、發明與創新活動，以提高生產力，降低生產成本。另一方面，即使廠商有能力從事研究、發明與創新，但其所獲得的經濟利潤只能短期維持，在長期間，其他廠商會模仿、加入生產，而使經濟利潤消失，故廠商沒有意願去從事研究、發明與創新，整個經濟也就難以進步。

重要名詞

市場	完全競爭市場
非個人市場	相同產品
邊際均等法則	短期供給曲線
效率	公平

摘　　要

1. 完全競爭市場是經濟學家認為最理想的市場組織型態，其特點為買賣雙方人數眾多、產品完全相同、完全市場訊息、沒有人為干預、及完全的資源流動性。

2. 由於市場上買賣雙方的人數眾多，完全競爭的個別廠商因此是市場價格的接受者而非決定者，其面對的為彈性無限大的水平需求曲線，價格（或平均收入）因此等於邊際收入。

3. 在市場期間，完全競爭產業的市場供給單獨決定市場的均衡數量，市場需求單獨決定市場的均衡價格。

4. 在追求最大利潤的假設下，以總收入對總成本或邊際收入對邊際成本的分析，均可以得到完全競爭廠商在短期間有經濟利潤、只有正常利潤、或有經濟損失三種均衡。但是，完全競爭廠商根據總收入直線斜率等於總成本曲線上某點切線斜率、或邊際收入等於邊際成本的原則所決定的產量，不是利潤最大，就是損失最小的情況。

5. 根據邊際收入與邊際成本均等的分析，衡量固定成本損失的程度，可知由平均可變成本曲線最低點開始向上延伸的邊際成本曲線，是完全競爭廠商的短期供給曲線。

6. 在長期間，由於廠商具有自由加入或退出產業的完全流動性，完全競爭廠商的長期均衡只能賺取正常利潤，既不能獲得經濟利潤，也不會發生經濟損失。

7. 完全競爭市場一直是古典學派認為最為公平、最具效率的市場組織，因為它使消費者慾望獲得最大滿足，社會資源做最有效的派用，確保生產要素的充分就業並使其得到合理的報酬。但是，有人認為由於所得分配

不均，完全競爭市場並不能完全正確地反映消費者慾望；由於消費與生產之外部性的存在，完全競爭市場無法確保社會福利達到最大；由於長期間廠商規模過小且只有正常利潤，因此缺乏推動技術進步與創新的誘因與能力。

問題練習

1. 試闡述完全競爭市場的特性。

2. 試用總收入對總成本分析法，圖解完全競爭下廠商如何達到短期最大利潤的均衡。

3. 試用邊際分析法，圖解完全競爭下廠商如何達到短期最大利潤的均衡。

4. 由平均可變成本曲線最低點開始向上延伸的邊際成本曲線，是為完全競爭廠商的短期供給曲線，試釋其意。

5. 試以圖解方式剖析完全競爭廠商的長期均衡。

6. 對於完全競爭市場組織，你的評價如何？

第 8 章　純獨佔市場價格與產量的決定

純獨佔 (pure monopoly) 市場組織是與完全競爭市場組織相對立的另一個極端的市場理論模型。在真實的經濟社會裏，很難找到完全符合純獨佔條件的產品市場，不過卻可以發現許多的產品市場組織十分接近純獨佔。因此，純獨佔市場組織的理論模型可用以說明許多真實的經濟現象。比較完全競爭與純獨佔兩個極端的市場組織，更可以瞭解不同市場組織對於社會福利的影響。

第 1 節　純獨佔的意義與種類

一、意義與條件

一個產品市場，如果只有一家生產沒有密切替代品的廠商存在，此廠商即為純獨佔。獨佔市場結構的特性有：

㈠獨家生產，獨家銷售

在獨佔的情形下，只有獨家廠商生產，產業與廠商合而為一，而沒有個別廠商與整個產業之分。例如，直到 1999 年 7 月時，臺灣石油公司本身就代表石油產業，臺灣電力公司獨家代表電力產業。因此，獨佔廠商面臨的需求曲線就是市場的需求曲線，為一條負斜率的曲線。獨佔廠商唯有降低價格才能增加銷售量，並可依據需求價格彈性的高低，採取漲價或跌價政策，以增加收入。

㈡獨特產品 (unique product)

獨佔廠商生產的是一種獨特而沒有其他密切替代品的產品，如瓦斯、石油、電力都是獨特產品。惟其獨特而無可替代，所以才會沒有競爭，才能獨佔。

㈢加入與退出困難

法律上特許權或專利權等的限制、設廠所需的資本鉅大而不易籌措、生產要素取得的困難、或技術上的問題等因素，使得加入或退出獨佔產業都非常的困難，所以獨佔產業在長期間也可保有經濟利潤，不慮因競爭而消失。

㈣訊息的不完全

這是地方性獨佔形成的主因。如在某地，由於交通不方便或消息不靈通，而又只有一家廠商，該廠商就形成獨佔的現象。

㈤無廣告必要

通常獨佔事業因為沒有競爭，是不用作廣告的。但有時為了提供訊息，告訴消費者新產品的推出，或如電力公司告訴大家用電的安全，也作傳播

訊息或提供服務性質的廣告。

㈠至㈢是構成獨佔的必要條件，㈣與㈤則為推論衍生的特性。一家廠商的獨佔程度，又可按替代品的有無而分為：

1.純獨佔

完全沒有競爭，完全沒有替代品存在的獨佔。

2.部分獨佔 (partial monopoly)

一家廠商從某方面看，可能是純獨佔者，但從另一方面看，則有其他產品的競爭存在，而為部分獨佔。即獨佔產品在某些用途上是純獨佔，在另一些用途上則有競爭性存在。例如，在現代社會裏，電力可說是照明的完全獨佔品，故在照明市場上，電力公司是純獨佔廠商。但是，電力、石油、或瓦斯均可作為動力的來源，故在動力市場上，電力公司只是部分獨佔的廠商。

在實際的社會裏，可說每種產品都有或多或少、或強或弱的替代品存在，所以很難有純獨佔的情況發生，但部分獨佔的情形卻很普遍。本章討論的是純獨佔的理論，但其原則與結論同樣適用於部分獨佔。

二、成因與種類

獨佔可以根據形成的原因，分成下列幾種性質的獨佔：

㈠自然獨佔 (natural monopoly)

這是由於市場力量自然而然形成獨佔的結果。在一個有重大規模經濟、長期平均成本遞減的廠商，產量愈大成本愈低，且其長期平均成本最低點的產量足以供應全部市場需求的情況下，如果增加新的廠商，徒然因分散而減少各個廠商的產量，致而增加生產成本，導致資源的浪費，加重消費者的負擔。在這種情形下，允許獨家廠商以最適的生產規模，最低的長期成本從事獨佔生產，對社會福利最為有益。如電力、瓦斯、自來水、電話、

或鐵路等公用事業，均是自然獨佔的例子。這些產業的平均成本隨產量的增加而減少，若同時有多家廠商存在，必須重覆舖設許多管線，產量小，單位成本高，形成無謂的資源浪費，加重消費者的負擔與不便。

㈡生產要素獨佔

有些產品的生產，必須使用某種特定的生產要素，某一廠商若對此種生產要素具有絕對的控制權，則可取得獨佔的地位。例如，鋁礬土是生產鋁不可或缺的投入要素，誰掌握鋁礬土，誰就取得鋁的獨佔權。

㈢專利權獨佔 (patent monopoly)

現代各國政府為鼓勵企業從事研究創新，對於特殊的研究創新成果給予專利權，使該廠商具有獨家生產專利品的權利，因而形成獨佔。

㈣合法獨佔（許可證獨佔）

政府基於總體的觀點，認為某種產業獨家生產對社會大眾有利，可發給某家廠商生產許可證 (franchise)，使其獲得合法獨佔 (legal monopoly)的地位，但以其價格與產量必須接受政府的管制為條件。各國公用事業如交通、電力、電話、自來水等產業均屬之。

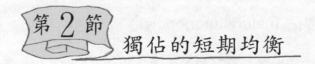

第 2 節　獨佔的短期均衡

獨佔廠商對價格與產量有絕對的決定力量，但對銷售量則無法控制。價格過高，銷售不易；價格過低，收入少，故獨佔廠商仍有一最適的均衡價格與產量存在，而無法任意哄抬價格或決定銷售量。

一、獨佔廠商的成本與收入

　　假設獨佔廠商的成本結構與完全競爭廠商一樣，即獨佔廠商仍是在完全競爭要素市場購買生產要素。實際上，獨佔者很可能會有生產要素獨買的情況，但為了分析方便，假設這種情形不存在。

　　在收入方面，由於獨佔者本身既是廠商，又是產業，故其需求曲線——即平均收入曲線——與完全競爭廠商不同，是一條由左上往右下傾斜的市場需求曲線，這表示獨佔廠商要增加銷售量就必須降低價格（圖 8-1(b)）。

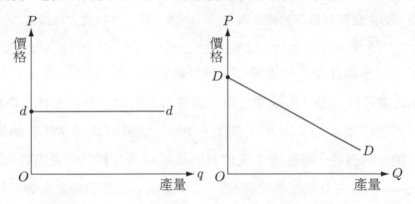

圖 8-1　(a)完全競爭廠商的需求曲線　　(b)獨佔廠商的需求曲線

　　由於在不同的銷售量下有不同的價格，獨佔廠商的總收入曲線不同於完全競爭廠商是由原點開始的一條射線，而是一條由原點開始凹向橫軸的拋物曲線，原點至其上任何一點射線的斜率分別代表不同銷售量下的價格（圖 8-2(b)）。

　　邊際收入表示每變化 1 單位的銷售量，使總收入變化的數額，在圖形上，等於總收入曲線上切線的斜率（圖 8-2(b)）。對第 1 單位的銷售量而言，總收入、平均收入、及邊際收入均相同，且等於價格。銷售量增至 2 個單位以上，對完全競爭廠商而言，由於其面對水平的需求曲線，產品仍以相同的價格出售，所以價格、平均收入、及邊際收入三者仍然相同；但對獨佔廠商而言，由於面對向下傾斜的需求曲線，產品必須降低價格才能

增加銷售，所以價格等於平均收入，但不再等於邊際收入。

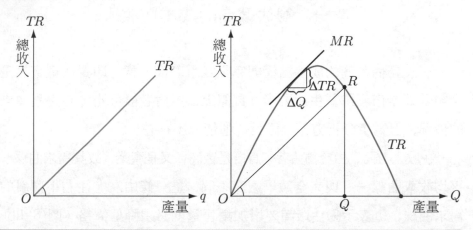

圖 8-2　(a)完全競爭廠商的總收入　(b)獨佔廠商的總收入曲線
　　　　曲線

　　獨佔廠商第 1 單位的邊際收入等於總收入，即 $MR_1 = TR_1$，第 2 單位產品的邊際收入等於從 2 單位產品銷售所得的總收入減去第 1 單位產品銷售所得的總收入，即 $MR_2 = TR_2 - TR_1$。由於 $MR_1 = TR_1$，所以 2 單位產品銷售的總收入等於第 1 單位與第 2 單位產品銷售的邊際收入之和，即 $TR_2 = MR_1 + MR_2$。依此類推，n 單位產品銷售的總收入等於第 1 單位至第 n 單位產品的邊際收入之和。

　　獨佔廠商要想增加銷售量就必須降低價格，不僅增加的銷售量是以較低的價格出售，而且包括以前較高價格出售的所有產量，現在均以較低的價格出售。增加銷售量所得到的總收入必須扣除原有銷售量因為價格下降所產生的收入損失，才是淨增加的總收入——即邊際收入。因此，每增加 1 單位銷售量所產生的邊際收入並不等於該單位產品的價格，必須從該單位的價格內扣除前面諸單位的產品因為價格下跌所產生的收入損失，才是該單位產品的邊際收入，故獨佔廠商的邊際收入小於平均收入（價格）。以式子表示：

$$\Delta TR_n = MR_n = P_n - (P_{n-1} - P_n)Q_{n-1}$$

　　上式表示，第 n 單位產品的邊際收入等於第 n 單位產品的價格減去

$n-1$ 與 n 單位之間價格下降使得前面 $n-1$ 單位收入減少的損失。因為 $P_{n-1}-P_n>0$ 且 $Q_{n-1}>0$，所以 $MR_n<P_n$，邊際收入小於平均收入（價格）。

　　表 8-1 與圖 8-3 顯示獨佔廠商平均收入與邊際收入的關係。除開始時兩者相等外，在其後的銷售量時，均是邊際收入小於平均收入，邊際收入曲線位於平均收入曲線的下方。當價格是 P^* 時，銷售量為 Q^*，獨佔廠商的總收入等於價格與銷售量的乘積，即 $OP^* \times OQ^* = OP^*BQ^*$。又任何銷售量的總收入等於包括至該銷售量的所有各邊際收入的總和，即圖形上邊際收入曲線下的面積，所以 Q^* 銷售量的總收入又等於 $OACQ^*$。因為總收入 $TR = OP^*BQ^* = OACQ^*$，OP^*MCQ^* 為其共同的部分。所以三角形 AP^*M 與 CBM 的面積相等。又 $\angle AP^*M$ 與 $\angle CBM$ 均為直角，$\angle AMP^*$ 與 $\angle CMB$ 為對頂角相等，三角形的兩角相等後，第三角必然相等，故 $\triangle AP^*M$ 與 $\triangle CBM$ 為相似三角形。面積相等的相似三角形必然全等，其對應邊相等，所以 $AP^* = CB$，$BM = P^*M$。因此，獨佔廠商的邊際收入曲線是所有由平均收入曲線上任何一點至縱軸之垂直線中點（如 M 點）的軌跡。

表 8-1　獨佔廠商之平均收入與邊際收入的關係

(1) 銷售量 (Q)	(2) 價格＝平均收入 $(P = AR)$	(3) = (1) ×(2) 總收入 (TR)	$(4) = \dfrac{\Delta(3)}{\Delta(1)}$ 邊際收入 (MR)
0	11	0	—
1	10	10	10
2	9	18	8
3	8	24	6
4	7	28	4
5	6	30	2
6	5	30	0
7	4	28	−2
8	3	24	−4
9	2	18	−6
10	1	10	−8

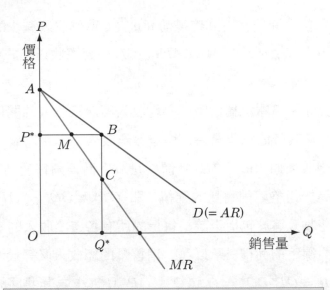

　　邊際收入曲線的斜率 AP^*/P^*M 等於平均收入曲線斜率 AP^*/P^*B 的兩倍（因 $AP^* = AP^*$，$P^*M = \frac{1}{2}P^*B$）。任何銷售量下平均收入與邊際收入之間的差距——如 Q^* 銷售量時的 $BC = BQ^* - CQ^* = P - MR$，隨著銷售量的增加而加大。

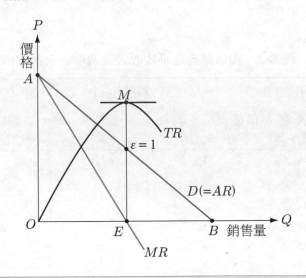

　　獨佔廠商的總收入曲線、平均收入曲線、及邊際收入曲線三者之間的關

係如圖 8-4所示。當銷售量為 E 時，邊際收入等於零，$OE = BE$，對應的需求價格彈性等於 1，總收入達到最大——M 點切線斜率等於零，表示邊際收入等於零。銷售量超過E 後，需求缺乏價格彈性，邊際收入為負，總收入遞減。職是之故，獨佔廠商必然在需求富於價格彈性的 OE 產量範圍內從事生產，其時邊際收入為正，總收入遞增。

表 8-2　獨佔廠商利潤最大之產量的決定

(1) 產量 (Q)	(2) 價格 (P)	$(3) = (1) \times (2)$ 總收入 (TR)	(4) 總成本 (TC)	$(5) = (3) - (4)$ 總利潤 (π)	$(6) = \dfrac{\Delta(3)}{\Delta(1)}$ 邊際收入 (MR)	$(7) = \dfrac{\Delta(4)}{\Delta(1)}$ 邊際成本 (MC)	$(8) = \dfrac{(4)}{(1)}$ 平均總成本 (ATC)
0	$175	$　　0	$100	$-100	—	—	—
1	170	170	200	-30	$170	$100	$200
2	165	330	280	50	160	80	140
3	160	480	350	130	150	70	116.7
4	155	620	400	220	140	50	100
5	150	750	450	300	130	50	90
6	145	870	520	350	120	70	86.7
7	140	980	605	375	110	85	86.4
8*	135	1,080	705	375	100	100	88.1
9	130	1,170	900	270	90	200	100

*代表利潤最大之產量。

二、獨佔廠商的短期均衡：總收入—總成本分析法

　　獨佔並不表示一定能夠賺取經濟利潤，亦有發生經濟損失的可能。獨佔者雖是市場價格的決定者，但並無法控制消費者的購買量，更無法控制市場景氣與否。獨佔廠商短期均衡的利潤狀況須視其成本結構與面臨的市場需求情況而定。

㈠經濟利潤

如果獨佔廠商在不同產量下的總成本與總收入分別是圖 8–5 的 STC 曲線與 TR 曲線。在產量 Q_1 之前與 Q_2 之後，$STC > TR$，廠商會分別繼續擴大或減少生產，直到 Q^* 產量，STC 曲線上的 A 點與 TR 曲線上 B 點之切線的斜率相等，STC 與 TR 之間的垂直差距是 $Q_1 Q_2$ 之產量範圍內最大者，表示獨佔廠商賺取到最大的經濟利潤，所以 Q^* 是其短期最大利潤的均衡產量（數據實例請參閱表 8–2）。

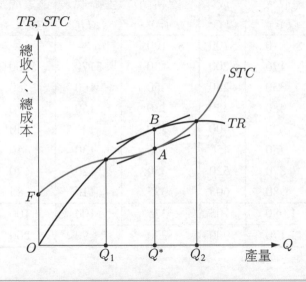

圖 8–5　總收入－總成本決定經濟利潤最大之均衡產量

㈡正常利潤

如果市場不景氣，獨佔廠商面對的總成本與總收入分別是圖 8–6 的 STC 曲線與 TR 曲線（總成本曲線不變，但總收入曲線往下移），則生產 Q^* 的產量使獨佔廠商沒有經濟利潤，沒有經濟損失，而只有正常利潤，這是正常利潤的短期均衡。

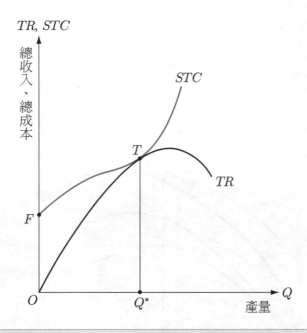

圖 8-6　總收入－總成本決定正常利潤之均衡產量

㈢經濟損失

　　在圖 8-7中，獨佔廠商的總成本曲線與總可變成本曲線分別為 STC 與 TVC，若市場不景氣，總收入曲線 TR 全部在 STC 之下，生產會有損失，但有一部分在 TVC 之上，在此範圍內生產，可收回一部分固定成本，減少損失，其最佳的生產點應在 STC 曲線與 TR 曲線之切線斜率相等的產量Q_1，這使 STC 與 TR 之間的差距最小，可收回的固定成本最大，經濟損失達到最小。若總收入進一步減少為 TR'，獨佔廠商的總收入均小於總成本，除 Q_2 產量外，總收入甚至都小於總可變成本，無論停止生產或生產 Q_2 的產量，均損失全部的固定成本。若總收入減少至 TR''，獨佔廠商如果生產，不僅損失所有的固定成本，連可變成本也收不回來，應該停止生產。但若在政府的補貼支助之下，或公用事業無法停止生產的情況下，獨佔者仍會繼續生產。

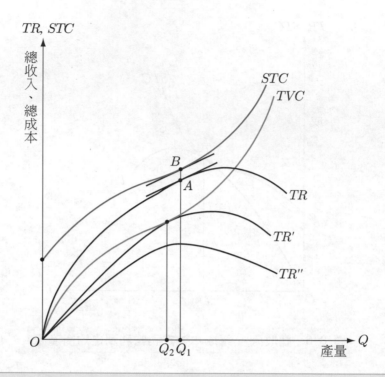

圖 8-7　總收入－總成本決定經濟損失最小之產量或完全停止生產

三、獨佔廠商的短期均衡：邊際收入—邊際成本分析法

同樣地，邊際收入等於邊際成本的邊際均等法則，也是獨佔廠商用以決定其利潤最大或損失最小的生產法則。

㈠經濟利潤

圖 8-8 代表獨佔廠商有經濟利潤的情況。在 Q_1 與 Q_2 產量，短期平均成本等於平均收入，兩者均為不賺不賠的扯平點，Q_1 與 Q_2 之間的產量，平均收入大於短期平均成本，有經濟利潤發生，而以 Q^* 為利潤最大的最適產量。在 Q^* 產量之前，$MR > MC$，表示增加生產使總收入的增加大於總成本的增加，獨佔者會繼續增加生產；在 Q^* 產量之後，$MR < MC$，表示減少生產使總成本的減少大於總收入的減少，獨佔者會減少生產。唯

有 Q^* 產量時，$MR = MC$，總收入與總成本的增加均等於 Q^*E 數量，生產達到均衡的狀態。價格 P^* 為 Q^* 產量時的平均收入 Q^*A，單位利潤等於 $Q^*A - Q^*B = AB$，總利潤 FP^*AB 達到最大。因之，獨佔廠商由邊際收入曲線與邊際成本曲線交點決定利潤最大的最適產量，而價格則等於最適產量所對應的平均收入（數據實例請參閱表 8-2）。

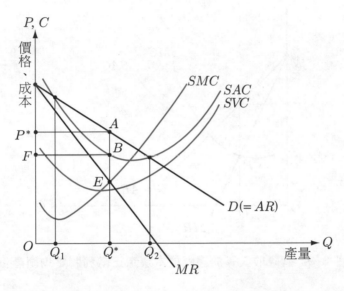

圖 8-8　邊際收入等於邊際成本決定經濟利潤最大之均衡產量

㈡正常利潤

如果獨佔廠商面臨的收入與成本是圖 8-9 的情況，則根據邊際收入與邊際成本的均等法則決定最適產量 Q^* 與價格 P^*，市場價格（平均收入）等於單位成本（短期平均成本），只有正常利潤發生。

㈢經濟損失

在一定的成本結構下，如果獨佔廠商面臨的需求如圖 8-10 中 DD 需求曲線的情況，則根據邊際均等法則決定的產量 Q^* 使其損失最小。在 Q^* 產量時，平均收入 Q^*A 小於平均成本 Q^*B，單位損失為 AB，總經濟損

失等於 P^*FBA 為最小。雖有損失，但平均收入尚大於平均可變成本，產量 Q^* 使可收回的固定成本最大，損失最小。若市場更不景氣而需求降至 $D'D'$ 需求曲線的情況，使邊際均等法則決定的平均收入 P' 小於平均可變成本，則獨佔廠商應該停止生產。

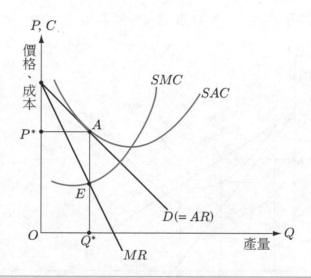

圖 8-9　邊際收入等於邊際成本決定正常利潤之均衡產量

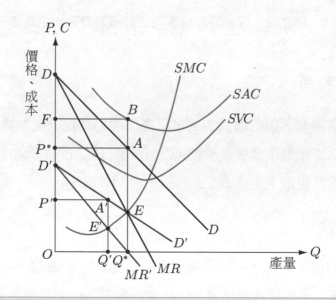

圖8-10　邊際收入等於邊際成本決定經濟損失最小之產量，或停止生產

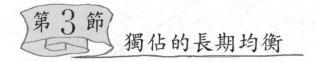

根據以上總收入─總成本，或邊際收入─邊際成本的分析可知，獨佔廠商的短期均衡與完全競爭廠商並無不同，均有經濟利潤、正常利潤、經濟損失、或停止生產等各種可能的情況發生。因此，若言獨佔廠商在短期間必然能夠較完全競爭廠商獲取較大的利潤是不正確的，兩者的差別主要在於長期均衡結果。

第 3 節　獨佔的長期均衡

一、長期均衡的調整

完全競爭市場由於可以自由加入或退出生產，所以長期均衡只有正常利潤存在，但是獨佔廠商在長期間可以維持經濟利潤的繼續存在，因為獨佔產業沒有新廠商可以加入生產，故超正常利潤不會被競爭消失。又在長期間，獨佔廠商不能有經濟損失，因為長期的損失，使其固定設備耗盡時，會迫使此產業消失。只有在政府的補貼支助下，獨佔產業（大多是民生必需的公用事業）才能在長期的損失下繼續存在。

獨佔廠商不僅要求短期內能夠有經濟利潤，長期的目標亦在追求經濟利潤的最大。圖 8-11 中，假設獨佔廠商面臨的需求情況不變，在短期間生產規模 SAC_1，根據邊際收入等於短期邊際成本決定最適產量 Q_S，價格 P_S，而有短期經濟利潤 JP_SAB。要使長期經濟利潤最大，獨佔廠商必然調整生產規模至 SAC_2，以邊際收入與長期邊際成本的交點決定最適產量 Q_L，而短期邊際成本曲線 SMC_2 也在 Q_L 產量與長期邊際成本曲線及邊際收入曲線相交，表示同時達到短期生產均衡，使 Q_L 的產量在最低短期成本 Q_LG 下生產，價格 P_L。如此，獲得最大的長期經濟利潤 HP_LFG，

獨佔廠商的產量與價格達到一種長期不再變動的均衡狀態。

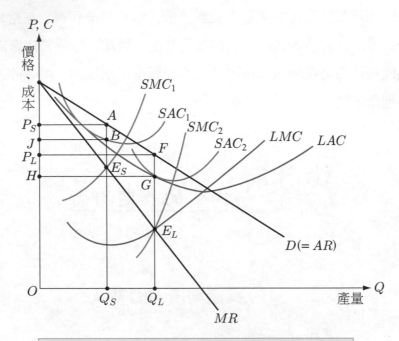

圖 8-11　獨佔廠商長期均衡之產量與價格的決定

二、獨佔力量的測量

　　價格大於邊際成本與價格大於平均成本而有長期經濟利潤存在，是獨佔市場組織的兩大特點，根據這兩個特點我們可用以計算市場獨佔力量的大小。首先，以價格與邊際成本差額的大小作為測量市場獨佔力量的指標，稱之為婁勒指標 (Lerner index)，其計算公式為：

$$婁勒指標 = \frac{價格 - 邊際成本}{價格} = \frac{P - MC}{P}$$

　　產品的價格代表社會價值，邊際成本代表社會成本，以兩者差異的程度（百分比）來衡量獨佔力量，其值介於 0 與 1 之間，值愈大表示獨佔力量愈大。完全競爭廠商的產品價格（等於邊際收入）等於邊際成本，故婁勒指標為零。在不需生產成本的完全獨佔情況下（例如社會只有一家廠商

出售不需成本的天然礦泉水），婁勒指標的值等於 1。

　　婁勒指標必須是獨佔廠商達到生產均衡與邊際成本的資料已知的情況下才能應用。事實上，這兩種條件對廠商而言均很難實現，於是有以價格與平均成本差額——即單位經濟利潤，作為獨佔力量測量的指標，稱之為貝恩指標 (Bain index)，其計算公式為：

$$貝恩指標 = \frac{價格 - 平均成本}{價格} = \frac{P - AC}{P}$$

　　貝恩指標的值愈大，表示經濟利潤愈大，獨佔力量也就愈大。事實上，經濟利潤可能是由於生產效率高或需求突然增加或資產重估的結果。此外，貝恩指標亦是假定獨佔廠商的生產達到靜態均衡後的一種計算結果，在動態的社會裏，這是一種很難達到的情況。

三、獨佔市場的經濟效果評估

　　假設完全競爭產業與獨佔產業面對相同的市場需求且成本結構相同。圖 8-12顯示，在長期間，完全競爭產業將以邊際成本曲線與市場需求曲線的交點決定產量 Q_c，價格 P_c[1]；獨佔產業將以邊際成本曲線與邊際收入曲線的交點，決定產量 Q_m，價格 P_m。據此，我們可對獨佔市場的經濟效果評估如下：

㈠就效率的觀點而言

　　完全競爭市場的長期均衡，廠商以絕對最低成本生產較多的產量，而使社會資源獲得充分有效派用；獨佔市場的長期均衡，廠商是以較高的單位成本生產較少的產量，以致社會資源未能獲得充分有效派用。圖 8-12顯示，獨佔市場較完全競爭市場的產量少 Q_mQ_c 單位，這些產量所對應的價格均

---

[1] 將完全競爭廠商個別的邊際成本曲線（即廠商供給曲線）予以水平併總，即得到完全競爭產業的邊際成本曲線（即產業供給曲線）。

大於邊際成本，表示這些產量的社會價值（等於價格）均大於社會成本（等
於邊際成本）。因此，就社會的觀點，獨佔使得全社會總共付出 $E_m A E_c$ 效
率損失的社會成本。

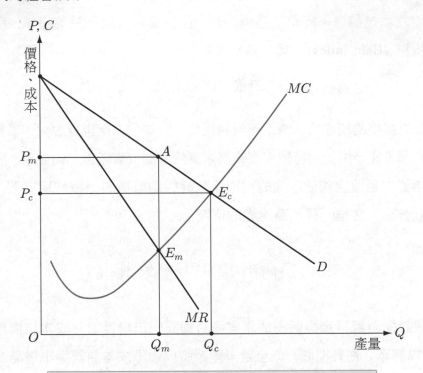

圖 8–12　完全競爭市場與獨佔市場的經濟效果比較

　　又獨佔廠商在長期間可以賺取經濟利潤，因此社會上將有許多人競相
花費資源（賄賂、關說），希望取得獨佔生產以獲取此一利益。這種追求獨
佔利益的開支，只不過使社會的財富發生移轉分配，對於社會的生產與財
富的增加並無任何助益——這種現象稱之為獵租 (rent seeking)❷，獨佔因
此使社會的生產效率降低。

㈡就福利的觀點而言

消費者在完全競爭下支付 P_c 的價格，在獨佔下支付 P_m 的價格，故福

---

❷ 此處之租金 (rent) 一詞是指經濟地租 (economic rent) 而言，即為獨佔利
　潤；「獵租」即為爭逐獨佔利潤。

利受損。在完全競爭下，$P_c = MC (= Q_c E_c)$，表示產品的社會價值（價格）等於社會成本（邊際成本），社會福利達到最大；在獨佔下，$P_m > MC (= Q_m E_m)$，表示產品的社會價值大於社會成本，產量不足，社會福利未能達於最大。

㈢就公平的觀點而言

長期間，完全競爭市場每一家廠商只能獲得正常利潤，獨佔廠商則可賺取經濟利潤。利潤由少數人獲得，使富者愈富，加深社會所得分配的不平均。又獨佔廠商對生產要素的報酬不依邊際生產力給付，因而有經濟利潤產生，也是一種不公平的現象。

㈣就成長的觀點而言

獨佔廠商可以獲得經濟利潤，地位穩固，沒有新廠商加入生產的競爭威脅，將缺乏發明創新的誘因與進步發展的壓力，對社會進步及經濟成長會有不利的影響。

㈤就穩定的觀點而言

獨佔廠商對價格與產量的改變有很大的自主權，隨時可能提高價格，減少產量，或減少生產要素的雇用，對經濟穩定有很不利的影響。利潤推動的物價膨脹即是一例。

四、應付獨佔的對策

與完全競爭市場比較，顯然地獨佔市場組織對社會福利與資源的派用均有很不利的後果，所以應該儘量減少獨佔力量而以促進完全競爭為目標。政府對於打破獨佔促進競爭可以採取的對策有：

1.減少保護，促進競爭

減少國際貿易障礙，扶植新廠商設立，這樣可以增加國內、外的競爭力量，逐漸打破獨佔局面。

　2.制定法律，打破獨佔

如美國的反托辣斯法 (anti-trust law)，我國的公平交易法，目的均在防制廠商形成獨佔，強制獨佔產業化分為多家公司，而成為多數競爭的產業。

　3.利用租稅，課徵利潤

政府可以租稅手段將獨佔廠商的經濟利潤予以課徵，而用之於公共事業的建設。

　4.直接管制

獨佔的缺點在於產量少，價格高，使社會大眾蒙受不利。政府可以對獨佔事業直接加以管制，使其增加產量，降低價格，以增進社會大眾的利益。

第 4 節　差別取價

獨佔廠商將其出售的產品，分別對相同或不同的購買者或地區索取不同的價格，可以得到更大的利潤，稱之為差別取價 (differential pricing) 或價格歧視 (price discrimination)。

價格歧視有兩種情況，一是個體的，即同樣的產品對相同或不同的個別購買者要求不同的價格；一是總體的，即同樣的產品對不同的市場，在計算運費差異外，再要求不同的價格。日常生活上，學生與一般成年人的電影票價格不同，工業用電與家庭用電的價格不同，內銷與外銷的價格不同，或購買量愈大，折扣愈多等均是價格歧視的實例。

在國際貿易上，獨佔廠商對國內的購買者索取較高價格，而對國外的購買者則索取較低的價格，稱之為傾銷 (dumping)。獨佔廠商採國內、外

差別取價的基本目的，在於增加利潤。由於國外市場競爭激烈，其市場需求較富彈性，為爭取市場而採低價政策；國內需求較缺彈性，則採高價政策，這樣可增加銷售的總利潤。

獨佔廠商能夠成功地實施價格歧視所需具備的條件必須：

(1)在不同的市場中，至少對一個市場具有獨佔力量。

(2)不同市場的需求價格彈性不一樣，可按需求彈性的不同，將市場予以劃分，對需求彈性小者取較高的價格，對需求彈性較大者取較低的價格，這樣才會使廠商的利潤增加。若各個市場的需求彈性均相同，則無採取差別價格的必要。

(3)不同市場之間的產品不能回流（轉售）。即需求彈性不同的市場之間是隔離封閉的，產品不能由低價市場回流到高價的市場。

在兩個可以實施差別取價的市場，獨佔廠商運用差別取價的步驟可分為：

1.總銷售量（或總產量）決定的原則

依市場的總邊際收入 MR_{1+2}（1,2代表不同市場）等於廠商生產的邊際成本的原則，即 $MR_{1+2} = MC$，決定總產量的數量。

2.市場分銷量決定的原則

總產量在各個市場之間的銷售量分配，以每個市場的邊際收入都相等且都等於總的邊際收入時，即 $MR_1 = MR_2 = MR_{1+2}$，產品在不同市場的分銷量才算最適當。

茲以圖 8-13 說明獨佔廠商如何實施價格歧視。一種獨佔產品，在某一個市場可能是屬於完全競爭，在某一個市場可能是完全獨佔。獨佔性高者，其需求相對缺乏彈性；獨佔性低者，其需求相對富於彈性。圖 8-13(a)為第一個市場，其需求相對缺乏彈性，獨佔性高；圖 8-13(b)為第二個市場，其需求相對富於彈性，獨佔性低；圖 8-13(c)是總市場，即第一與第二市場需求的水平併總。

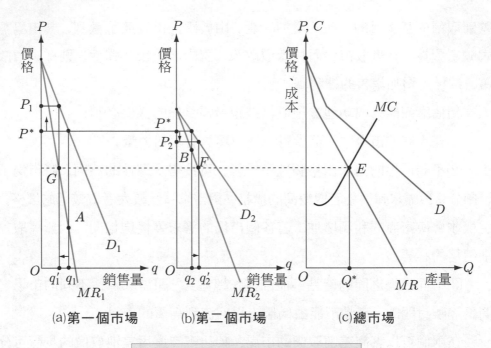

圖 8–13 獨佔廠商差別取價的決定

首先，圖 8–13(c)顯示獨佔廠商根據總邊際收入等於邊際成本決定最適總產量 Q^*。其次，如果獨佔廠商將 Q^* 產量在兩個市場上以相同的價格 P^* 出售，且 $q_1 + q_2 = Q^*$，則第一個市場的邊際收入 q_1A 小於第二個市場的邊際收入 q_2B，一位追求利潤最大的獨佔者應該根據最適分銷量原則進行銷售量的重分配，即減少第一個市場的銷售而增加第二個市場的銷售。

隨著銷售量的改變，兩個市場的邊際收入與價格也隨之發生改變，直到兩個市場的邊際收入均等且與市場的總邊際收入相等——$MR_1 = q_1'G = q_2'F = MR_2 = Q^*E = MR$ 為止。個別市場的價格，則由分配到的銷售量所對應的需求曲線來決定：第一市場 q_1' 銷售量對應的價格為 P_1，第二市場 q_2' 銷售量對應的價格為 P_2，$P_1 > P_2$。總銷售量雖然仍維持不變——$q_1' + q_2' = Q^*$，但是對需求彈性小的第一市場取較高的價格而銷售較少的量，對需求彈性較大的第二市場取較低的價格而銷售較多的量。由於第一市場價格上升的程度大於第二市場價格下跌的程度，其結果乃使獨佔廠商的總利潤增加。

純獨佔	部分獨佔
自然獨佔	生產要素獨佔
專利權獨佔	合法獨佔
婁勒指標	貝恩指標
差別取價	傾銷

摘　　要

1. 獨佔是與完全競爭相對的另一極端市場組織理論模型，其特徵為獨家生產、產品獨特、及加入或退出市場困難。理論上，獨佔是完全沒有競爭存在的市場組織，但事實上獨佔廠商隨時面臨間接競爭或潛在競爭的威脅，因此在價格與產量的決策上受到相當限制而無法從心所欲。

2. 根據形成的原因，可將獨佔區分為自然獨佔、生產要素獨佔、專利權獨佔、及合法（許可證）獨佔等幾類。任何一類的獨佔均很難是純獨佔，但部分獨佔的情況卻時常發生。

3. 獨佔廠商本身就是產業，故其面對的需求曲線不同於完全競爭廠商的水平線，而是一條由左上往右下傾斜的市場需求曲線，表示唯有降低價格才能增加銷售量。正因如此，獨佔廠商的邊際收入小於平均收入，邊際收入曲線的斜率為平均收入曲線斜率的兩倍，而獨佔廠商唯有在需求富於彈性的階段內從事生產，邊際收入才為正數，總收入才能遞增。

4. 如同完全競爭一樣，可以總收入對總成本或邊際收入對邊際成本兩種方法，分析獨佔廠商的短期均衡。在短期間，獨佔廠商與完全競爭廠商一樣，也有經濟利潤、正常利潤、經濟損失、可生產或不生產、或停止生產等各種可能的情況發生，兩者的差別主要在於長期均衡結果的不同。

5. 獨佔廠商不僅要求短期間能夠有經濟利潤，長期的目標也在於追求經濟利潤的最大，而長期均衡的實現是以邊際收入曲線、長期邊際成本曲線、及短期邊際成本曲線的交點來決定最適產量與價格。

6. 價格大於邊際成本與價格大於平均成本而有長期經濟利潤存在，是長期間獨佔市場與完全競爭市場的主要差異。據此，有婁勒指標 $\left(=\dfrac{\text{價格}-\text{邊際成本}}{\text{價格}}\right)$

與貝恩指標 $\left(= \dfrac{價格 - 平均成本}{價格}\right)$ 作為衡量獨佔程度大小的工具。

7. 與完全競爭廠商的長期均衡比較，獨佔廠商的長期均衡有使社會資源未能獲得充分有效派用、社會福利未能達於最大、加深社會所得分配不均、阻礙經濟成長、及不利經濟穩定等缺點存在，自由競爭因此被認為是理想而遠優於獨佔的市場組織。

8. 鑒於獨佔產生很多不利的經濟後果，政府應該採取減少保護、促進競爭、制定法律打破獨佔、利用租稅課徵獨佔利潤、或直接管制等措施，使產出增加、價格降低，以增進社會福利。

9. 為謀求更大的經濟利潤，獨佔廠商可對相同或不同的購買者或地區採取差別取價。能夠成功實施價格歧視所需具備的條件有：(1)在不同市場中，至少對一個市場具有獨佔力量，(2)不同市場的需求彈性不同，與(3)不同需求彈性市場之間隔離封閉，產品不能回流或轉售。至於實行差別取價的步驟則是首先根據總市場之總邊際收入等於邊際成本的原則來決定總產量，其次再根據個別市場之邊際收入與總邊際收入都各均等的法則來決定各個市場的分銷量。如此，對需求彈性較小的市場取較高的價格，對需求彈性較大的市場取較低的價格，將使獨佔廠商的利潤較之採取相同價格時增加。

1. 何謂純獨佔？純獨佔的特性有那些？你認為實際的經濟社會有純獨佔存在嗎？

2. 試根據形成的原因，簡述獨佔的種類。

3. 試以圖形說明獨佔廠商之總收入、平均收入、及邊際收入曲線之間的關係。並述獨佔廠商應在需求富於彈性的階段從事生產的理由。

4. 試用總收入對總成本分析法及邊際分析法，圖解獨佔廠商的短期最大利潤的均衡狀態。

5. 試圖解獨佔廠商之長期最大利潤均衡狀態。

6. 獨佔力量如何測量？對獨佔市場組織，你的評價如何？

7. 什麼是差別取價？運用差別取價的目的與條件是什麼？實施差別取價時，如何決定總產量？如何決定不同市場的分銷量？試用圖形解說之。

第 9 章　不完全競爭市場價格與產量的決定

　　完全競爭與純獨佔是經濟社會中兩個極端的市場組織型態，是一種非常理論化而近乎不切實際的市場模型。沒有一個經濟的市場組織會有完全競爭或純獨佔存在，在真實社會裏，市場組織通常介於兩者之間，是兩種性質混合的結果，稱之為不完全競爭 (imperfect competition)。不完全競爭可分為兩類：一是壟斷性競爭 (monopolistic competition)，又稱獨佔性競爭；一是寡頭壟斷 (oligopoly)，又稱寡佔。

　　我們可依據市場買賣雙方人數的多寡，將市場組織歸類如下：

銷售者方面（賣方）	購買者方面（買方）
完全競爭 (perfect competition)	完全競爭 (perfect competition)
壟斷性競爭 (monopolistic competition)	獨買性競爭 (monopsonistic competition)
寡佔 (oligopoly)	寡買 (oligopsony)
獨佔 (monopoly)	獨買 (monopsony)

　　上表中，由上而下，市場競爭性愈來愈弱；由下而上，市場競爭性愈來愈強。本章我們將討論在真實社會裏普遍存在之壟斷性競爭與寡佔兩種市場組織。

第 1 節 壟斷性競爭理論

一、意義與特性

壟斷性競爭的市場組織，是一種既有獨佔性，又有競爭性，在自由市場經濟制度中，最為常見的市場組織。具體而言，壟斷性競爭是具有下列特性的市場組織：

(一)類似的異樣化產品

各廠商生產類似但不完全一樣的異質產品 (heterogeneous products)，或稱類似產品 (similar products)。產品異質有兩個意義，一是物理特性的異質，一是經濟特性的異質。若兩種產品的物理特性完全相同，但透過產品的包裝、設計、服務等不同的推銷活動，由經濟的觀點來看，兩種產品仍為異質。因為產品類似，故有替代性，也就構成競爭性；而異樣化的產品 (differentiated products) 相互之間有差別，價格的要求也就不一樣，銷售者可決定其產品的價格，形成一種獨佔性。因之，生產類似的異樣化產品是壟斷性競爭市場最主要的特性，壟斷性競爭的稱謂也是由這種產品的特性而來。理論上，生產各種異質產品的廠商猶如獨佔一般，可以自成一個產業，但是在壟斷性競爭的分析裏，我們將生產類似異樣化產品的廠商併總成一類，稱之為產品集團 (product group)。

(二)眾多的銷售者與購買者

生產類似異樣化產品的廠商很多，每家廠商的產量在產品集團中所佔

的比例很小，所以對價格沒有絕對的操縱性；在購買者方面亦是如此。個別廠商或購買者為了本身的利益，彼此相互競爭。

㈢能自由加入與退出，但有所限制，有所阻礙

壟斷性競爭市場具有相當的流動性，但並非完全的流動性。因為生產者眾多且規模較小，要加入生產並不困難，但由於原有廠商的產品已有信譽存在，亦有其固定的顧客，新產品的推銷相當困難，原因在：

(1)新廠商必須研究發展新的、異樣的產品，這需要一筆研究發展費用，而此項投資風險性很大，因為研究發展不一定有結果，研究發展出來的產品不一定優於原有產品，亦不一定能迎合消費者需要。

(2)研究出新產品後，尚需要一筆廣告、推銷的費用，非一般創業者所能負擔。

(3)生產的技術問題亦可能構成阻礙。

(4)要設廠生產，需要有一筆可觀的設廠資本，這又構成經濟上的阻礙。

㈣需用非價格競爭

因為產品相異，各廠商為求銷售增加，會運用包裝、型式、顏色、商標、設計、推銷、廣告、售後服務、或分期付款等激烈的非價格競爭。此種競爭主要目的在強調異樣化產品的特色，故每年廠商花費在銷售競爭的費用相當龐大，這種現象又造成新廠商加入的阻礙。

㈤市場消息相當靈通，但並不完全

由於產品的異樣化，每家產品的特色成為一種秘密而非公開化，故有關產品性質及價格的消息，不會完全，所以會形成壟斷。

由以上的特性可知，壟斷性競爭是一種較接近完全競爭而又具有一些獨佔性質的市場組織。

二、壟斷性競爭廠商的短期均衡

　　壟斷性競爭廠商的成本結構可假設與完全競爭或純獨佔廠商完全相同。在銷售收入方面，由於其異樣化的產品同時具有競爭性與獨佔性，故對價格、產量雖有影響，但影響力很微小。因此，壟斷性競爭廠商所面對的需求曲線的形狀是介於完全競爭與純獨佔廠商的需求曲線形狀之間──也是由左上向右下傾斜，但較純獨佔需求曲線為平滑的曲線。獨佔性愈強，競爭性愈弱，壟斷性競爭廠商所面對的需求曲線愈陡；反之，則所面對的需求曲線愈平滑。

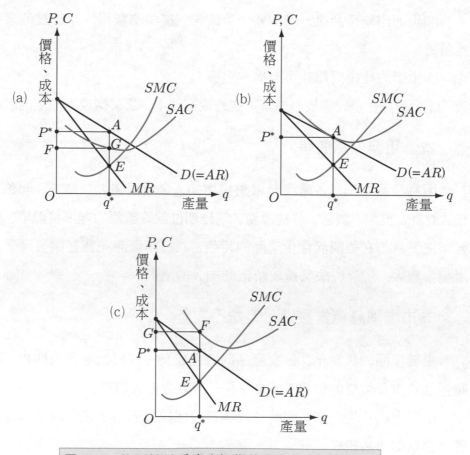

圖 9-1　壟斷性競爭廠商短期均衡的各種可能情況

　　由於短期間新的生產者無法建廠加入，原有廠商無法結束營業退出，故壟斷性競爭廠商依據邊際均等法則 $MC = MR$ 所決定的短期均衡，與完全競爭或純獨佔廠商的短期均衡一樣，在成本結構一定下，由於所面臨之需求情況的不同，而可能有圖 9-1(a)的經濟利潤，(b)的正常利潤，或(c)的經濟損失等情形發生。

　　但是，由於壟斷性競爭廠商生產異質的產品，在短期間，其他廠商無法模仿生產，因此具有獨佔的力量，故與獨佔廠商的短期均衡一樣，其產生經濟利潤的情況最為可能，這是壟斷性競爭具有獨佔性一面的短期均衡結果。

三、壟斷性競爭廠商的長期均衡

　　壟斷性競爭市場廠商的數目多，而且都是小規模生產，所需的資本少，生產資源有很大的流動性，廠商的加入或退出雖有障礙，但仍比較容易加入或退出產品集團的生產。因此，當短期間廠商有經濟利潤時，在長期間會有新廠商加入生產類似的密切替代品，使得產品集團的供給增加，競爭加強，原有廠商的需求因而減少，經濟利潤隨之消失。當短期間廠商有經濟損失發生，會有生產效率較低、財力較薄弱的廠商，經長期間後退出生產，使產品集團的供給減少，競爭減弱，繼續生產的廠商的需求因而增加，經濟損失隨之消失，故壟斷性競爭廠商的長期均衡只能獲得正常利潤。

　　圖 9-2，壟斷性競爭廠商的長期邊際成本曲線與邊際收入曲線相交於 E 點，表示達於長期均衡，決定均衡產量 q^*，均衡價格 P^*。短期邊際成本曲線亦與長期邊際成本曲線及邊際收入曲線相交，表示同時達到短期生產均衡，產品生產的單位成本最低，價格 P^* 等於平均成本 q^*A，只有正常利潤發生，這是壟斷性競爭市場具有競爭性一面的長期均衡結果。

　　壟斷性競爭廠商與獨佔廠商的長期均衡不同，因為獨佔廠商在長期間仍可獲得經濟利潤，而壟斷性競爭廠商因產品集團可自由加入或退出生產，

故只能有正常利潤。但是，兩者間相同之點是在長期均衡下都不會有經濟損失，因為在有經濟損失時，獨佔廠商由政府予以補貼，而壟斷性競爭廠商則會自由退出。

　　壟斷性競爭廠商與完全競爭廠商在長期均衡下，相同之點是兩者都只能有正常利潤，然而兩者的產量不同。壟斷性競爭廠商在長期平均成本遞降階段達到均衡，而完全競爭廠商是在長期平均成本最低時達到均衡。因此，在長期均衡時，壟斷性競爭的價格較高，產量較少，生產較無效率；而完全競爭的價格較低，產量較多，生產較有效率。

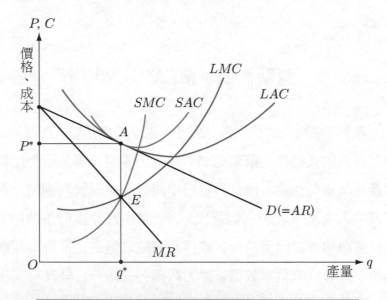

圖 9-2　壟斷性競爭廠商的長期均衡只有正常利潤

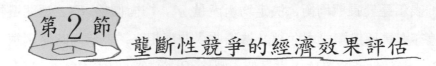

壟斷性競爭的經濟效果評估

　　根據圖 9-3 壟斷性競爭廠商的長期均衡，可以評估此一市場組織的經濟效果如下：

(1)在壟斷性競爭下，價格大於邊際成本，與完全競爭相比較，顯示價格偏高，產量偏少，用於生產此種產品的資源不足，社會福利未能達於最大。

(2)價格大於最低的長期平均成本，表示消費者未能以最低的價格購得產品，消費者福利受損。

(3)與完全競爭比較，價格較高而產量較少，這是由於產品異樣化與激烈的非價格競爭，因而產生獨佔性的負斜率需求曲線所致。

(4)產品異樣化與激烈的非價格競爭導致生產能量利用不足 (deficient utilization of capacity)。圖 9–3，長期均衡的完全競爭廠商產量 q_c 與壟斷性競爭廠商產量 q_m 的差額 $q_m q_c$ 代表生產能量的利用不足，其中 F 至 A 或 q_m 至 q_a 代表廠商未能在現有生產規模的最低成本從事生產所引起的生產能量閒置。 A 至 B 或 q_a 至 q_c 代表從社會的觀點而言，廠商現有的生產規模 SAC_m 小於社會理想的完全競爭長期均衡的生產規模 SAC_c，是一種生產能量的設置不足。因此，社會理想的產量 q_c 與實際產量 q_m 之間的差距，就代表壟斷性競爭廠商未能使用足夠的社會資源以達到絕對最低成本生產，因而發生這生產能量利用不足。

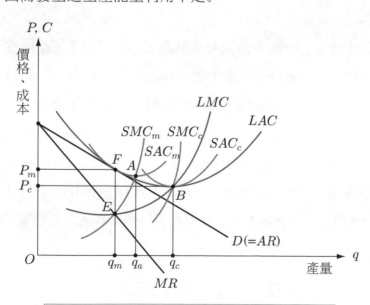

圖 9–3　壟斷性競爭長期均衡的經濟效果評估

⑸資源浪費。由於壟斷性競爭廠商未能在現有設備的最低成本從事生產，而發生設備過剩。另一方面，由於激烈的非價格競爭，過多的資源花在使產品異樣化與廣告上面，對實質產出並沒有多少助益，這些都是社會資源浪費的現象。

⑹產品異樣化，提供消費者更多選擇的機會，消費者可以選擇自己偏好樣式的產品。就此點而言，壟斷性競爭增進了消費者的福利。

第 3 節　寡佔理論

現代經濟社會的市場結構，一般產業最普遍的是壟斷性競爭，而在重工業、技術或資本密集的產業，則多以寡佔為主。

一、意義與特性

在一個市場上，一種產品只有少數幾家（兩家以上）廠商在生產，廠商的數目少到使個別廠商的影響力能夠表現出來的程度——即每家廠商對市場價格與產量具有一定影響力的市場組織，稱之為寡頭壟斷，或寡佔。

寡佔可以分為兩類，一是生產同質產品 (homogeneous products) 的寡佔，稱為完全寡佔 (perfect oligopoly)，如水泥、鋼鐵、鋁等產業；一是生產異質產品的寡佔，稱為不完全寡佔 (imperfect oligopoly)，如汽車、香煙、電冰箱、冷氣機、電視機等產業。具體而言，構成寡佔市場組織的條件（特性）有：

㈠銷售者的數目甚少，通常只有幾巨頭

一產業只有幾家經過激烈競爭、合併、兼併而後存在的廠商，故每一

廠商的產量在市場總產量中所佔的比例很大，均有鉅大的經濟規模存在。理論上，各廠商對其產品在市場上的價格有很大的控制力量，但實際上，由於少數廠商彼此之間相互依存 (interdependence)的特性，使得它們不能隨意漲價或跌價。

㈡少數廠商之間有相互依存的特性

因為生產者的數目很少，所以在寡頭壟斷中，生產者之間有一種相互依存的特性，相互之間有一種連鎖的關係。每一位生產者採取價格政策時，互相牽制、猜疑，誰想改變價格，必須考慮其他廠商的反應，若無確實的情報使能確定其他廠商的行動，誰也不敢任意漲價或跌價。例如，一家廠商提高價格，其他廠商並不跟隨提高價格，甚至降價，則漲價的廠商必然喪失許多顧客。因此，在理論上各廠商雖有極大左右市場價格的力量，但由於價格改變的後果不確定，各廠商彼此牽制依存，故實際上各廠商對於市場價格並無操縱的力量。但是，既然各廠商有相互依存的特性，或許各廠商會採取一致的行動，把價格提高，以求更大的利潤。政府為防止此種情形發生，所以法律上規定各廠商不可勾結 (collusion)，以保障消費者利益❶ 。

㈢產品可能完全相同或類似

重工業的產出往往是作為其他產業生產投入之用的中間產品，此種中間產品通常是標準化，且完全相同的。如鋼鐵、煉鋁等寡頭壟斷的產品是完全相同的。對於這種同質的產品，購買者對生產者沒有任何選擇，全以價格高低來決定購買量。另一種情形，寡佔者所生產的產品雖屬同一類型，但有少許的差異存在，如各家的汽車型式均不同，不同牌子的香煙、電腦、冷氣機等，購買者可依其偏好而作選擇，個別生產者對其產品的價格亦有少許的操縱力量。

---

❶ 勾結即為我國公平交易法所稱的聯合行為。

㈣加入與退出非常困難

由於寡頭壟斷都是大規模生產，所需資本額鉅大，不是任何人都可自由加入生產的，也由於其固定投資太大，亦不容易退出生產，此乃受資金投入的限制而使加入或退出生產不易。技術方面的限制亦是不易加入生產的主要原因，寡佔產業大多為高技術化，如電腦、汽車產業，故不易加入生產。此外，商業力量亦可迫使新廠商無法加入，如原有廠商聯合起來降低價格，使新廠商的產品無法銷售，導致損失、停止生產，然後原有廠商再提高價格，以彌補其損失。

同樣地，寡佔產業亦很難自由退出生產。例如，能源危機使汽車的銷售量大減，就企業的觀點，由於汽車生產的投資額太大，驟然歇業停止生產，損失極大，不歇業的話，還可以慢慢收回其固定資本投資。而且，寡佔企業在經營困難時，可以轉移生產目標，改變生產重心，逐漸轉移至有利可圖的途徑上。是故，晚近寡佔企業發生危機時，並不採取隨意退出生產的消極態度，而是把投資轉移到其他目標，使生產多元化，以分散風險，從其中獲取利潤，以彌補其原來經營的損失。

㈤非價格競爭激烈

由於在價格方面不能隨意變動，寡佔者只好轉移到非價格競爭上，以求增加銷售量。如品質的改善，售後服務，美觀的設計、包裝，分期付款，廣告或信用貸款的實施等，均屬於非價格競爭。如此，表面上價格雖沒有改變，但實質上是一種變相的減價。

二、產業集中的測量

現代產業的投資設廠，往往需要大量資金，生產規模逐漸擴大，所需的技術也日漸進步、高深，而先進國家有一個共同的趨勢，就是產業逐漸

集中化，有偏向於寡佔市場組織的趨勢，大企業的產量佔產業總產量的比例日漸提高，小企業產量所佔的比例則愈來愈小。但是，一般政府對於企業之逐漸集中都會有所管制，當其市場佔有率過高時，政府可強制大企業化分成幾個較小的企業，或出售股權，以免企業的過分集中而造成社會更不公平的現象。

　　觀測產業集中化的程度，可由整體的觀點來看，亦可由個體的觀點來看。前者是看全經濟產業集中程度，例如由全國最大的十家廠商的利潤（或銷售量）佔全經濟的利潤（或銷售量）的比例，可看出社會財富集中及所得分配的狀況；後者是就某一產業集中的情形觀察，例如從資訊業前幾家較大規模廠商的銷售量佔全產業銷售量的比例，可以看出資訊業的集中程度，這是一般所指的產業集中。

　　產業集中化的程度，可由集中率 (concentration ratio) 來測度，通常集中率有以下幾種：

㈠從產業資產測量集中化的程度

$$資產集中率 = \frac{前幾家較大規模廠商的資產總和}{全產業資產總和}$$

㈡從產業銷售量測量集中化的程度

$$銷售量集中率 = \frac{前幾家較大規模廠商的銷售量總和}{全產業總銷售量}$$

㈢從產業利潤測量集中化的程度

$$利潤集中率 = \frac{前幾家較大規模廠商的利潤總和}{全產業總利潤}$$

　　當以上集中率的值愈接近於 1 時，代表產業的集中度愈高，該產業也愈接近寡佔或獨佔的市場組織。

三、紐結需求曲線與價格僵固

在寡佔市場中，理論上每一位生產者對其產品的價格有很大的控制力量，但事實上因為少數生產者之間的相互依存關係，使每位生產者對其產品的價格並不能發揮很大的左右力量，最後形成寡佔產品在現行市場價格下粘著不變的特性。以下我們就寡佔市場這種特殊的價格行為進行探討。

在寡佔市場中，少數廠商中的任何一家廠商採取主動的價格改變時，其他廠商有三種可能的反應：

㈠跟隨改變價格

當一家廠商採取主動的價格上漲，若其他廠商也跟隨漲價，則相當於整個產業的價格上升，於是整個產業的需求量減少，該廠商的需求雖然減少，但減少的程度比較小；相反地，當廠商採取主動降價時，其他廠商也跟隨降價，則該廠商並不能把其他廠商的顧客吸引過來，只能因為全產業的價格下跌，總需求增加，而使每一廠商的銷售量均有小幅度的增加。在這種情形下，該廠商面對的需求曲線是圖 9-4 中較缺乏彈性的 FD_f 直線。

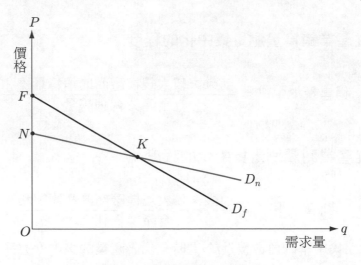

圖 9-4　紐結需求曲線

㈡不跟隨改變價格

當一家廠商採取主動的價格上漲，若其他廠商不跟隨漲價，則該廠商的顧客會被其他廠商吸引過去，銷售量會大幅度減少；相反地，當該廠商採取主動的價格下降，若其他廠商不跟隨降價，則不僅原來顧客的購買量增加，而且將其他廠商的顧客吸引過來，故銷售量會大幅增加。在這情形下，該廠商面對的需求曲線是圖 9-4 中較富於彈性的 ND_n 直線。

㈢漲價不跟隨，跌價跟隨

在一般的情形下，通常一家廠商採取主動的價格上漲時，其他廠商不跟隨漲價，故主動漲價之廠商的銷售量大幅減少，其面對的需求曲線是圖

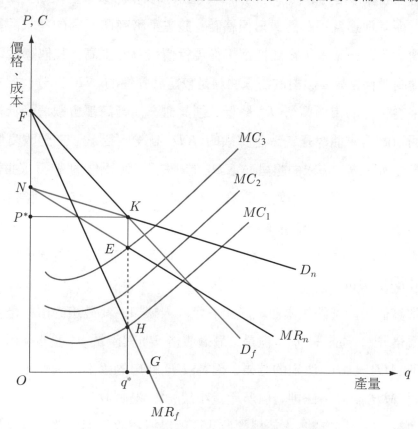

圖 9-5　紐結需求曲線與市場價格僵固

9–5中較富於彈性的 KN 段；但如果它主動採取價格下降時，其他廠商都跟隨降價，故主動降價之廠商的銷售量增加的幅度很小，其面對的需求曲線是圖 9–5較缺乏彈性的 KD_f 段。在這情形下，該廠商面對的需求曲線是由圖 9–5的FD_f 與 ND_n 兩條需求曲線混合形成的 NKD_f 紐結需求曲線 (kinked demand curve)。

基於以上的認識，我們可利用紐結需求曲線來說明寡佔市場價格僵固 (price rigidity)或粘性價格 (sticky price)形成的原因。圖 9–5，通過寡佔廠商現行均衡產量 q^* 與市場價格P^* 的組合點 K，有兩條需求曲線，一條為 FD_f 直線，另一條為 ND_n 直線。相對缺乏彈性的 FD_f 直線代表當一家寡佔廠商主動採取價格改變而其他廠商跟隨改變價格時，該主動廠商所面對的需求曲線；相對富於彈性的 ND_n 直線代表當一家寡佔廠商主動採取價格改變而其他廠商不跟隨改變價格時，該主動廠商所面對的需求曲線。在一般情形下，一家寡佔廠商把價格從現行價格 P^* 提高，其他寡佔廠商不跟隨提高價格，故其面對的需求曲線是較富於彈性的 NK 部分；如該廠商把價格從現行的市場價格 P^* 降低，則其他寡佔廠商都會跟著降低價格，故其面對的需求曲線是較缺乏彈性的 KD_f 部分。因此，主動改變價格的寡佔廠商所面臨的需求曲線呈 NKD_f 的紐結形狀，即為紐結需求曲線。此時對應於 NKD_f 的邊際收入曲線為不連續的NE 及HMR_f 兩部分，NE 為對應需求曲線 NK 部分的邊際收入曲線，HMR_f 為對應需求曲線KD_f 部分的邊際收入曲線，EH 之間有一邊際收入曲線不連貫的邊際收入缺口 (marginal revenue gap)。

當寡佔廠商邊際成本曲線通過邊際收入缺口，其最適的價格是目前的市場價格 P^*，產量是 q^*。但是，最適價格 P^* 與產量 q^* 並非應用邊際均等法則 $MR = MC$ 決定的結果，因為 EF 缺口的邊際收入並不存在，故不適用 $MR = MC$ 法則。但若產量小於 q^*，邊際收入大於邊際成本；若產量大於 q^*，邊際成本大於邊際收入，所以邊際收入與邊際成本比較的結果，證實 P^* 與 q^* 為寡佔廠商目前利潤最大的最適價格與產量。

　　除非寡佔廠商的成本或需求情況發生重大的改變，使邊際成本曲線與缺口以外的邊際收入曲線相交，廠商的價格與產量才會發生改變，否則廠商的價格與產量將維持不變。因此，由於紐結需求曲線而形成邊際收入缺口，致使寡佔廠商的價格與產量僵固、粘著。

四、價格領導與卡特爾

　　寡佔廠商對於現行市場價格的決定，其中有價格領導 (price leadership) 與卡特爾 (cartel) 組織兩種獨特的方法。價格領導有：①低成本領導──即那家廠商的生產成本低，則由該廠商決定市場價格，②大廠商領導──即由規模最大的廠商來決定市場價格。兩種價格領導所訂定的市場價格均須使其他廠商也能賺取到利潤為原則，否則價格領導無法成功，並可能導致慘痛的同歸於盡競爭 (cutthroat competition)。

　　現以低成本領導為例來說明價格領導。設寡佔市場只有兩家廠商──即雙佔 (duopoly)，且市場由兩家廠商所均分。圖 9-6，D 代表市場總需求曲線，d 代表個別廠商的需求曲線──等於市場需求的二分之一，MR 為產業的邊際收入曲線，與個別廠商的需求曲線 d 合一，mr 則為個別廠商的邊際收入曲線。生產成本較高的第一家廠商 SAC_1 依據邊際均等法則，決定其利潤最大價格為 P_1；生產成本較低的第二家廠商 SAC_2 依據邊際均等法則，決定其利潤最大價格為 P_2。此時，第一家廠商必須接受第二家廠商決定的 P_2 價格的領導，否則會喪失大部分的顧客，而 P_2 的價格不僅使第二家廠商賺取到最大的利潤，同時也使第一家廠商能夠獲得利潤。

　　卡特爾乃是寡佔市場的廠商，為了避免激烈的價格競爭，增加會員利潤，所進行的一種採取共同政策的壟斷組織❷。卡特爾組織形成之後，為求使該組織的利潤最大，乃採取分配產量、分派市場、及共同價格的政策。在

───────────────

❷ 當今世界上最有名的近似卡特爾組織為石油輸出國家組織 (Organization of Petroleum Exporting Countries, $OPEC$)。

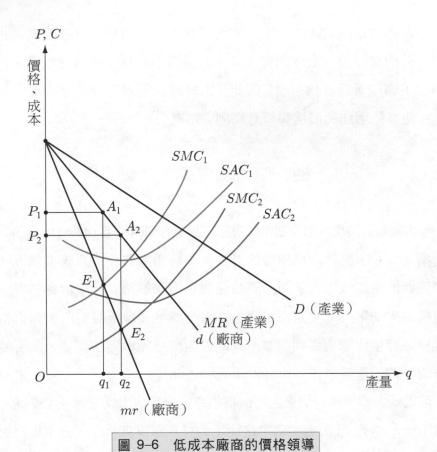

圖 9–6　低成本廠商的價格領導

圖 9–7中，D_c、MR_c、及 MC_c 分別代表卡特爾組織的需求、邊際收入、及邊際成本曲線。依據邊際均等法則，決定卡特爾利潤最大的價格 P^*，產量 Q^*。所有寡佔廠商均以 P^* 的價格出售其產品，而 Q^* 產量則以非價格競爭或按各廠商在卡特爾形成之前的市場佔有率來進行分配。

　　卡特爾組織通常為法律（如我國的公平交易法）所不容許，其產生的經濟後果如同獨佔一般，價格高、產量少、及產品未能以最低的單位成本生產。一般而言，卡特爾組織的成員愈少，彼此之間愈能遵守協定，組織也就能夠維持愈久。經濟景氣時，每家廠商可獲得利潤，卡特爾比較容易維持；如果經濟不景氣，廠商有虧損發生時，為求自保，難免互相欺騙，各自秘密地降低價格以求增加銷售量，終將使卡特爾組織趨於瓦解。

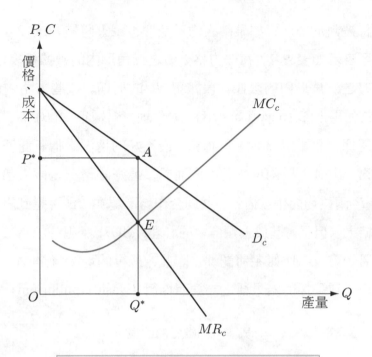

圖 9-7　卡特爾組織之價格與產量的決定

五、競局理論

　　競局理論 (game theory) 是一種用以分析不同主體之間策略行為 (strategic behavior) 互動關係——即 A 的最適決策取決於 B 的決策，B 的最適決策取決於 A 的決策——的理論。由於寡佔廠商之間存在高度相互依存的關係，因此很適合以競局理論來分析寡佔廠商之間產量與價格變動的關係。

　　最有名的一個競局理論應用的例子為嫌犯的困境 (prisoner's dilemma)[3]。假設一罪案發生，兩名共同嫌疑犯被逮捕。為偵辦此案，檢察官將兩名嫌犯分別拘留於兩室，分別偵訊。假設兩名嫌犯知道：「如果只有一人認罪，此人將被判輕刑 3 個月，另一人不認罪將被判重刑 10 年；如果兩人均認

---

[3] prisoner's dilemma 中文一般譯為囚犯的困境，但如果已是被定罪的囚犯，則無認罪或不認罪的問題存在，競局分析將不適用，故我們將其譯為嫌犯的困境。

罪，每人將被判刑 5 年；如果兩人均不認罪，每人將被判刑 2 年。」以上
這種情況可表示如表 9-1，每一方格上方之三角形內的數據代表嫌犯 A 的
刑期，下方之三角形內的數據代表嫌犯 B 的刑期。這些方格內數據的組
合，稱之為利得矩陣 (payoff matrix)。顯然地，對嫌犯 A(B) 而言，最好的
情況是他認罪，而嫌犯 B(A) 不認罪；最不好的情況是他不認罪，而嫌犯
B(A) 認罪。對 A、B 兩位嫌犯共同而言，最好的情況是兩人都不認罪。
如果 A、B 兩位均能相互信賴，共同合作均不認罪，則可達到對兩人共同
最有利的結果。但是，基於人類自私的心理，A(B) 嫌犯將認為如果自己不
認罪，則另一方 B(A) 嫌犯將認罪。因此，最後的均衡將是 A、B 兩位嫌
犯均認罪，這種選擇的結果稱之為納西均衡 (Nash equilibrium)[4]。

表 9-1　嫌犯的困境

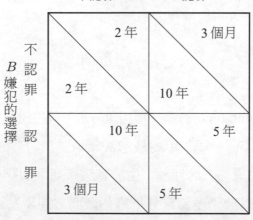

註：每一方格上方三角形內數據為
　　A 嫌犯的刑期，下方三角形內
　　數據為 B 嫌犯的刑期。

所謂納西均衡是指：在 B 一定的選擇下，A 的選擇是最佳的；在 A
一定的選擇下，B 的選擇亦是最佳的。因此，納西均衡可以解釋為兩人相

---

[4] 納西 (John Nash) 為一競局理論學家，1994 年獲得諾貝爾經濟學獎。

互預期的選擇組合，而當這預期選擇顯示出來之後，雙方均不願再改變所作的選擇。亦即在對方的一定選擇下，雙方均無法找到更好之選擇策略的一種情況。例如，根據表 9-1，如果 A 嫌犯選擇認罪， B 嫌犯的最佳選擇是認罪； B 嫌犯選擇認罪， A 嫌犯的最佳選擇也是認罪，因此納西均衡將是兩人均認罪，而各被判刑 5 年。

　　寡佔廠商的營運策略如同嫌犯的困境一般，因此近年來以競局理論來分析寡佔廠商（及其他市場組織廠商）行為相當普遍。假設寡佔市場兩位雙佔廠商 A 與 B 有漲價與價格不變兩種策略可供選擇，這兩種策略組合的利得矩陣如表 9-2所示。如果 A(B) 廠商的策略為漲價，則 B(A) 廠商的最佳策略為價格不變；如果A(B) 廠商的策略為價格不變，則B(A) 廠商的最佳策略亦為價格不變。因此，兩家廠商同時採行價格不變的策略達於納西均衡，每家廠商分別得到 10單位的利潤。如此，利用競局理論亦可解釋寡佔市場的價格為何是僵固的。將價格不變視為不合作策略，漲價視為合作策略，則在一家寡佔廠商根據其所臆測之另一家寡佔廠商可能採行的策

表 9-2　雙佔廠商的利得矩陣

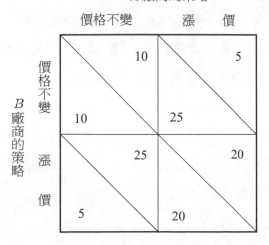

註：每一方格上方三角形內數據為
　　A 廠商的利潤，下方三角形內
　　數據為 B 廠商的利潤。

略來決定自己策略的情況下，將會產生兩家寡佔廠商的最佳策略均為採行不合作策略，此一競局的結果稱之為納西不合作解 (Nash noncooperative solution)，即在每一寡佔廠商各自獨立決策下，採行不合作策略將使其利潤達於最大。

六、寡佔市場的經濟效果評估

寡佔市場組織的利弊，同樣可由福利、效率、公平、成長、及競爭等方面來討論。

㈠從福利觀點

寡佔廠商具有重大的規模經濟，因此與完全競爭廠商的長期均衡比較，寡佔廠商可能產量較大、成本也較低。但由於其決定的價格仍大於邊際成本，產品的社會價值仍大於社會成本，社會福利受到限制而未能達於最大。

㈡從效率觀點

從個體的觀點來看，寡佔廠商的效率有兩種可能：①保守性的寡佔，有了經濟利潤不求改進，比較保守，墨守成規，安於現實的狀態，此種寡佔的效率低；②進取性的寡佔，即不斷擴大生產規模，使成本降低，產量增加，價格降低，此種寡佔的效率較高。從總體的觀點來看，寡佔廠商未能在最低的長期平均成本從事生產，使社會資源的派用受到扭曲。同時由於寡佔廠商可能將過多的資源投入於廣告或創造產品異質的非價格競爭，也是一種社會資源的浪費。

㈢從公平觀點

從社會資源利用的觀點，需要高度技術、大量投資、及大規模生產的產業，在一個市場或地區中只容許少數的寡佔者存在，是合理的。如果寡

佔廠商將規模經濟的成果反映於降低銷貨價格、增進勞工福利、提高生產要素報酬，使所得分配不至於集中，對社會大眾而言是公平的。反之，如果寡佔廠商不注重消費大眾的利益與勞工的福利，而一味地想盡方法獲取利潤，則會產生所得集中的不公平現象。

(四)從成長觀點

有人認為寡佔市場的價格僵固，利潤有保障，沒有研究發展的誘因，對經濟成長有阻礙。但是，一般人相信，現代經濟社會之技術水準所以不斷提高，寡佔廠商以其雄厚的資金不斷進行研究、發明與創新的投資，具有很大的貢獻，故寡佔市場是推動經濟成長的一種動力。

(五)從競爭觀點

寡佔市場力量形成的同時，會自我產生一種制衡的力量 (countervailing power)，如工會、買者寡佔、要素供給者寡佔等組織，與賣者寡佔相對抗，有牽制或抵銷寡佔力量的作用，而對市場產生有利的競爭作用。

重要名詞

不完全競爭	壟斷性競爭
寡頭壟斷	異樣化產品
產品集團	非價格競爭
生產能量利用不足	完全寡佔
不完全寡佔	集中率
價格僵固	紐結需求曲線
邊際收入缺口	價格領導
卡特爾	納西均衡

摘　　　要

1. 不完全競爭是介於完全競爭與純獨佔之間，包括有壟斷性競爭及寡頭壟斷的兩種型態。這種不完全競爭市場組織的理論模型與實際的市場經濟活動較為切合。

2. 壟斷性競爭是一種既有競爭性、又有獨佔性的市場組織，它的特點是：生產類似的異樣化產品，有眾多的銷售者與購買者，能夠自由加入或退出，但仍有一些限制或阻礙，重視非價格競爭，市場訊息相當靈通但並不完全。

3. 與完全競爭及獨佔的短期均衡一樣，壟斷性競爭廠商在短期均衡中也可能有經濟利潤、正常利潤、經濟損失等情況發生。但由於生產異樣化產品的特性，壟斷性競爭廠商與純獨佔廠商的短期均衡一樣，發生經濟利潤的情況最為可能，這正是其具有獨佔性一面的結果。

4. 由於容易加入或退出產品集團的生產，壟斷性競爭廠商因此與完全競爭廠商一樣，長期均衡只能獲得正常利潤，這也正是其具有競爭性一面的結果。

5. 與完全競爭廠商長期均衡比較，壟斷性競爭廠商的長期均衡價格大於邊際成本，導致價格偏高，產量偏少，生產成本偏高，生產能量利用不足，並由於追求產品的異樣化與激烈的非價格競爭，導致資源的浪費等不利的經濟後果。但是，壟斷性競爭的異樣化產品增加了消費者的選擇機會，提高了消費滿足的社會福利。

6. 寡佔是與獨佔較為接近的一種不完全競爭市場組織，不論是生產同質產品的完全寡佔或生產異質產品的不完全寡佔，這種市場組織的特性是：每家廠商對於市場的價格與產量均具有相當的影響力、廠商數目甚少、

廠商之間相互依存、加入或退出生產相當困難、產品可能相同或類似、及非價格競爭激烈。

7. 寡佔市場集中化的程度可由資產、銷售量、或利潤集中率來衡量。集中率的值愈接近於 1，表示產業集中的程度愈高，產業也就愈接近寡佔或獨佔的市場型態。

8. 由於廠商之間相互依存的關係而形成寡佔市場價格的僵固性。這種僵固性可由一家寡佔廠商主動採取價格行動時，其他廠商跟隨或不跟隨所形成的紐結需求曲線，及其對應的不連續邊際收入曲線，予以事後的解釋。

9. 寡佔市場價格的決定，其中有價格領導與卡特爾組織兩種獨特的方式，目的均在於避免寡佔廠商之間進行劇烈的價格競爭，以提高同業的利潤。

10. 由於寡佔廠商之間存在高度相互依存的關係，因此適合以競局理論分析寡佔廠商的決策行為，當寡佔廠商的決策選擇達於不再變動的最適狀態時，稱之為納西均衡。

11. 寡佔市場的經濟後果，在福利方面，由於價格仍大於邊際成本，社會福利因此受到限制而未能達於最大；在效率方面，個別寡佔廠商有低效率保守性者，有高效率進取性者，但就總體觀點，由於生產成本大於最低長期平均成本與激烈的非價格競爭，因而導致社會資源的浪費；在公平方面，須視寡佔廠商能否將規模經濟所實現的利益，以增加產量、降低價格，或提高要素報酬的方式與社會共享而定。此外，有人認為由於寡佔廠商致力於技術與創新的推動，對於經濟成長有很大的貢獻，並由於市場制衡力量的產生，更有促進市場競爭的作用。

1. 何謂壟斷性競爭？試以圖解剖析其長期均衡狀態。

2. 試評論壟斷性競爭的經濟後果。

3. 試用邊際分析法，比較一家廠商在完全競爭及壟斷性競爭情況下長期均衡的差異。

4. 何謂寡佔？其特性有那些？什麼是產業集中率？如何衡量？

5. 寡頭壟斷者的需求曲線與邊際收入曲線有何特性？此特性的經濟意義何在？為何寡佔廠商的價格與產量的決定不能應用 $MR = MC$ 的原則？試用圖形解說之。

6. 何謂價格領導？何謂卡特爾？兩者形成的目的何在？

7. 試以競局理論舉例說明寡佔廠商的價格策略如何達到納西均衡。

8. 試評論寡佔市場的經濟效果。

第 10 章　邊際生產力與生產要素需求

　　在前面幾章，我們已經將財貨與勞務在不同市場組織之價格與產量的決定，作了詳細的介紹。本章開始對用以生產財貨與勞務的生產要素，探討其價格與雇用量的決定。

　　就經濟循環周流來看，財貨與勞務的供給者主要是企業部門，需求者主要是家計部門。財貨與勞務的價格與產量決定企業部門的收入，亦即家計部門的支出，而收入等於支出。反過來，生產要素的供給者主要是家計部門，需求者主要是企業部門，生產要素的價格與數量決定家計部門的收入──所得，亦即企業部門的支出──成本，而所得等於成本。

　　企業部門對生產要素的需求，視生產要素對生產的貢獻（即生產力）大小而定。生產要素的邊際生產力愈大，對生產的貢獻愈大，其應得的報酬也就愈多，因此生產要素對生產者而言是資源的派用，對其所有者而言則是所得分配的來源。職是之故，生產要素的邊際生產力成為所得分配理論的重心，稱之為邊際生產力所得分配理論 (marginal productivity theory ofincome distribution)。邊際生產力、要素需求、及所得分配三者成為一種連環的因果關係。

第1節 生產要素的需求與產出

生產要素需求的探討，就資源派用的觀點，最主要的是著重於生產要素價格的探討。可從供給與需求兩方面，分析生產要素價格對資源派用的影響。

㈠從供給方面看

⑴就個體而言，任何一種生產要素價格的高低影響所得的大小。就勞動力而言，價格高（即工資高），勞動力的供給大，所得高；價格低（即工資低），勞動力的供給小，所得低。

⑵就總體而言，生產要素價格的高低會影響生產資源的派用。生產要素的價格高，則供給大，派用多；價格低，則供給小，派用少。

㈡從需求方面看

生產要素價格的高低關係到企業的生產成本。在其他情況不變下，生產要素的價格高，生產成本高，需求少，派用少；價格低，生產成本低，需求多，派用多。生產成本的高低影響產品價格與產量的決定，也就影響了生產要素的需求。

因此，均衡的生產要素價格與雇用量，不能由供給或需求單方面所決定，而必須由供需雙方共同決定。

一、引申需求

生產要素的需求是一種引申需求 (derived demand)，即對生產要素的

需求是基於對此生產要素所用以生產之財貨與勞務的需求引申而來。因此，對財貨與勞務的需求和對生產要素的需求，兩者的性質不同。財貨與勞務能夠直接滿足人們的慾望，故對其需求是基於其本身性能所產生之直接的需求；生產要素並不能夠直接滿足人們的慾望，故對其需求，是一種間接的需求。例如，因對稻米的需求而產生對土地的需求，因對汽車的需求而產生對生產汽車勞工的需求。

二、決定生產要素需求的因素

生產者對於一種生產要素需求的大小，決定於以下幾個因素：

1.生產要素的生產力

生產力是表示一種生產要素 1單位所能生產之產品數量的大小。在生產要素的價格一定之下，生產力愈大，對其需求愈大；生產力愈小，對其需求也就愈小。

2.所生產之產品價格的高低

所生產產品價格的高低決定生產者的收入，生產要素所產出的產品價格愈高，生產者得到的收入愈多，對要素的需求也就愈大；反之，生產要素所產出的產品價格愈低，生產者得到的收入愈少，對要素的需求也就愈小。

3.生產要素本身價格的高低

在生產要素的生產力一定下，若其價格高，則生產成本高；價格低，則生產成本低。在比較成本與收入後，生產者才能決定對生產要素的需求。另一方面，在生產過程中，生產要素大都是可以相互替代使用的，故其他生產要素價格的高低亦會影響對此生產要素的需求。因此，在其他情況不變下，生產要素的需求與其本身價格呈減函數的關係。

三、投入、產出與收入

在前面討論生產時，曾以生產函數 $Q = f(V)$ 說明投入生產要素與產出之間的關係， Q 代表總實物產出， V 代表可變生產要素。圖 10–1 顯示可變投入與不同產出觀念之間的關係，是一種實物的表示，不包括貨幣因素在內，其中：

$$TPP = Q = f(V)$$

$$APP = \frac{TPP}{V}$$

$$MPP = \frac{\Delta TPP}{\Delta V}$$

上式中， TPP 為總實物產出， APP 為平均實物產出， MPP 為邊際實物產出，三者之間的關係即前面討論生產函數時的 TP、 AP、及 MP 三者之間的關係，已經詳細討論過，在此不再贅述。現在討論生產要素的需求，須將投入與產出之間實物的關係，加入貨幣因素而以價值的形態來表示，才能比較出成本與收入的大小，而決定生產要素的需求。

圖 10–2 與圖 10–1 的形狀完全一樣，只不過這是以貨幣表示產出收入與可變生產要素投入之間的關係。 TRP 代表總收入產出 (total revenue product)，表示雇用生產要素所生產的總產出在市場上銷售所得的總收入，即 $TRP = TPP \times P$， P 代表產品價格。

ARP 代表平均收入產出 (average revenue product)，表示平均每一單位生產要素的產出收入，即 $ARP = \frac{TRP}{V}$。假設投入要素生產出來的產品是在完全競爭市場銷售，產品的價格不變，則 $ARP = \frac{TRP}{V} = \frac{TPP \times P}{V} = \frac{TPP}{V} \times P = APP \times P$，表示平均收入產出等於平均實物產出乘以產品價格。

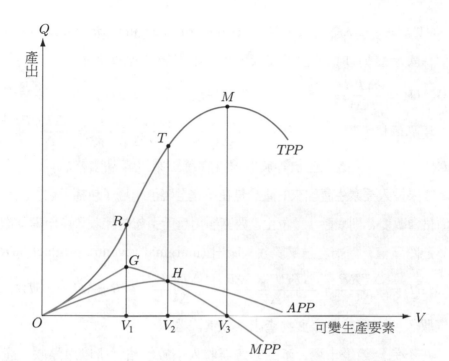

圖 10–1　可變投入與不同實物產出觀念之間的關係

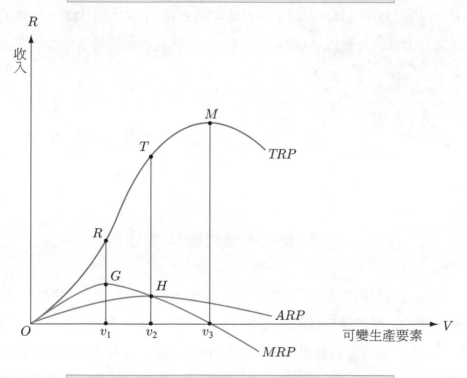

圖 10–2　可變投入與不同收入產出觀念之間的關係

VMP 代表邊際產出價值 (value of marginal product)，簡稱邊際產值，表示變動 1 單位生產要素雇用量所引起的總收入產出改變的數量，即 $VMP = \dfrac{\Delta TRP}{\Delta V}$。如果投入要素生產出來的產品是在完全競爭市場銷售，產品價格不變，則 $VMP = \dfrac{\Delta TRP}{\Delta V} = \dfrac{\Delta TPP \times P}{\Delta V} = \dfrac{\Delta TPP}{\Delta V} \times P = MPP \times P$，表示邊際產值等於邊際實物產出乘以產品價格。

如果投入要素生產出來的產品是在不完全競爭市場（包括獨佔）銷售，產品價格會改變，則變動 1 單位生產要素雇用量所引起的總收入產出變動額不再稱為邊際產值，而稱之為邊際收入產出 (marginal revenue product, MRP)，即 $MRP = \dfrac{\Delta TRP}{\Delta V} = \dfrac{\Delta TPP \times MR}{\Delta V} = \dfrac{\Delta TPP}{\Delta V} \times MR = MPP \times MR$，表示邊際收入產出等於邊際實物產出乘以邊際收入。

在不完全競爭市場，產品的邊際收入小於價格，所以邊際收入產出將小於邊際產值。在完全競爭市場，產品的價格等於邊際收入，故 $VMP = MPP \times P = MPP \times MR = MRP$，可知 VMP 是 MRP 在 $MR = P$ 時的特例，因此本章的分析以 MRP 代替 VMP，在有必要時兩者才加以區分。

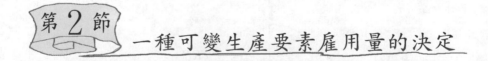

第 2 節　一種可變生產要素雇用量的決定

一、總收入對總可變成本分析

在完全競爭的生產要素市場中，生產要素的價格對個別購買者而言是已知不變的，所以總可變要素成本 $TVC = \overline{P}_V \times V$，$\overline{P}_V$ 代表一定的要素價格，V 代表購買的要素數量。在圖 10–3，總可變要素成本曲線是一條由原點開始的射線，斜率不變，表示生產要素的價格不變，且其等於生產

要素的平均成本 (average cost of factor, ACF)，也等於生產要素的邊際成本 (marginal cost of factor, MCF)，即 $\overline{P}_V = ACF = MCF$。

　　能使廠商利潤達於最大的生產要素雇用量如何決定呢？總收入產出曲線在 A 點的切線斜率（即邊際收入產出）等於總可變成本直線的斜率（即要素邊際成本）時，兩者間的差距達到最大，表示廠商雇用 V^* 數量的生產要素所得到的利潤最大，V^* 為廠商的均衡要素雇用量。

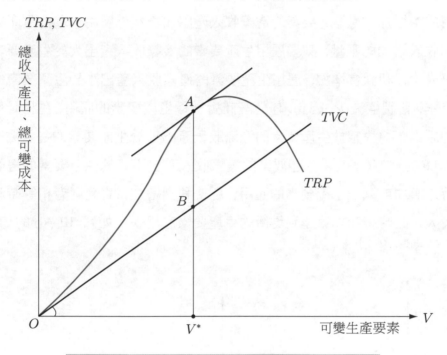

圖 10-3　利潤最大之可變生產要素雇用量的決定

二、邊際收入產出對要素邊際成本分析

　　在買賣雙方人數眾多的完全競爭要素市場下，任何單獨一家廠商是市場決定之生產要素價格的接受者，可以盡其所能購買生產要素而不會改變生產要素的價格。因此，單獨廠商面臨的生產要素供給曲線為一彈性無限大的水平線，亦即單獨廠商對生產要素的需求增加不會使生產要素的價格上升，它對

生產要素的需求減少也不會使生產要素的價格下跌。生產要素的價格等於生產要素的平均成本，也等於生產要素的邊際成本，即 $P_V = ACF = MCF$。

　　圖 10-4(a)，完全競爭要素市場決定均衡要素價格P_V^*，P_V^* 水平延伸而成之彈性無限大的直線，即為個別廠商所面對的要素供給曲線。P_V^* 為廠商所面對之生產要素的供給價格或平均成本，也是廠商額外購買 1 單位生產要素的邊際成本。因為生產要素的邊際成本代表額外雇用 1 單位生產要素使總成本增加的數量，要素的邊際收入產出代表額外雇用 1 單位生產要素使總收入增加的數量，只要雇用生產要素的邊際收入產出大於生產要素的邊際成本，利潤會增加；雇用生產要素的邊際收入產出小於生產要素的邊際成本，利潤會減少。因此，任何廠商對一種生產要素的雇用，在利潤最大化的原則下，決定於生產要素的邊際收入產出等於生產要素的邊際成本，即 $MRP = MCF$。當生產要素的邊際收入產出不等於生產要素的邊際成本時，增加或減少生產要素的雇用，會使利潤增加，直到兩者相等時利潤才最大，此時廠商才算達到均衡的生產要素雇用——如圖 10-4(b)的V^* 數量。

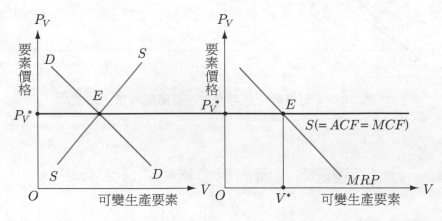

圖10-4　(a) 完全競爭要素市場均衡價　　(b)個別廠商均衡要素雇用量的決定
　　　　　　格的決定

　　如果要素市場不是完全競爭的市場，而是要素獨買的情況，則個別廠商面臨的要素供給曲線為由左下向右上傾斜的曲線，即供給量與價格呈增

函數的關係。因為在要素市場只有一位獨買者，所以要素市場的供給曲線便成為獨買廠商的供給曲線，而市場供給曲線表示生產要素供給量與價格的關係，也就是要素的平均成本曲線。

當廠商面對的要素平均成本曲線如同一般正斜率的供給曲線時，每增加要素雇用量時，不僅對增雇的要素必須支付較高的價格，對原來雇用的要素也需要支付較高的價格。因此，要素的邊際成本不再固定，而會是大於要素的平均成本。在這情況下，如圖 10–5，獨買廠商依邊際均等法則 $MRP = MCF$，決定購買量 V^* 的生產要素，而支付 P_v^* 的要素價格。事實上，只要要素的購買者對要素的價格具有影響力（即要素市場是非完全競爭的），則其將面對如圖 10–5 中要素邊際成本大於要素平均成本的情況。

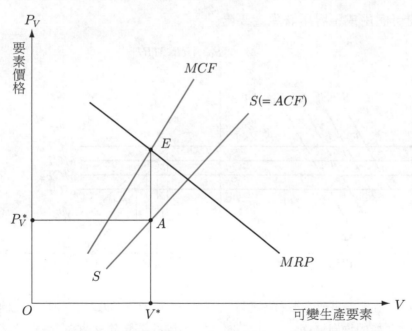

圖 10–5　不完全競爭要素市場廠商均衡要素雇用量的決定

三、廠商的要素需求曲線

假設要素市場是完全競爭市場，根據圖 10–6 要素市場的均衡價格與廠

商的平均收入產出及邊際收入產出，可以導出廠商的要素需求曲線。如果要素市場決定的均衡價格是：

⑴ P_V^1，則廠商的平均要素成本 $P_V^1 = MCF_1$，大於任何要素的平均收入產出，如果以邊際均等法則 $MRP = MCF$，決定購買生產要素 V_1，則要素的總成本 $OP_V^1 \times OV_1$ 大於要素的總收入 $V_1F \times OV_1$，廠商發生 $GP_V^1E_1F$ 雇用生產要素的損失。在這情形下，一位追求利潤最大的廠商是不會雇用該生產要素的。

⑵ P_V^2，則廠商的平均要素成本 $P_V^2 = MCF_2$，等於最大的要素平均收入產出，以邊際均等法則 $MRP = MCF_2$ 決定購買生產要素 V_2，則要素的總成本 $OP_V^2 \times OV_2$ 等於要素的總收入 $V_2E_2 \times OV_2$，故在 P_V^2 的要素價格下，廠商可雇用或不雇用該生產要素。

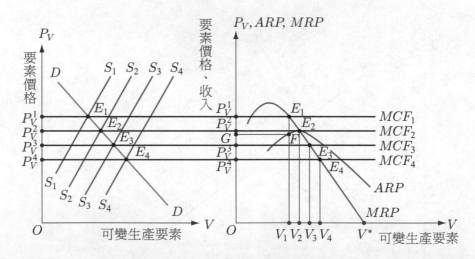

圖10-6　(a) 完全競爭要素市場各種可能的均衡價格　(b)依 $MRP = MCF$ 原則，可以導出廠商的要素需求曲線

⑶ P_V^3，以 $MRP = MCF_3$ 決定購買生產要素 V_3，是廠商利潤最大的要素雇用量。

如果生產要素的價格下跌至 P_V^4，則廠商以 $MRP = MCF_4$ 決定的均衡要素購買量為 V_4。要素價格的逐步下跌，廠商依 $MRP = MCF$ 原則所決

定購買的生產要素量會愈多。但是，一位追求利潤最大的理性生產者，不可能雇用生產要素至邊際收入產出為負的程度，因為這樣總收入產出反而會減少。是故，一種生產要素的邊際收入產出曲線在其平均收入產出曲線最高點以下至邊際收入產出等於零的階段，是在不同要素價格下，廠商對此生產要素的需求曲線。

四、要素需求的改變

對市場的產品需求而言，有需求的改變與需求量的改變之分；對市場的生產要素需求而言，亦有需求的改變與需求量的改變之分，兩種改變各有其不同的影響因素。首先，我們討論要素需求的改變。

要素需求的改變是指：要素需求量不是隨要素本身價格的改變而改變，而是隨著要素本身價格以外的因素變動而改變，即圖 10-7 整條要素需求曲線的位置上下移動。這些影響要素需求曲線位置改變的因素有：

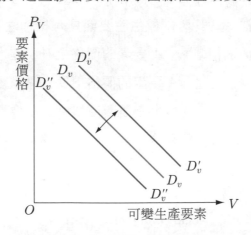

圖 10-7　要素需求的改變

1.產品的需求

任何生產要素的需求均導源於對其產出財貨的需求，當生產要素用以生產之財貨的需求改變時，對生產要素的需求也隨之發生改變。如對生產

要素的產出財貨需求增加，將使財貨的價格上升，則生產要素的邊際收入產出提高，生產要素的需求曲線也就往右上方移動，在相同的要素價格下，要素的需求量因而增加；反之，則減少。

2.要素的生產力

設生產要素所生產的財貨價格不變，生產要素生產力的改變反映在其邊際實物產出上。生產力提高，邊際實物產出增加，邊際收入產出增加，要素需求曲線往右上方移；生產力降低，邊際實物產出減少，邊際收入產出減少，要素需求曲線往左下方移。因之，要素生產力的改變，會使要素的需求發生改變。

3.其他生產要素的價格

如同產品之間的關係一樣，當 A 與 B 兩種生產要素具有替代性時（如勞動與資本可相互替代），A 要素的價格上升，廠商會以 B 要素替代 A 要素，B 要素的需求量會增加，A 要素的需求量會減少；反之，A 要素的價格下跌，廠商會以 A 要素替代B 要素，B 要素的需求量會減少，A 要素的需求量會增加。當 A 與 B 兩種生產要素具有相輔性（互輔性）時（如技術勞工與非技術勞工相輔），A 要素的價格上升，需求量減少，B 要素的需求量也跟著減少；反之，A 要素的價格下跌，需求量增加，B 要素的需求量也跟著增加。因此，其他生產要素價格的改變會影響本要素需求的改變，即本要素需求曲線會隨著內移或外移，但移動的幅度視生產要素之間的替代性或相輔性程度的大小而定。

五、要素需求量的改變

要素需求量的改變是指：其他情況不變下，要素本身價格的改變所引起的要素需求量的改變，即在同一條要素需求曲線上點的移動。因要素價格改變所引起的要素需求量改變的大小，視要素的需求價格彈性大小而定，故決定要素價格改變所引起的要素需求量改變之大小的因素，就是決定生

產要素需求曲線之相對彈性大小的因素。這些因素包括:

1.邊際實物產出遞減率

生產要素的邊際實物產出遞減的速度愈快者, 其邊際收入產出遞減的速度也愈快, 要素需求曲線比較陡, 相對缺乏彈性——圖 10–8 之 D_vD_v, 即需求量對價格變動的反應程度較小; 反之, 邊際實物產出遞減的速度愈緩者, 其邊際收入產出遞減的速度也愈緩, 則要素需求曲線愈平滑, 相對富於彈性——圖 10–8 之 $D'_vD'_v$, 即需求量對價格變動的反應程度較大。

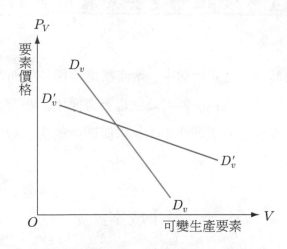

圖 10–8　要素價格變動與要素需求曲線相對彈性

2.產品的需求彈性

生產要素的需求是一種引申需求, 當產品的需求彈性大時, 對生產此種產品之生產要素的需求彈性亦大; 反之, 產品的需求彈性小時, 對生產此種產品之生產要素的需求彈性亦小[1] 。

3.替代要素的數目與替代的程度

一種生產要素可替代的其他生產要素的數目愈多, 替代程度愈強, 則此種生產要素的需求彈性愈大; 反之, 可替代的其他生產要素的數目愈少, 替代程度愈弱, 則此種生產要素的需求愈缺乏彈性。

---

[1] 生產要素價格下降導致產品價格下降, 產品的需求彈性愈大, 產品的需求增加愈多, 要素的需求也就增加愈多。

4.購買該要素的費用在生產總成本中所佔的比例

對一種生產要素的支出佔總成本的比例愈大，其價格的改變對總成本的影響愈大，要素的需求彈性就愈大；所佔的比例愈小，其價格的改變對總成本的影響亦愈小，要素的需求彈性也就愈小。

第 3 節 多種可變要素雇用量的決定

事實上，在實際的生產過程中，廠商都是使用多種而非祇是一種可變生產要素。吾人可將廠商對一種可變生產要素雇用的決定法則，予以推廣到對多種可變生產要素雇用的決定上，以使廠商的生產成本最小、利潤最大。

一、最小成本法則

廠商生產的主要目的在於追求最大的利潤，當其雇用多種生產要素時，必須先使生產成本達到最低，才能談到利潤最大。根據邊際產出均等法則，當廠商花在每一種生產要素最後一塊錢所獲得的邊際實物產出報酬均等時，其對生產要素雇用量的組合達於最適的狀態。如此，能使生產一定產量的成本達於最小。以公式表示為：

$$\frac{MPP_1}{P_1} = \frac{MPP_2}{P_2} = \cdots = \frac{MPP_n}{P_n} \tag{1}$$

式中 MPP_i，$i = 1, 2, \cdots, n$，代表第 i 種生產要素的邊際實物產出，P_i 代表該生產要素的價格。

如果 $\frac{MPP_1}{P_1} > \frac{MPP_2}{P_2}$——設 $\frac{5}{1} > \frac{3}{1}$，表示雇用第 1 種生產要素所花的最後一塊錢，能夠獲得 5 單位的邊際實物產出，而雇用第 2 種生產要

素所花的最後一塊錢，只能獲得3 單位的邊際實物產出。在這情況下，追求成本最小、利潤最大的廠商應該多雇用第一種而少雇用第 2 種生產要素，在邊際報酬遞減法則作用下，MPP_1 會逐漸下降，MPP_2 會逐漸上升，直到 $\dfrac{MPP_1}{P_1}$ 等於 $\dfrac{MPP_2}{P_2}$ 為止。

在實際生產中，廠商是以邊際收入產出而不以邊際實物產出來決定生產要素的雇用。因此，將(1)式中每一項的分子乘以產品的邊際收入後，另可表示為：

$$\frac{MRP_1}{P_1} = \frac{MRP_2}{P_2} = \cdots = \frac{MRP_n}{P_n} \tag{2}$$

式中 MRP_i，$i = 1, 2, \cdots, n$，代表第i 種生產要素的邊際收入產出。(2)式表示花在每一種生產要素的最後一塊錢所獲得的邊際收入產出報酬各相等時，廠商雇用多種生產要素生產一定產量財貨的成本達到最小。

當(1)、(2)兩式成立時，只能表示廠商所雇用的多種生產要素，其相互之間使用量的結合達到一種最佳的狀態。但是，這並不能保證每一種生產要素所雇用的數量均為最適當、最理想，要素雇用量可能過多或過少，導致產出的過多或過少，而無法保證利潤達到最大。

二、最大利潤法則

當每一種生產要素的邊際收入產出與該生產要素的價格相等時，廠商雇用生產要素進行生產的利潤達到最大。以公式表示為：

$$\frac{MRP_1}{P_1} = \frac{MRP_2}{P_2} = \cdots = \frac{MRP_n}{P_n} = 1 \tag{3}$$

上式表示，不但多種生產要素相互之間使用量的結合為最佳，且每一種生產要素的使用量亦達到最理想的狀態，故廠商雇用生產要素進行生產的利潤達到最大。因為在要素市場完全競爭下，P_i 代表生產要素增加 1 單位所引起的總成本增加的邊際成本，MRP_i 代表生產要素增加 1 單位所引起

的總產出收入增加的邊際收入。追求利潤最大的廠商，在 $MRP_i > P_i$ 時，會繼續增加該要素的雇用量；$MRP_i < P_i$ 時，會減少該要素的雇用量；唯有在 $MRP_i = P_i$，$\dfrac{MRP_i}{P_i} = 1$ 時，要素的邊際收入等於要素的邊際成本，才使廠商雇用生產要素進行生產的利潤達到最大。

以上廠商雇用生產要素的最小成本及最大利潤法則，是基於要素市場為完全競爭市場的假設。如果要素市場是一不完全競爭市場——即要素購買者對要素價格具有影響力，廠商是以要素的邊際成本而非其價格作為雇用生產要素決策的考慮，在這情形下，最小成本法則修正為：

$$\frac{MPP_1}{MCF_1} = \frac{MPP_2}{MCF_2} = \cdots = \frac{MPP_n}{MCF_n}，或$$

$$\frac{MRP_1}{MCF_1} = \frac{MRP_2}{MCF_2} = \cdots = \frac{MRP_n}{MCF_n}$$

最大利潤法則即應修正為：

$$\frac{MRP_1}{MCF_1} = \frac{MRP_2}{MCF_2} = \cdots = \frac{MRP_n}{MCF_n} = 1$$

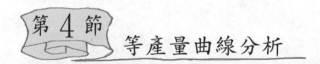

第 4 節　等產量曲線分析

如同消費無異曲線作為現代分析消費者行為的工具一樣，等產量曲線是現代生產理論的主要分析工具，兩者的觀念與方法十分類似，有了無異曲線分析的基礎，可以很快地對等產量曲線分析作簡單的介紹。

一、等產量曲線的意義與特性

在投入空間，以兩種生產要素聯合生產一定量的產出，此兩種生產要素

可作不同的組合，此不同組合的軌跡，稱之為等產量曲線 (isoquant curve)。圖 10-9，橫軸 L 代表勞動，縱軸 K 代表資本，其形成的空間，稱為投入空間 (input space)。IQ 代表一定產量水準的等產量曲線，沿著曲線移動，產量水準維持不變，但要素組合的比率則不斷的改變。投入空間裏，許多形狀相同的等產量曲線（代表一定的生產技術狀態）構成等產量曲線圖 (isoquant map)。在等產量曲線圖上，位置愈高的等產量曲線所代表的產量水準愈大。等產量曲線具有以下的特點：

㈠連續且到處密布

連續表示兩種生產要素之間可以不斷地相互替代使用，到處密布表示產量可以無限細分。

㈡斜率為負

在生產要素的邊際實物產出大於零的情況下，為了維持產量不變，一種生產要素的使用增加，另一種生產要素的使用就必須減少，故等產量曲線為一由左上往右下傾斜的負斜率曲線。

㈢凸向原點

兩種生產要素雖可替代使用，但其中一種生產要素不斷增加使用的結果，其邊際實物產出會遞減；另一種生產要素不斷減少使用的結果，其邊際實物產出會遞升，故等產量曲線上兩種生產要素的邊際技術替代率會遞減，而使等產量曲線凸向原點。

㈣不能相交

同一組群中的兩條等產量曲線不能相交，否則會產生如同消費無異曲線相交一般的矛盾情況。

㈤不能與兩軸相交

在任何一種生產要素都是生產不可缺少的投入下，等產量曲線不能與兩軸的任何一軸相交。

二、邊際技術替代率遞減法則

設資本 (K) 與勞動(L) 兩種生產要素，在等產量曲線上，為維持一定的產量水準，勞動每額外增加 1 單位使用，則資本就必須減少若干使用的數量，所減之資本對所增加之勞動的相對比率（絕對值），稱之為勞動對資本的邊際技術替代率 (marginal rate of technical substitution, $MRTS$)。圖 10–9，等產量曲線上兩種生產要素的邊際技術替代率等於 $-\dfrac{\Delta K}{\Delta L}$，$\Delta$ 代表變動量。等產量曲線上任何一點的產量均相同，這意謂減少資本使用所減少的產量 $(= -\Delta K \cdot MPP_K)$ 等於增加勞動使用所增加的產出 $(= \Delta L \cdot MPP_L)$，即 $-\Delta K \cdot MPP_K = \Delta L \cdot MPP_L$，因此資本對勞動的邊際技術替代率$MRTS =$

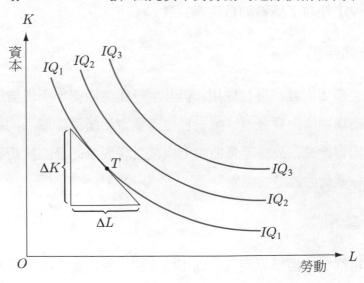

圖 10–9　等產量曲線圖

$-\dfrac{\Delta K}{\Delta L} = \dfrac{MPP_L}{MPP_K}$。在無限微量變動的情況下，此替代率即等於該線上任何一點之切線的斜率 $-\dfrac{dK}{dL}$，亦等於兩種生產要素邊際實物產出的比率 $\dfrac{MPP_L}{MPP_K}$。

在等產量曲線上，為維持一定的產量水準，一種生產要素每額外增加 1 單位使用，另外一種生產要素所必須減少使用的數量，依次遞減，此情形稱之為邊際技術替代率遞減法則 (law of diminishing marginal rate of technical substitution)。根據邊際報酬遞減法則，在圖 10–10 的等產量曲線上，以勞動替代資本使用的結果，勞動的使用量增加，其邊際實物產出遞減；資本的使用量減少，其邊際實物產出遞升。由於邊際技術替代率等於勞動邊際實物產出 (MPP_L) 對資本邊際實物產出 (MPP_K) 的比率——$MRTS_{L/K} = \dfrac{MPP_L}{MPP_K}$，故隨著不斷以勞動替代資本，$MPP_L$ 下降，MPP_K 上升，必然使邊際技術替代率發生遞減，以維持產量水準的一定，亦即等產量曲線上隨著勞動

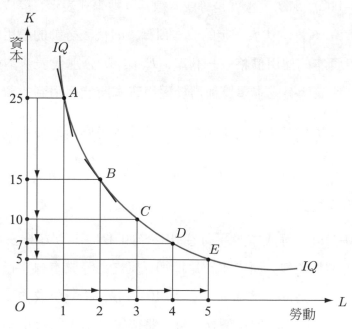

圖 10–10　邊際技術替代率遞減法則

使用的增加，其切線的斜率不斷遞減——如 B 點切線斜率的絕對值小於 A 點切線斜率的絕對值，這種現象就是邊際技術替代率遞減法則。

等產量曲線的邊際技術替代率遞減的速度視等產量曲線的彎曲度 (curvature)而定，而彎曲度則決定於兩種生產要素替代性的強弱。一般而言，兩種生產要素的替代性愈強，等產量曲線愈平滑，邊際技術替代率遞減的速度愈緩；替代性愈弱，等產量曲線愈彎曲，邊際技術替代率遞減的速度愈快。

三、等成本線的意義與特性

廠商以一定的成本預算，在已知的生產要素價格下，全部用以雇用兩種生產要素，所能雇用到的兩種生產要素的一切組合的軌跡，稱之為等成本線 (isocost line)，其斜率代表兩種生產要素的相對價格——即價比。

圖 10-11(a)，AB 直線就是等成本線，以數學式表示，等成本線可以寫成 $\overline{C} = wL + rK$，$\overline{C}$ 代表一定的成本預算，w 代表勞動的雇用價格——工資，r 代表資本的雇用價格——利率，K 與 L 分別代表資本與勞動的雇用量。OA 代表所有成本預算都用於雇用資本所能雇用到的資本量，所以 $OA = \dfrac{\overline{C}}{r}$；$OB$ 代表所有成本預算都用於雇用勞動所能雇用到的勞動量，所以 $OB = \dfrac{\overline{C}}{w}$。因此，等成本線 AB 的斜率 $-\dfrac{OA}{OB} = -\dfrac{\overline{C}/r}{\overline{C}/w} = -\dfrac{w}{r}$，等於負的要素價格比率。

圖 10-11(a)，等成本線平行往外移，如 $AB \rightarrow A'B'$，表示兩種生產要素的雇用價格不變，而成本預算增加；反之，等成本線平行往內移，如 $AB \rightarrow A''B''$，表示成本預算減少。圖 10-11(b)，在貨幣成本預算及資本雇用價格不變下，勞動的雇用價格改變，將使等成本線的斜率與以勞動表示的實質成本預算發生改變。例如，勞動的雇用價格下降（上升），將使等成本線移為 $AB''(AB')$，不變的貨幣成本預算所能雇用到的勞動數量因而增

加（減少）。

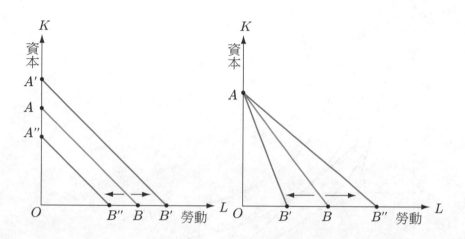

圖 10–11　(a)等成本線的平行移動　(b)等成本線的斜率改變

四、最適要素雇用量的決定

等產量曲線上任何一點切線的斜率——邊際技術替代率，是由現行的生產技術狀態所決定；等成本線的斜率——要素價比，是由現行的要素市場價格所決定，唯有兩者相等時，才是廠商的要素雇用達到最適的均衡狀態。

圖 10–12，IQ_i 代表不同產量水準的等產量曲線，AB 代表廠商一定的成本預算。首先，IQ_3 產量水準所需的成本大於預算成本，廠商無法生產，故只有生產成本等於或小於預算成本的產量，才有生產的可能。其次，IQ_1 產量水準是廠商的預算成本所能達到的，但廠商可以在不增加成本的情況下，選擇更適當的生產要素組合，而使產量增加到 IQ_2 的水準。要使產量再大於 IQ_2，在 AB 預算成本限制下不可能；產量小於 IQ_2，則代表生產缺乏效率。是故，與等成本線相切的等產量曲線，代表在一定的成本預算下，廠商所能達到的最大產量，其切點所對應的生產要素組合，代表在一定的成本預算下廠商的最適生產要素雇用組合。

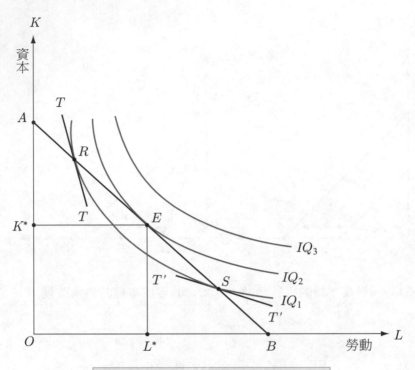

圖 10-12　最適要素雇用組合的決定

在圖中，IQ_1 與 AB 的交點 R，邊際技術替代率大於要素價比——

$\frac{MPP_L}{MPP_K} > \frac{w}{r}$，設為 $\frac{6}{2} = \frac{3}{1} > \frac{2}{1}$，表示生產技術上 1 單位的勞動可以

替代 3 單位的資本——即勞動生產力為資本生產力的 3 倍，但要素市場上

1 單位勞動的價格等於 1 單位資本的價格的兩倍。顯然地，廠商可以在不

增加成本的情況下，以勞動替代資本，而使產出增加。相反地，交點 S，

邊際技術替代率小於要素價比——$\frac{MPP_L}{MPP_K} < \frac{w}{r}$，設為 $\frac{4}{4} = \frac{1}{1} < \frac{2}{1}$，

表示生產技術上 1 單位的資本可以替代 1 單位的勞動，但要素市場上 1

單位資本的價格才等於 1 單位勞動價格的二分之一。顯然地，廠商可以在

不增加成本的情況下，以資本替代勞動而使產出增加。唯有在等產量曲線

與等成本線的切點 E，邊際技術替代率等於要素價比——$\frac{MPP_L}{MPP_K} = \frac{w}{r}$，

$\frac{MPP_L}{w} = \frac{MPP_K}{r}$，即生產技術上勞動與資本的替代率等於要素市場上勞

動與資本的交換比率時，廠商以一定的成本預算 AB 雇用勞動 L^* 及資本 K^*，使產量達到最大，要素雇用組合均衡不再變動。換句話說，雇用 L^* 單位的勞動，K^* 單位的資本，可以使生產 IQ_2 產量水準的成本達到 AB 最低的成本預算。

五、要素價格改變的效果

生產要素價格改變的價格效果是由替代效果與產出效果 (output effect) 所構成。茲以圖 10-13 分析生產要素價格改變的這兩種效果。

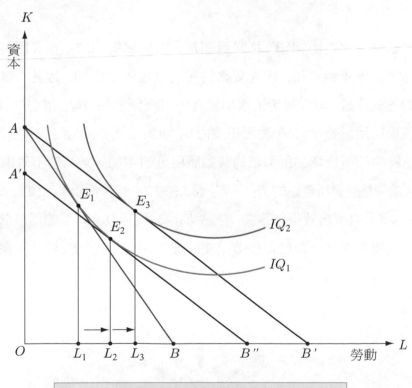

圖 10-13　要素價格變動對要素雇用量的影響

㈠替代效果

在成本預算一定與原來的資本和勞動相對價格下，等成本線 AB 與等

產量曲線 IQ_1 相切於 E_1 點，廠商的最適勞動雇用量為 L_1。假設貨幣的成本預算與資本價格不變，當勞動價格下跌時，以勞動表示之實質的成本預算會增加，等成本線由 AB 移為 AB'。首先，假設把增加的實質成本預算扣除，而使廠商維持於原來的實質成本預算，即根據變動後新的要素相對價格畫一條等成本線 $A'B''$ 與原來的等產量曲線 IQ_1 相切，則切點 E_2 對應的均衡勞動雇用量為 L_2。勞動雇用量由 L_1 增加到 L_2，代表產出水準不變，而完全由生產要素的相對價格變動所引起的替代效果，即以價格降低的生產要素勞動替代價格不變的生產要素資本使用。

㈡產出效果

成本預算線之由 $A'B''$ 移回到 AB'，由於實質的成本預算因勞動的跌價而增加，產量會增加，生產要素的雇用量也隨之增加。因此，實質預算增加的等成本線 AB' 與產量水準較高的等產量曲線 IQ_2 相切於 E_3 點，均衡勞動雇用量為 L_3。勞動雇用量由 L_2 增加至 L_3，代表在新的要素價格下，純粹由於產出增加所引起的勞動雇用量的增加，是為產出效果。

勞動價格變動所產生的 $E_1 \rightarrow E_2$ 或 $L_1 \rightarrow L_2$ 的替代效果，加上 $E_2 \rightarrow E_3$ 或 $L_2 \rightarrow L_3$ 的產出效果，等於 $E_1 \rightarrow E_3$ 或 $L_1 \rightarrow L_3$ 總共的價格效果。因此，一種要素價格變動的價格效果使該要素雇用量增加或減少（在其相對價格上升時）的幅度，視其替代效果與產出效果的大小而定。

重 要 名 詞

引申需求	總收入產出
平均收入產出	邊際產值
邊際收入產出	要素平均成本
要素邊際成本	最小成本法則

最大利潤法則　　　　　　　等產量曲線

等產量曲線圖　　　　　　　邊際技術替代率遞減法則

等成本線　　　　　　　　　替代效果

產出效果

摘　　要

1. 生產要素需求的大小，視生產要素對生產的貢獻大小而定。生產要素的生產力愈大，對生產的貢獻愈大，其需求也就愈大，其所得到的報酬也就愈多。因此，生產要素的邊際生產力、需求、及所得分配之間具有連環的因果關係。

2. 生產要素價格的高低影響到生產要素派用的多寡。就供給面而言，生產要素的價格高，供給多，派用多；價格低，供給少，派用少。但就需求面而言，在其他情況不變下，生產要素的價格高，生產成本高，需求少，派用少；價格低，生產成本低，需求多，派用多。因此，均衡的生產要素價格與雇用量須由供需雙方共同決定。

3. 對生產要素的需求是由於對其所生產的最後財貨或勞務產生需求而發生，屬一種引申需求。因此，決定生產要素需求大小的因素主要為生產要素的生產力、所生產財貨價格的高低、及生產要素價格的高低。

4. 為了比較成本與收入以決定生產要素的需求，因此將生產函數所決定的實物產出曲線以貨幣形態表示，而有總收入產出、平均收入產出、及邊際收入產出等曲線，其形狀及特性與總產出、平均產出、及邊際產出等曲線完全相同。

5. 對一種可變生產要素雇用量的決定，有總收入對總可變成本分析法及邊際收入產出對要素邊際成本分析法，當總收入曲線的切線斜率等於總可變成本曲線的切線斜率，或邊際收入產出等於要素邊際成本時，廠商雇用的要素數量是最適的。

6. 在完全競爭要素市場，個別廠商是要素市場價格的接受者，因此，生產要素價格等於生產要素平均成本，等於生產要素邊際成本，廠商所面對

的是一條彈性無限大的水平要素供給曲線。在非完全競爭要素市場，生產要素價格隨廠商購買量的增加而提高，廠商的要素邊際成本因此大於要素平均成本。

7. 由平均收入產出曲線最高點以下至邊際收入產出等於零的邊際收入產出曲線，是不同要素價格下，廠商對一種生產要素的需求曲線。

8. 同產品一樣，生產要素需求的變動可分為需求的改變與需求量的改變。需求的改變是由於產品需求、要素生產力、或其他要素價格的變動，而使整條要素需求曲線的位置發生移動；要素需求量的改變是由要素價格變動所引起，變動的大小則決定於邊際實物產出遞減率、產品的需求彈性、替代要素的數目與替代的程度、及購買該要素的支出佔生產總成本的比例大小等因素。

9. 在同時雇用一種以上生產要素從事生產的情況下，廠商最適生產要素雇用量的決定，可以遵循最小成本法則——即花在每一種生產要素的最後一塊錢所獲得的邊際實物產出均等，而使生產一定產量之雇用生產要素的成本最小；或遵循最大利潤法則——即每一種生產要素的邊際收入產出與其價格相等，而使雇用要素從事生產的利潤達到最大。在非完全競爭要素市場下，須以要素邊際成本作為最適生產要素雇用量決策的考慮，而非以要素價格作為考慮的依據。

10. 在投入空間，凡能生產相同產量的兩種生產要素組合的軌跡，稱為等產量曲線。許多形狀相同的等產量曲線構成等產量曲線圖，愈右上方的等產量曲線所代表的產量水準愈大。等產量曲線具有連續且密布、負斜率、凸向原點、彼此不能相交、及不能與兩軸相交等特性。

11. 在等產量曲線上，為維持一定的產量水準，一種生產要素每額外增加 1 單位使用，另一種生產要素所需減少使用的數量依次遞減，此情形稱為邊際技術替代率遞減法則。等產量曲線的彎曲度愈大，邊際技術替代率遞減的速度愈快。

12. 廠商以一定的成本預算，在一定的生產要素價格下，全部用於雇用兩種

生產要素，所能雇用到的兩種生產要素的一切組合的軌跡，稱為等成本線，其斜率代表兩種生產要素的相對價比。等成本線平行移動，代表兩種生產要素的相對價比不變，而實質的成本預算發生改變。在貨幣的成本預算不變下，等成本線的斜率改變，代表兩種生產要素的相對價比發生改變。

13. 等產量曲線與等成本線的切點決定廠商對兩種生產要素的最適雇用量組合。生產要素價格變動所產生的價格效果，是由替代效果與產出效果兩者所構成，前者表示產出水準不變下，要素相對價格發生改變所引起的要素雇用量的改變；後者表示要素相對價格不變下，產出水準變動所引起的要素雇用量的改變。

1. 試述要素邊際生產力、要素需求、及所得分配三者的關係。

2. 何謂引申需求？決定生產要素需求的因素有那些？

3. 什麼是總收入產出、平均收入產出、及邊際收入產出？試用圖形表示三者的關係。

4. 試以總收入對總可變成本分析法及邊際分析法，用圖解說明在完全競爭要素市場下，廠商對一種生產要素的均衡雇用量是如何決定的？

5. 何謂邊際收入產出曲線？線上每一點均代表什麼意義？其與廠商的要素需求曲線有何關係？試以圖形剖析之。

6. 要素需求的改變與要素需求量的改變有何不同？決定兩者改變大小的因素有那些？

7. 廠商雇用多種生產要素時，如何才能使其雇用生產要素達於生產成本最小或利潤最大呢？試分別以要素市場完全競爭與獨買的情況剖析之。

8. 何謂等產量曲線？試述其特性。

9. 何謂邊際技術替代率遞減法則？其與邊際報酬遞減法則有何關係？

10. 何謂等成本線？試述其特性。

11. 試以等產量曲線與等成本線闡釋廠商的最適要素雇用量是如何決定的？

12. 試以圖解闡釋要素價格改變的效果。

第11章　要素價格與所得分配
——工資與地租

前一章我們討論了生產要素雇用量的決定，接著本章討論生產要素價格的決定。生產要素的價格與雇用量，在總體方面，決定經濟社會各種生產要素的功能所得分配；在個體方面，則決定家庭的所得分配。以下我們就依序討論勞動、土地、資本、及企業家精神四大生產要素的價格決定。

第1節　工資理論

勞工提供勞務的報酬就是工資。工資理論所談的工資，事實上是指工資率 (wage rate)──即每單位時間的勞動報酬。在討論工資的決定時，是假設社會全體的勞工都是同質的，而工資水準則如同產品的價格水準，是代表全社會同質勞工的工資水準，而非個別勞工的工資。但實際上，勞工是異質的，不同勞工的工資亦有差別。

一、工資與生產力

所謂工資，是雇用勞工的價格，亦即勞動者提供勞務的報酬。工資通常按時間來計算，如 1 小時、1 日、1 月、或 1 年等，故工資是雇用勞工在一段時間內的報酬。對勞務的報酬可區分為對藍領勞工的勞務報酬——工資，與對白領雇員的勞務報酬——薪給兩種。但一般均以工資代表對所有勞務的報酬。工資可以分成貨幣工資 (money wage) 與實質工資 (real wage) 兩類。貨幣工資是指勞動者在每單位時間內提供勞務所得到的貨幣報酬，通常亦稱名目工資 (nominal wage)；實質工資是指勞動者在每單位時間內提供勞務所得到之貨幣工資，所能購買到的財貨或勞務的數量。因此，實質工資就是貨幣工資的購買力，即實質工資等於貨幣工資除以物價水準，貨幣工資所代表的實質工資與物價水準呈減函數的關係。

工資水準如同物價水準一般，我們說工資水準上升或下降，是指整個社會平均工資水準的上升或下降，而不是指個別的、特殊的勞動價格的上升或下降。唯有整個社會的平均工資水準改變，對整個社會才會有影響，也才有意義。如工資水準的上升，使生產成本提高，形成成本推動的力量，導致物價的上漲，將對消費大眾有普遍的影響。

通常在一定時間內，不同的勞工各有不同的工資率，其高低決定於勞工對生產的貢獻——即邊際生產力的大小。生產力愈大，對生產的貢獻愈大，生產者所願意支付的工資也就愈高；反之，生產力愈小，對生產的貢獻愈小，生產者所願意支付的工資也就愈低。因此，勞工工資的高低，在其他情況一定下，決定於勞工邊際生產力的高低，而勞工邊際生產力的高低主要受以下因素的影響：

1.資　本

每一位勞工有愈多的資本設備與其配合生產，則生產力愈大。

2.自然資源

每一位勞工有數量愈多、品質愈好的自然資源與其配合生產，則生產力亦愈大。

3.技　術

進步的技術使勞動生產力提高，如以自動化的機器設備配合勞工生產，使勞動的生產力提高。

4.勞工的素質

健康、積極、認真，且接受教育訓練愈多的勞工，其生產力愈大。

5.組織管理

有效的組織管理，可以提高工作士氣，增進勞工生產力。

雖然勞工會因生產力的差異而有不同的工資，但在自由經濟社會，工資有趨於一致化的現象。因為當某一行職業的工資較高時，其他行職業的勞工就會紛紛設法移轉到此一行職業工作，於是此一行職業的工資會因勞動供給的增加而下降，而其他行職業的工資會因勞動供給的減少而上升，致使工資逐漸趨於一致化。所謂一致化，並不表示所有行職業的勞工都是相同的工資水準，而是工資仍有其差別性，即不同行職業有不同的工資水準，社會有一工資結構 (wage structure) 存在❶。形成工資差異化結構的原因有：

1.非競爭集團 (noncompeting groups) 的勞工

事實上，不同行職業所需要的生產技能不同，短期間社會有許多行職業不是任何人都能擔任的。因此，即使在工資水準一致化的趨勢下，因為有非競爭集團勞工的存在——即具有特別生產技能或證照的勞工，並非所有的勞工均能隨意轉業，故工資有差異性。

---

❶ 我國的勞動力統計將就業者依行業分為農、林、漁、牧業，礦業及土石採取業，製造業，水電燃氣業，營造業，商業，運輸、倉儲及通信業，金融、保險、不動產及工商服務業，公共行政、社會服務及個人服務業等九種；依職業分為民意代表、企業主管及經理人員，專業人員，技術員及助理專業人員，事務工作人員，服務工作人員及售貨員，農林漁牧工作人員，生產及有關工人、機械設備操作及體力工等七種。

2.工作條件的差異

當社會地位或工作條件較差時，就必須以工資的差異來彌補。因此，工作地位、條件或工作的社會價值不同，會導致工作報酬的不同。

3.技術與技能的差異

在不同行的職業中，因需要的技術、技能不同，會有差別的工資。但是，即使在同一行職業中，也會因為每個人的技能、技術與能力的不同，而有差別的工資。

4.市場的不完全

缺乏地理上的流動性——如安土重遷，親情、友情的羈絆，年資、退休金的犧牲等因素，使一位勞工不易從一個地方移到另一個地方，或從一個機關轉到另一機關就業；制度規定的限制——如加入某行職業須先加入工會，取得許可證等規定；或社會偏見的限制——如對婦女、種族的歧視等，均會造成勞動市場的不完全競爭，而使工資產生差異。

二、工資的決定

無論產品或勞動市場，均可由買、賣雙方參與人數的多寡，來分辨其市場組織型態。由賣方人數的多寡，市場組織可劃分為完全競爭、獨佔（獨賣）、壟斷性競爭、及寡佔等四種型態。由買方人數的多寡，市場組織亦可區分為完全競爭、獨買、獨買性競爭、與買方寡佔四種型態。準此，根據買賣雙方競爭的程度，可以得到各種不同的產品與勞動市場組合的型態，每一種不同的情況對於產業勞工的雇用量與工資，均有不同的影響。以下就產品與勞動市場均為完全競爭模型，來討論產業勞工的市場雇用量與工資的決定。

首先，圖 11-1(a)中某種產業的勞動市場依供給等於需求決定均衡就業量 L^*，均衡工資水準 W^*。其次，在完全競爭勞動市場下，個別廠商是勞動市場價格（工資） W^* 的接受者，所以它面臨的勞動供給彈性無限大，

勞動價格等於勞動的邊際成本 (MCF_L)。在這模型，廠商額外雇用 1 單位勞動的邊際收入等於勞動的邊際實物產出 (MPP_L) 乘以產品的價格 (P)，即 $MPP_L \times P$，稱之為勞動邊際產值 (VMP_L)；要素邊際成本等於勞動市場所決定的工資 W^*，廠商以邊際均等法則 $VMP_L = MCF_L = W^*$ 來決定勞動雇用量 L_C，VMP_L 為在不同工資水準下廠商的勞動需求線（圖 11–1(b)）。

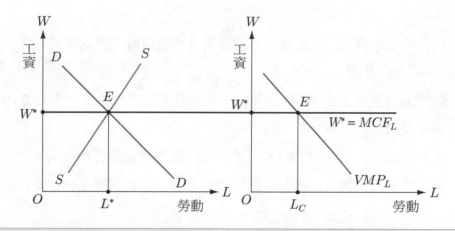

圖11–1 (a) 完全競爭的勞動市場　　(b)廠商的均衡勞動雇用

三、工會與勞工

在早期，工會 (labor union) 是由一些具有特殊技能的勞工所組織而成的團體，目的在於為其特殊的技能謀取最大的福利。到了近代，工會的組織則成為一種產業工會 (industry union)，即每一個產業的工人都組織一個工會，而後再組成全國勞工聯合工會，以為勞工謀取福利。

西方自工業革命後，廠商擁有絕對優勢的經濟力量，為追求經濟利潤，往往要求勞工工作得多，而工資報酬給付得少，勞工的工作與生活得不到保障，於是聯合起來組織工會，以對抗生產者，形成一種制衡的力量。勞工成立工會的基本目的在於謀取勞工的福利，包括有：

　　1.工資的提高。

　　2.工時的縮短。

　以上兩點是工會成立的最初目標，現今在先進國家大多已經實現。現代工會所努力追求的為：

　　3.勞工的福利

　包括休假、安全保險、資遣、退休金等。

　　4.工作環境的改善

　完善的工作環境不僅維護勞工的健康，亦可提高工作效率。

　　5.工作的保障

　對勞工的生活、工作有所保障，才會吸引勞工從事生產，專心工作。

　　6.企業的參與

　使勞工成為公司企業的股東，不但可以調和利益的分配；另一方面，由於勞工本身既為股東，為了自己的利潤著想，會更認真工作，可以使工作效率提高。

　　7.技能的訓練

　工會可以舉辦各種技能訓練，以提高勞工的技能水準，增加其適應力。如此，一方面可以提高勞工的生產力；一方面可以增強勞工轉業的能力，提高勞工的流動性，兩者對於勞工就業與工資的提高均有很大的幫助。

　工會為勞工謀取福利最明顯且立即的措施是提高工資，但工資的提高，會使就業量減少、失業增加。工資的提高除了現有的勞工有部分失業之外，尚會產生潛在的失業，即有一些由於工資提高而想就業的人亦無法就業。圖 11-2，原來市場均衡工資 W^* 時，勞動的供給等於需求，沒有失業發生。如果工會將工資提高到 W_u，勞動的需求量減為 L_1，則 L_1L^* 為實際因工資提高而產生的失業；此外，由於工資的提高，勞動的供給由 L^* 增為 L_2，L^*L_2 即為工資提高所產生的潛在性失業。因此，如何在提高工資的同時，又能保護勞工的就業，是工會所必須解決的問題。一般而言，工會提高工資的方法有：

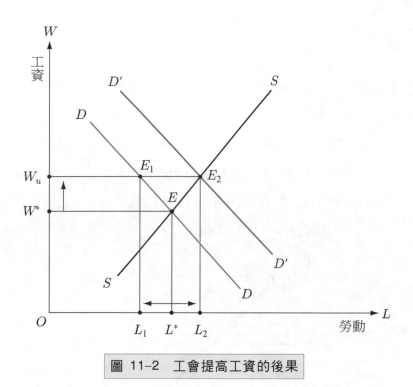

圖 11-2 工會提高工資的後果

(一)增加勞動的需求

如圖 11-2, 如果工會能將勞動的需求曲線提高至 $D'D'$, 則不但可以提高工資, 又可創造額外的就業量 L^*L_2。但工會如何能增加勞動的需求呢?有消極與積極的兩種方法:

(1)消極的方法。是早期工會的手段, 即以罷工為手段, 在一個工作上要求給予較多的勞工參與, 是一種人為的手段強制雇主增加勞動需求。這是一種消極的方法, 雖使勞工現實的生活問題得以解決, 但卻使生產缺乏效率, 阻礙了經濟發展。

(2)積極的方法。晚近工會重視勞工本身的技能訓練, 以提高勞工的生產力, 使雇主的邊際收入產出增加, 則對勞動的需求自然也就增加。此種方法, 對雇主無虧損, 對勞工本身又有好處, 亦可促進經濟的發展。

㈡減少勞動的供給

　　工會可以各種的手段來限制勞動的供給而達到提高工資的目的。如要求政府限制移民（外勞）、縮短工作時間、提高工會會費、延長學徒年限、強迫提早退休等措施，並採限制性手段要求不加入工會者就不能在該產業就業。如此，可以使圖 11-3 的勞動供給曲線由 SS 往上至 $S'S'$，勞動供給減少，提高工資至 W_2，並保障現有勞工的利益。

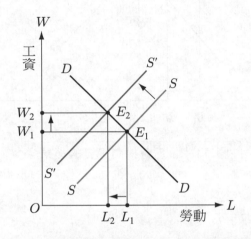

圖 11-3　工會以減少勞動供給來提高工資

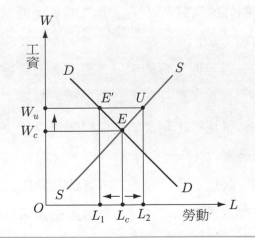

圖 11-4　工會限制最低工資之經濟效果

㈢限制最低工資

　　如圖 11-4，自由競爭之勞動市場決定均衡工資 W_c，就業量 L_c。工會透過集體議價將最低工資限制為 W_u，也就是在 W_u 時，勞動的供給量為 L_2，在 W_u 以上，則隨工資的上升而勞動的供給增加。如此，工會將勞動供給曲線扭曲為 W_uUS 的形狀。這種措施與減少勞動供給的效果相同，即在 W_u 及其以上才有勞動供給，在 W_u 以下則完全沒有勞動供給，形成了勞動供給壟斷的現象。在 DD 的勞動需求下，將產生 L_1L_2 的失業，其中 L_cL_2 為限制最低工資所產生的潛在性失業。

㈣對抗勞動獨買

　　在勞動市場獨買的情況下，工會可將最低工資限為等於完全競爭勞動市場的工資。如此，工資與就業量將均較勞動獨買時提高。

　　工會存在對勞工工資的提高是否有其積極的作用，一直受到爭論。根據長期研究的結果，西方先進國家沒有參加工會組織之勞工的工資仍然持續增加，因此有人認為工會的存在對勞工工資提高的影響並不大。然而，有人認為，非工會勞工的工資所以提高，是由於工會提高工資，使其援例跟進的結果，真實情況如何難以確定。不過，西方先進國家勞動生產要素的所得報酬，在整個國民所得中所分享的配份 (share)，在歷年來並沒有多大的變化。因此，就整個經濟的勞動生產要素而言，工會的存在對勞工的福利並沒有多大的影響，但對個別勞工的福利而言，或許有其影響。

　　另一方面，由於工會的存在，可能促進經濟的成長。因為在工會不斷要求增加工資下，迫使生產者不斷改良其生產設備，增進其組織管理效率，以抵銷工資上漲的壓力。因此，即使生產者在產品市場中為獨佔或寡佔者，但由於工會的存在，可以產生制衡的力量，因而能夠促進經濟社會的進步與所得分配的更趨平均。晚近，工會從事勞工運動的重點，已轉變為配合經濟社會的需要，不僅在於保障勞工的所得與工作機會，更致力於提高勞

工的生產力與增強勞工適應變遷快速之動態經濟社會的能力。

第 2 節　地租理論

一、地租的意義

一般而言，地租是指使用土地勞務所給付的報酬——即純地租 (pure rent)；但廣義而言，地租是指使用一切供給有限之投入要素或耐久財貨（如機器設備、廠房、汽車、或房舍等）所給付的報酬——即國民所得統計上所稱的租金。因此，經濟學上所稱的地租——經濟地租有兩種意義：①狹義而言，是對於使用一種供給完全有限（即供給完全缺乏彈性）之生產要素的報酬；②廣義而言，指對任何供給有限（即供給不是彈性無限大）之生產要素（或耐久財貨）市場所決定的均衡價格與其願意供給的價格（或機會成本）之間的差額，而供給價格或機會成本是指：使生產要素繼續保留在目前的生產活動上所必須給予的最低報酬。地租既然是市場均衡價格超出此最低報酬的餘額，因此有人認為它是一種剩餘 (surplus)。

圖 11-5，土地的供給量自然存在且固定，故其供給價格為零——即不給付土地任何報酬，其供給量仍是存在不變。土地的供給與需求決定的市場均衡價格為 R^*，故經濟地租為 OR^*EH^*。

圖 11-6，縱軸代表要素價格，橫軸代表供給不是彈性無限大的生產要素（如資本）。若生產要素的市場均衡價格為 P_f^*，雇用量為 F^*，總報酬為 $OP_f^*EF^*$，其中 $OGEF^*$ 為提供 F^* 數量生產要素所需的機會成本（或只要給付 $OGEF^*$ 的報酬，則供給量為 F^*），GP_f^*E 就是 F^* 數量的生產要素所得到的經濟地租，其性質不同於供給完全固定之土地的地租，因此

又有準租 (quasi rent) 之稱❷ 。〔如果圖 11-6 為產品市場, 則 GP_f^*E 的面積稱之為生產者剩餘 (producer's surplus)。〕

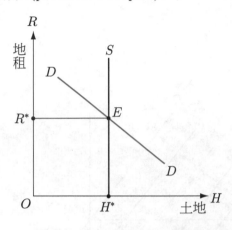

圖 11-5　供給完全有限之生產要素的經濟地租

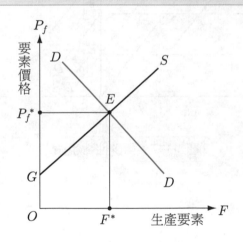

圖 11-6　供給不是彈性無限大之生產要素的經濟地租

二、地租的決定

有人認為地租是由於土地的供給相對於土地的需求稀少而產生的, 稱

---

❷ 準租的嚴格定義為: 對短期供給固定但長期供給可變之生產要素的超額報酬──即實際價格與供給價格 (或機會成本) 之間的差額。

之為稀少性地租論 (theory of scarcity rent)；也有人認為地租是由於土地的生產力或位置的不同而產生的，稱之為差等地租論 (theory of differential rent)。

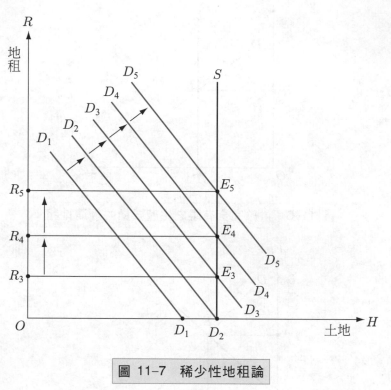

圖 11-7　稀少性地租論

㈠稀少性地租論

此論認為地租的來源始於土地的供給有限——即供給完全缺乏彈性，因此決定地租的因素，完全是由於對土地的需求而產生。因為土地的供給，在短期間是絕對固定的，即使在長期間，其改變也很微小，因此地租的特性是：地租隨土地需求的改變而改變。

圖 11-7，在土地供給完全固定下，若土地需求為 D_1D_1，表示土地的需求小於供給，在這情況下，地租為零，即使用土地不需要付出任何代價。直到土地的需求為 D_2D_2 時，縱使不付地租，土地的需求仍等於供給，所以地租仍然為零。當土地的需求增至 D_3D_3 時，若地租仍然為零，則土地

的需求大於供給，因為土地的供給有限，所以有了 R_3 的地租產生。當土地的需求隨人口、用途的增加而如 D_4D_4、 D_5D_5 不斷提高時，地租隨土地需求的增加不斷提高至 R_4 或 R_5。因此，由於土地的供給相對於需求具有稀少性，而有地租產生。

(二)差等地租論

此論認為土地的數量不僅有限，且品質亦非一致，地租乃因土地生產力的差異而產生。有的土地肥沃度高，生產力大；有的土地交通便利、人口集中，座落的位置好。人們首先利用生產力最大，位置最好的第一級土地。隨著人口的增加，經濟活動的擴張，人們開始利用較差之第二級生產力或位置的土地時，第一級的土地立即產生地租，而地租的大小視第一級與第二級土地間的產出或位置利弊的差額而定。依此類推，各級土地間產出或位置利弊的差額即為差等地租。

假設社會有如圖 11-8 的五塊土地，只利用第一塊土地而產出 R_1 時，並無地租發生。當利用到第二塊土地而有 R_2 產出時，有第一塊與第二塊土地產出的差額 R_2R_1 發生，此即為差等地租。若社會五塊土地全部使用，而第五塊土地的產出為 R_5，則以第五塊土地的產出為基礎，其餘四塊土地分別依其生產力的高低而支付 R_5R_1、R_5R_2、R_5R_3、及 R_5R_4 的差等地租，邊際土地──即第五塊土地，則不須支付任何地租。

有人批評差等地租本質上還是一種稀少性地租的性質。因為肥沃度高、位置好的土地供給相對其需求稀少，才產生對次級土地的需求，而有差等地租發生。如果生產力、位置一樣的土地供給無限，則不會有差等地租發生。事實上，地租的產生，在所有土地均完全同質的情況下，是由供給有限所引起；但如果土地並非同質且各級土地的供給有限，是由供給有限與生產力差異共同作用而肇致的。

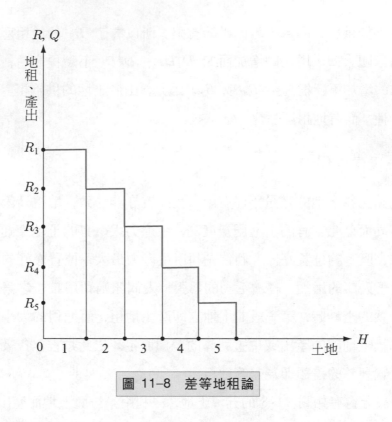

圖 11-8　差等地租論

三、地租的爭論

　　地租到底是一種剩餘或成本呢？有人認為地租是一種剩餘。因為即使不給付土地任何報酬，它的供給仍然存在，土地的供給不是價格（地租）的函數，地租的高低對土地的供給量毫無影響，所以地租是一種剩餘。

　　有人認為社會的土地供給是固定的，相對於需求而言其具有稀少性。為取得土地的使用權，就必須付出代價，且對於利用價值高的土地，必須支付較高的地租，故地租是一種使用土地的成本。

　　以上兩者的爭論實在由於觀點的不同而產生。從總體（社會）的觀點而言，土地的存量是固定的，不支付任何報酬其供給仍然固定存在，因此地租是一種剩餘。從個體的觀點而言，土地可作不同的用途，必須支付地租，才能取得使用權，故地租為一種成本，它具有使土地作最適派用的功能。

四、地租的功能

從總體的觀點，地租的存在對土地的供給與生產力並沒有影響，所以地租沒有經濟的功能 (economic function)——即不具誘因的功能。例如，工資的上升，會使勞動的供給增加，生產力提高；工資的下降，會減少勞動的供給，使生產力降低，所以工資對勞動的供給與生產力有經濟的功能產生。但是，對地租而言，提高地租並不會使土地的供給增加，生產力提高；降低地租亦不會使土地的供給減少，生產力降低，因此地租不發生經濟功能。

從個體的觀點，地租是一種使用成本，具有派用土地資源的功能。因為一方面，所付的地租愈高，愈容易取得土地作為某種用途；另一方面地租愈高，成本愈大，生產者必須對其租用的土地作最有效的使用，故地租具有派用資源的功能。

五、土地的價格

土地本身的價格不同於土地的使用價格——地租，吾人可以市場利率將未來的地租收入予以折現，而估算出土地的價格，以式子表示為：

$$P = \frac{R_1}{(1+r)} + \frac{R_2}{(1+r)^2} + \cdots + \frac{R_n}{(1+r)^n}$$

上式中，P 代表土地價格，r 代表市場利率，$R_i, i = 1, 2, \cdots, n$，代表每年的地租收入。由於土地可以無限期使用，故其地租收入可以延伸至無限年。設每年的地租收入與市場利率均維持不變，則上式可以簡化為：

$$P = \frac{R}{(1+r)} \left[1 + \frac{1}{(1+r)} + \frac{1}{(1+r)^2} + \cdots + \frac{1}{(1+r)^{n-1}} \right]$$

$$= \frac{R}{(1+r)} \left[\frac{1 + (\frac{1}{1+r})^n}{1 - \frac{1}{1+r}} \right]$$

因 $1 + r > 1$，所以 $\left(\frac{1}{1+r}\right)^n \approx 0$，得到

$$P = \frac{R}{1+r} \left(\frac{1}{\frac{r}{1+r}} \right) = \frac{R}{r}$$

上式表示土地的價格等於每年的地租收入除以市場利率。在其他情況不變下，土地價格與地租呈正變的關係，與利率呈反變的關係。這種以市場利率及地租收入來折算土地價格的概念，可以推廣至任何收入期限無限之資產價格的計算（如無限期的政府公債），此種折現過程又稱之為資本化 (capitalization)。

重 要 名 詞

工資	工資率
貨幣工資	實質工資
非競爭集團	工會
地租	經濟地租
稀少性地租	差等地租
剩餘地租	資本化

摘　　要

1. 生產要素的價格不僅決定生產要素的雇用量，更決定社會的所得分配。

2. 工資的高低決定於勞工邊際生產力的大小，邊際生產力的大小則受每一位勞工所擁有的資本、自然資源、技術水準、勞工本身的素質、及組織管理等因素的影響。

3. 在自由市場經濟，工資有歸於一致化的趨勢，但仍有差別性存在，其原因在於非競爭集團的存在、工作條件的差異、技術與技能的差異、及市場不完全等因素的存在。

4. 各產業工資水準與勞動雇用量的決定，會因產品市場與勞動市場組織型態的不同而有很大的差異。在產品市場與勞動市場均為完全競爭下，勞動得到合理的工資報酬，廠商雇用了最大數量的勞動。

5. 勞工成立工會的目的在於謀求勞工的福利，其措施包括有提高工資、縮短工時、增進福利、改善工作環境、工作保障、參與企業、及技能訓練等。

6. 工會可以增加勞動需求、減少勞動供給、限制最低工資、及對抗勞動獨買或寡買等途徑來提高工資。

7. 地租長久以來一直受到爭論，經濟學上所稱的地租有狹義與廣義之分，前者是指對於使用供給完全缺乏彈性之生產要素的報酬，後者是指供給彈性不是無限大之生產要素的市場均衡價格與其願意供給價格（或機會成本）之間的差額。

8. 稀少性地租論認為：由於土地的供給相對於需求顯得稀少，而有地租產生，地租隨土地需求的增加而提高。差等地租論認為：由於優等土地的生產力與邊際土地生產力的差異，而有差等地租發生，土地的生產力差

異愈大，地租也就愈高。

9. 從總體的觀點，即使不支付地租，土地的供給仍然存在，故地租是一種剩餘，並不具有誘使供給增加的經濟功能；從個體的觀點，由於土地供給有限且可作不同用途，唯有支付地租才能取得使用權，故地租是一種成本，具有妥適派用資源的功能。

問題練習

1. 決定勞工邊際生產力高低的因素有那些？工資為何會有差異？

2. 試以圖解就勞動市場與產品市場均為完全競爭的情況，討論廠商均衡勞動雇用量與工資的決定。

3. 試述工會成立的目的。工會提高工資的方法有那些？會產生怎樣的經濟後果？

4. 什麼是地租？它是如何產生的呢？有人說地租是一種剩餘，這是什麼意思？你的看法如何？

5. 試從總體與個體的觀點分析地租的功能。如何由地租來估算土地的價格呢？

第12章 要素價格與所得分配 ——利息與利潤

上一章，我們討論了勞動與土地兩種生產要素之雇用量與價格的決定。在本章，我們繼續討論資本與企業家精神兩種生產要素之雇用量與價格的決定，並分析有關所得分配的一些問題。

第1節 利息理論

一、利息的產生

貨幣資本 (money capital) 用於生產，其所應得的報酬就是利息，利息因此是對貨幣資本所提供之勞務的報酬。利息等於貨幣資本的使用價格——利率與資本額的乘積，貨幣資本的使用價格並非是一種絕對的數量，而是一種對本金的百分比的關係，稱為利率。因此，貨幣資本的使用價格是以百分率作為其計算的單位。

雖然利息是指使用貨幣資本的代價，但貨幣本身並不是一種生產資源，

並不具生產性。吾人對貨幣支付利息乃是因為可以藉貨幣資本來購買實物資本——機器、廠房等生產設備，以從事生產而獲得收入。因此，實際上利息的支付，是付給透過貨幣資本而獲得之實物資本財貨的報酬。

利率的高低與貨幣資本所獲得之資本財貨的生產力有關，即利率決定於資本財貨之邊際生產力的高低。資本財貨的邊際生產力大，表示貨幣資本的邊際報酬高，則利率高；資本財貨的邊際生產力小，表示貨幣資本的邊際報酬低，則利率低。古典理論認為，在完全競爭下，長期間整個社會所有的資本財貨的邊際生產力會趨於均等，而使利率趨於一致，此利率水準即為自然利率 (natural rate of interest)。自然利率可以無風險的長期證券利率為代表——如政府的長期公債利率，但事實上，在真實的社會裏，利率並非是單一的，而是一種利率結構 (structure of interest rate)，即會有高、低不同的利率存在。

二、差別利率的決定因素

如前所述，在完全競爭下，利率雖有趨於一致的趨勢，而實際上利率是有差別的。引起利率差別的原因主要有以下的因素：

1.風　險

利率與貸款呆帳的風險呈增函數的關係，即風險的程度愈大，利率愈高；風險的程度愈小，利率愈低。對於風險較大之貸款所得到之額外較高利率報酬的部分，稱之為風險貼水 (risk premium)，是對承擔風險的一種報酬。

2.時　間

利率與貸款時間呈增函數的關係。因為時間愈長，所冒貸款呆帳的風險愈大；時間愈短，所冒貸款呆帳的風險愈小。是故，在其他情況一定下，通常是長期貸款的利率較高，短期貸款的利率較低。

3.數　額

貸款數額愈大，相對所需的行政管理費用愈少，利率愈低；貸款數額愈小，相對所需的行政管理費用愈多，利率愈高。

4.租稅負擔

政府對不同的信用工具（債券）課徵不同的稅率，租稅負擔不同，也會導致利率不同。

5.流動性

流動性是指資產變現的能力。擁有的債權變現愈容易，流動性愈高，則利率愈低；債權變現愈不容易，流動性愈低，則利率愈高。

三、均衡利率的決定

雖然實際的經濟社會有差別利率存在，但為了分析方便起見，我們假設社會只有「單一利率」存在，這利率就是均衡利率。有各種的理論說明社會的均衡利率是如何決定的，以下我們僅介紹可貸資金利息理論 (loanable funds theory of interest) 與流動性偏好利息理論 (liguidity preference theory of interest)。

㈠可貸資金利息理論

新古典學派認為利率是由資本市場中可貸資金的需求與可貸資金的供給所決定，可貸資金的需求代表新債券的供給，其與利率呈減函數的關係；可貸資金的供給代表新債券的需求，其與利率呈增函數的關係，因此新債券的供給與需求達到均衡所決定的就是資本市場的均衡利率。

圖 12–1，DD 代表各經濟部門對可貸資金的總合需求曲線，其背後隱含各經濟部門在產品市場上對資本財與耐久消費財貨的投資總需求 (I)，等於新債券的總供給 (B^s)；SS 代表各經濟部門對可貸資金的總合供給曲線，亦即代表資本市場上各經濟部門的儲蓄總供給 (S)，等於新債券的總需求 (B^d)。由可貸資金的供給與需求，決定社會的均衡利率 r^*，可貸資金

數量 M^*。

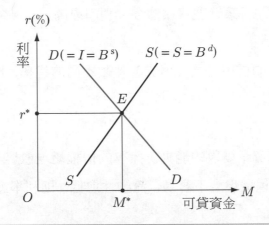

圖 12–1　可貸資金的需求等於供給決定均衡利率

㈡流動性偏好利息理論

　　貨幣具有完全的流動性，保有貨幣可以滿足人們日常生活對交易、預防、及投機動機的貨幣需求。要使人們放棄持有貨幣改而持有其他流動性較低的資產，必須給予他們利息報酬，以補償其放棄流動性所作的犧牲。在一定的所得水準及流動性偏好程度下，人們基於交易、預防、及投機等動機的貨幣需求，與利率水準呈減函數的關係。

　　圖 12–2，$L(\overline{Y})$ 代表一定的所得水準 $\overline{Y}$ 及流動性偏好程度 L 時的貨幣需求（或流動性偏好）函數。如果貨幣供給是 M^S，則決定的社會均衡利率為 r^*，貨幣供給 OM^S 等於貨幣需求 r^*E。在所得水準及貨幣供給 M^S 一定下，如果流動性偏好程度由 $L(\overline{Y})$ 增強為 $L'(\overline{Y})$，則均衡利率提高為 r_1；在流動性偏好程度及所得水準一定下 $L(\overline{Y})$，如果貨幣供給由 M^S 增加為 $M^{S'}$，則均衡利率降低為 r_2。

　　由於貨幣需求為名目利率的函數，所以流動性偏好理論所決定的為一名目利率。再者，中央銀行可以執行貨幣政策，操縱貨幣供給量，以影響市場利率。因此，流動性偏好理論下，利率可說是一種管理價格。

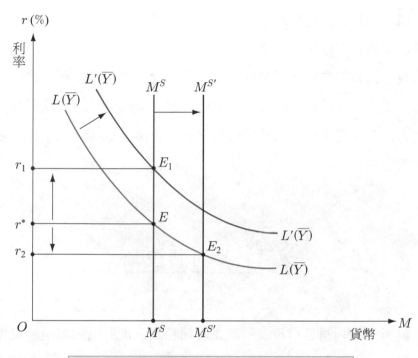

圖 12-2　貨幣的需求等於供給決定均衡利率

四、利率的功能

利率在自由市場經濟制度下，無論在經濟穩定、成長、所得分配、或資源派用等方面，均扮演相當重要的角色。歸納而言，其功能有：

㈠引導投資，改變經濟情況

在一定的投資報酬率下，利率的改變，會使投資改變，而影響全經濟的就業、產出、成長、及穩定。在一定的投資預期報酬率（投資的邊際效率）下，利率下降，將使投資增加，可以增加就業、產出，促進經濟成長。

㈡影響資源的派用

商業銀行對不同產業的放款，採取不同的利率，將會影響社會資源的

派用。例如，對資訊產業的貸款採低利率政策，將增加其投資；對石化產業的貸款採高利率政策，將減少其投資。

事實上，有時候社會資源的派用並不能受到利率的支配。例如，政府基於國家安全、社會利益的考慮，會把資金投資於某些經濟效率並不是最高的地方；大公司往往可以較低的利率取得資金，故其資金並非一定作最有效率的運用。

第 2 節　利潤理論

這裏所謂的利潤是指經濟利潤或超額利潤，是對企業家精神這種生產要素的報酬。任何一種生產活動的報酬都是對使用生產要素的報酬，但利潤這種報酬不像工資、地租、或利息那樣穩定，它可能為正，也可能為負，視企業的總收入與總成本的差額而定，是一種剩餘的價值，是給予經營企業而負擔風險之企業家的一種獎勵或懲罰。

一、企業家與利潤

在早期，古典學派的經濟學者，時常將利息與利潤混為一談，而不作明確區分。因為在當時，現代的企業公司組織型態尚未產生，資本家本身也就是生產者、企業家，他們將自己的時間、土地、房舍、及資本投入生產之中，總收入扣除明顯成本後，若有剩餘全歸資本家所有，而這剩餘中有多少是對資本家所花時間的報酬——隱含工資，多少是對其土地、房舍的報酬——隱含地租，多少是對其資本的報酬——隱含利息，多少是真正的利潤剩餘，資本家們並未加以區分，而當時的經濟學者亦因未對企業家精神這種生產因素予以重視，所以也就將利潤視為對資本利息報酬的一部分。

到了二十世紀，公司組織已成為一種普遍流行的企業組織，聰明且願擔負風險的才智之士——企業家，雖然沒有資本，但可與資本家結合，創立公司，把企業的管理權與所有權分開，將給予資本家的利息報酬作另外的成本歸項。因此，總收入扣除工資、地租、及利息後的剩餘，就是對企業家經營企業的報酬。這種利潤報酬，看起來似乎是一種無償的報酬，但對現代社會而言，這種企業家精神是公司組織發展、經濟進步的中堅，而這種中堅表面上雖然看不出來，但其對經濟社會的貢獻卻是無可限量的。利潤是對企業家精神的報酬，而企業家精神包括有：

1.組織企業能力

企業家是企業的組織者，他將生產要素予以組合而從事產品的生產。

2.創新能力

企業家組織企業之後，要想賺取利潤，必須推陳出新，這就需要創新的能力。

3.冒險的精神

企業家除了有組織企業與創新的能力外，尚須要有魄力，有承擔風險的勇氣，才能將計畫付諸實現，才有賺取利潤的機會。

一位具有高度企業組織、創新能力、及冒險精神的企業家，其賺取利潤的機會愈大；反之，缺乏企業組織、創新能力、及冒險精神的企業家，其賺取利潤的機會愈小，甚至會有虧損發生。

二、利潤的來源

利潤如何產生？對於這一問題學者間有以下的幾種說法：

㈠由獨佔而產生

在完全競爭的長期均衡下，由於市場訊息完全，資源具有完全流動性，可以自由加入產業生產，所以廠商沒有經濟利潤存在。但在獨佔市場，由

於廠商不能自由加入生產，資源非可完全流動，獨佔廠商因此可以對其產品訂定較高的價格而賺取利潤。但是，政府公用事業或專賣獨佔與私人獨佔的利潤性質不同。私人獨佔，利潤的產生使社會大眾利益受損，而政府獨佔利潤的產生是賺之於民，用之於民。政府的獨佔利潤也是理財的方法之一，可以增加政府收入，使租稅負擔得以減輕，若沒有政府獨佔利潤的存在，人民的租稅負擔可能必須加重。

(二)創新理論

將發明 (invention) 加以實際應用就是創新 (innovation)。在經濟上，創新包括有：①新產品的推出，②產品品質的改善，③更有效率的新生產方法，④開闢新的市場，⑤發現可用於生產或更有效率的新資源，與⑥更有效的經營管理或產品銷售方法等活動。

創新活動產生後，企業家投資生產，可以獲得經濟利潤報酬，但創新的利潤往往無法長久存在。因為創新的企業家獲得利潤，經過一段時間後，創新會被他人所模仿，群起投資生產，形成一種所謂的「創新叢」引起市場激烈的競爭，最後創新的利潤會在競爭中消失。不過，在一個動態社會的成長過程中，創新永遠不會停止，當某一個創新利潤消失後，會有另一個創新接踵而至，因此廠商經常有利潤產生。這種由於創新或技術進步而產生的利潤，對社會的進步，經濟的成長，有很大的貢獻，是任何經濟社會所鼓勵的。

(三)不確定理論

企業家經營企業時常會遇到許多變化不定的情況，其中有些不利情況的發生是可以或然率或機率 (probility) 加以預測的——如水災、火災、竊盜、罷工等，稱之為風險 (risk)。對可預知的風險，企業家可採取保險的方式，將其化為一種固定成本，在此情形下，不會有利潤與虧損發生。有些情況的發生則無法加以預測——如石油漲價、戰爭、政府政策的改變、消

費者偏好的改變等，因此無法加以事先保險，稱之為不確定 (uncertainty)，所以不確定可說是一種無法預測的風險，利潤與虧損就是企業家承擔不確定的結果。企業家願意承擔不確定風險，若獲得利潤，則是對經營企業成功的一種獎勵；若招致損失，則是對經營企業失敗的一種懲罰。

三、利潤的功能

經濟學上，我們假設消費者以追求最大效用滿足、生產者（企業家）以追求最大生產利潤、生產要素所有者以追求最大要素報酬為目標，這些假設被認為是進行經濟分析所必須且是合理的。但事實上，企業家利潤的獲得，時常招致社會的批評與攻擊，馬克思 (K. Marx) 甚至依據勞動價值理論，認為利潤是一種剩餘價值 (surplus value)，是資本家剝削勞工的結果，完全否定利潤的經濟功能的存在。

顯然地，馬克思還是將資本家與企業家混為一談，忽略了企業家精神是生產過程中一種生產性的投入要素，而誤認為有資本就能雇用勞工生產，就能賺取利潤，所以才對利潤採反對、否定的立場。事實上，只要對企業家精神有正確的認識，就會認同利潤的存在是合理且必須的。因此，現代的經濟學家對自由市場經濟制度下的利潤，均持積極、肯定的態度，認為利潤具有以下的功能：

㈠促進資源有效派用

生產者為了追求利潤，在需求方面，必須配合消費者的慾望而生產；在供給方面，會努力改進生產技術，降低生產成本。如此，可使社會資源作最有效的派用。

㈡促進創新

企業從事創新活動是一種手段，追求利潤才是目標。因為創新成功，

可以獲取利潤，因此提供企業從事研究、發明的誘因，誘導企業進行投資，進而促進經濟繁榮、成長。

㈢推動經濟成長

晚近，由利潤產生的未分配盈餘，是企業投資資金的主要來源。利潤增加，使未分配盈餘增加，投資增加，資本累積增加，經濟成長加速。

第3節 要素報酬與所得分配

任何一個社會無論其經濟發展的程度如何高，仍不免有貧窮的存在。即使沒有絕對的貧窮 (absolute poverty)，也有相對的貧窮 (relative poverty)，這種相對的貧窮是由於所得分配不均的結果，就是在共產社會中，也無法完全消除這種相對的貧窮。如何在追求經濟發展的過程，同時達成所得分配的平均，一直是社會思想家、政治家、及經濟學家們所重視的問題與所面臨的挑戰。

一、功能與個人所得分配

傳統上，分析所得分配的兩個方向，一是個體觀點的個人所得分配，一是總體觀點的功能所得分配。

㈠個人所得分配

個人所得分配 (personal income distribution) 的研究是以家庭為單位，因此又稱為家庭所得分配 (family income distribution)，表示所得在個別家庭間的分配情形。一個家庭擁有的生產要素愈多、品質愈高，其所得也就愈

高。家庭所得可以寫成 $Y = f(y_1, y_2, \cdots, y_n)$ 的函數關係，表示家庭所得由不同的所得來源 $y_1, y_2, \cdots, y_n$ 等所構成，但習慣上，將家庭所得歸納為財產與勞動所得兩個來源構成。一般所謂的所得分配不均，或是貧富不均，實際上就是指家庭所得分配的不平均度而言。

(二)功能所得分配

功能所得分配 (functional income distribution) 是對生產要素在生產過程中的貢獻所給予的報酬，而生產要素報酬的高低，決定於：①生產要素的邊際生產力，②要素市場的供需，及③社會的制度、組織、法律、或風俗習慣等非經濟因素。依功能所得分配，可以決定工資、租金、利息、及利潤的報酬佔國民所得的配份。由於每一種生產要素在生產過程中各有不同的貢獻，因此分別歸屬於勞動、土地、資本、及企業家精神的功能所得分配佔國民所得的比例，也就各不相同。

在長期間，由於經濟結構的轉變、生產技術的轉變、企業組織型態的改變、生產要素供需的消長、或政府參與經濟活動的改變，將使勞動、土地、資本、及企業家精神的功能所得分配發生改變。一般而言，功能所得分配中，以工資佔國民所得的比例最高，以美國為例，此項比例穩定維持在 70% 至 75%之間。

由經濟發展愈資本化的觀點來看，資本化的結果會使工資佔國民所得的比例下降；但由經濟發展愈來愈工業化及都市化的觀點來看，工業化及都市化的結果會使工資佔國民所得的比例提高。因為在農村裏，農民的所得算作是資本所得而非視同工資所得的，在經濟發展過程中，工業化、都市化的程度提高，農村退化，農村勞動力移往都市就業，成為工業生產的勞工，而勞工的所得是一種純工資。因此，愈工業化、都市化的國家，其工資佔國民所得的比例愈高。1952 至2001 年，臺灣受雇人員之報酬（工資）佔國民所得的比例由 38.2% 上升至 54.7%[1]　，這種現象正與工業化及都

---

[1] 請參閱行政院經建會，*Taiwan Statistical Data Book 2003*，頁52。

市化使工資佔國民所得之比例提高的假說相符合。

功能所得分配中，以利潤佔國民所得的比例最不穩定，其比例的大小隨經濟循環而變動。在經濟繁榮時，企業可獲取較多的利潤，利潤佔國民所得的比例較大；在經濟衰退時，企業獲取的利潤較少，甚至有虧損發生，利潤佔國民所得的比例也就較小。在一個國家經濟發展的過程中，工業與服務業的生產比重將不斷提高，農業生產的比重將不斷下降，因而使功能所得分配中，土地租金所佔的比例不斷地降低，但資本財與耐久消費財租金所佔的比例則不斷地提高。就目前的工業化國家而言，租金在功能所得分配中所佔的比例都是居於最小的地位❷。

功能所得相當於我國行政院主計處所定義的已分配要素所得 (distributed factor income)，其包括受雇人員報酬、產業主所得、及財產收入所得，前二者是個人受雇或自行開業賺取的所得，又稱勤勞所得或基本所得，其佔已分配要素所得的比例大多在 70% 以上；後者則包括土地與利息收入，以及股票的配股、配息，除與個人的投資理財能力有關外，通常也被視為是「不勞而獲」的所得。

二、個人所得分配不均的原因

為何有的人（家庭）所得高，有的人（家庭）所得低呢？社會上貧富不均的現象是如何形成的呢？要尋求解決、改善所得分配狀況的可能途徑之前，我們必須對造成所得分配不平均的原因有所瞭解，而後才能夠對症下藥。一般而言，造成個人所得分配不平均的因素有：

1.能　力

由於先天稟賦的差異與後天教育、訓練的不同，使個人能力有高低之

---

❷ 就臺灣而言，私人財產所得（包括利息、股利、及租金）佔國民所得的比例由 1952 年的 43.6% 降至 1981 年的 20.9%，而後回升至 2001 年的 29.1%。

別。能力高者，生產力大，所得高；能力低者，生產力小，所得低。許多的研究顯示，在各種左右個人所得高低的因素中，教育程度是最主要的一項。因為教育程度愈高者，除了擁有愈多的知識技能外，對掌握資訊、接受新知的能力也愈強。

2.財　富

財富的本身可以產生所得，誰擁有的財富愈多，就可以有愈多的所得收入。因此，上一代遺傳的財富分配不平均，影響下一代的所得分配不平均。在傳統的封建社會，財富是所得分配不均最主要的因素，但到了近代，財富對所得分配的影響愈來愈小，而以個人能力成為最主要的因素。

3.流動性

一個人擁有的生產要素的流動性愈大，所得愈可能提高；流動性愈小，所得愈不可能提高。例如，訊息愈靈通，流動性愈大的勞工，可從低所得的工作轉移到高所得的工作；資本，可從報酬低轉移到報酬高的投資；土地，可從地租低的用途轉移到地租高的用途。

4.幸運與機會

雖然所得的獲取必須靠努力，但幸運與有利的機會，使同樣的努力可以獲得更多的所得報酬。能掌握住好的賺錢機會，會使所得更為提高；不能掌握住好的賺錢機會，難以使所得提高。

5.年齡與社會因素

年齡差別會使所得有差別，年輕力壯者，謀取所得的能力高，所得也高；年紀太輕、缺乏經驗、或年老體衰者，謀取所得的能力低，所得也低。又社會因素，如種族、性別，亦是影響所得高低的因素。

6.工作的條件

由於工作條件的差異，亦會產生所得的不同。如社會地位低、環境差、不安全、假期少、福利少、或風險大的工作，通常其所得報酬較高；反之，社會地位高、環境好、安全、假期多、福利好、或安定的工作，其所得報酬通常較低，但這不可一概而論，會因社會觀念、制度、價值評判等之差異

而不同的。

　　除了以上一般認為是影響所得分配不均的因素外，從現代經濟的觀點來看，規模報酬遞增、生產成本遞減所導致的不完全競爭（獨佔與寡佔）、政府的保護、及社會或政治利益團體的存在，亦是促成所得分配不平均的重要因素。這些經濟或非經濟的力量，使市場機能所決定的所得分配形態並不合於社會所希望的形態。同時，這些因素正是違反完全自由競爭市場機能的力量，故其所決定的所得分配是一種社會次佳的解 (second-best solution)，而非社會期望最佳的巴瑞托最適解 (Pareto optimum solution)。職是之故，我們有正當的理由贊同政府根據多數同意法則，在市場力量之外，以外部的政府力量，來改進社會的所得分配，使其達到或更加接近社會理想的所得分配形態。

三、所得分配不均的測量

　　測量家庭（個人）所得分配不平均的程度，最通常使用的兩種分析工具是羅倫茲曲線 (Lorenz curve) 及吉尼不平均係數 (Gini coefficient of inequality)，這兩種方法其實是相互關聯的。

㈠羅倫茲曲線

　　圖 12–3 是一個正方箱形圖，原點開始，橫軸由左至右將全國家庭依所得由低至高分成五個等級的累計百分數，即每 20% 的家庭戶數累積為一等級；縱軸代表全國所得分配的累計百分數，同樣是由低至高分成五個等級。羅倫茲曲線即為代表家庭戶數累計百分數與稅前所得分配累計百分數之間關係的一條曲線。圖中：

　　⑴ LC_1 對角線，是一條 45° 對角線，代表所得分配絕對平均的羅倫茲曲線，線上任何一點的家庭戶數累計的百分數與所得分配累計的百分數相等。如 20% 的累積家庭戶數得到全國 20% 的所得，80% 的累積家庭戶數

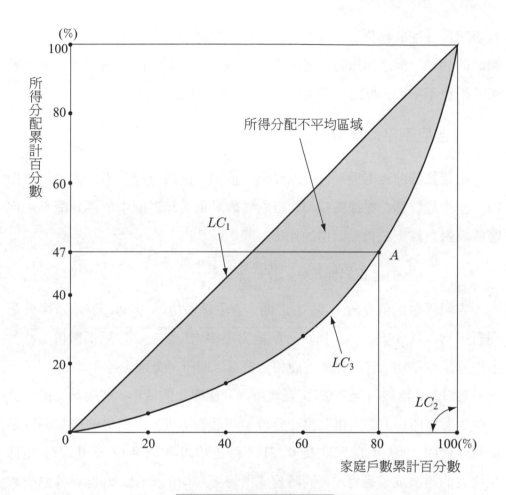

圖 12-3　羅倫茲曲線圖

得到全國 80% 的所得。

(2) LC_2 相互垂直線，是正方箱形圖對角線右邊相互垂直之兩軸所圍成的曲線，代表所得分配絕對不平均的羅倫茲曲線，即 99% 的累積家庭戶數的所得為零，而極少數不到 1% 的累積家庭戶數獲得了全部的所得。

(3) LC_3 曲線，代表社會實際所得分配的羅倫茲曲線，如在 A 點， 80% 的累積家庭戶數佔全國所得分配的 47%，而少數 20% 的累積家庭戶數佔全國所得分配的 53%。

　　一般而言，所得分配愈平均，則羅倫茲曲線愈接近正方箱形圖的對角線；所得分配愈不平均，則羅倫茲曲線愈遠離正方箱形圖的對角線。代表

實際所得分配的羅倫茲曲線與代表所得分配絕對平均的羅倫茲曲線之間所圍成的面積，稱之為所得分配不平均區域。此一區域的面積愈大，表示所得分配愈不平均；反之，則表示所得分配愈平均。

㈡吉尼不平均係數

由羅倫茲曲線的圖形，可以導出一種測量所得分配不平均度常用的指標——吉尼係數。根據圖12–3，吉尼係數是正方箱形圖中所得分配不平均區域與對角線下三角形面積的比率，即

$$吉尼係數 = \frac{所得分配不平均區域}{對角線下三角形面積}$$

吉尼係數的值介於 0 與 1 之間。吉尼係數值為 0 時，表示所得分配絕對平均；為 1 時，表示所得分配絕對不平均。因此，吉尼係數值愈小，所得分配愈平均，吉尼係數值愈接近於 1，則所得分配愈不平均。

表 12–1 為1964 至2002 年臺灣所得分配變化的情形。在臺灣，第五分位組（最高所得）之所得為第一分位組（最低所得）之所得的倍數與吉尼係數分別從 1964 年的 5.33 及 0.321 下降至1980 年的 4.17 及 0.277。這種在快速的經濟成長過程中，同時達成所得更平均的分配，乃世界各國少有的現象。但是，自 1981 年起，臺灣的所得分配開始惡化，尤其是 1986 年開始的投機風潮與金錢遊戲，導致不動產與股票價格的狂飆，因而使得臺灣的所得分配急速惡化。至 2002 年，第五分位組之所得為第一分位組之所得的倍數與吉尼係數已分別上升至 6.16 至 0.345，這種所得分配惡化的趨勢值得社會的重視，並應設法改善❸。

---

❸ 臺灣過去的貧富不均度低於韓國，現在則比韓國更高，吉尼係數南韓 2001 年為 0.31，日本 1999 年為 0.28；亞洲國家除了南韓、日本之外，貧富差距惡化程度都較臺灣嚴重，如中國大陸、香港、新加坡、泰國的吉尼係數都超過 0.4，馬來西亞的數字更逼近 0.5。若跟先進國家比，臺灣的所得不均度優於美、英，但遠遜於北歐國家，芬蘭、挪威等國的高低所得差距都低於 4 倍。

表 12-1 臺灣的所得分配狀況

年 別	可支配所得按戶數五等分位組之所得分配比 (%)					第五分位組為第一分位組之倍數（倍）	吉尼係數
	1 最低所得組	2	3	4	5 最高所得組		
1964	7.71	12.57	16.62	22.03	41.07	5.33	0.321
1968	7.84	12.22	16.25	22.32	41.37	5.28	0.326
1970	8.44	13.27	17.09	22.51	38.69	4.58	0.294
1972	8.60	13.25	17.06	22.48	38.61	4.49	0.291
1974	8.84	13.49	16.99	22.05	38.63	4.37	0.287
1976	8.91	13.64	17.48	22.71	37.26	4.18	0.280
1977	8.96	13.48	17.31	22.57	37.68	4.21	0.284
1978	8.89	13.71	17.53	22.70	37.17	4.18	0.287
1979	8.64	13.68	17.48	22.68	37.52	4.34	0.285
1980	8.82	13.90	17.70	22.78	36.80	4.17	0.277
1981	8.80	13.76	17.62	22.78	37.04	4.21	0.281
1982	8.69	13.80	17.56	22.68	37.27	4.29	0.283
1983	8.61	13.64	17.47	22.73	37.55	4.36	0.287
1984	8.49	13.69	17.62	22.84	37.36	4.40	0.287
1985	8.37	13.59	17.52	22.88	37.64	4.50	0.290
1986	8.30	13.51	17.38	22.65	38.16	4.60	0.296
1987	8.11	13.50	17.53	22.82	38.04	4.69	0.299
1988	7.89	13.43	17.55	22.88	38.25	4.85	0.303
1989	7.70	13.50	17.72	23.07	38.01	4.94	0.303
1990	7.45	13.22	17.51	23.22	38.60	5.18	0.312
1991	7.76	13.25	17.42	22.97	38.60	4.97	0.308
1992	7.37	13.24	17.52	23.21	38.66	5.24	0.312
1993	7.13	13.12	17.65	23.44	38.66	5.42	0.316
1994	7.28	12.97	17.41	23.18	39.16	5.38	0.318
1995	7.30	12.96	17.37	23.38	38.99	5.34	0.317
1996	7.23	13.00	17.50	23.38	38.89	5.38	0.317
1997	7.24	12.91	17.46	23.25	39.14	5.41	0.320
1998	7.12	12.84	17.53	23.24	39.26	5.51	0.324
1999	7.13	12.91	17.51	23.21	39.24	5.50	0.325
2000	7.07	12.82	17.47	23.41	39.23	5.55	0.326
2001	6.43	12.08	17.04	23.33	41.11	6.39	0.350
2002	6.67	12.30	16.99	22.95	41.09	6.16	0.345

資料來源：行政院主計處，《家庭收支調查報告》。

重 要 名 詞

自然利率	可貸資金
利潤	創新
不確定	風險
剩餘價值	絕對貧窮
相對貧窮	個人所得分配
功能所得分配	羅倫茲曲線
吉尼係數	

摘　　　要

1. 利息是給付貨幣資本參與生產活動的報酬，以利率為衡量尺度。利率的高低決定於貨幣資本所購買之實物資本的邊際生產力高低。在完全競爭下，古典學派認為長期間實物資本的邊際生產力終將趨於均等，而使整個社會趨於單一的自然利率。

2. 實際的經濟社會並非單一利率，而是差別的利率結構存在。利率之所以會有差別，乃是因每一筆貨幣資本所面對的時間、風險、數額、租稅負擔、及流動性不同而產生。

3. 利率是一種價格，因此具有派用資源的功能，而利率高低所引起投資數量的改變，更影響到經濟情況的盛衰與未來的經濟成長。

4. 利潤是對企業家提供組織企業、創新、及承擔風險等企業家精神的一種報酬。對於利潤的發生有產品獨佔、創新理論、及不確定理論等不同的看法。

5. 在自由市場經濟，利潤如同其他生產要素的價格一樣，具有積極的經濟功能，而非純然是一種剩餘價值。利潤的存在可以促進社會資源有效派用、促進創新、並推動經濟成長。

6. 市場所決定的生產要素的價格與雇用量，在個體方面，決定了社會的個人或家庭所得分配；在總體方面，決定了不同生產要素的功能所得分配。如何在經濟成長的過程中，追求個人所得分配的平均，一直是社會大眾所關切的課題之一。

7. 個人所得分配不均，最主要的是因每個人的能力、財富、流動性、幸運與機會、年齡與社會因素、及工作條件的不同而產生。但是，規模經濟、獨佔與寡佔、政府保護、及利益團體的存在，亦是近代促成所得分配不

均的重要因素。

8. 測定個人所得分配不平均的程度，最常使用的是羅倫茲曲線與吉尼不平
　均係數。羅倫茲曲線愈接近箱形圖的對角線，吉尼係數的值愈接近於零，
　均表示社會的個人所得分配愈平均。

1. 什麼是自然利率？為何利率會有高低不同的差別？

2. 試闡釋可貸資金利息理論之均衡利率的決定。

3. 試闡釋流動性偏好利息理論之均衡利率的決定。

4. 何謂企業家精神？其與利潤有何關係？

5. 試由不同的觀點說明利潤是如何產生的。有人認為利潤是一種剩餘價值，你的看法如何？

6. 何謂個人所得分配？何謂功能所得分配？所得分配為何不能絕對平均而有不均的現象存在？

7. 試以羅倫茲曲線與吉尼不平均係數說明所得分配的狀況。

第13章 國民生產與所得

　　一個國家或社會，在歷經一段時間的經濟活動之後，對其在這一段期間的經濟活動績效 (economic performance)，有加以測度的必要。一方面藉以衡量一國國力的大小及經濟福利的高低，同時對於全盤經濟的產出、就業、及物價水準能夠有所瞭解，以利經濟政策之採行。經濟績效的測度有各種不同的概念，如國民產出、國民所得等，但是最常見且廣泛使用的則是國民生產毛額 (gross national product, *GNP*)，或國內生產毛額 (gross domestic product, *GDP*)。

第1節 國民與國內生產毛額

一、定　　義

　　所謂國民生產毛額是指：一個國家或經濟社會 (economic society)，在一段時間內，全部生產之最終財貨與勞務的市場總價值，包括本國居民在

國外所生產的，但不包括外國居民在本國所生產的財貨與勞務。這一定義有以下幾點要旨：

1.總體的概念

表示整個國家或經濟社會所從事之經濟活動的總績效。

2.一段時間

通常指 1 年，但亦可以半年或1 季為基準，視所研究的問題需要而定。由於衡量的為一段時間內，所以國民生產毛額為一流量變數 (flow variable)。

3.最終財貨與勞務 (final goods and services)

指不再加工，而可供作為最後需求、使用的製成品，不包含中間財貨 (intermediate goods) 與原料。

4.市場總價值

一個國家或社會有千千萬萬種的財貨與勞務，吾人無法以實物型態一一加以計算加總，而只計算經過市場交易而有價格記錄的財貨與勞務總值，若干保留自用或未上市之零星財貨與勞務的價值則不加計算。

5.計算本國居民在非本國範圍內（境內）所生產的財貨與勞務，但不計算外國居民在本國範圍內所生產的財貨與勞務

這是國民生產毛額之「國民」一詞的含意。如果我們計算本國國土範圍內所生產的財貨與勞務時（包括外國居民在本國所生產的，而不包括本國居民在國外所生產的財貨與勞務），則所計算的總價值稱之為國內生產毛額❶。由於國內生產毛額較之國民生產毛額更能準確反映一國境內經濟活動的榮枯狀況，國內生產毛額因此愈來愈普遍成為經濟分析的對象。

二、避免重複計算

由 GDP 的定義，吾人瞭解 GDP 所計算的並不包括中間財貨，如果

---

❶ 在國民所得的統計上，國民生產毛額與國內生產毛額兩者之間的差額為國外要素所得收入淨額。

將中間財貨也計算入 *GDP* 的話，將產生重複計算 (double counting) 的現象，使得 *GDP* 的總值虛增 (over valued)。為了避免犯這錯誤，並同時能夠準確地估計 *GDP* 的數值，於是估計 *GDP* 的方法有，最終財貨勞務法 (final goods and services approach) 與附加價值法 (value-added approach) 兩種。

以表 13-1 為例。棉籽 → 棉花 → 棉紗 → 棉布 → 成衣計五個生產階段，每一生產階段完成後，將產品銷售可得收入列於(1)欄，每一生產階段的中間財貨成本為前一生產階段的銷售收入〔(2)欄〕，每一生產階段的附加價值為銷售收入與其中間財貨成本的差額〔(3)欄〕。*GDP* 可以市場的成衣價值 35 元計算（最後財貨勞務法），或以生產過程中各階段所創造的價值加總計算（附加價值法）。例如，農場所創造的附加價值分別為種籽 5 元與種籽到棉花的 6 元，共計 11 元；紡紗廠、織布廠、及成衣廠所創造的附加價值分別為 7 元、8 元、及 9 元，所有附加價值的總和為 5 元＋ 6 元 ＋ 7 元 ＋ 8 元 ＋ 9元，等於 35 元，這與最後生產階段成衣的市場價值相同，兩種方法所計算的 *GDP* 一致。如果將每一生產階段的銷售收入加總，則 *GDP* 等於 95 元，等於中間財貨成本與附加價值的加總（95 元 ＝ 60 元 ＋ 35 元），這就犯了重複計算的錯誤，*GDP* 的總值因此虛增 60 元。

表13-1　最後財貨勞務法與附加價值法的 *GDP* 計算

生產階段	銷售收入(1)	中間財貨成本(2)	附加價值(3) ＝ (1) － (2)
棉　　籽	5 元	0 元	5 元
棉　　花	11 元	5 元	6 元
棉　　紗	18 元	11 元	7 元
棉　　布	26 元	18 元	8 元
成　　衣	35 元*	26 元	9 元
總　　計	95 元	60 元	35 元*

三、包括生產性非市場交易，排除非生產性的市場交易

估計 GDP 的目的之一，在於瞭解全國經濟活動的總績效。因此，有一些生產性的活動 (productive activities) 雖未能表現在市場上，卻應被包括於 GDP 計算之中。相反地，有一些市場的交易活動，由於是非生產性的交易 (nonproductive transaction) 行為，應被剔除，而不計算在 GDP 之中，只有經過這些整調後的 GDP，才能較確實地反映當期經濟活動的績效。應計入 GDP 中的非市場生產性活動有：

1.自用住宅的租金

在出租房子的情況下，租金代表對房子所提供勞務的報酬，因此計算於 GDP 之中。自用住宅，雖無市場交易行為，不必給付租金，但房屋確實對房主提供勞務，且其數額龐大，若不將其計算於 GDP 之中，將產生低估 GDP 的現象。因此，須對自用住宅視同出租一般，按市場行情設算 (impute) 其租金，計入 GDP 之中。

2.自營農場自行消費的產品

GDP 只計算經過市場交易的最終財貨與勞務，未上市的生產活動，諸如：庭院種植供自行消費的花卉果菜、自己修補衣服、烹飪等生產活動，一則非為營利（經濟）目的，一則規模太小，種類繁瑣，不易加以計算，因此並不計算於 GDP 之中。但是，自營農場保留自行消費的產品數量很大，又可以一般市價計算，雖未上市，也要設算其價值計入於 GDP 之中。

應排除於 GDP 之外的非生產性交易有：

1.非法交易

如走私、毒品交易是違法的行為，其交易活動於黑市中進行，計算 GDP 時，不予考慮黑市交易❷。

2.金融證券交易

❷ 毒品是社會的惡財貨 (bads)，故不應計入 GDP 之中。

買賣股票或債券的金融交易，只是資產形態由貨幣變成證券，或由證券變成貨幣的一種權利憑證移轉，這些證券的轉移對於當期的生產活動並無貢獻，故不計入 *GDP* 之中。但是，金融交易過程中對經紀商 (broker) 與交易者 (dealer) 的報酬，因屬當期生產性的勞務代價，故應計入 *GDP* 之中❸。

3.二手貨 (second hand used-goods) 交易

這些產品在完成生產時，即已計入當時的 *GDP*，經使用後因轉讓而再次發生交易行為，則無生產性貢獻，不宜重複計算。

4.移轉支付 (transfer payments)

這只是資金在經濟部門間的移轉，並無創造額外的財貨與勞務，不代表當期生產活動的價值，不可計入 *GDP* 之內。

四、調整價格變動: 平減與平升

GDP 是測度每年產出的市場總價值，屬一種貨幣的測量。隨著時間的推進，財貨與勞務的價格將會發生改變，所以即使實質產出並未變動，*GDP* 的數值仍將隨著價格水準的改變而變化。例如，去年所生產的 10 個單位的麵包，每個麵包價格 10 元，在 *GDP* 中計為 100 元；今年仍然生產 10 個單位麵包，但麵包價格漲為 11 元，則在 *GDP* 中成為 110 元。在這種情況下，實質的 *GDP* 仍然是 10 個麵包並未增加，但以貨幣形態所表示的 *GDP* 則增加了 10 元，這增加只是一種純貨幣性的假象，應設法消除。

如何才能分辨 *GDP* 的變動是由於價格或實質產出變動所引起的呢? 一般採用物價（或價格）指數 (price index) 作工具，以區分 *GDP* 的變動中多少是由價格變動而來，多少是由實質產出的變動所引起。所謂物價指數乃是一種以現期 (current year) 價格水準為分子，基期 (base year) 價

---

❸ 經紀商與交易者不同之處在於前者扮演交易媒介的角色，收入來自提供訊息與勞務的佣金; 後者自己從事買賣，由買價與賣價的差額賺取收入。

格水準為分母的百分比。當這比率大於 1（或 100%）時，稱為平減指數 (deflator)，小於 1 時稱為平升指數 (inflator)。

物價指數的計算如下。假設我國的 GDP 只由 A、B、C 三種產品所構成，這三種產品的市場價值佔 GDP 的比例分別為50%、30%、及 20%。若去年A、B、及 C 產品的價格分別為 120 元、100 元、及 50 元，則去年我國的價格水準 (price level) 為120 元 × 0.5 ＋ 100 元 × 0.3 ＋ 50 元 × 0.2 ＝ 100 元〔這種計算方法稱為加權平均 (weight average) 法〕。若今年 A、B、及C 三種產品的市場價值佔 GDP 的比例仍分別為 50%、30%、及 20%，但其價格分別變化為 160 元、80 元、及 30 元，則今年我國的價格水準為：160 元× 0.5 ＋ 80 元 × 0.3 ＋ 30 元 × 0.2 ＝ 110 元。根據去年與今年的價格水準，可以算出相對於去年，今年的物價指數為：$\frac{110 \text{ 元}}{100 \text{ 元}} \times 100 = 110\%$，即去年價格為 1 元的產品，今年的價格為 1.1 元。

根據計算價格水準時所包括之財貨與勞務的性質，而有不同觀念的物價指數。最常使用的物價指數為消費者物價指數 (consumer price index)、批發（或躉售）物價指數 (wholesale price index)、及國內生產毛額物價指數 (GDP price index)。應視所研究的問題，而選用不同的物價指數來進行平減 (deflate) 或平升 (inflate)。

設一個國家在某一年內所生產的 GDP 市場總價值為 960 億元，如物價指數為 120%，吾人可以 120%為平減指數，將名目 GDP 960 億元平減為實質 GDP，即將 960 億元除以 120%，得實質 GDP 800 億元。如物價指數為 80%，可以 80%為平升指數，將名目 GDP 960 億元，平升為實質GDP，即 960 億元除以80%，得實質 GDP 1,200 億元。以現期的名目 GDP 經過平減或平升之後得到實質 GDP，再將它和基期 GDP 相比較，便可瞭解GDP 的變動之中，究有多少是由實質產出變動、多少是由價格水準變動所引起的。例如，上例中如果基期的 GDP 為 700 億元，物價指數為 120%，則 GDP 增加至 960 億元，所增加的 260 億元中， 100 億元

（＝ 800 億元 － 700 億元）為實質產出增加所致，160 億元（＝ 960 億元 － 800 億元）為價格水準上升所致。

五、國內負生產

與國內生產毛額相對的概念是國內負生產毛額 (gross domestic disproduct)，這是指在創造國內生產毛額的過程中，整個社會因為水、空氣受到污染、生態遭受破壞、交通擁擠所生災害、噪音的干擾、及現代都市生活不便等所蒙受的代價總和，它是獲得國內生產毛額所需支付之社會成本的一部分。在近代的經濟分析中，切不可單以國內生產毛額作為經濟福利指標而忽視這種負生產的存在，否則將導致誤覺偏差。

由於負生產的存在，使得有人戲稱國內生產毛額 (GDP) 為國內污染毛額 (gross domestic pollution)。因為現行的 GDP 計算並未將環境污染、天然資源的耗損納入 GDP 的減項，反過來，整治環境污染的費用愈多，GDP 卻愈高。顯然地，傳統的 GDP 已無法準確衡量一國的國民福祉。有鑒於此，聯合國從 1980 年代起開始提倡一套整合環境與經濟的「社會會計帳」，也就是通稱的「綠色國民所得帳」──即綠色 GDP，將環境品質變化與自然資源耗損自 GDP 的計算中予以扣除，期能更準確反映國民經濟的福祉。我國行政院主計處已決定從 2001 年開始公佈綠色 GDP，試算的結果為 1997 年我國的自然資源消耗與環境品質耗損計臺幣 1,453 億元，佔當年臺幣 81,312 億元 GDP 的 1.8%，綠色 GDP 因此為臺幣 79,859 億元 (＝ 81,312 － 1,453)。

六、國民福利指標

用 GDP 來測度一個國家的經濟活動績效有其缺點：

⑴以市場價格計算 GDP，如價格水準變動很大，一般大眾容易對 GDP

造成錯覺。

(2)GDP 只測度市場交易，因此，一個社會的市場經濟愈不發達、商業化程度愈低，或是非法交易活動、地下經濟交易活動愈盛行，GDP 表現出來的將愈不準確而偏低。

(3)GDP 所統計的產品項目及品質隨時間而改變，因此 GDP 在統計上並不適於做長期時間數列 (time series) 的比較。

(4)GDP 只著重實物生產，忽略休閒 (leisure) 的重要。工作時間愈長，GDP 自然愈大，可是休閒的犧牲成了代價。

(5)GDP 不是衡量社會福利的準確指標，它只計算到正面的產出，忽略國內負生產所造成的社會損失。

(6)無法表現一個國家的經濟結構與消費水準。假如雖有同樣的 GDP 產出，但紐西蘭重農牧業，多使用土地，美國重工業，多使用資本，兩國的經濟型態不同；又如美國重民生工業生產，消費水準高，前蘇聯重國防工業生產，消費水準低，這些現象並不能由 GDP 表現出來。

鑒於以上的缺點，GDP 充其量只能代表社會經濟活動的績效，絕不足以代表一個社會經濟福利的高低。因此，美國耶魯大學經濟學家諾德霍斯 (William Nordhaus) 及託賓 (James Tobin)，特將傳統方法所計算出來的 GDP，加上休閒的增加、自己動手（主要是家庭主婦無酬家務工作）的勞務、地下經濟活動的產出、及技術品質的提高等估計價值；減除噪音、水、空氣污染、生態破壞、都市生活的不便、犯罪增加、及道德墮落等設算價值，經過這些調整後的 GDP，稱為經濟福利淨額 (net economic welfare, NEW)。NEW 或較 GDP 來得小，但更能充分反映國民生活素質的改變，是較GDP 為優的國民福利指標。

 國內生產毛額的兩種計算方法

GDP 的計算主要有開支法 (expenditure approach) 及所得法 (income approach) 兩種，前者由開支面計算 GDP，將全社會的家計、企業、政府、及國外等四個經濟部門對本國所生產之財貨與勞務的支出予以加總，得到國內開支毛額 (gross domestic expenditure, GDE)，GDE 等於 GDP；後者由收入面計算GDP，將 GDP 在生產過程中，其所用之勞力、土地、資本、及企業家精神等四種生產要素收入的所得與非所得項目予以加總，得到國內所得毛額 (gross domestic income, GDI)，GDI 等於 GDP。兩種不同的計算途徑，將得到相同結果的 GDP，即 $GDE \equiv GDP \equiv GDI$。

一、開支法

在經濟分析上，我們將全社會劃分為家計、企業、政府、及國外等四個部門，因此，將這四個部門對最終產品的開支予以加總將等於社會的總產出——GDP。

㈠個人消費開支

主要係指家計部門對有形財貨與無形勞務的消費開支。有形財貨包括可使用 1 年以上或可多次使用的耐久財貨 (durable goods)，如汽車、電視機等，與衹可短暫使用（1 年以下）或使用1 次的非耐久財貨 (nondurable goods)，如食物、日用品等。無形勞務雖非實體貨品，但同財貨一般能夠滿足人們慾望，如觀光、醫療、理髮等屬之。

㈡國內私人投資毛額

所謂私人投資主要係針對企業部門而言，但亦包括家計部門的房舍建築在內。經濟學上所謂的投資 (investment)，並非一般人所指買賣股票、債券等的金融投資 (financial investment)，金融投資祇是一種權利憑證的移轉，並不代表當期國內產出的增加。經濟學上所稱的投資，是指可以增加生產能量 (capacity)、創造就業機會的實物投資 (physical investment)，包括有：①資本財購置，如機器、設備、生財器具等的購置；②各項建築 (constructions)，如房舍、辦公室、廠房等的建築；③存貨 (inventory)，包括生產投入（原料與中間產品）與已生產但尚未銷售之產品的庫存，這三個項目的增加❹。

投資有淨投資 (net investment) 與毛投資 (gross investment) 的區別，前者是使資本存量 (capital stock) 增加的部分，後者是淨投資再加上折舊 (depreciation)。以開支法計算 GDP，應以包含折舊的毛投資為準。個人消費開支和國內私人投資毛額總計，稱為私經濟部門開支。

㈢政府開支

指政府部門（又稱公共部門）購買財貨與勞務的消費開支與投資開支，但不包括災害救濟、社會福利、及公債利息支付之類的片面無償移轉支付。私經濟部門開支和政府部門開支總計，稱為國內開支 (domestic expenditures)。

㈣淨輸出

本國向外國購買財貨與勞務稱為輸入 (imports)，本國向外國銷售財貨與勞務稱為輸出 (exports)，輸出與輸入的差額稱為淨輸出 (net exports)，

---

❹ 生產投入存貨可以應付生產波動之需，產品存貨可以應付銷售波動之需，兩者可以使廠商的生產與銷售活動更加順暢，這些存貨為生產的一部分，且廠商已為這些存貨付出費用，所以為廠商投資的一部分。

其值可為正亦可為負。如為正值，則代表外國對本國之財貨與勞務的需求淨額，是本國的淨生產，在 GDP 的計算當然要列作加項；如為負值，則代表本國對外國之財貨與勞務的需求淨額，是外國的淨生產，在 GDP 的計算中當然要列作減項，不能算作本國的生產❺。

　　將國內與國外部門對本國境內所生產之財貨與勞務的開支彙總，便是國內生產毛額。表 13-2 列示開支法計算 GDP 所包含的項目。我國以開支法計算 GDP 為：民間與政府的最終消費支出＋固定資本形成毛額＋存貨增加＋商品及勞務輸出－商品及勞務輸入。將計算出來的GDP 再加上國外要素所得收入淨額，即為 GNP。

表 13-2　國內生產毛額──開支法計算

個人消費開支：
　　　耐久財貨
　　　非耐久財貨
　　　勞務
加：國內私人投資毛額：
　　　企業固定投資
　　　　企業建築
　　　　機器設備
　　　企業存貨變動
　　　家計房舍建築
加：政府開支：
　　　消費性開支
　　　投資性開支
加：淨輸出：
　　　輸出減輸入
總計：國內生產毛額

❺ GDP 祇計算本國境內所生產的產品價值，外國所生產的不包括在內。由於在個人消費開支、國內私人投資毛額、及政府開支中有一部分為外國所生產的產品價值──即進口，這一部分產品價值應從 GDP 中扣除；本國境內所生產而銷售到外國的產品價值──即出口，也應計入 GDP 之中。因此，GDP 祇計算出口與進口的差額──如為淨出口，則為加項；如為淨進口，則為減項。

二、所得法

GDP 的生產需要投入勞力、土地、資本、及企業家精神等四種生產要素，因此將這四種生產要素所得到的報酬（所得項目）與沒有得到的部分（非所得項目）加總，應等於 GDP。

(一)所得項目

1.工資與薪給

這是對受雇人員於生產中所提供之勞務（或勞力）的報酬。工資是藍領勞工的勞動報酬，薪給是白領工作人員的工作報酬。工資與薪給均包含實物配給、年終獎金、醫藥補助、及社會安全保險給付等額外福利 (fringe benefits)。

2.租　金

這是對土地（或建築物）於生產中所提供之勞務的報酬。包括地租和對使用房舍或廠房等建築物作為生產投入所支付的租金，對自己居住的房子亦應按市場行情設算租金計入。

3.利息淨額

這是對資金於生產中所作之貢獻的報酬，所計算的只是家計部門從企業部門（與國外）的利息收入與家計部門利息支出的差額（故稱利息淨額）。企業部門動用資金的同時，背後隱藏對財貨與勞務的需求，因此企業對資金供給者（家計部門）的利息給付具有生產性作用，應屬國內生產毛額。政府對家計部門與家計部門之間的利息支付，祇是一種移轉支付行為，並不具生產性，因此這兩種情況的利息給付均不宜計入 GDP 中。

4.利　潤

這是給予企業家精神這一生產要素在生產中所提供之勞務的報酬，係指公司總收入扣除總成本後，尚未繳納公司所得稅 (corporate income tax)

之前的毛利潤（包括存貨價值變動調整在內），它包括紅利、未分配盈餘、及公司所得稅等三個項目。

5.非公司企業組織所得

有時又稱為混合所得 (mixed income)。企業除公司組織外，尚有為數甚多的獨資與合夥的非公司企業組織，其從業人員將自己的勞力、資本、土地等生產要素投入自己的企業，其所得很難按生產要素的報酬予以歸類，故將此種企業組織的所得另行歸併一類處理。

㈡非所得項目

國內生產毛額並非全數由參與生產之勞力、土地、資本、及企業家精神等四種生產要素所得到，另有間接商業稅 (indirect business taxes) 及折舊兩項，雖包含於 GDP 中，但並不成為生產要素的所得，這是非所得項目。

1.間接企業稅

GDP 是根據市場價格計算，而市場價格包含間接企業稅在內，這一部分的收入企業單位必須以間接稅的方式繳納給政府，是企業的一種生產成本，但不屬於生產要素的所得。如貨物稅、銷售稅等均是。

2.折　舊

又稱資本消耗備抵 (capital consumption allowance)，指在 GDP 的生產過程中資本財所受的耗損，包括企業的建築、機器、設備、及家計房舍等的折舊，是毛投資與淨投資間的差額，為一種生產成本，企業往往從收入中保留部分資金，作為資本消耗備抵之用，而不分配予任何生產要素❻。

將所得項目與非所得項目加總，便是國內生產毛額。表 13-3 列示所得法計算 GDP 所包含的項目。我國以所得法計算 GDP 為：受雇人員報酬 ＋ 營業盈餘 ＋ 間接稅淨額 ＋ 固定資本消耗。

---

❻ 設一部機器價值 100 萬元，使用 10 年後完全報廢，廠商因此可以從其銷貨收入中，每年攤提 10 萬元的折舊費用，10 年後，所累積的攤提折舊計為 100 萬元，廠商又可用以購買另一部新的機器。因此，折舊又稱為資本消耗備抵。

表 13–3　國內生產毛額——所得法計算

所得項目:
工資與薪給
租金
利息淨額
利潤
非公司企業組織所得
加: 非所得項目:
間接企業稅
折舊
總計: 國內生產毛額

 國內生產毛額相關帳戶

　　與國內生產毛額相關的，還有許多社會經濟活動計算的觀念，對這些觀念的探討，不僅可以進一步瞭解經濟活動與國民福利的真實情況，又可對國內生產毛額的本質及計算過程有更清晰的認識。

一、國內生產淨額

　　在 GDP 的生產過程中，資本財因使用而必將耗損，發生折舊，原有資本存量因而減少。從 GDP 中減除折舊，稱為國內生產淨額 (net domestic product, NDP)，表示一段時期內所淨增加的國內生產，也就是將 GDP 中所包含的投資毛額換成投資淨額的一種概念❼。

---

❼ GNP 減除折舊，稱為國民生產淨額 (net national product, NNP)。

二、國民所得

　　國民所得 (national income, *NI*) 是指全體國民提供生產要素從事生產所獲得之報酬的總額。生產要素參與生產所創造的國內生產淨額中，有一部分由各企業以間接稅（如貨物稅、銷售稅）的方式付給政府，也有一部分由各企業用於移轉支付（如呆帳、獎金、捐助慈善事業、設獎學金），兩者均非由參與生產的要素獲得，計算國民所得時應由國內生產淨額中扣除。另外，公營事業發生虧損時由政府予以補貼，人民得到補貼的好處，如同國民所得一般，但非出自國內生產淨額之中；如其發生盈餘則繳回國庫，並不能由任何生產要素所得到❽。因此，國內生產淨額扣除間接企業稅與企業移轉支付，加上政府對公營事業的淨補貼（即虧損補貼減盈餘繳庫），是為國民所得，即為國內生產毛額所得計算法中的所得項目之和。

三、個人所得

　　個人所得 (personal income, *PI*) 是指個人（或家庭）在繳納所得稅之前所獲得的總收入，等於國民所得減除生產要素所創造但沒有得到的所得，加上生產要素沒有創造但卻得到的所得。公司所得稅、公司未分配盈餘、及社會安全稅雖包含於國民所得中，但個人並不能夠取得；相反地，政府的移轉支付（包括政府的利息給付淨額）與企業的移轉支付，雖均不在國民所得之中，但個人確能得到。因此，從國民所得中減除公司所得稅、公司未分配盈餘、及社會安全稅，另加上政府及企業對個人的移轉支付，便是個人所實際得到的收入，稱為個人所得。

---

❽ 設一公營事業有虧損，其產品在市場上以 100 元出售，另由政府補貼 10 元，則 *GDP* 以 100 元計，但國民所得卻為 110 元。另設該公營事業有盈餘，其產品在市場上以 100 元出售，除成本外，得到 10 元的利潤繳庫，則 *GDP* 以 100 元計，但國民所得卻只有 90 元。

四、可支配所得

個人所得並非全部均能任由個人隨意支配，唯有扣除個人一切稅負支出（包括所得稅、規費、及其他稅負）後，才是個人可自由支配的部分，稱為可支配所得 (disposable income, *DI*)。

個人對於其可支配所得，部分用之於家庭消費開支，部分用之於對國外親友的接濟或贈禮，成為對國外的移轉支付開支，剩餘的為儲蓄。這種由國內生產毛額至個人可支配所得之處置的計算過程與相關觀念，列於表13-4。

表 13-4 國內生產毛額及其相關觀念

國內生產毛額
  減: 折舊
國內生產淨額
  減: 間接企業稅
    企業移轉支付
  加: 政府對公營事業淨補貼
國民所得
  減: 公司所得稅
    公司未分配盈餘
    社會安全稅
  加: 政府移轉支付
    企業移轉支付
個人所得
  減: 個人稅負支出
個人可支配所得
  減: 個人消費
    對國外移轉支付
個人儲蓄

重 要 名 詞

國民生產毛額	國內生產毛額
重複記帳	附加價值
物價指數	平減
平升	國內負生產
經濟福利淨額	開支計算法
金融投資	實物投資
淨投資	毛投資
所得計算法	國內生產淨額
國民所得	個人所得
可支配所得	

摘　　要

1. 國內生產毛額是用以測度經濟活動績效最常用的概念，可定義為一個國家或經濟社會，在一定時期中，國境內全部生產的最終財貨與勞務的市場總價值，包括外國居民在本國所生產的，但不包括本國居民在外國所生產的財貨與勞務。

2. 為了避免重複記帳，計算國內生產毛額可以採最終財貨與勞務法或附加價值法。

3. 計算國內生產毛額應包括自用住宅租金與自營農場自行消費產品兩項當期生產性的非市場交易，但排除非法走私、金融證券交易、二手貨交易、及移轉支付等非法與非當期生產性的市場交易。

4. 根據市場價格計算的是名目國內生產毛額，經物價指數平減或平升調整後的才是實質國內生產毛額。比較名目與實質國內生產毛額，即可知道國內生產毛額的變動多少是由價格變動、多少是由實質產出變動所引起。

5. 國內生產毛額創造的過程中，社會必須付出空氣、水污染、生態破壞、交通擁擠、噪音干擾、及都市生活的不便等公害代價，稱之為國內負生產。

6. 鑑於國內生產毛額的計算有價格變動、商業化程度、產品組合、品質改變、工作時間量、產業結構、及國內負生產等問題存在，因而不適用於作為國民福利指標。唯有經過調整的國內生產毛額——稱經濟福利淨額，才能適切地反映國民實質福利。

7. 計算國內生產毛額一般有開支法與所得法兩種途徑。前者是將全社會的消費開支、投資開支、政府開支、及淨輸出予以加總；後者是將工資與薪給、租金、利息、利潤、及非公司企業組織所得等所得項目，與間接

商業稅及折舊等兩個非所得項目予以加總。兩種計算途徑均應得到相同的國內生產毛額數值。

8. 國內生產毛額 (GDP) 減折舊，等於國內生產淨額 (NDP)；國內生產淨額減間接企業稅與企業移轉支付，加政府對國營事業淨補貼，等於國民所得 (NI)；國民所得減公司所得稅、公司未分配盈餘、及社會安全稅，加政府移轉支付（包括政府公債利息）與企業移轉支付，等於個人所得 (PI)；個人所得減個人稅負支出，等於個人可支配所得 (DI)；個人可支配所得減個人消費與對國外移轉支付，等於個人儲蓄。

1. 什麼是國內生產毛額？國民生產毛額？計算國內（民）生產毛額的作用何在？

2. 為求國內生產毛額的計算準確，應該注意那些事項？

3. 在計算國內生產毛額時如何避免重複記帳？試舉例說明之。

4. 在國內生產毛額的計算中，那些非市場交易的項目應該計入？那些市場交易的項目卻要排除？

5. 假定某國的 *GDP* 在 3 年之間由1,000 億元增至 2,000 億元，如果：(1)同期中物價水準上升 25%，則實質 *GDP* 究增若干？(2)同期中物價水準下降 15%，則實質 *GDP* 究增若干？

6. 以國內生產毛額作為衡量社會福利的指標有那些缺點？應如何改進才是良好的福利指標？

7. 過去 50 年，臺灣經濟成長快速，國內生產毛額大量增加，你認為這有沒有導致臺灣社會的福利等比例的增加呢？

8. 以開支計算法計算國內生產毛額，包含有那幾個項目？每一項目的內涵如何？

9. 以所得計算法計算國內生產毛額，包含有那幾個項目？每一項目的內涵如何？

10. 與國內生產毛額有關的社會帳戶有那些？每一帳戶是經由那些項目的調整而得？試列出由國內生產毛額至個人可支配所得的過程表。

第14章　消費、儲蓄與投資

　　經由適當程序，可從國內（民）生產毛額計算出可支配所得，可支配所得不是用之於消費開支，即是將之儲蓄，而後用之於投資。這種消費、儲蓄與投資的行為，是決定目前與未來之國民所得與就業水準的主要因素，對其探討，一方面能夠瞭解總體經濟活動的本質，一方面可以知道國民所得與就業水準是如何決定的。

第1節　古典學派的所得與就業理論

　　1930 年代世界經濟大恐慌發生之前，西方經濟學界普遍認為：一個社會的經濟，在完全自由競爭下，必然經常處於充分就業狀態，有著充分就業的產出與所得，充分就業是一種常態，縱然偶有失業發生，只是一種短暫的現象，長期間，經濟仍會自動恢復到充分就業❶。這種看法被稱為古

---

❶　經濟學上所謂的充分就業 (full employment) 是指所有的資源均處於充分使用而沒有閒置的狀態，但一般均以勞動力充分使用來代表經濟處於充分就業狀態。

典學派的所得與就業理論 (classical theory of income and employment)，有別於 1930 年代以後凱因斯學派的所得與就業理論 (Keynesian theory of income and employment)。

古典學派如此樂觀的自動充分就業理論，是建立於所謂賽伊法則 (Say's Law) 或市場法則 (law of market) 的基礎之上，這是十九世紀法國經濟學家賽伊 (J. B. Say) 所提出，敘述「供給創造其本身的需求」(supply creates its own demand) 的重要概念。在人類以理性行為追求慾望最大滿足的前提下，全社會的每一個人總是會盡最大的努力，以生產財貨與勞務，而在此生產的過程中，同時也就創造了同等價值的所得，這些所得也就成為對社會所生產之財貨與勞務的同等需求，所以「供給創造其本身的需求」必然會確保整個社會的總供給永遠等於總需求，充分就業於是自動達成。

古典學派認為只要對經濟自由放任，政府無須加以干涉，整個社會就會如同被一隻「目不可見的手」引導一般，自動地達成充分就業。縱然經濟受到干擾，產生供過於求的失衡，那也將是一種暫時的、非常態的現象。在完全競爭、自由放任、及韌性價格的機能下，經濟將會很快地回復充分就業的境界。

第 2 節　凱因斯學派的所得與就業理論

西方社會自工業革命（約自 1770 年）後，技術進步快速、創新不斷發生，經濟維持長期持續的成長、繁榮，致使一般人對亞當史密斯開始的古典學派就業理論深信不疑，直到 1930 年代世界經濟大恐慌 (Great Depression) 發生為止，這理論主宰了經濟學界一百多年。

自 1929 年秋紐約股票市場崩潰迄 1939 年第二次世界大戰爆發，整個西方世界陷於大量長期失業、生產能量閑置、國民所得產出銳減、物價水準

下降的經濟蕭條之中。由於這次經濟恐慌規模很大，時間持續很長，古典學派就業理論對此現象無法提出圓滿的解釋及解決方法，因而開始受到經濟學者的懷疑。在這背景下，英國經濟學家凱因斯 (J. M. Keynes) 於 1936 年發表《就業、利息及貨幣的一般理論》(*The General Theory of Employment, Interest and Money*)，首先對傳統的古典學派就業理論提出批判，並提出解決當時經濟問題的方法，建立一新的就業理論架構，經其追隨者的宏揚，成為完整的就業理論體系，稱為凱因斯學派就業理論，又稱新經濟學 (New Economics)，以別於傳統古典學派的就業理論。

凱因斯學派認為賽伊法則並不成立，供給無法自動創造其本身的需求，古典學派的就業理論與現實的經濟情況並不相符，取而代之的是凱因斯法則 (Keynes' Law)──「需求創造其本身的供給」(demand creates its own supply)。在凱因斯學派的假設及西方經濟的龐大生產力下，有效需求往往小於潛在供給能力，未充分就業是一種常態，供給的增加總是能夠滿足需求的增加，產出與就業隨有效需求的增加而上升。

古典學派與凱因斯學派之就業理論有著如此重大的差異，究竟孰是孰非？持平而論，兩種學說的理論架構與邏輯推理均沒有錯，所異者在於前提假設與著眼點不同而已。古典學派著重於供給面、長期分析，凱因斯學派著重於需求面、短期分析；古典學派的就業理論是在完全競爭的前提下有效，但晚近的經濟情況卻與完全競爭的條件背離甚遠，所以在面臨現實景況時，就顯得枘鑿不合了。

第 3 節　消費需求

古典學派與凱因斯就業理論爭論的關鍵，在於有效需求是否經常足以吸收充分就業下的供給產出，因此對需求的探討，有助於進一步瞭解凱因

斯學派的就業理論。首先，我們從簡單的情況開始，假設公共（或政府）經濟部門及對外貿易不存在，所分析的是一個閉鎖私人經濟，有效需求完全是由私人消費與投資所構成。

一、消費函數與儲蓄函數

消費是指一經濟社會（主要為家計部門）在一段時間內對其消費財的總開支❷。在封閉的經濟社會裏，個人的可支配所得 (Y_d)，不是用於消費開支，便是將之儲蓄，因所得有限，消費與儲蓄相互競爭，互為排斥，一方增加，另一方便須減少。

影響個人消費與儲蓄的因素很多，其中關係最密切、影響最大的因素是可支配所得。假設其他情況不變，消費開支隨可支配所得的改變而同向改變，表示這種消費與可支配所得之間呈增函數關係的稱為消費函數 (consumption function)，這種現象凱因斯稱之為「基本心理法則」(fundamental psychological law)。消費函數有以下兩個特性：①消費開支與可支配所得水準呈增函數關係──即消費開支與可支配所得同方向變動，②消費開支的增加率小於可支配所得的增加率。消費函數一般有三種表達方式：

⑴以消費表 (consumption schedule) 表示──如表 14-1。

⑵以數學式表示，如 $C = f(Y_d), f' > 0$。假設消費函數為直線型，則 $C = a + bY_d, a$ 是維持生存最起碼的消費量──即與所得無關的自發性消費 (autonomous consumption)， bY_d 是與所得呈增函數關係的誘發性消費 (induced consumption)， b 是邊際消費傾向 (marginal propensity to

---

❷ 其他部門（企業及政府）對消費財亦有開支（需求），因此也有消費需求。嚴格而言，消費是指對財貨的使用而非購買支出，消費為對非耐久財消費與耐久財勞務消費之和，而消費開支為購買非耐久財與耐久財的支出。例如，花 100 萬元買一部汽車，可以使用 10 年，則對這部汽車的消費每年平均 10 萬元，但購買這部汽車時的消費開支為 100 萬元。

consume, *MPC*)❸ 。

表 14-1 消費表與儲蓄表

(1) 可支配所得 (Y_d) Δ(1)	(2) 消 費 (C) Δ(2)	(3) =(1)-(2) 儲 蓄 (S) Δ(3)	(4) =(2)/(1) 平均消 費傾向 (APC)	(5) =(3)/(1) 平均儲 蓄傾向 (APS)	(6) =Δ(2)/Δ(1) 邊 際 消 費 傾 向 (MPC)	(7) =Δ(3)/Δ(1) 邊 際 儲 蓄 傾 向 (MPS)
$370	$375	$-5	1.01	-0.01	—	—
20	15	5				
390	390	0	1.00	0.00	0.75	0.25
20	15	5				
410	405	5	0.99	0.01	0.75	0.25
20	15	5				
430	420	10	0.98	0.02	0.75	0.25
20	15	5				
450	435	15	0.97	0.03	0.75	0.25
20	15	5				
470	450	20	0.96	0.04	0.75	0.25
20	15	5				
490	465	25	0.95	0.05	0.75	0.25
20	15	5				
510	480	30	0.94	0.06	0.75	0.25
20	15	5				
530	495	35	0.93	0.07	0.75	0.25

(3)以幾何圖形表示──如圖 14-1。消費函數的縱軸截距及直線斜率分別代表 $C = a + bY_d$ 式中的 a 及 b。

---

❸ 消費函數不一定是直線型,當邊際消費傾向隨所得變化而改變時,便成非直線型消費函數,但是一般經濟學所探討的均著重於斜率固定的直線型消費函數。

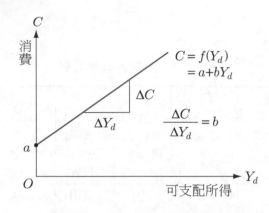

圖 14-1　直線型消費函數

同樣地，設其他情況不變，儲蓄亦隨可支配所得的改變而同方向改變，表示這種儲蓄與可支配所得之間呈增函數關係的為儲蓄函數 (saving function)。儲蓄函數有以下兩個特性：①儲蓄與可支配所得呈增函數關係，②儲蓄的增加率大於可支配所得的增加率。儲蓄函數一般亦可以三種方式表達：

(1)以儲蓄表 (saving schedule) 表示——如表 14-1。

(2)以數學式表示，如 $S = g(Y_d), g' > 0$。假設儲蓄函數為直線型，則 $S = -a + (1-b)Y_d$，$-a$ 表示當所得為零時，為維持生存，所需告貸或動用原有儲蓄——即負儲蓄(dissaving) 的數量，$(1-b)$ 是邊際儲蓄傾向 (marginal propensity to save, MPS)。

(3)以幾何圖形表示——如圖 14-2。假設儲蓄函數亦是直線型函數，其與縱軸在原點以下相交的負截距，代表負儲蓄量 $(-a)$，直線斜率代表邊際儲蓄傾向 $(1-b)$；其與橫軸相交於所得水準 Y_d^*，表示在這所得水準之前，消費大於所得，發生負儲蓄，超過這所得水準以後，所得開始大於消費，發生正儲蓄。

事實上，儲蓄函數圖形與消費函數圖形是相輔的，借用 45 度指引（輔助）線，可以明確表示出兩者的關係。圖 14–3，由原點開始作 45 度指引線，其用意在於使橫軸與縱軸所量度的能夠相互比較，指引線上任何一點到橫軸與縱軸的垂直線均構成等腰直角三角形，其至橫軸與縱軸的距離相等。

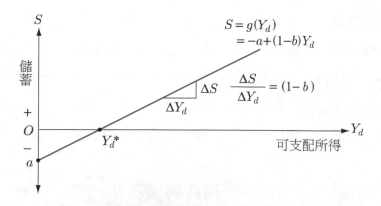

圖 14–2　直線型儲蓄函數

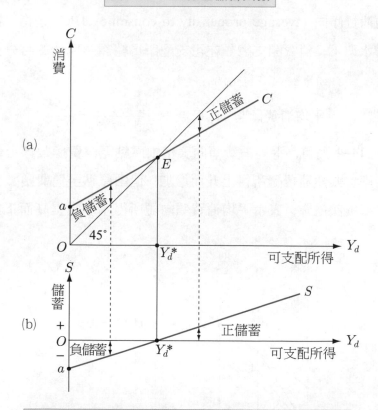

圖 14–3　消費函數與儲蓄函數之間的幾何圖形關係

在圖14–3(a)，消費函數與 45 度線相交於 E 點──稱為扯平點 (break-even point)，表示所對應的可支配所得 Y_d^* 等於消費，儲蓄等於零，也就是圖 14–3(b)儲蓄函數與橫軸的可支配所得相交於 Y_d^*。在 Y_d^* 點的左邊，消費函

數在 45 度線上方，表示消費大於所得，兩者間的差距是負儲蓄，映到圖 14–3(b)橫軸以下負儲蓄部分；在 Y_d^* 點的右邊，消費函數在 45 度線下方，表示消費小於所得，兩者間的差距是正儲蓄，映到圖 14–3(b)橫軸以上正儲蓄部分，故儲蓄函數圖形可以直接由消費函數與 45 度指引線圖形導出。同樣地，只要知道儲蓄函數，亦可直接由其導出消費函數。

二、平均消費與儲蓄傾向

平均消費傾向 (average propensity to consume, APC) 是指：在任何可支配所得水準下，消費開支總額在可支配所得總額中所佔的百分比。以公式表示：

$$平均消費傾向 \quad APC = \frac{消費}{可支配所得} = \frac{C}{Y_d}$$

就圖 14–4 而言，平均消費傾向表示由原點至消費函數線上任何一點連線的斜率。雖然消費隨所得上升而增加，但由原點至消費函數線上的射線斜率，卻依次遞降，表示平均消費傾向隨所得水準之提高而下降，這就

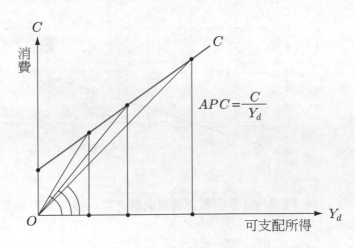

圖 14–4 平均消費傾向

是消費函數之第二個特性作用的結果❹。

　　平均儲蓄傾向 (average propensity to save, APS) 是指: 在任何可支配所得水準下, 儲蓄總額在可支配所得總額中所佔的百分比。以公式表示:

$$平均儲蓄傾向\ APS = \frac{儲\quad 蓄}{可支配所得} = \frac{S}{Y_d}$$

　　就圖 14-5 而言, 平均儲蓄傾向表示由原點至儲蓄函數線上任何一點之連線的斜率。原點至儲蓄函數線上任何一點射線的斜率, 在 Y_d^* 可支配所得水準之前為負, 表示在這所得水準以前產生負儲蓄; 可支配所得水準為 Y_d^* 時, 其射線斜率等於零, 表示儲蓄等於零; 可支配所得水準超過 Y_d^* 後, 不僅儲蓄隨所得上升而增加, 同時原點至儲蓄函數線上的射線斜率依次遞增, 表示平均儲蓄傾向隨所得水準之上升而提高, 這就是儲蓄函數之第二個特性作用的結果❺。

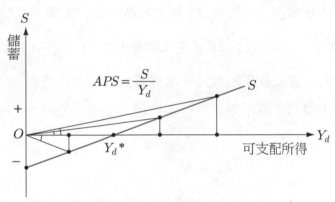

圖 14-5　平均儲蓄傾向

　　既然可支配所得由消費與儲蓄所構成, 故平均消費傾向與平均儲蓄傾向互為補數, 其和等於 1。可證明如下: 因 $Y_d = C + S$, 兩邊同除以

---

❹ 平均消費傾向 $APC = \dfrac{C}{Y}$, 在消費增加率小於所得增加率的情況下, 所得水準的提高將導致平均消費傾向的降低。

❺ 平均儲蓄傾向 $APS = \dfrac{S}{Y}$, 在儲蓄增加率大於所得增加率的情況下, 所得水準的提高將導致平均儲蓄傾向的上升。

Y_d, $\dfrac{Y_d}{Y_d} = \dfrac{C}{Y_d} + \dfrac{S}{Y_d}$, 結果 $1 = APC + APS$。

三、邊際消費與儲蓄傾向

可支配所得發生改變時，消費開支及儲蓄將隨之發生改變，這種變量對變量的關係是邊際的 (marginal) 概念。邊際消費傾向是指：消費開支變量對可支配所得變量的比率，表示可支配所得每額外變動一塊錢時，其中用之於消費的比例是多少。以公式表示：

$$邊際消費傾向\ MPC = \frac{消費變量}{可支配所得變量} = \frac{\Delta C}{\Delta Y_d}$$

上式中，Δ 代表變動量。當 Δ 非常微小（或接近於零）時，$\dfrac{\Delta C}{\Delta Y_d} = \dfrac{dC}{dY_d}$。就圖14–6 來說，所得由 Y_d' 增加為 Y_d'' 時，消費由 C' 增加為 C''，所得增加 ΔY_d，消費增加 ΔC，邊際消費傾向是 $\dfrac{\Delta C}{\Delta Y_d}$，此即消費函數曲線之斜率。由於假設消費函數為一次式直線型，直線的斜率不變，故邊際消費傾向是不變的定值常數，此一常數就是消費函數 $C = a + bY_d$ 中的

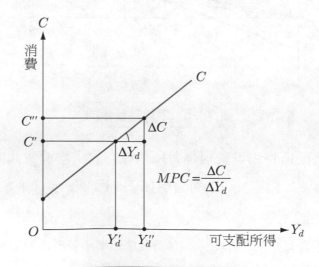

圖 14–6　邊際消費傾向

b 值❻ 。

邊際儲蓄傾向是指：儲蓄變量對可支配所得變量的比率，表示可支配所得每額外變動一塊錢時，其中留作儲蓄的比例是多少。以公式表示：

$$邊際儲蓄傾向 \; MPS = \frac{儲蓄變量}{可支配所得變量} = \frac{\Delta S}{\Delta Y_d}$$

當 Δ 非常微小時，$\frac{\Delta S}{\Delta Y_d} = \frac{dS}{dY_d}$。依圖 14-7 而言，邊際儲蓄傾向是儲蓄函數的斜率。同樣地，由於直線型儲蓄函數的假設，儲蓄函數線之斜率不變，故邊際儲蓄傾向亦為定值常數，此一常數就是儲蓄函數 $S = -a + (1-b)Y_d$ 中的 $(1-b)$ 值❼ 。

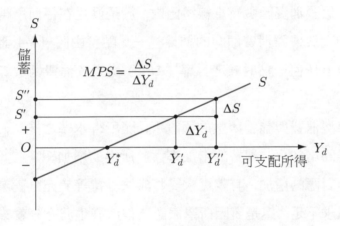

圖 14-7 邊際儲蓄傾向

由於可支配所得變量的總額，是由消費與儲蓄兩個變量所構成，因此邊際消費傾向與邊際儲蓄傾向互為補數，其和等於 1。證明如下：

因 $\Delta Y_d = \Delta C + \Delta S$

兩邊同除以 ΔY_d，$\dfrac{\Delta Y_d}{\Delta Y_d} = \dfrac{\Delta C}{\Delta Y_d} + \dfrac{\Delta S}{\Delta Y_d}$

得到 $1 = MPC + MPS$

---

❻ 在微積分上，消費對可支配所得微分的值等於 b，即 $\dfrac{dC}{dY_d} = b$。

❼ 在微積分上，儲蓄對可支配所得微分的值等於 $(1-b)$，即 $\dfrac{dS}{dY_d} = (1-b)$。

所以 $MPC = 1 - MPS$ 或 $MPS = 1 - MPC$

以上凱因斯學派的消費理論，可以歸納成以下幾個要點：

(1)在一般情況下，無論平均或邊際消費與儲蓄傾向均大於零而小於 1（在所得水準很低時，平均消費傾向會大於 1，平均儲蓄傾向會為負），其和等於 1。

(2)平均消費傾向隨所得水準之升高而下降，相反地，平均儲蓄傾向隨所得水準之升高而上升。

(3)在直線型（或一次式）函數的情況下，邊際消費與邊際儲蓄傾向不隨所得水準之改變而變化。

(4)由於假設消費函數為直線型函數，於是發生在任何所得水準下平均消費傾向均大於邊際消費傾向的結果——此點可由圖 14–4 證實。原點至消費函數線上任何一點射線之斜率 (APC) 均大於消費函數線本身之斜率 (MPC) [8]。

在直線型消費與儲蓄函數的假設下，隨所得水準之提高，消費的增加率小於所得的增加率，儲蓄的增加率大於所得的增加率。在此情況下，若投資不能作對應的增加，有效需求終將無法維持等於充分就業的供給，而產生有效需求不足，這是凱因斯學派認為經濟發生非充分就業結果的主要原因。

以上所討論的消費與儲蓄函數，係以代表性的個人或家庭的行為作依據，這種分析同樣適用於整個社會的消費和儲蓄與可支配所得的關係，可以得到社會消費與儲蓄函數，國民所得分析就是以這個人或家庭總合的社會消費與儲蓄函數為討論的對象。

---

[8] 另可以簡單的數學證明如下：直線型消費函數 $C = a + bY_d$，邊際消費傾向等於 b，平均消費傾向等於 $\frac{a}{Y_d} + b$，因為 $a > 0, Y_d > 0$，所以 $\frac{a}{Y_d} + b > b$，平均消費傾向大於邊際消費傾向。

四、消費的主要決定因素

凱因斯學派認為影響消費最主要的因素是所得，此外，還有其他許多影響消費的非所得因素存在。消費與儲蓄是一體的兩面，因此影響消費的因素，也將影響儲蓄的行為。

設其他非所得因素不變，消費將隨所得之改變而沿消費函數線上下移動，稱為消費量的改變 (changes in the amount consumed)。圖 14-8，所得水準分別為 Y_d'、Y_d^*、及 Y_d'' 時，消費分別是 C'、C^*、及 C''，儲蓄分別是 S'、O、及 S''。設所得水準不變，當其他影響消費的因素發生改變時，整條消費函數線的位置將發生改變，稱為消費的改變 (changes in consumption)，表示在任何所得水準之下，人們將願意消費或儲蓄更多或較少。圖 14-9，消費函數由 C 升為 C' 或降為 C''，儲蓄函數對應降為 S' 或升為 S''。

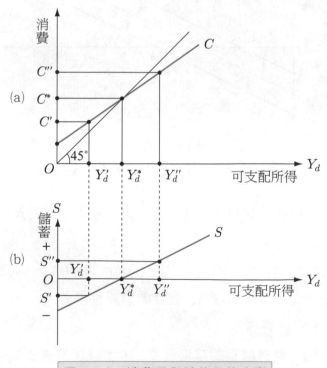

圖 14-8　消費量與儲蓄量的改變

決定消費的所得因素，一般係指可支配所得，但在不考慮政府及國外部門的情況下，可支配所得將等於國內生產淨額或國民所得，故亦可以國內生產淨額或國民所得來作為決定消費的所得概念。

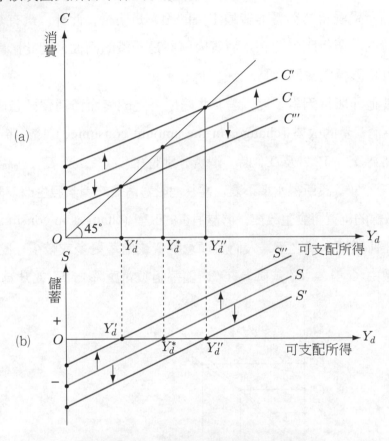

圖 14-9　消費的改變與儲蓄的改變

除所得外，影響消費開支的非所得因素，主要有下列幾項：

1.流動資產的水準

人們擁有容易出售變現的流動資產 (liquid assets)——如股票、債券、儲蓄存款等愈多，會愈感到富有，社會的消費量也愈大。

2.耐久消費財存量

社會現有耐久消費財貨的存量愈多，再添購新的需要較少，相對消費開支也就小。

3.流動負債率

個人或家庭債臺高築，儘管所得高，因須償還債務，消費也就不會太大。

4.家庭人口與年齡結構

一個家庭人口多，壯年人多，所得高，消費額高；人口少，老年及幼年人多，所得少，消費開支低。

5.對未來的預期

預期未來物價上漲、所得增加、經濟繁榮，消費開支將會增加；反之，消費將減少。

6.社會文化背景

在一個以節儉為美德、奢侈為罪惡，提倡知足常樂的社會裡，消費自然較享樂主義的社會來得少。

7.比較的生活水準

如果所接觸的環境消費水準高，將產生示範效果 (demonstration effect)，帶動整個社會消費水準的往上移；反之，則否。

8.政策的影響

政府採低租稅、放鬆銀根的措施，將使人們的消費能力與意願提高，而使整個社會的消費水準提高；反之，則降低。

9.所得分配狀態

由於所得愈高，平均消費傾向愈小，所以所得分配愈平均，社會的平均消費傾向愈大，社會的消費量也就愈大。

我國的國民所得統計將家庭消費按支出用途分為：食品、飲料、菸絲及捲菸、衣著鞋襪及服飾用品、燃料及燈光、租金及水費、家庭器具及設備、家庭管理、醫療及保健、娛樂消遣及教育文化服務、運輸交通及通訊、其他等 12 項，以食品所佔比重為最大；按支出型態分為：耐久財、半耐久財、非耐久財、服務等 4 項，以非耐久財所佔比重為最大。

第4節 投資需求

　　家計、企業、政府、及國外部門均有不同目的與動機的投資行為發生，在不考慮政府及國外部門的情況下，消費與儲蓄主要決定於家計部門，投資則主要由私人企業部門所進行。一般而論，投資變化遠較消費變化來得大，表示投資具有很大的變異性 (variability)，它是國民所得決定與變化的重要因素。

一、投資的邊際效率與利率

　　廠商進行投資的主要目的在於追求利潤，利潤是投資收入與成本的差額。投資行為的發生，首先要取得貨幣資本，而後才能進行實物資本的投資，利率就是獲得每單位貨幣資本使用的機會成本，表示借得每單位投資資金所須支付的代價，或每單位自有資金如果不用於投資而借予他人所能賺取的收入。

　　以自有或向他人借得的資金進行投資，預期經過某一段時間後，投資生產的總收入扣除不包括投資資金利息在內的所有要素投入成本，其剩餘與投資資金的相對比率，稱為預期的投資報酬率 (expected rate of return on investment)。一般廠商所關心的是最後 1 單位投資的報酬，因此預期的投資報酬率又稱為投資的邊際效率 (marginal efficiency of investment, *MEI*)，表示不扣除利息成本，額外 1 單位資金投資的預期報酬。

　　隨著投資的增加，投資的收入將隨之降低，因：①投資生產的產品供給增加，其價格將下跌，②有利的投資機會逐漸減少，投資的報酬隨之降低；投資的成本則將上升，因：①投資需求的生產要素增加，其價格上升，

②邊際資本的生產力（即額外 1 單位資本的產出）遞減，成本因而增加。因此，投資不斷增加的結果，包含利息成本在內的投資報酬逐漸減少，故投資的邊際效率與投資量呈減函數的關係。

　　個別廠商可按投資邊際效率的高低，排定其不同投資計畫的優先次序，這種個別廠商的投資邊際效率與投資間的關係如圖 14-10，是為梯形的投資邊際效率曲線形狀。將所有這種廠商的投資邊際效率曲線併總，可得到圖 14-11 連續平滑的投資邊際效率曲線，代表整個經濟在不同投資水準下的投資邊際效率。

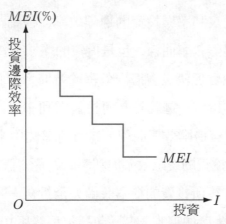

圖 14-10　個別廠商的投資邊際效率曲線

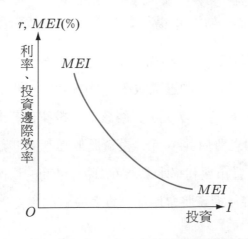

圖 14-11　社會的投資邊際效率曲線，也是社會的投資需求曲線

　　市場利率與投資的邊際效率既然分別表示 1 單位投資的機會成本與包含利息在內的預期報酬率，因此，在任何市場利率水準下，只要投資的邊際效率大於利率，投資將有淨利潤，應該繼續增加投資；若投資的邊際效率小於利率，投資將發生虧損，應該減少投資。隨著投資的增加或減少，投資的邊際效率發生改變，直到投資的邊際效率等於利率，投資將不再變動。是故，圖 14-11 的投資邊際效率曲線上任何一點所對應的投資量，代表不同利率水準下，整個經濟的投資需求量，投資的邊際效率曲線也就是不同利率水準下，社會的投資需求曲線 (investment demand curve)。因此，在圖形上，縱軸同時代表利率與投資的邊際效率，橫軸代表投資量，圖形中的曲線既是投資的邊際效率曲線，也是投資的需求曲線。

　　由於投資的增加會促使投資邊際效率的遞減，因此，唯有利率隨著下降，廠商才願意增加投資，這就是為何投資與利率呈減函數的關係，而投資需求曲線（也是投資邊際效率曲線）為負斜率的由來。

　　舉一例說明以上投資的邊際效率與利率的關係。假設有一廠商投資 100 元於機器設備， 1 年後所投資的機器設備完全折舊──即殘餘價值 (scrap value) 等於零，投資生產的總收入減除包括折舊費用100 元，但不包括利息費用在內的所有要素投入成本之後，尚剩餘 6 元，那麼投資的預期報酬率等於 $\frac{6元}{100元}$，為 6%。如果市場利率小於投資的邊際效率，設為 5%，利息費用共 5 元，廠商因此有淨利潤1元（＝ 6 元 － 5 元），應該繼續增加投資；如市場利率大於投資的邊際效率，設為 7%，利息費用共 7 元，廠商因此虧損 1 元（＝ 6 元 － 7 元），應該減少投資；若市場利率等於投資的邊際效率 6%，利息費用共 6 元，投資既無淨利潤亦無虧損，投資不再增加或減少。因此，當市場利率水準為 6%時，廠商的均衡投資量為 100 元。市場利率如果下降，投資將會增加，直到投資的邊際效率再度等於利率為止。

　　投資決定於利率與投資的邊際效率兩個因素，前者由市場所決定，對

個別廠商而言已經客觀地存在，後者則是企業家個人的主觀預期。因此，縱然客觀的市場利率已經決定，投資也將因主觀之投資邊際效率預期的不同而有很大的差異，這是投資具有很高之變異性的主要原因。

二、投資的主要決定因素

投資的需求曲線如同產品的需求曲線一般，將受有關因素的影響而發生變化。假定除利率外，其他影響投資的因素不發生改變，投資將隨利率的改變而改變，兩者呈減函數關係的變化，這種情形稱為投資量的改變 (changes in the amount invested)，即投資沿著投資需求曲線 (MEI) 上下移動的改變。圖 14–18，利率由 r_1 降為 r_2，投資沿著 MEI 曲線由 I_1 增至 I_2，是為投資量的改變。相反地，假定利率水準不變，其他影響投資的因素發生改變，將使投資的邊際效率改變，整條 MEI 曲線發生移動。圖14–18 投資的邊際效率提高，MEI 曲線上升為 MEI'；投資的邊際效率下降，MEI 曲線下降為 MEI"，表示在相同利率水準之下，投資亦將增加或減少，是為投資的改變 (changes in investment)。

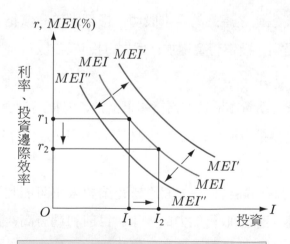

圖 14–12　投資量的改變與投資的改變

一般而言，利率水準是由市場所決定，個別廠商無法影響，廠商視其

為投資決策的固定參數 (parameter)。廠商投資的決定，只能就投資邊際效率考慮，故影響投資邊際效率的因素也就是影響投資需求的因素，當其發生改變時， MEI 曲線將會產生移動，在一定利率水準下，投資量也因而發生改變。以下是促成投資邊際效率發生改變的主要因素：

1.創新與技術進步

創新與技術進步促使生產成本降低，引進新產品，開拓新市場，使企業獲利的預期提高，投資需求曲線（ MEI 曲線）往右上方移動，投資因而增加。

2.現有資本存量的多少

報酬遞減法則亦適用於資本，現有資本存量愈多，新增加之投資的生產力將愈下降，投資的邊際效率愈降低， MEI 曲線往左下方移動，投資減少。

3.對未來的預期

對未來經濟情況看好，充滿信心與樂觀的預期，投資將會增加；反之，投資減少。

4.對產品需求的預期

預期所投資生產之產品的需求殷切，將可以較高價格、出售較多的數量，利潤可以提高，投資將會增加；反之，投資減少。

5.新資本財貨價格

投資所購買之新資本財貨的價格如果上升，將提高投資成本， MEI 曲線往左下方移動，投資減少；反之， MEI 曲線往右上方移動，投資增加。

6.目前企業獲利狀況

目前企業利潤的高低，一方面影響企業對未來可能利潤的預期，一方面決定企業儲蓄與資金取得能力的大小。目前利潤愈高，對未來可能獲得利潤的預期愈為樂觀，投資意願強，同時能有足夠資金進行投資，投資需求也就愈加旺盛；反之，投資需求疲乏。

7.國民所得水準

國民產出與所得水準提高，購買力增加，需求上升，投資因而增加；反之，投資減少。

　　8.政府的政策

政府政策的採行將使 *MEI* 曲線發生移動。假定其他情況不變，政府採降低公司所得稅、加速折舊、降低利率等鼓勵投資措施❾，預期投資報酬將會提高， *MEI* 曲線往右移，投資增加；反之，投資減少。

在一個成長與不斷變化的動態經濟社會，影響投資的經濟及非經濟因素是相當不穩定且難以預測的。例如，資本財使用期限的長短，創新與技術進步的不規則發生，利潤與預期的多變性，政治情況的改變等，這些外在因素均無法預料與控制。在此情況下，吾人無法相信在自由競爭的市場經濟下，私人投資能夠正好確保充分就業的維持，既不產生失業，亦不會發生物價膨脹。事實上，私人投資的波動是引起國民就業與所得變化最主要的因素。

三、自發性投資與誘發性投資

投資可按其是否受國民產出所得變化的影響，而分為自發性投資 (autonomous investment) 與誘發性投資 (induced investment) 兩類❿ 。所謂自發性投資係指：投資不隨國民所得水準的變化而改變，其改變只受國民所得之外，如戰爭、預期、利率、新資源發現、及創新等因素所影響。圖 14–13，自發性投資 (I_a) 與代表國民所得 (Y) 的橫軸平行，表示其不隨所得水準之改變而改變， I_a 始終維持 I_0 的水準。當未來預期樂觀、新資源發現、利率下降、或創新發生，自發性投資則將由 I_0 增為 I'。

---

❾ 加速折舊是指政府允許企業在比機器設備正常使用年限為短的時間內攤提折舊費用，這樣可以減輕企業的所得稅負擔，而產生激勵投資的作用。

❿ 這與自發性消費和誘發性消費的區分相類似。

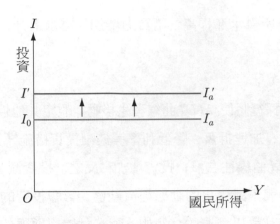

圖 14–13　自發性投資

誘發性投資係指: 投資隨國民所得水準的變化而改變。圖 14–14, 誘發投資 (I_i) 隨國民所得水準之提高而增加。設投資是由自發性投資與誘發性投資所構成, 則投資函數可以寫成: $I = I_a + vY$, I_a 代表自發性投資, vY 代表誘發性投資, v 是邊際投資傾向 (marginal propensity to invest, MPI), $v = \dfrac{\Delta I}{\Delta Y}$, 表示每增加 1 單位國民所得所引起投資增加的比率。

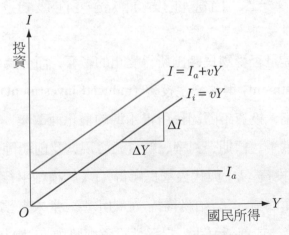

圖 14–14　誘發性投資

四、投資與加速原理

　　從誘發投資,可以導出加速因子原理 (accelerator principle) 的觀念。假設全社會沒有閑置資本,則產出的增加須透過資本的增加來達成,而所需增加的資本將是產出增加的倍數,這種關係以公式表示為:

$$I_n = \Delta K = \alpha \Delta Y$$

　　上式中, I_n 為淨投資,其等於資本增量 (ΔK), ΔY 為國民產出變量, α 為資本-產出比率 (capital-output ratio)。由於任何經濟社會以其歷年累積的資本存量來從事生產,其資本存量對產出(國內生產毛額)的比率——即資本-產出比率,將大於 1(美國約為 3), $\dfrac{\Delta K}{\Delta Y} = \dfrac{I_n}{\Delta Y} = \alpha > 1$。因此,由上式可知,國民產出(所得)的改變,將導致淨投資更大(加速)的改變,這種關係即為加速因子原理。由加速因子原理可以知道,淨投資要能發生,必須國民產出(所得)不斷地向上提升,兩者之間並有著倍數的關係存在。

　　以上的投資分析係針對廠商的固定投資,廠商的存貨投資與家計的住宅投資須以不同的理論來加以解釋。在我國的國民所得統計上,投資(資本形成毛額)由固定資本形成與存貨增加所構成,前者包括:住宅,非住宅用房屋,其他營建工程,土地改良、耕地及果園之開發,運輸工具,機器及設備,種畜、役畜及乳牛等 7 項;後者包括:農工業的原材料、在產品(即半製成品)、家畜(種畜、役畜及乳牛等除外)、產成品(即製成品)等存貨增加,商業及其他服務業的存貨增加。

重　要　名　詞

所得與就業理論	賽伊法則
凱因斯法則	消費函數
儲蓄函數	平均消費傾向
邊際消費傾向	平均儲蓄傾向
邊際儲蓄傾向	消費量的改變
消費的改變	投資邊際效率
投資量的改變	投資的改變
自發性投資	誘發性投資
邊際投資傾向	加速原理

摘　　要

1. 古典學派根據賽伊法則，認為供給創造其本身的需求，經濟因此必能經常維持於總需求等於總供給的充分就業產出狀態。

2. 凱因斯於 1936 年發表一般理論，認為賽伊法則不成立，供給無法自動創造其本身的需求，經濟因此無法經常達於充分就業的狀態。取而代之的是凱因斯法則，認為需求創造其本身的供給，有效需求的多寡決定了均衡的國民產出水準。

3. 表示消費與所得之間變動關係的是為消費函數，消費與所得水準呈增函數的關係，但消費的增加率小於所得的增加率。表示儲蓄與所得之間變動關係的是為儲蓄函數，儲蓄與所得水準亦呈增函數關係，但儲蓄的增加率大於所得的增加率。

4. 消費開支佔可支配所得的百分比是為平均消費傾向，等於由原點至消費函數線上射線的斜率，隨所得水準的提高，平均消費傾向不斷下降。儲蓄佔可支配所得的百分比是為平均儲蓄傾向，等於由原點至儲蓄函數線上射線的斜率，隨所得水準的提高，平均儲蓄傾向亦不斷提高。任何所得水準下，平均消費傾向與儲蓄傾向之和等於 1。

5. 邊際消費傾向是指：消費開支變量對可支配所得變量的相對比率，等於消費函數線之切線的斜率。邊際儲蓄傾向是指：儲蓄變量對可支配所得變量的相對比率，等於儲蓄函數線之切線的斜率。在直線型消費與儲蓄函數的假設下，邊際消費傾向與儲蓄傾向均為固定的值而不隨所得水準之變動而改變；在任何所得水準下，邊際消費傾向與儲蓄傾向之和等於 1，邊際消費傾向均小於平均消費傾向；當有正儲蓄發生後，邊際儲蓄傾向均大於平均儲蓄傾向。

6. 消費的變動可分為消費量的改變與消費的改變。前者是指：在其他情況不變下，消費量隨所得的改變而改變，是沿著消費函數線上下移動的變動；後者是指：在所得水準不變下，其他影響消費的因素如果發生改變，致使整條消費函數線的位置發生上下移位的改變，這些因素有流動資產水準、耐久消費財存量、流動負債率、家庭人口與年齡結構、對未來的預期、社會文化背景、比較生活水準、及財政與貨幣政策的影響。

7. 投資的邊際效率是指：額外 1 單位的投資，在未扣除利息成本下的預期報酬率。投資的邊際效率與投資量呈減函數的關係，投資的邊際效率曲線也就是不同利率水準下的投資需求曲線。

8. 投資的變動可分為投資量的改變與投資的改變，前者是指：在其他情況不變下，投資量與利率呈減函數關係的變動；後者是指：在利率水準不變下，其他影響投資的因素如果發生改變，致使整條投資需求曲線的位置發生移動，這些因素有創新與技術進步、現有資本存量多寡、對未來預期、對產品需求預期、新資本財貨價格、目前企業獲利狀況、國民所得水準、及政府政策。

9. 與國民所得水準變動無關的投資，稱為自發性投資；與國民所得水準呈增函數關係變動的投資，稱為誘發性投資。

10. 在沒有閑置資本財的情況下，產出的增加，將引起投資呈倍數的增加，這倍數稱為加速因子，這種投資隨產出變動而呈倍數變動的關係，稱為加速原理。

1. 試述古典學派的所得與就業理論的要旨，並評論之。

2. 就理論推論過程與現實經濟情況而言，你對古典學派與凱因斯學派的所得與就業理論的看法如何？

3. 經濟社會的有效需求是由那些開支項目所構成？每一項目的內涵為何？

4. 何謂消費函數？平均消費傾向與邊際消費傾向有何不同？在凱因斯理論裡，這兩種傾向各具有什麼特性？

5. 何謂儲蓄函數？平均儲蓄傾向與邊際儲蓄傾向有何不同？在凱因斯理論裡，這兩種儲蓄傾向各具有什麼特性？

6. 假定某經濟社會在所得為零時，其消費為 25 億元，當所得為100 億元時，其消費亦為 100 億元，試求該經濟社會之消費函數式及儲蓄函數式，並以圖形表示之。

7. 平均消費與儲蓄傾向之間有何關係？邊際消費與儲蓄傾向之間有何關係？試舉數字例證說明消費與儲蓄函數的觀念。

8. 消費量的改變與消費的改變有何不同？儲蓄量的改變與儲蓄的改變有何不同？各受那些因素的影響？

9. 在其他情況不變下，人們所擁有的流動資產增加時，對消費與儲蓄函數將有何影響？

10. 何謂投資的邊際效率？如何計算？其如何與利率比較而決定投資？試舉例說明之。

11. 投資量的改變與投資的改變有何不同？兩者分別受到那些因素的影響？

12. 自發性投資與誘發性投資有何不同？試用圖形說明之。

第15章 國民產出與所得均衡水準的決定

國內生產毛額 (GDP) 的計算有開支法與所得法，前者將整個社會對產出 (output) 的開支予以加總，後者將參與生產之生產要素的所得與非所得項目予以加總，兩種計算方法得到相同的國內生產毛額。因此，產出與所得實為一體的兩面，在只考慮家計與企業兩部門的簡單國民所得分析模型中，企業部門的總產出供給就是家計部門的總所得收入，產出與所得兩者代表可替代使用的相同經濟觀念。

前面提到，家計部門對於可支配所得，不是用之於消費開支，便是將之儲蓄。假設家計部門是唯一的儲蓄者，企業部門是唯一的投資者，本章將在這假設下分析消費、儲蓄、及投資三種因素如何決定國民產出與所得的均衡水準，這一探討就是當代所得與就業理論的核心。

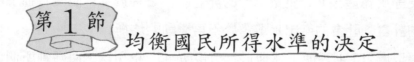

第1節 均衡國民所得水準的決定

為何一個社會在不同時期有著不同的產出與就業水準，其均衡值究竟如何決定呢？對這問題，古典學派由供給面，根據賽伊法則，認為是自動

達成的；凱因斯學派則由需求面，根據凱因斯法則，主張是由有效需求所決定的，其過程就是以下所討論的。

一、總開支與總產出平衡法

在只考慮私經濟部門的基本模型中，社會的總開支 (aggregate expenditure) 是由家計消費和企業投資所構成，即整個社會對消費財和投資財的總開支，總開支就是總需求。為分析方便，基本模型假設投資函數是與國民所得水準無關的定量自發性毛投資。企業部門的各種可能實質產出水準——實質國內生產毛額，構成了社會的總產出 (aggregate output)，總產出就是總供給。因為總開支和總產出分別是由各種不同財貨與勞務所構成，為了能夠相互比較，兩者均以實質的貨幣單位來表示。

按國民產出均衡水準的意義，總開支等於總產出時，國民產出水準達於均衡。這種均衡過程可以表或圖來加以說明。首先，就表 15–1 來看，在各種就業水準下（(1)欄），有不同的產出水準（(2)欄），這是總產出供給，等於總所得。在各種可能的產出（所得）水準下，有著不同的消費（(3)欄）、儲蓄（(4)欄）、及相同的自發性毛投資量（(5)欄），消費與自發性毛投資相加等於總開支需求（(6)欄）。如果總開支大於總產出，非意願存貨（(7)欄）減少 (−) ——即負存貨投資，企業部門因此增加勞工雇用，擴充生產，就業與所得水準提高 (↑)；如果總開支小於總產出，非意願存貨增加 (+)，企業部門因此裁減勞工雇用，減少生產，就業與所得水準下降 (↓)。唯有總開支等於總產出時，企業部門的非意願存貨等於零，而沒有進一步改變生產的計畫，社會的產出水準達於不再變動的均衡。

再以圖 15–1 說明上述情形。仍藉助 45° 指引線，使兩軸所測度的能夠相互比較，由於 45° 線上任何一點至兩軸的垂直距離相等，表示總產出 (GDP) 等於總開支 $(C+I)$，故線上任何一點均代表均衡的國內產出水準。總開支曲線 $(C+I)$ 是不同國民產出水準下，企業部門所計畫的自發性毛投

表 15-1　均衡國民所得與就業水準的決定

單位: 10 億元

(1) 就業水準 （單位: 百萬人）	(2) 總產出＝ 實質國內 生產毛額	(3) 消費 (C)	(4)=(2)−(3) 儲蓄 (S)	(5) 毛投資 (I)	(6)=(3)+(5) 總開支	(7)=(2)−(6) 或(4)−(5) 非意願存 貨變動	(8) 國民所得 與就業的 變動
30	$100	$140	$−40	$40	$180	$−80	↑
35	200	220	−20	40	260	−60	↑
40	300	300	0	40	340	−40	↑
45	400	380	20	40	420	−20	↑
50*	500*	460*	40*	40*	500*	0*	均衡
55	600	540	60	40	580	20	↓
60	700	620	80	40	660	40	↓
65	800	700	100	40	740	60	↓
70	900	780	120	40	820	80	↓

註: ↑代表提高或增加, ↓代表下降或減少, *代表均衡。

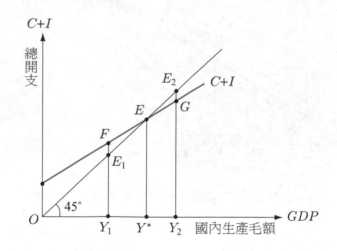

圖 15-1　總開支等於總產出決定均衡國內產出水準

資與家計部門所計畫的消費開支的加總, 假設其與 45° 線交於 E 點, 則總開支等於總產出($EY^* = OY^*$), 國內產出達到均衡水準 Y^*。因為產出是就業的函數, 兩者呈增函數的關係, 故國內產出達於均衡時, 就業也將同時達於均衡水準。如果國內產出水準為 Y_1, 小於均衡產出 Y^*, 總開支 (FY_1) 將大於總產出($OY_1 = Y_1 E_1$), 就業與產出水準將提高。如果國內產出水準

為 Y_2，大於均衡產出 Y^*，總開支 (GY_2) 將小於總產出 $(OY_2 = Y_2E_2)$，就業與產出水準將下降。唯有產出為 Y^* 時，總開支等於總產出，生產者沒有變動產量的誘因，故國內產出水準達到均衡。

　　要是消費或投資發生改變，將使總開支發生改變，而使均衡的就業與產出水準跟著發生改變。圖 15-2，總開支增加，總開支線由 $(C + I)$ 升至 $(C + I)'$，均衡產出水準增為 Y_1；總開支減少，總開支線降至$(C + I)''$，均衡產出水準降為 Y_2。這就是凱因斯學派所主張的有效需求（開支）決定就業、產出水準的理論。

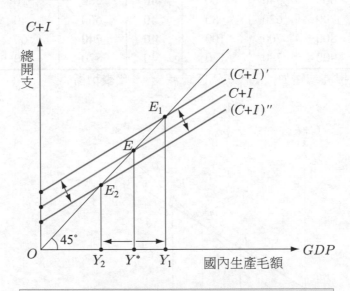

圖 15-2　總開支變動引起均衡國內產出水準變動

二、總挹注與總漏巵平衡法

　　國內生產等於總產出供給，等於總所得，但總所得並不一定等於總開支需求。因為家計部門的所得並非全部花費在消費開支，有一部分是被儲蓄起來，儲蓄結果將使總開支減少，降低社會的就業與所得水準。因此，儲蓄是國民產出－所得水準的一種漏巵 (leakage)。企業部門的投資並非

完全出自企業部門本身的利潤，大部分是引用外來的資金，用以購買投資財。投資是有效需求（開支）的一部分，投資增加，總開支提高，社會的就業與產出水準將會提高。因此，投資是國內產出－所得水準的一種挹注 (injection)。

依據上述關係，國民所得等於消費開支與儲蓄之和 $(Y = C + S)$，國內產出等於消費財價值與投資財價值之和 $(GDP = C + I)$。要經濟能夠達到均衡，必須總產出供給等於總開支需求。在這裏，企業部門的產出──即國內產出──代表總產出供給，家計部門的所得──即國民所得──代表總開支需求，因此，均衡條件為 $GDP = C + I = C + S = Y$，中間等式兩邊同消去 C，結果 $I = S$，表示只要家計部門所發生的開支漏巵（儲蓄）由企業部門的開支挹注（投資）所彌補且相等，總產出又將等於總開支，國民產出－所得水準重新達到不再變動的均衡水準。

總挹注與總漏巵平衡法的均衡產出水準決定過程，可由表 15–1 的投資與儲蓄之間的關係顯示出來。另從圖 15–3 來看，自發性毛投資線 (I) 與儲蓄函數線 (S) 交於 E 點，代表企業投資等於家計儲蓄，總產出等於總開支，廠商沒有發生非意願的存貨變動，雙方均滿意於目前情況，投資與儲蓄行為繼續維持不變，故產出與所得決定於 Y^* 均衡水準。如果產出水準小於 Y^*，總開支的挹注（投資）大於漏巵（儲蓄），總開支將大於總產出，

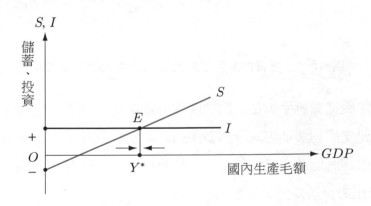

圖 15–3　總挹注等於總漏巵決定均衡國內產出水準

非意願存貨減少，廠商將增加生產，而使就業－產出水準提高；如果產出
水準大於 Y^*，總開支的挹注（投資）小於漏卮（儲蓄），總開支將小於總
產出，非意願存貨增加，廠商將減少生產，而使就業－產出水準降低。

因此，任何不同於 Y^* 的產出水準，終將透過儲蓄、投資、及存貨的調
整，向 Y^* 均衡產出水準收斂。這種總挹注與總漏卮平衡法，有時又被稱為
「浴缸定理」（bathtub theorem）。產出水準猶如浴缸裏的水量，要是流入
缸裏的水（投資）等於從缸裏漏出的水（儲蓄），浴缸的水量將保持不變，
代表均衡的國內產出水準。如果挹注的水大於漏出的水，浴缸的水量將增
加，代表產出水準的提高；挹注的水小於漏出的水，浴缸的水量將減少，
代表產出水準的降低。如果漏卮不變，挹注發生變化，均衡產出水準將發
生改變（圖 15–4）；如果挹注不變，漏卮發生變化，均衡產出水準也將發
生改變。

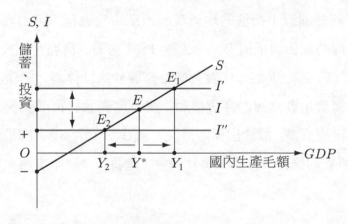

圖 15–4　投資的變動引起均衡國內產出水準的變動

總挹注與總漏卮平衡法是由總開支與總產出平衡法衍生而來，如果企
業的投資開支能夠彌補因家計儲蓄所引起的消費開支不足，總開支將再度
等於總產出，而使產出達於均衡，兩種分析方法的關係可由表 15–1 與圖
15–5 顯示出來，並得到相同的結果。

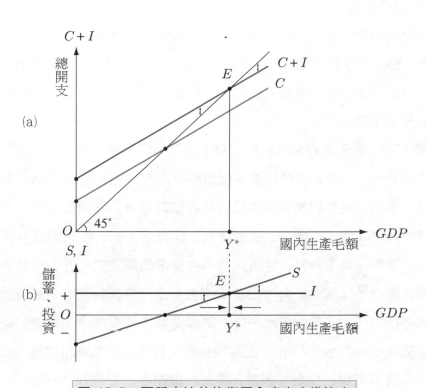

圖 15-5　兩種方法的均衡國內產出水準決定

 均衡產出與物價水準的同時決定

　　總體經濟學所最關心的兩個經濟變數為產出（或就業）與物價水準。上一節的 45 度線（或總挹注與總漏巵）分析法只能決定均衡實質產出水準，但卻忽略了物價水準。因此，在本節我們以總需求與總供給方法來分析均衡產出與物價水準的同時決定。

一、總需求曲線

　　在第二章，我們曾經分析一種財貨或勞務的市場總需求曲線為與其本

身價格呈減函數關係的負斜率曲線，這是屬於個體經濟學的分析。在總體經濟學，整個社會的總需求是在不同價格水準下之消費、投資、政府開支、及淨出口的總和。在只有私人部門的閉鎖經濟假設下，社會的總需求是由消費與投資所構成。

圖 15-6，社會的總需求曲線 (AD) 亦是一條與物價水準呈減函數關係的負斜率曲線。但是，個體經濟與總體經濟的需求曲線之所以為負斜率的原因並不相同。社會的總需求曲線為負斜率最主要的原因為物價水準上升時，將使人們（個人與廠商）手中貨幣的購買力下降，消費與投資開支因此減少；物價水準下降時，將使人們手中貨幣的購買力上升，消費與投資開支因此增加❶。是故，社會的總需求曲線是一條與物價水準呈減函數關係的負斜率曲線。如果物價水準以外影響總需求的變數發生改變，則整條社會總需求曲線將發生往外或往內的移動。例如，貨幣供給增加、減稅、對未來經濟情況預期樂觀等因素，將使社會總需求曲線往外移；反之，將使社會總需求曲線往內移。

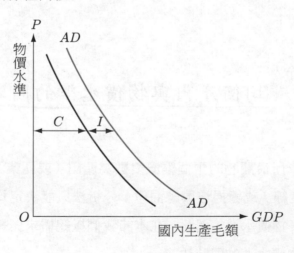

圖 15-6　社會總需求曲線

---

❶ 這種物價水準變動影響貨幣購買力，進而影響消費與投資開支，稱之為實質餘額效果 (real balance effect)，或皮古效果 (Pigou effect)。

二、總供給曲線

　　整個社會的總供給曲線亦如同個別財貨或勞務的市場供給曲線一樣，是一條與物價水準呈增函數關係的正斜率曲線，但兩者之所以為正斜率的原因並不相同。

　　社會的總供給曲線與時間的長短有密切的關係。短期間，社會的總供給數量將視技術水準、資源稟賦、及勞動力的利用狀況而定。在技術水準及資源稟賦一定下，短期間社會的總供給因此決定於勞動力的利用（即就業）狀況。如果我們假設工資在短期間具有僵固性，或是工資的調整落在物價水準的調整之後，則物價水準上升將使廠商的利潤提高，廠商將增加雇用勞工，社會的總產出（所得）因此增加。是故，短期的社會總供給曲線是一條與物價水準呈增函數關係的正斜率曲線——圖 15-7。

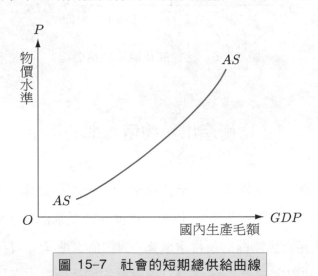

圖 15-7　社會的短期總供給曲線

　　但是，在長期間工資將隨物價水準的變動完全調整，而沒有僵固性存在。例如，物價水準上升 10%，長期間工資水準亦將上升10%。在此情況下，物價水準雖然上升但廠商的利潤並沒有增加，廠商因此不會增加雇用勞

工，社會的總產出因此不變。是故，長期的社會總供給曲線將如同圖 15–8
中的 AS 一般，是一條與物價水準無關的垂直線。至於垂直線與橫軸交於何
處——即長期的社會總供給量，則由社會的技術水準、資源稟賦、及勞動
力數量所決定的潛在產出 (potential output) 來決定。假設社會的技術水準
與資源稟賦不變，則社會的潛在產出完全決定於勞動數量。因此，社會的
長期總供給數量其實也就是勞動力充分就業時的產出（所得）水準 (Y_f)。

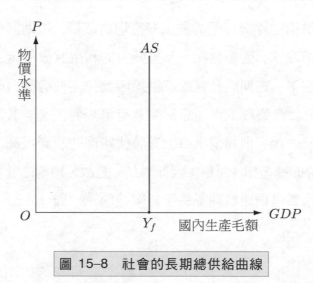

圖 15–8　社會的長期總供給曲線

三、均衡產出與物價水準的決定

　　將社會的總需求曲線與總供給曲線畫在同一圖形上即可決定社會均衡
的所得（產出）與物價水準。圖 15–9，社會的總需求曲線與總供給曲線相
交於 E 點，決定社會均衡的所得水準 Y^* 與物價水準 P^*。若社會總需求增
加，則總需求曲線由 AD 外移到 AD'，社會的均衡所得水準提高為 Y_1，物
價水準升高為 P_1；若社會總需求減少，則總需求曲線由 AD 內移到 AD''，
社會的均衡所得水準降低為 Y_2，物價水準降低為 P_2。總需求變動，均衡
所得水準跟著改變，這正是凱因斯的有效需求決定所得－產出水準理論。

第15章 國民產出與所得均衡水準的決定

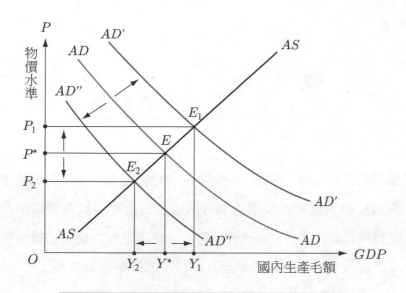

圖 15-9 均衡產出與物價水準的決定與變動

不同於凱因斯的有效需求理論，古典學派認為經濟經常處於充分就業
狀態，社會的產出因此經常維持於充分就業的產出水準。在此情況下，社
會總需求的變動將只有改變社會的物價水準，而對社會的所得－產出水準
沒有影響——圖 15-10。

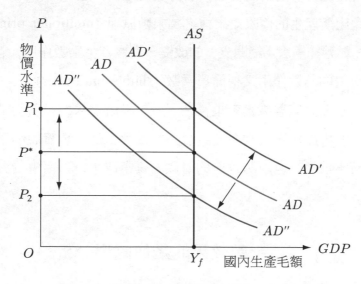

圖 15-10 古典學派認為總需求變動只影響物價水準

第 3 節　乘數及其效果

根據有效需求法則，需求（開支）的改變將使產出（所得）發生改變，這種關係對於經濟波動與政策效果有著重大的意義。基本模型中，消費與投資構成有效需求（開支），一般而言，消費函數較為穩定，投資較為變化不定，本節就投資變動對經濟產出（所得）的影響加以分析。

一、乘數的意義

在均衡產出水準下，投資增加，提高有效需求，引起產出與所得水準的升高；投資減少，降低有效需求，促使產出與所得水準降低，而產出（所得）的變動將是投資變動的倍數，這倍數稱之為乘數 (multiplier)，這種投資改變對產出所產生的擴張效果稱之為乘數原理 (multiplier principle)。一般而論，凡影響總需求（總開支）的改變，均會產生乘數作用，若祇考慮投資改變所產生的倍數作用又稱簡單乘數 (simple multiplier)。

既然需求變動有著乘數效果存在，所以構成需求的投資與消費如有少許的變動，就可能使產出水準發生很大的改變，這一事實說明了一國的經濟為何會時常波動，也說明政府的財政、貨幣政策，為何會受到重視的原因。

二、乘數效果的幾何圖形分析

圖 15–11，在儲蓄不變下，自發性投資由 I 增為 I'，均衡產出由 Y^* 增至 Y_1，投資增加 ΔI，產出增加 ΔY，圖形很明顯地表示 $\Delta Y > \Delta I$，表

示投資乘數效果的產生。這事實可以幾何圖形證明如下:

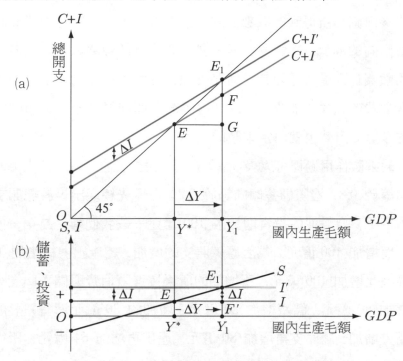

圖 15–11　投資乘數效果的幾何圖解

設 α 代表乘數, 由圖 15–11(a), 依定義 $\alpha = \dfrac{\Delta Y}{\Delta I} = \dfrac{Y_1 - Y^*}{E_1 F} = $

$\dfrac{EG}{E_1 G - FG}$。因為三角形 $E_1 EG$ 為等腰直角三角形, 所以 $EG = E_1 G, \alpha = $

$\dfrac{EG}{EG - FG}$。分子、分母同除以 EG, 得到 $\alpha = \dfrac{1}{1 - FG/EG}$。因為假設投資只

有自發性的, 所以 $\dfrac{FG}{EG}$ 是消費函數線的斜率, 即邊際消費傾向 (MPC)。因此

$\alpha = \dfrac{1}{1 - MPC}$。又 $MPC = 1 - MPS$, 所以 $\alpha = \dfrac{1}{1 - (1 - MPS)} = \dfrac{1}{MPS}$。

一般假設 $0 < MPS < 1$, 結果 $\alpha = \dfrac{1}{MPS} > 1$。或由圖 15–11(b),

$\alpha = \dfrac{\Delta Y}{\Delta I} = \dfrac{1}{\Delta I / \Delta Y}$, $\Delta I = \Delta S$, 所以 $\alpha = \dfrac{1}{\Delta S / \Delta Y} = \dfrac{1}{MPS}$。

以上的幾何圖形分析不僅證明了投資的乘數效果存在, 同時可以得到

乘數的公式為：乘數等於邊際儲蓄傾向（或 1 減邊際消費傾向）的倒數。

　　根據幾何圖形所得到的乘數公式，乘數的大小決定於邊際消費傾向或邊際儲蓄傾向的高低，乘數與邊際消費傾向呈增函數關係，與邊際儲蓄傾向呈減函數關係。這乃是因為任何開支項目的變動要能夠產生乘數作用，均須透過消費的改變才能實現，既然邊際消費傾向與邊際儲蓄傾向決定消費開支的多寡，自然也就決定乘數的大小。

　　投資的乘數作用過程可以表 15–2 說明。設全社會（每一個人）的邊際消費傾向等於 0.8，邊際儲蓄傾向等於 0.2。在原先總產出等於總開支的均衡產出水準下，自發性的投資增加了 100 億元——我們稱之為第一回合，總開支因而增加 100 億元。為因應總開支的增加，總產出供給增加 100 億元，所得因此增加 100 億元，所增加的所得按邊際消費與儲蓄傾向分割，使消費增加 80 億元，儲蓄增加 20 億元。增加的 80 億元消費，形成第二回合的開支增加。總開支再增加 80 億元，產出再增加 64 億元，所得再增加 64 億元。如果邊際消費傾向不變，上述過程將繼續下去，一個人的消費

表 15–2　乘數效果產生的過程

單位：億元

項目〔回合〕	(1) 投資增量 (ΔI)	(2) 開支增量 (ΔD)	(3) 國內生產毛額增量 (ΔY)	(4) 消費增量 (ΔC)	(5) 儲蓄增量 (ΔS)
第一回合	$100	$100	$100	$ 80	$ 20
第二回合		80	80	64	16
第三回合		64	64	51.2	12.8
⋮		⋮	⋮	⋮	⋮
第 n 回合		≈0	≈0	≈0	≈0
總　　計	$100	$500	$500	$400	$100

開支構成另一個人的所得，所得乘上邊際消費傾向又形成另一回合的消費增加。每一回合所增加的消費開支、所得、及儲蓄將愈來愈小，直到最後

收斂至零為止。將表中每一回合所增加的所得加總，等於 500 億元，與原來增加的 100 億元投資比較，所得增加是投資增加的 5 倍，乘數因此等於 $\frac{1}{MPS} = \frac{1}{0.2} = 5$。

累積增加的 500 億元產出（所得），表示增加的總產出供給（500 億元）等於增加的總開支需求（增加 400 億元的消費與100 億元的投資），增加的儲蓄（100 億元）等於增加的投資（100 億元），經濟又重新達於另一均衡產出水準。

三、節約的矛盾

個別的家庭，克勤克儉則財恆足，是興旺的來源；寅吃卯糧，會使富變窮，窮者無立錐之地。因此，節約對個別家庭而言是一種美德，可是經濟上適用於個體的觀點並不一定就適用於總體。在祇是儲蓄而不投資的情況下，就社會觀點而論，儲蓄就會成為促進生產的障礙，使社會發生失業、所得水準下降。這種個體與總體之間儲蓄的作用相反的情形，稱之為節約的矛盾 (paradox of thrift)。具體而言，個別家庭祇要節約，便可達成增加儲蓄與財富的目標，使家庭由窮轉富；但是，如果社會所有的人均厲行節約而不用於投資，在經濟衰退的情況下，有效需求將更加減少，這將使經濟狀況更加惡化，就業、產出與所得水準更進一步降低，最後個人與整個社會的儲蓄量將維持不變，甚或反而減少，這就是節約的矛盾。

圖 15–12(a)，只包括自發性投資的投資線與儲蓄線相交於 E 點，投資等於儲蓄 (EY_0)，均衡產出 Y_0。如果社會的投資意願維持不變，儲蓄意願增強——即消費意願減弱，則儲蓄函數由 S 往上移到 S'。此時在 (AY_0) 的均衡產出水準，計畫儲蓄 (AY_0) 大於計畫投資 (EY_0)，總產出大於總開支，經由乘數作用，產出水準降低至另一均衡水準 Y_1。因為儲蓄是所得的增函數 $[S = S(Y), S' > 0]$，所以儲蓄將隨所得減少而減少。在 E_1 點，計畫

儲蓄又回復等於計畫投資，原先想增加儲蓄 $(AY_0 > EY_0)$，結果儲蓄不變 $(EY_0 = E_1Y_1)$，是一種矛盾。

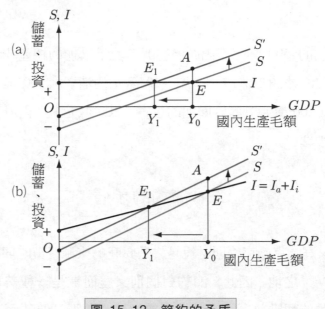

圖 15–12 節約的矛盾

　　如果投資函數包括誘發性投資——如圖15–12(b)，則儲蓄函數由 S 往上移到 S' 的結果，透過乘數作用，產出（所得）水準減少更多，導致投資減少，儲蓄減少 $(E_1Y_1 < EY_0)$。如此，每個人想減少消費，增加儲蓄的結果，導致社會產出（所得）水準的降低，個人所得跟著降低，透過儲蓄與所得之間的增函數關係，個人與社會的儲蓄最後將反而減少。

　　節約矛盾之應用有其時空性。經濟時機不同（繁榮或衰退），節約與消費的取捨不同；經濟環境不同（已開發或開發中國家），所要求的情形也不一樣。一般而言，當已開發國家的經濟處於衰退時，儲蓄的增加將會產生節約的矛盾。至於開發中國家，亟需資本累積，提倡節約，鼓勵儲蓄，同時使儲蓄轉為投資，則有助資本形成，促進經濟發展，所以另當別論。

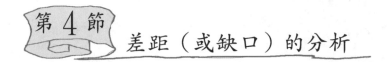

第 4 節　差距（或缺口）的分析

一、差距的意義

在總產出 (Y) 與總開支 $(C+I)$ 圖形上，45° 線上任何一點代表總產出供給等於總開支需求，總開支線可與 45° 線上任何一點相交，故均衡點可有無限個。可是均衡所得並不見得就是充分就業所得，充分就業的均衡所得只有一個。凱因斯學派並非如同古典學派一般認為市場經濟存在自動機能，能夠隨時確保總開支需求等於充分就業的總產出供給。事實上，凱因斯學派認為現實的經濟，時常是處於總需求與充分就業的總供給並不均等的狀態。

在任何產出（所得）水準之下，祇要實際總開支需求與該水準下的總供給產出不均等，兩者之間便有差距或缺口 (gap) 存在。可是，經濟學上所關心的是充分就業的產出（所得）水準，因此總開支需求應該與充分就業所得水準的總產出供給相比較才有意義。是故，所謂的差距是指：在充分就業的所得水準之下，實際的總開支與維持充分就業產出水準所需要的總開支（即充分就業下的總供給），兩者之間的差額。

二、收縮差距與膨脹差距

在充分就業的所得水準之下，實際的總開支小於維持充分就業所得水準所需要的總開支，其不足的差額，稱之為收縮差距 (deflationary gap)。圖 15–13，在充分就業所得水準 Y_f 下，若總開支函數為 $(C+I)'$，則實際

總開支 Y_fF 小於維持充分就業所得水準所需的總開支 Y_fE，兩者之間的差額 EF 就是收縮差距。

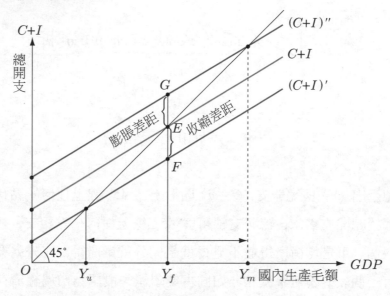

圖 15–13　收縮差距與膨脹差距

　　收縮差距的存在，表示有效需求不足，會產生失業，實際產出（所得）水準會降低（從 Y_f 降為 Y_u）。根據乘數作用，所減少的產出是收縮差距的倍數。

　　在充分就業的所得水準之下，實際的總開支大於維持充分就業所得水準所需要的總開支，其超出之差額，稱之為膨脹差距 (inflationary gap)。圖 15–13，在充分就業所得水準 Y_f 下，若總開支函數為 $(C + I)''$，則實際總開支 Y_fG 大於維持充分就業所得水準所需的總開支 Y_fE，兩者之間的差額 EG 就是膨脹差距。

　　膨脹差距的存在，表示有效需求過多，在充分就業下，社會產出能量已達於最大，供給不能再增加，因此將發生需求拉升的物價膨脹。實質所得 (real income) 水準將維持在 Y_f 不變，而無法增加至 Y_m，但由於物價水準的上升，將使名目的貨幣所得 (money income) 水準增加❷。

――――――――――――――――

　　❷ 圖 15–13 的橫軸為實質產出，所以無法表示名目產出的變動。

　　無論是收縮或膨脹差距的存在，均將使社會發生失業或物價膨脹的經濟波動，兩者都是人們所不願意見到的。理想的經濟目標是達成沒有物價膨脹的充分就業境界，這有賴於設法使實際總開支經常維持等於充分就業所得水準所需的總開支，此一工作如果民間不能達成，則有賴於政府運用各種政策來負責實現。

重　要　名　詞

總挹注	總漏巵
浴缸定理	乘數原理
簡單乘數	節約的矛盾
收縮差距	膨脹差距

摘　　要

1. 古典學派認為經濟能夠自動達成充分就業，經常有著充分就業的均衡產出，因此並沒有國民就業與產出不足的問題存在。凱因斯學派認為經濟不能自動達成充分就業，非充分就業才是常態，祇要總產出供給等於總開支需求，經濟仍然是處於均衡的狀態，但大都是未達充分就業的均衡。

2. 古典學派由供給面，根據賽伊法則，認為產出水準自動達於充分就業均衡。凱因斯學派由需求面，根據凱因斯法則，認為有效需求的多寡決定了均衡國民產出水準。

3. 當總產出供給等於總開支需求，或總挹注（投資）等於總漏巵（儲蓄）時，經濟社會的產出便達到一種均衡狀態。

4. 社會的總需求曲線是一條與物價水準呈減函數關係的負斜率曲線，社會的短期總供給曲線是一條與物價水準呈增函數關係的正斜率曲線，社會的長期總供給曲線則是一條與物價水準無關的垂直線。

5. 總需求曲線變動，根據凱因斯理論，將使均衡產出與物價水準發生改變；根據古典學派理論，將只有使物價水準發生改變，產出水準將維持不變。

6. 有效需求（開支）的變動將引起國民產出（所得）變量成倍數的變動，這個倍數稱為乘數，這種關係稱為乘數原理。在簡單的模型裏，自發性投資變動所產生的乘數等於 1 減邊際消費傾向的倒數 $\left(\dfrac{1}{1-MPC}\right)$，或邊際儲蓄傾向的倒數 $\left(\dfrac{1}{MPS}\right)$。

7. 個別家庭只要節約，必能使儲蓄增加；但是，在經濟衰退時，整個社會同時節約的結果，將使得有效需求更加減少，所得水準更加下降，最後儲蓄不僅不能增加，反而減少。這種個體儲蓄與總體儲蓄的後果不協調

的情形，稱為節約的矛盾。

8. 在充分就業所得水準下，若實際的總開支小於維持充分就業所得水準所需要的總開支，其不足差額，稱為收縮差距，會產生失業，國民所得水準下降；反之，若實際的總開支大於維持充分就業所得水準所需要的總開支，其超出的差額，稱為膨脹差距，會使物價上漲，貨幣所得提高，但實質所得不變。

問 題 練 習

1. 什麼是國民生產（所得）均衡水準？古典學派與凱因斯學派對其有何不同的看法？

2. 試以圖形剖析總開支對總產出法與總挹注對總漏巵法之均衡國民產出（所得）的決定，並證明總開支變動將使均衡國民產出水準發生改變。

3. 試以社會的總需求曲線與總供給曲線分析凱因斯學派與古典學派關於總需求變動對均衡產出與物價水準變動的看法。

4. 在國民所得變動分析中有所謂「乘數效果」，試述其意義，並就你所知，列述求算此「乘數」的方法。

5. 什麼是節約的矛盾？其在應用時，有那些限制？

6. 試用圖形剖釋收縮差距與膨脹差距的意義，並闡釋其經濟後果。

7. 設邊際消費傾向為 0.75，若投資增加 10 億元，國民所得水準會增加多少呢？若經濟存在 20 億元的收縮差距，國民所得水準會增加或減少多少呢？

第 16 章　經濟波動：失業與物價膨脹

　　總開支（需求）等於總產出（供給）、或投資等於儲蓄，決定一個經濟均衡的國民產出（所得）水準。隨著時間的推進，如果經濟不斷成長，均衡國民產出水準將逐漸提高。若一切進行順利，國民產出將如圖 16–1 中的潛能國內生產毛額 (potential *GDP*) 的軌跡一般趨勢❶。可是，經濟總是經常伴隨收縮差距與膨脹差距的存在，使實際國內生產毛額 (actual *GDP*) 沿著潛能國內生產毛額趨勢線不穩定地上下波動，實際與潛能國內生產毛額間

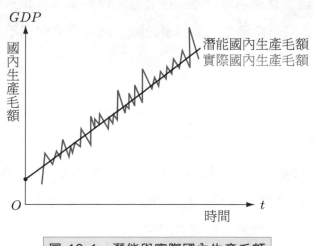

圖 16–1　潛能與實際國內生產毛額

---

❶ 潛能國內生產毛額決定於一個國家要素稟賦的數量、品質、及技術水準。

產生差距，因而發生失業與物價膨脹，這種經濟波動的現象稱之為商業循環 (business cycle)——又稱貿易循環 (trade cycle) 或經濟循環 (economic cycle)。

第 1 節　商業循環

一、意　義

所謂商業循環是指：在某一段期間內（通常在幾年以上），一般經濟活動發生非定期但重複出現的波動現象。經濟波動的結果，將使就業、產出、所得、及物價水準等總體經濟變數大略成同方向，但不同程度的變動。

根據以上的定義，經濟活動的季節性波動與長期趨勢變動應排除於商業循環之外。因為前者是每一年定期發生的現象，如我國的農曆新年，歐美的耶誕節使經濟活動特別旺盛；後者是一種持續而非重複的現象，如經濟成長。因此，商業循環是一種經濟波動，但經濟波動則不一定屬於商業循環。

二、四個階段

圖16-1 實際國內產出的軌跡代表商業循環的雛形，如果將其具體化，可以繪成如圖 16-2 標準型態的商業循環圖形。依據標準化的商業循環，經濟波動可劃分為四個傳統的商業循環階段：

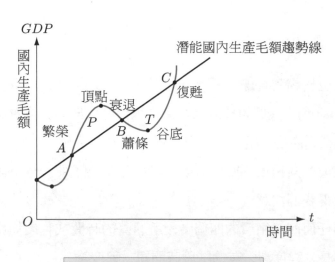

圖 16-2　商業循環的四個階段

(一)繁　榮 (prosperity)

指循環位於趨勢直線上面上升的部分——A 至 P，表示經濟處於充分就業狀態，人們對於未來充滿樂觀，投資與消費活動旺盛，就業、產出、所得、及物價水準均處於相當高的水平。繁榮至 P 點達於最高，稱為頂點 (peak)，這是經濟活動將走下坡的轉捩點 (turning point)。

(二)衰　退 (recession)

指循環位於趨勢直線上面下降的部分——P 至 B，表示經濟活動開始收縮 (contraction)，漸漸離開充分就業，人們對於未來持不甚樂觀的看法，投資與消費活動減緩，就業、產出、所得、及物價水準的水平下降。

(三)蕭　條 (depression)

指循環位於趨勢直線下面下降的部分——B 至 T，表示經濟遠離充分就業，人們對於未來持恐慌悲觀的態度。投資與消費活動低落，就業、產出、所得、及物價水準的水平大幅下降。蕭條至 T 點達於最低，稱為谷底 (trough)，這是經濟活動將走上坡的轉捩點。

㈣復　甦 (recovery)

指循環位於趨勢直線下面上升的部分——T至 C，表示經濟活動開始擴張 (expansion)，人們對於未來逐漸恢復信心與樂觀，投資與消費活動逐漸增加，就業、產出、所得、及物價水準的水平回升。

標準型態商業循環的四個傳統階段劃分是為了便於分析說明，在應用時有幾點值得我們注意：

⑴並非任何商業循環的四個階段所涵蓋的時間或程度均相同，亦即有的階段時間長、程度深，有的階段時間短、程度淺。

⑵商業循環並非一定按四個階段依序發生，如可能在衰退後馬上緊接為復甦，而沒有經過蕭條的階段。

⑶通常從一個階段移轉到另一個階段是漸進而難以察覺的，無法明顯確定一個階段的結束或開始。

事實上，真實經濟社會很難有如此標準型態的商業循環。現代商業循環一般通常只將經濟波動劃分為包括復甦與繁榮的景氣高盪面 (upswing) 及包括衰退與蕭條的不景氣低盪面 (downswing) 兩種型態而已。

三、經濟指標

要瞭解經濟是處於商業循環的那一階段，我們可透過對就業、產出、所得、及物價水準的量度來得到答案。由這些變數量度所顯示出的數值，再與所訂定的標準相比較，雖不能很準確，亦可大略判定經濟是屬於那一個循環階段。

對有關總體經濟變數的量度，是對商業循環的一種事後證實與瞭解，但卻必須接受其已經造成的後果。經濟學的研究，不僅在於察覺目前的經濟狀況，更重要的是希望能夠掌握未來的發展，預測未來的變動，事先採取措施，防患於未然，以將可能的災害減輕至最小的程度。因此，有許多

經濟學家分別提出不同預測商業循環的方法，其中最常見的是以經濟指標 (economic indicators) 來預測商業循環。凡是能夠顯示總體經濟活動狀況的時間數列 (time series) 資料均可做為經濟指標。可充做經濟指標的時間數列很多，一般將其區分成：

1.同時性指標 (coincident indicators)

指與總體經濟活動之變化幾近一致的時間數列。例如，物價指數、工業生產指數、及用電量等，可用以量度現期經濟活動的盛衰。我國行政院經建會每月所公佈的景氣對策信號屬於此種指標，它是由貨幣供給 (M_{1B})、放款金額、票據交換金額、製造業新接訂單指數、海關出口值、工業生產指數、製造業成品存貨、股價指數、及非農業部門就業等變數的變動率所構成。

2.領先指標 (leading indicators)

指發生在總體經濟活動變化之前的時間數列。例如，機器設備與耐久消費財的新訂單、利率的變化、及開工興建房屋的多少等，均可顯示未來經濟活動的可能變化趨勢，可做為預測商業循環的經濟指標。圖 16-3，虛線代表領先指標，由其變化，大略可以預先測得商業循環即將來臨的頂點或谷底。

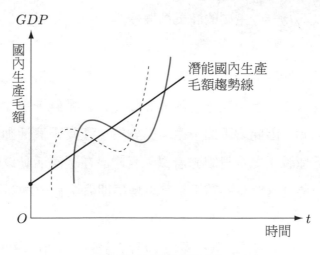

圖 16-3　領先指標

3.落後指標 (lagging indicators)

指總體經濟活動變化之後所產生的時間數列。例如，失業率、稅前公司利潤等，是一種事後的經濟活動度量。

四、主要理論

對於經濟活動何以會產生商業循環波動，有許多不同的理論提出解釋，這些理論大概可歸納為外部理論 (external theory)——又稱外生理論 (exogenous theory)，與內部理論 (internal theory)——又稱內生理論 (endogenous theory) 兩類。外部理論認為商業循環是由於經濟體系外的因素發生變化所引起——例如：氣候、戰爭、政治事件、人口增減、新資源發現、能源危機、科學發明、及技術創新等因素。

內部理論認為商業循環是由於經濟體系內的因素發生變化所致。此一理論認為每次經濟活動擴張，經濟體系內部必將同時滋生未來經濟收縮與衰退的力量；同樣地，每次經濟活動收縮也必將同時滋生未來經濟復甦與擴張的力量，經濟體系本身有著自我循環的因子存在，構成生生不息的商業循環。要將不同的商業循環理論予以區分為外部理論或內部理論，有時並不容易。以下為一些主要的商業循環理論：

1.太陽黑子 (sunspots) 說

十九世紀英國學者傑方茲 (W. S. Jevons) 觀察每當太陽表面的黑子活動頻繁，容易有旱、水災或冰雪的氣候變化，影響農業生產，農業又影響到一般經濟活動，因此太陽黑子循環與農業生產及經濟活動的循環有著密切的關係。這種說法以今日眼光看似天真，但在經濟活動以農業為主的社會，不失為一種經濟觀察的結果，可說是早期農業社會的經濟循環理論。

2.創新理論

新產品、新生產方法、新技術、及新市場發現等創新活動的產生，可以降低企業家的生產成本，增加收入，提高利潤。一旦有企業家創新成功，

其他企業家將群起倣效，跟進投資於相同或類似的創新生產活動，這種投資叢生的結果，帶動經濟的繁榮。隨著投資的增加，創新利潤下降，投資活動逐漸減少，經濟開始衰退，直到另一次的創新發生，投資再度引起另一次的繁榮。如此，經濟活動隨創新的發生與消失而循環。

3.政治商業循環理論

西方先進國家的政權主要經由選舉而產生，而選舉的勝負與經濟狀況有相當密切的關係。為了贏得選舉、繼續執政，西方先進國家的政府剛贏得選舉時，通常採取緊縮的經濟政策（如增稅、減少貨幣供給）以減少物價膨脹壓力。但是，到了選舉屆近時，為了討好選民，通常採取寬鬆的經濟政策（如減稅、增加貨幣供給），以刺激經濟繁榮。如此，經濟活動隨著選舉而波動。

4.實質商業循環(real business cycle) 理論

此一理論認為只有非貨幣或實質因素——如技術、生產力變動，才會導致經濟循環波動。此一理論完全由產出供給面來解釋經濟波動，這與傳統上著重於從貨幣因素或需求面解釋經濟波動有很大的不同。

5.心理循環

人們受經濟與非經濟因素的影響，產生悲觀與樂觀交替的預期心理狀態，對於未來經濟時則持悲觀，時則持樂觀的不同看法，經濟活動也隨心理預期的交替變化而波動。預期樂觀時，消費、投資增加，經濟活動上揚；預期悲觀時，消費、投資減少，經濟活動低盪，全然以心理因素解釋經濟循環波動的產生。

6.政策變動循環

政府利用財政與貨幣政策得宜，有穩定經濟的功能，但若是運用不當反而造成經濟的波動，經濟活動因此隨政府政策時鬆、時緊的變化而產生波動。貨幣論者 (monetarists)更認為商業循環是一種貨幣的現象，政府貨幣政策執行不當，導致貨幣數量的波動是商業循環的根源。

7.耐久財貨更替循環

大量地更新購買資本財或耐久消費財，將導致經濟的繁榮；隨著購置活動的逐漸完成，經濟活動將逐漸衰退，直至蕭條。待所有耐久消費財完全折舊，再次重新更換，又產生另一次的經濟繁榮。如此，經濟活動隨耐久財貨的更替而循環。

8.有效需求循環

消費與投資不足或過多，終將使實際總需求不等於維持充分就業所需的總需求，而產生收縮或膨脹差距，引起經濟活動收縮與膨脹的波動，波動的程度視差距大小而定。根據凱因斯理論，商業循環最主要是由有效需求循環所引起的。

9.均衡商業循環(equilibrium business cycle)

這是理性預期 (rational expectations) 學派對於商業循環的看法，其認為由於人們（勞工與廠商）對於經濟訊息（價格）的認知偏差 (misperception)，因此導致勞動與產品供需的增加或減少，而肇致經濟循環波動。

以上各種不同的循環理論均無法單獨對商業循環提出令人滿意的解釋。大部分的經濟學家均認為商業循環的產生是由經濟體系本身（內部）與外部的因素共同作用所引起，應同時以內部與外部理論來加以說明。無論長期或短期的經濟波動，每一個完整商業循環（從一循環的頂點至另一循環的頂點）持續的時間，短者數年，長者數十年，這種長時間的特性，應與經濟活動的資本財變化有密切關係。資本財的投資活動，本質上具有很高的變異性，凱因斯學派因此主要以投資變動來分析經濟波動的現象。

 失業及其後果

一、失業的意義

在統計就業和失業人口數量時，未達一定年齡的人口通常不被考慮在內。例如，我國在 1968 年以前，未滿 12 歲的人口是被認為不適於工作的人口，因此在統計就業和失業人口時，他（她）們是不在考慮以內的。自 1968 年將國民義務教育延長為 9 年以後，不適於參加生產的人口年齡限制提高為 15 歲，凡年滿 15 歲及以上之人口，才被認為是適於參加經濟活動的人口。

在達到適於參加經濟活動年齡的人口中，有的因為體能上或精神上的缺陷，喪失了工作能力，有的則未具備尋找工作的意願，凡屬這一類的人口通稱為非勞動力 (non-labor force)，其他則稱為勞動人口或勞動力。勞動力對 15 歲以上人口的比率稱之為勞動力參與率 (labor force participation rate)，其值愈大，表示勞動供給潛能愈大；其值愈小，表示勞動供給潛能愈小。勞動力中有的正在軍中服役，經濟學上對這一部分人口不予考慮，祇就平民勞動力 (civilian labor force) 來加以討論。

在勞動力中，擁有工作者稱為就業 (employment)，未擁有任何工作者稱為失業 (unemployment)。就業人口與勞動力的相對比率，稱為就業率 (employment rate)；失業人口對勞動力的比率，稱為失業率 (unemployment rate)。經濟學上所謂的失業是指：在現行工資水準之下，凡有能力而且願意工作的健全勞動人口，找不到適合其專業訓練之工作的情況。根據以上失業的涵意，凡自己不願意工作或要求較市場現行工資水準更高的待遇而

失業者，稱之為自願性失業 (voluntary unemployment)，經濟學上將其視為非勞動力的一部分。社會所真正關心的是失業涵意所指的非自願性失業 (involuntary unemployment)❷ 。

二、失業的種類

按失業形成的原因，可將失業分為以下幾類:

㈠摩擦性失業(frictional unemployment)

指一位勞動者辭去原有的工作而另行尋找新的工作，在新舊工作交替之間，由於勞動的缺乏流動性與就業市場訊息的不完全等因素，所發生的短期失業現象。這是一種過渡的現象，因此摩擦性失業又稱之為過渡性失業 (transitional unemployment)。這種失業是自由市場經濟所不能避免的，其發生通常代表低所得或低生產力的勞工轉業到較高所得或高生產力的工作，故這種短期的摩擦性失業甚至對社會是有益的。

㈡結構性失業(structural unemployment)

指任何一個社會（尤其是開發中的國家），經濟結構改變的結果，使部分勞動者無法很快或完全適應新的經濟結構變化所發生的失業。例如，一個國家的製造業由勞力密集的低技術產業逐漸進步到資本、技術密集的高科技產業，對勞力密集產品的需求並沒有增加，甚或減少，若勞力密集產業的就業者無法順利轉到高科技產業就業，則將發生結構性失業。

---

❷ 我國行政院主計處定義就業者: 年滿 15 歲，從事有酬工作者，或工作在 15 小時以上之無酬家屬工作者；失業者為: 年滿 15 歲，正在找工作，隨時準備工作，但目前無工作者（包括等待恢復工作者及已找到職業而未開始工作亦無報酬者）。

(三)技術性失業(technological unemployment)

這是與產業結構有關的失業，亦有人將其歸併為結構性失業。當生產技術改變，原有生產技術不能適應新的產業結構需要所發生的失業現象。例如，交通運輸業由三輪車進步為計程車，原先的三輪車伕因沒有具備開計程車的技術而失業。

技術性、結構性、及摩擦性失業有時很難加以區分，只能說結構性與技術性失業的期間較長，需要接受新技術的再訓練才能獲得新工作；摩擦性失業的期間較短，很容易獲得新的工作而再就業。

(四)循環性失業(cyclical unemployment)

指因經濟不景氣、有效需求不足而產生收縮差距所引起的失業，是經濟社會最重要、也是最需避免的失業。國民所得理論所指的失業主要係針對此而言。

(五)季節性失業(seasonal unemployment)

有些就業人口的工作是季節性的，過了某一季節便要失去工作，是為季節性失業。例如，農業社會的秋收後到春耕之間，或工業生產的旺季與淡季之間所發生的失業。

(六)隱藏性失業(disguised unemployment)

一個人表面上雖有一份工作，但此工作並不適合其本身所受的專業訓練，或工作時間比一般正常工作時間來得短，結果是生產力偏低——甚至為零，所得偏低。如果生產力偏低，則稱為低度就業 (under-employment)；如果生產力為零（即邊際產出為零）即成為隱藏性失業。這種低度就業及隱藏性失業在落後國家的農業部門普遍存在，是人力運用的嚴重問題。

除循環性失業外，摩擦性、結構性、技術性、及季節性失業是任何自

由經濟社會，於任何時候，所不能避免的正常現象。因之，這些失業的總和又稱之為自然失業 (natural unemployment)。自然失業人口對勞動力的比率稱之為自然失業率 (natural unemployment rate)。在 1970 年代之前，大部分歐美經濟學者認為一個經濟社會的失業率若在 4%以下，即可稱之為充分就業 (full employment)。至於失業率到底多少才能視之為充分就業，由於各國經濟環境的不同，其標準也就不一。但是，各先進工業國家有一共同的趨勢顯示，由於經濟結構轉變的加速、技術變革的快速、市場不完全力量（獨佔及工會）的增大、勞動力結構的轉變（年輕及年老勞動力的相對增加）、最低工資的提高、自動化程度的加深（或機器人的操作）、及都市化程度的普及，均使得一個國家自然失業的人數增加。因此，自 1970年代起，歐美各國充分就業時失業率的標準有逐漸放寬的趨勢，目前 5%左右的失業率即被認為已經達到充分就業的境界。

三、失業的損失

勞動力之成為經濟資源是因為它可以用來生產財貨與勞務，沒有被用來增加財貨與勞務生產的勞動力，對國家與社會來說是一種資源的浪費和生產的損失。失業所產生的損失可分成兩方面：

㈠有形財貨與勞務的損失

失業導致目前財貨與勞務生產的減少，使實際的國內生產毛額小於潛能的國內生產毛額。圖 16–1 中，潛能國內生產毛額趨勢直線與其以下之實際國內生產毛額的差距，即是失業所肇致的有形財貨與勞務的損失。歐肯 (Arthur Okun) 研究美國失業與國內產出之間的關係發現，失業率每高出自然失業率 1 個百分點，實質國內生產毛額將低於潛能國內生產毛額 3 個百分點〔這種現象稱之為歐肯法則 (Okun's law)〕。例如，設自然失業率為 5%，若實際失業率為 6%，則實際的實質國內生產毛額將低於潛能國內

生產毛額 3 個百分點。

㈡無形的社會成本

失業除了導致目前財貨與勞務的生產減少外，尚可能引起下列各項不良的後果：

⑴失業往往會使生產技能退化，待失業者往後再就業參加生產行列時，其生產力將會下降。

⑵對個人及家庭來說，失業是所得來源的中斷或減少，失業者及其家庭可能因此失去生活的憑依，至少將被迫降低生活水準。

⑶失業使當事人感到沮喪，信心受損，養成一種自卑的心理。

⑷失業容易使社會的道德墮落，犯罪增加，因而造成政治的動亂和社會的不安。

鑒於失業可能對社會產生這些嚴重不利的後果，各國政府因此莫不設法儘量維持經濟隨時達於充分就業的狀態。

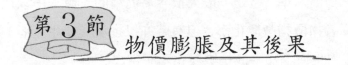

第 3 節　物價膨脹及其後果

一、物價膨脹的意義

物價膨脹 (inflation) 是指：社會的物價水準持續上升的一種現象。這通常都是由於太多的貨幣追求過少的財貨與勞務所引起的一種貨幣現象，傅利曼 (Milton Friedman) 就曾經說過一句名言「物價膨脹到處總是一種貨幣現象」(inflation is always and everywhere a monetary phenomenon)❸ 。

---

❸ 正因為如此，物價水準持續上升才又被稱為通貨膨脹。事實上，通貨膨脹

物價膨脹的結果使得每一單位貨幣的購買力減少，貨幣的購買力與物價水準之間有著反變的關係存在。

　　物價膨脹並不是指社會上每一種財貨與勞務的價格都上漲，其間或有價格下跌者，但只要社會全面的物價指數上升，或一般所稱的物價水準上漲，即是物價膨脹發生。另外，物價膨脹是指物價水準持續上漲的現象，如果物價水準只是暫時上漲而後隨即回跌，不算是物價膨脹的發生。與物價膨脹相對的是物價緊縮 (deflation)，是一種社會全面物價水準持續下跌的現象。現代經濟社會，可說只見物價膨脹，物價緊縮的情形少之又少。

　　通常我們以物價膨脹率 (rate of inflation) 來表示物價上漲的程度，在 t 期，物價膨脹率 $(\dot{P}_t)$ 的計算為：

$$\dot{P}_t = \frac{P_t - P_{t-i}}{P_{t-i}} \times 100$$

上式中，P_t 與 P_{t-i} 分別代表 t 期與 $t-i$ 期的物價水準。由於物價膨脹率係以百分比表示，所以乘以 100。由計算物價膨脹率的公式可知，物價膨脹率不等於物價水準，它是物價水準的變化率。因此，高物價膨脹率並不等於高物價水準，這是一般人很容易混淆的。最常用以代表物價膨脹率的為消費者物價指數變化率，但有時亦以批發（或生產者）物價指數變化率，或國內生產毛額平減指數變化率充當之。

二、物價膨脹的性質

根據物價上漲的速度，物價膨脹可以區分為以下三類：

1.爬升式物價膨脹 (creeping inflation)

又稱溫和物價膨脹 (moderate inflation)。每年物價水準大約以 5% 以

一詞是指貨幣數量增加。就理論而言，貨幣數量增加社會物價水準並不一定上升，因此將 inflation 一詞譯為通貨膨脹並非十分妥當。但是，一方面是此一用語已成習慣，另一方面是理論與實證上均顯示貨幣數量增加往往導致物價上漲。因此，將 inflation 一詞譯為通貨膨脹亦無不可。

下的速度慢性膨脹。有人認為這種慢性物價膨脹，給予企業家利潤誘因，可以促進投資，對經濟成長很有幫助。但是，也有人認為慢性物價膨脹會如滾雪球一般，容易失去控制，而一發不可收拾。持此論者根據加速假說 (acceleration hypothesis) 認為只要物價膨脹存在，即使是溫和的，人們將預期物價膨脹率遞增上升，這將導致實際的物價膨脹率遞升，爬升式物價膨脹因此將演變成快速的惡性物價膨脹。觀之史實，除在戰時外，在現代政府之經濟政策的運作下，物價水準加速上升的情況很少會發生，物價膨脹加速假說因此很難成立。

2.奔馬式物價膨脹 (galloping inflation)

每年物價水準以兩位或三位數字──如20%、50%、100%、或200%的速度上漲。在 1970 與 1980 年代，許多拉丁美洲國家──如阿根廷、智利，每年即有過 50%至 700%的物價膨脹率。如果奔馬式物價膨脹持續下去，貨幣的購買力將迅速下降，人們將不願意保有貨幣，經濟活動的效率將大幅降低。

3.超級（或惡性）物價膨脹 (hyper inflation)

奔馬式物價膨脹雖使經濟活動效率降低，但經濟活動尚能運行自如。但是，如果奔馬式物價膨脹進一步淪為超級（或惡性）物價膨脹，使物價每天、每小時都在上漲，則為經濟災禍的來臨，經濟將面臨瓦解的命運。德國與中國大陸均曾遭遇過這種物價膨脹。第一次世界大戰之後，從 1922 年 1 月至 1923 年 11 月，德國的物價指數由 1 上升至 10,000,000,000。第二次世界大戰之後，中國大陸物價飛漲，類似上述德國情形。就臺灣而言，在民國 38 年之前，每年物價上漲亦達 16 倍以上，因此迫使政府不得不於民國 38 年 6 月 15 日實施幣制改革，規定以舊臺幣 4 萬元兌換新臺幣 1 元，這意謂從民國 35 年 5 月 18 日至民國 38 年 6 月 14 日在舊臺幣發行、流通期間，臺灣地區的物價已經上漲了 4 萬倍左右。

此外，傅利曼根據政府是否干預而將物價膨脹區分為開放性物價膨脹 (open inflation) 與抑制性物價膨脹 (repressed inflation)。前者是指政府對

物價上漲不加任何干預而任其上漲至使市場達於供給等於需求之均衡的水準；後者是指政府採取政策阻止物價上漲至使市場達於供給等於需求之均衡所需的水準。傅利曼認為，在溫和通貨膨脹下，開放性物價膨脹將較抑制性物價膨脹對價格機能運作產生較小的不利影響，故對社會產生不利的影響也就較小。

三、物價膨脹的成因

對於物價膨脹的發生，主要有以下幾種不同的說法：

㈠需求拉升 (demand-pull) 理論

這種理論認為物價膨脹乃因總需求大於總供給，發生需求過多所導致，是過多的貨幣追求太少之財貨與勞務的結果。圖 16-4，橫軸代表社會產出

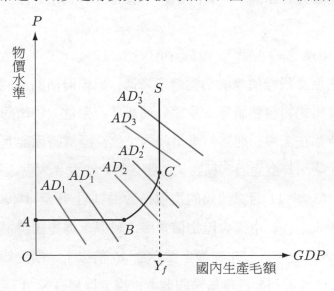

圖 16-4　需求拉升的物價膨脹

（所得），縱軸代表物價水準。社會總供給曲線 AS 可按社會就業的情況，分成 AB、BC、及 CS 三個階段。 AB 階段的總供給曲線成水平狀態，彈

性無限大，表示社會存在大量失業與過剩資本設備，總供給增加的能力很大，故總需求由 AD_1 增至 AD'_1，完全反映在產出的增加，並不會引起物價水準的上漲，這是極端的凱因斯理論關於有效需求變動對物價與產出變動之影響的看法。 BC 階段的總供給曲線表示社會逐漸接近充分就業，生產要素價格上升，效率較差的生產要素也投入了生產，生產成本因而提高，總供給增加的速度減緩，當總需求由 AD_2 增至 AD'_2，產出增加，但物價水準也上升了，這是一般的凱因斯理論關於有效需求變動對物價與產出變動之影響的看法。 CS 階段的總供給曲線成垂直狀態，彈性等於零，表示社會達於充分就業境界，沒有剩餘閒置的資源，生產能量達於極限，產出不能再增加，若總需求由 AD_3 增至 AD'_3，並沒有使產出增加，而只反映在物價水準的大幅上漲，這是古典理論關於有效需求變動對物價與產出變動之影響的看法。一般所指的需求拉升的物價膨脹主要係針對 CS 階段的情況，代表有效需求過多肇致膨脹差距而發生的物價膨脹。

(二)成本推動 (cost-push) 理論

假設總需求不變，凡生產要素價格的增加大於其生產力的增加，將使生產成本增加，總供給曲線往上移，發生如圖 16–5 產出減少，物價水準上

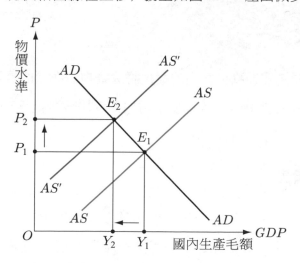

圖 16–5　成本推動的物價膨脹

漲的現象。按理說，原料價格、工資、租金、利率、及利潤的提高均會產生成本推動的物價膨脹，可是近代由於市場獨佔力量的興起與壯大，工會不斷要求提高工資，獨佔廠商無饜地追求更高的利潤，工資與利潤的提高被認為是推動成本上升的主因，故通常以「工資推動」與「利潤推動」為成本推動之物價膨脹的代表。

需求拉升與成本推動的物價膨脹之間往往具有連貫性，而很難劃分兩者發生次序的先後。有人認為需求拉升物價膨脹發生在先，生產要素為維持實質所得，要求提高報酬，進而引起成本推動物價膨脹；有人認為成本推動物價膨脹發生在先，生產要素所得提高，需求增加，而後引起需求拉升物價膨脹。

㈢貨幣性理論

這是最為人們普遍接受之解釋物價膨脹發生的說法。根據貨幣學派的論點，貨幣數量與物價水準在長期間有一對一的增函數關係——即貨幣數量的變動將導致物價水準呈同方向、同比例的變動。因此，物價上漲完全是由「通貨膨脹」（或貨幣供給增加）所引起的。貨幣供給增加，將導致人們的需求增加，根據需求拉升物價膨脹理論，物價水準因而上漲。

㈣預期理論

此一理論認為預期物價膨脹的發生將肇致物價膨脹的真正發生。例如，勞工預期物價將上漲 10%，因此要求增加工資10%，若勞工的生產力不變，這將導致物價水準真的上升 10%。

㈤結構因素

由於經濟某一產業發生瓶頸，引起該產業物價上漲，進而擴散到經濟全面物價水準的上升。例如，單只對某一產業的需求過多，致其產品價格上升，產生示範作用，其他產業跟進提高價格，全面物價水準因而上升；能

源危機引起石油價格上漲，石油化學產品價格上漲，帶動全面物價水準的上升；生產要素缺乏流動性，供需失調，價格上升，導致某一產業發生生產瓶頸，產量無法增加，生產成本提高，進而帶動全面物價水準的上漲。

㈥進口或出口因素

在一個開放程度很高的經濟社會——即進口或出口佔國民所得之比例很高的社會（例如，臺灣），當進口機器、設備、或原料的價格上漲，使生產成本提高，將發生成本推動的物價膨脹；或進口產品的價格上漲帶動國內產品的售價隨著提高，引起物價水準上升，均稱之為進口型物價膨脹。當出口大量擴張，造成貿易順差，貨幣供給量增加；國民所得水準提高，消費需求增加；再加上大量出口使國內總供給減少，因此發生物價膨脹，稱之為出口型物價膨脹。

四、物價膨脹的後果

物價膨脹的發生，促使我們對於貨幣所得——以貨幣單位表示的所得，與實質所得——貨幣所得所能購買到的財貨與勞務或是以實物表示的所得，應該詳加區分。若是單以貨幣所得的增加即認為是實質所得的增加，將是一種貨幣幻覺 (money illusion)，唯有把貨幣所得經物價指數平減為實質所得再作比較，才有意義。

要評估物價膨脹所造成的後果，應視物價膨脹的發生是否可以事先預期得到 (anticipated)，是否平衡 (balanced) 而定。如果可以事先預期物價膨脹的發生，任何與未來有關的經濟活動均可透過物價伸縮條款 (escalator clause) 的訂定，把物價膨脹可能造成所得與財富重分配的損害予以消除。例如，工會可要求雇主工資隨物價水準的變動而自動調整，以維持實質所得不變；債權人要求放款利率隨物價膨脹率而調整，以確保名目利率扣除物價膨脹率後，能夠維持實質利率不變。如果物價膨脹是平衡的——即所有

產品與生產要素的價格同比例上漲，則經濟體系的相對價格 (relative price) 將維持固定不變，經濟活動的效率因此不受影響。例如，所有財貨與勞務的價格均上漲 10%，所有要素的價格與名目利率均上漲 10%，則經濟體系所有的相對價格與實質利率均將維持不變，經濟活動效率因此不受影響。

如果物價膨脹的發生無法事先預期得到，將會發生所得與財富重分配效果。固定收入者（領取薪資、退休金、或社會福利金等固定所得者）、債權人、及儲蓄者，將因物價膨脹降低其所得與財富的購買力而蒙受不利；相反地，所得具有韌性者（如利潤所得者）、投機者、及債務人，將因物價膨脹增加其所得或減少其債務負擔而蒙受其利。這種物價膨脹所導致的所得與財富重分配，對儲蓄者猶如課以重稅處罰一般，對奢侈浪費者與囤積投機者反而無形中予以實際的獎勵，喪失了社會的公平。

如果物價膨脹是不平衡的 (unbalanced)——即有的產品或生產要素的價格上漲幅度大，有的產品或生產要素的價格上漲幅度小，將使經濟體系的相對價格發生不當的改變，因而降低經濟活動（生產）的效率。在此情況下，有些人的精力、資源投於應付物價膨脹並囤積居奇，圖謀暴利，而不願進行正當的生產活動，扭曲了生產資源的使用，降低了生產效率。以上討論的物價膨脹後果，可以歸納如下：

	平衡的物價膨脹	不平衡的物價膨脹
預期的物價膨脹	沒有效率損失及所得與財富重分配	效率損失
非預期的物價膨脹	所得與財富重分配	效率損失及所得與財富重分配

除了所得與財富重分配、經濟活動（生產）效率降低的不利後果外，一般而言，物價膨脹尚可能對經濟產生以下的不利後果：

1.削弱國際貿易競爭能力

假如外國物價相對本國較為穩定，物價膨脹結果使本國產品相對於外國產品的價格上升，將削弱本國產品在國際市場上的競爭能力。

2.阻礙經濟成長

物價膨脹使個人所得與財富的購買力降低，人們的儲蓄意願因而降低，資本累積因而減緩，經濟成長因此受到阻礙。

3.幣制崩潰

長期快速物價膨脹結果，一般人對本國貨幣喪失信心，嚴重者將導致一國幣制的崩潰，而不得不花費鉅大成本進行幣制改革。

4.強迫儲蓄效果

如果物價膨脹是由政府有意或無意的貨幣供給量過多所致，個人手中貨幣的購買力將因物價膨脹而降低，使得消費減少，部分原先可用於消費的資源（購買力）因而移轉到政府用於公共投資，這種現象稱之為強迫儲蓄 (forced saving)。

5.稅負加重

物價膨脹使得人們的名目（貨幣）所得增加，若免稅額與扣除額沒有對應的提高，在累進所得稅制下，將使政府的稅收增加，人們的稅負加重[4]。

6.價格機能削弱

在物價變動快速的情況下，價格給予人們（消費者與生產者）決策參考的訊息價值減少，甚至會誤導人們做出錯誤的決策，人們可能因此不再相信價格機能，而寧願採取以物易物的交易方式。

鑒於物價膨脹的這些不良後果，任何國家的政府莫不致力於對抗物價膨脹，維持物價水準的穩定，務期使貨幣發揮正面積極協助經濟運行的功能，避免其發生反面破壞性的膨脹後果。

五、消除物價膨脹的對策

消除物價膨脹、穩定物價一直是各國財經當局（尤其是中央銀行）努

---

[4] 目前世界上許多國家（包括我國）的稅法均有考慮物價膨脹因素，而使免稅額與扣除額隨物價指數的變動而調整。

力追求的主要經濟目標，至於應採行怎樣的對策來達到這個目的，則應視物價膨脹的來源（成因）而定。一般而言，根據物價膨脹形成的原因，消除物價膨脹的對策主要有：

1.控制貨幣數量

貨幣數量過多被大多數的人（尤其是貨幣學派）認為是肇致物價膨脹的禍首，因此妥善控制貨幣數量，維持適度的貨幣供給增加率，往往被認為是對抗物價膨脹最有效的方法。

2.打破物價膨脹預期

許多的物價膨脹往往是物價上漲預期心理作用推波助瀾的結果，在此情況下，只要政府採行暫時性的緊縮政策，打破人們物價膨脹的預期，則物價膨脹終將停止。

3.消除超額需求

如果物價膨脹是因有效需求過多所引起，則政府應針對產生超額需求的原因——如政府擴增預算、信用擴張、貨幣數量激增等，採行緊縮對策，這樣自然可以穩定物價。

4.調整經濟結構

如果物價膨脹是因生產力低落、長期對外貿易順差、要素缺乏流動性、獨佔力量雄厚等因素所引起，則應調整經濟結構，消除這些因素，才能使物價長期維持穩定。

經濟波動的容受與防範

一、可容受程度──菲力普曲線

充分就業與物價穩定是任何一個經濟社會所追求的理想經濟目標，但兩者往往猶如魚與熊掌一般不可兼得。在充分就業與物價穩定之間如何抉擇，一直是社會與經濟學家們所共同關心的問題。

英國學者菲力普 (A. W. Phillips) 觀察自 1861 迄 1957 年這段期間英國的失業率與貨幣工資增加率之間的關係，發現每當經濟逐漸接近充分就業，失業率減少時，總需求的增加或進一步追求失業率的降低，將導致貨幣工資的上升。如果貨幣工資上升的幅度大於勞動平均生產力的提高，平均生產成本將會提高，物價水準因而上漲，這種失業率與貨幣工資增加率呈減函數的關係，在圖形上可以一條負斜率的曲線表示，稱之為菲力普曲線 (Phillips curve)。後來一般人在應用時通常以物價上漲率來代替貨幣工資增加率──物價上漲率等於貨幣工資增加率減去勞動平均生產力增加率，菲力普曲線因此成為物價膨脹與失業之間相互抵換 (trade-off) 的關係曲線。

圖16–6，橫軸代表失業率，左邊縱軸代表物價上漲率，右邊縱軸代表貨幣工資增加率，兩邊縱軸座標值對應的差額代表所設定的平均勞動生產力增加率──即為 3%。菲力普曲線由左上方向右下方傾斜，其與橫軸相交於 E 點所決定的失業率又稱為自然失業率，表示一個經濟於任何時候所無法避免的摩擦性、結構性、技術性、及季節性失業的總和，此失業率事實上代表著充分就業，其數值的高低視各國經濟結構之不同而定。若欲進一步的減少失業率於自然失業率之下，唯有付出工資與物價上漲的代價。

若是社會的失業率大於自然失業率，同時工資與物價具有韌性，則物價水準上漲率將為負，表示物價水準下跌。

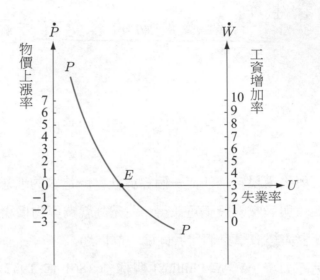

圖 16-6　傳統的菲力普曲線

　　菲力普曲線告訴我們高度就業與物價穩定不能兼得的觀念，但社會所希望的是能夠同時避免失業與物價膨脹。在這種情況下，經濟學家只能客觀地向社會大眾與政府當局提出菲力普曲線上各種可能失業率與物價膨脹率的組合（這屬實證經濟學）；至於實際選擇曲線上那一點，則端賴社會大眾與政府當局對失業與物價膨脹不同的容受程度而定（這屬規範經濟學）。

二、能防範限度

　　如果我們的社會確實存在菲力普曲線，則短期間政府當局所面對的問題，就是根據社會大眾對失業與物價膨脹的不同容受程度，選擇曲線上一點作為政策目標。對失業容受程度大的社會，選擇點將靠近橫軸——如圖 16-7 中 A 點，對物價膨脹容受程度大的社會，選擇點將遠離橫軸——如同圖 B 點。

　　長期間，經濟社會在於防範失業和物價膨脹，使之處於最小的限度內，

這也就是儘可能設法使菲力普曲線的位置移向原點。比較圖 16–7 中菲力普曲線 PP 與 $P'P'$，任何同樣的失業率，PP 較 $P'P'$ 曲線的物價上漲率大；任何同樣的物價上漲率，PP 較 $P'P'$ 曲線的失業率大。因此，菲力普曲線愈近原點表示經濟結構愈好，愈有同時獲得充分就業與物價穩定雙重目標的可能。1960 與1970 年代我國的經濟情況，正符合這種靠近原點的菲力普曲線特性。

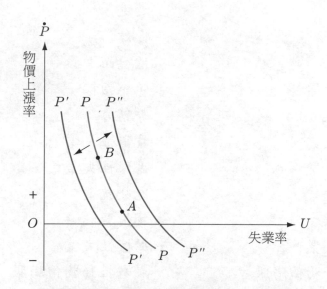

圖 16–7　失業與物價膨脹的容受與防範

　　為了追求就業與物價同時穩定的目標，各國政府無不採取各種措施——如財政與貨幣政策或工資與價格管制的所得政策等，試圖使菲力普曲線往左下方原點移動，或防範其遠離原點向右上方移動。事實上，1970 年代的兩次石油危機，使得代表世界各國的菲力普曲線普遍往右上方移動——如圖 16–7 中 $P''P''$ 曲線。可以發現，$P''P''$ 曲線上任何一點均較 PP 曲線上相對應之點所顯示的失業率與物價膨脹率同時增加，這種情形稱之為停滯性膨脹 (stagflation)[5] 。

---

　　[5] 停滯性膨脹一詞的英文 stagflation 為停滯 (stagnation) 與物價膨脹 (inflation) 兩字所合成。

重要名詞

潛能國民生產毛額	商業循環
繁榮	衰退
蕭條	復甦
高盪面	低盪面
同時性指標	領先指標
落後指標	勞動力
結構性失業	技術性失業
季節性失業	循環性失業
隱藏性失業	充分就業
物價膨脹	物價緊縮
自願性失業	摩擦性失業
需求拉升物價膨脹	成本推動物價膨脹
結構性物價膨脹	爬升式物價膨脹
奔馬式物價膨脹	惡性物價膨脹
開放性物價膨脹	抑制性物價膨脹
進口型物價膨脹	出口型物價膨脹
伸縮條款	強迫儲蓄
菲力普曲線	停滯性膨脹

摘　　要

1. 在一段期間內，一般經濟活動發生非定期但重複出現的波動，稱為商業循環。這種經濟波動通常是由於收縮或膨脹差距存在而引起失業或物價膨脹的結果。

2. 傳統上，根據就業、產出、所得、及物價等經濟活動指標的水準，將商業循環劃分為繁榮、衰退、蕭條、及復甦四個階段。但現代通常只將商業循環劃分為景氣的高盪面與不景氣的低盪面兩個型態而已。

3. 經濟指標可分為同時性、落後、及領先指標三種，同時性與落後指標是對當期與前期經濟活動的量度，領先指標則用於預測未來的經濟活動。

4. 解釋商業循環產生的理論主要有太陽黑子說、創新理論、政治商業循環理論、實質商業循環理論、心理說、政策變動說、耐久財貨更替說、有效需求變動說、及均衡商業循環說等。

5. 失業是指，在現行工資水準下，凡有能力且願意工作的健全勞動人口，找不到適合其專業特長工作的情況。根據產生的原因可將失業區分為摩擦性（或過渡性）失業、結構性失業、技術性失業、季節性失業、循環性失業、及隱藏性失業等幾類。

6. 失業除了肇致有形財貨與勞務的損失外，尚會引起技能退化、生活水準降低、信心受損、及社會動亂等無形的社會損失。

7. 物價膨脹是指，社會全面物價水準普遍且持續上漲的現象。根據物價上漲的速度，物價膨脹可區分為爬升式、奔馬式、及惡性膨脹；根據形成的原因，可將物價膨脹區分為需求拉升、成本推動、貨幣因素、預期因素、結構性、進口或出口因素等類型。

8. 對可預見的物價膨脹，可透過物價伸縮條款的訂定來避免其可能造成的

損害；平衡的物價膨脹不會改變相對價格，因此不會影響經濟活動效率。但是，無法預見的物價膨脹將產生所得與財富重分配後果，不平衡的物價膨脹將使相對價格發生不當的改變，而降低生產效率。其他諸如：削弱國際貿易競爭能力、阻礙經濟成長、導致幣制崩潰、強迫儲蓄、稅負加重、及價格機能削弱等，均是物價膨脹可能產生的不良經濟後果。

9. 菲力普曲線是一條表示物價膨脹與失業之間抵換關係的曲線。政府根據社會對物價膨脹與失業兩者可能容受的程度，選擇曲線上一點所代表的物價膨脹率與失業率的組合作為政策目標，而以政策工具來達成此一目標。

10. 短期間，政府選擇菲力普曲線上的一點作為追求的政策目標；長期間，政府應設法使菲力普曲線儘可能往靠近原點方向移動，以使社會同時享有較低的物價膨脹率與失業率。

1. 什麼是經濟波動？吾人通常根據什麼標準將經濟活動劃分為那幾類不同型態的商業循環階段？

2. 如何以經濟指標預測商業循環階段的來臨？有那些重要理論解釋商業循環的發生？

3. 何謂失業？其可以分為那幾種類型？試分別說明之。

4. 什麼是充分就業？其與自願失業有何關係？一個社會如果不能維持充分就業，將有怎樣的後果？

5. 何謂物價膨脹？物價膨脹可根據成因與性質區分為那些類型？試簡述之。

6. 物價膨脹對貨幣所得有何影響？無法事先預期與不平衡的物價膨脹，將產生那些不利的經濟後果？

7. 何謂菲力普曲線？如何利用它分析經濟目標與政策？

第 17 章 財政政策：政府的開支與租稅

截至目前為止，我們所討論的只限於包括家計與企業的私經濟部門，對於政府部門一直未作深入考慮。本章開始探討政府部門參與經濟活動所扮演的角色及其所產生的影響。

第 1 節 政府經濟活動的範圍與效能

一、適當範圍

任何有組織的社會均應賦予政府某種的經濟角色，政府在經濟活動中所扮演的角色，主要反映於預算之上，經由預算的執行，政府可以實現所要追求的目標。社會大眾——尤其是經濟學家們——對於政府在經濟活動中應該扮演怎樣角色的看法不一。古典學派主張政府的經濟活動愈少愈好，一切經濟活動在市場機能之下，任由私人自由放任的去競爭，無需政府干涉，社會經濟福利將自動達於最大，而政府所需擔任的經濟活動應限於私

人部門不願意或無力承擔的範圍之內。

　　但是，到了近代，對於政府在社會中所應扮演角色的看法有了很大的轉變。凱因斯在其 1936 年所發表的《一般理論》一書中特別賦予政府穩定經濟活動的新任務。其後，美國學者馬斯格瑞夫 (R. Musgrave) 在其名著《公共財政理論》(*The Theory of Public Finance*) 一書中，更進一步將現代政府的功能擴大，包括有效派用資源、穩定經濟活動、及所得重分配等三大類，這與凱因斯心目中的政府角色比較，顯然更加廣泛了。美國國會更於 1946 年通過「就業法案」(The Employment Act)，明白揭示聯邦政府有責任創造並維持充分就業與物價穩定。此法案的用意在於要求政府利用各種可能的政策，來達成沒有物價膨脹的充分就業與經濟成長的目標。

　　對於政府活動範圍的論點有如此截然不同的轉變，乃是由於構成古典學派自由競爭的一些完美的前提條件不復存在，政府所需擔負的經濟任務遂有增加的必要。但是，政府經濟活動的擴展必然使私人經濟活動相對地減少，任何一個經濟社會，公共部門經濟活動所佔的比重增加，必然使私人部門經濟活動所佔的比重相對地減少，正如圖 17–1，生產可能曲線上的生產點由 A 點移到 B 點，必然是公共財生產的增加，私有財生產的減少。無

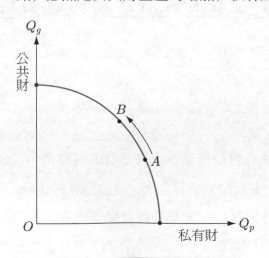

圖 17–1　政府經濟活動的增加

限制的政府經濟活動擴張是自由民主的市場經濟社會所不容許的，因此，政府的經濟活動終須以社會全體所認定的適當範圍為限。下列幾項通常被認為是現代政府所應擔任的經濟角色：

㈠擔任私人部門不願或無法從事的生產活動

諸如國防、道路、橋樑、港口、機場等，這類財貨與勞務的生產與價格，無法或難以由市場來決定，或所需投資過於龐大，致私人不願或無力承擔其生產。同時，這些生產又是社會經濟活動所不可或缺的，於是政府須得擔負其生產供給。但是，隨著社會觀念的改變與經濟發展程度的提高，私人部門不願或無法從事之生產活動的內涵也跟著改變。

㈡協助與限制私人經濟活動

政府應該提供健全的法律、司法、警察、度量衡、及貨幣等制度，以利私經濟活動的進行。對於有益社會的生產活動應予補助或獎勵，以扶持其發展，增加社會福利；對於有害社會的生產活動應予禁止或課以重稅，以限制其發展，減輕其可能產生的災害。此外，更應以各種政策來彌補私經濟的缺失或市場機能的失靈 (market failure)，達成所得與財富重分配，保障經濟公平競爭與促進經濟穩定發展。

㈢舉辦社會福利事業

對於無法參與經濟活動的人——如殘障、疾病、年老、或失業者，政府基於社會人道的立場，應予以妥善照顧，以確保社會的安定與公平。

二、預算思想

政府的經濟活動主要表現於財政的收入與支出，而所謂的財政政策是指：政府透過預算管理，來達到所追求的經濟目標。財政政策的執行體現

於預算之上，而預算則是政府逐項列舉估計未來某一期間（通常是一年）的收入與開支。預算思想的不同，對於政府經濟活動與財政政策的釐訂與執行有很大的影響，要探討財政政策首應對預算思想的演變有一瞭解。

(一)年度平衡預算 (annually balanced budget)

又稱連續平衡預算 (continually balanced budget)，指政府估計每年收入多少，就開支多少；或估計須開支多少，就收入多少，祇求每年的預算平衡。這是將家庭理財的觀念應用於政府理財，此種預算觀念由最早消極的量入為出，轉變到後來較為積極的量出為入。就理財的觀點，這種預算觀念很健全，但就經濟的觀點，將會產生加深經濟波動的反穩定效果。因為在現行的累進稅制下，經濟繁榮，政府稅收自動增加，若採年度平衡預算，政府開支勢必也增加，這將加深物價膨脹壓力；經濟衰退，政府稅收自動減少，若採年度平衡預算，政府開支隨之減少，勢將加深經濟緊縮。因此，這種預算現在祇成為財政史上的一個觀念而已。

(二)週期平衡預算 (cyclically balanced budget)

指政府應該隨著商業循環的波動，在經濟衰退時產生預算赤字，在經濟繁榮時產生預算盈餘，以繁榮盈餘彌補衰退赤字，使每一循環週期終了時，赤字與盈餘抵銷而達平衡。這種預算觀念在理論上很美好，但在實行上有以下的困難：

(1)繁榮與衰退的時間不一定相等。

(2)繁榮與衰退的程度不盡相同。

(3)難以預知經濟繁榮或衰退何時開始，無法事先確定預算政策。

(4)民主政治，政權時常因選舉而改變，難於一致有效地執行週期平衡預算。

基於以上的原因，事實上很難也不可能執行週期的平衡預算。

㈢功能理財 (functional finance)

根據經濟情況的需要採機動預算理財，機動目的在於達成經濟穩定與成長。經濟衰退時機動增加開支、減少稅收，繁榮時機動增加稅收、減少開支，運用預算工具達成所追求的經濟目標。功能預算是一種前進的理論，需要理財的人眼光能夠看得遠、看得準且行動迅速。事實上，應用時也有以下的困難：

⑴很難有完整的資料對未來的經濟情況作準確的預測。

⑵政策採行與效果發生之間有時間落後 (time lag)，可能衰退或繁榮已經發生，而事先採行的預防政策尚未產生效果。

⑶財政政策的採行須經立法程序，通常費時甚長，甚至未能通過，錯失政策採行的適當時機。

㈣充分就業或高就業水平預算 (full or high employment budget)

近代政府理財的觀念不重平衡，而重充分或高就業、物價穩定、及經濟成長等目標的追求。因此，政府可事先估計達成這些經濟目標所需的預算開支，決定開支多少，稅收多少，預算一經決定之後，就由經濟體系的內在自動穩定機能去操作（詳見第 3 節），確保充分或高水平就業水準的達成。這種建立在自動穩定機能之上的預算，有以下的缺點：

⑴自動穩定機能的力量有限，不足以應付重大的經濟波動或私經濟部門開支的變動，以確保充分或高水平就業水準的達成。

⑵在累進稅率下，隨著經濟成長，所得增加，稅收自動增加，在充分或高水平就業預算下，若經濟活動擴張超過預期，將發生充分就業預算盈餘 (full employment budget surplus)，雖有抑制物價膨脹的功能，但另一方面卻阻礙了經濟的成長。相反地，如果充分或高水平就業預算一經決定後，經濟活動無法順利擴張或甚至衰退，則在累進稅率下，政府稅收自動減少而無法產生預算所需的收入，這種情況稱之為充分就業預算赤字 (full

employment budget deficit)。

第 2 節 權衡性財政政策

權衡性財政政策 (discretionary fiscal policy) 是指政府主動採取有意的開支與租稅措施，以達成消除經濟波動與促進經濟成長的目標。因此，要瞭解權衡性財政政策，應從政府開支與租稅的活動著手。

一、政府開支與國內產出

如果不考慮國外部門，根據國內生產毛額恆等式，$GDP \equiv C+I+G$，GDP 代表總供給，C、I、及 G 分別代表家計、企業、及政府三個部門的開支，其總和代表總開支需求，兩者相等時，國內產出達於均衡水準。政府在經濟活動中所扮演的角色是以財政政策補私經濟活動的不足，恆等式右邊的 G 為大於零的任何數值，其大小將影響總需求，進而決定國內產出均衡水準。

假設沒有政府租稅存在，只考慮政府開支對國民產出均衡水準的影響，可以總開支需求對總產出供給及總挹注對總漏巵平衡法分析政府開支的效果。圖 17–2，表示政府開支的存在如同民間開支增加一般，使得總開支線由原來的 $C+I$ 升為 $C+I+G$，透過乘數作用，國內產出由 Y_1 增為 Y_2。再者，假設總漏巵（儲蓄）不變，有了政府開支後的總挹注線由 I 升為 $I+G$，在 Y_1 產出水準下，總挹注 (AY_1) 大於總漏巵 (EY_1)，透過乘數作用，國內產出由 Y_1 增為 Y_2，總挹注 $AY_1(=E'Y_2)$ 再度等於總漏巵 $(E'Y_2)$，國內產出達於較高的均衡水準。

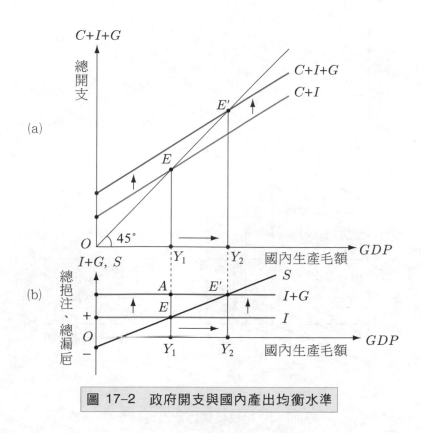

圖 17-2 政府開支與國內產出均衡水準

二、租稅與國內產出

假設沒有政府開支,只考慮租稅對國內產出均衡水準的影響,仍以總開支對總產出及總挹注對總漏卮分析租稅效果。假設投資是不受國民所得影響的自發性投資。任何國內產出水準下,對民間課稅,將使可支配所得減少,消費量減少,所減少的消費量等於邊際消費傾向乘以減少的可支配所得(即租稅)。圖 17-3,租稅使消費函數由 C 降為 C',C 與 C' 之間的垂直距離便是邊際消費傾向與租稅的乘積,總開支線因此由 $C+I$ 降為 $C'+I$,在原來 Y_1 產出水準下的總開支,由 EY_1 減為 AY_1,小於總產出 $OY_1(= EY_1)$,經由乘數作用,均衡國內產出水準由 Y_1 減為 Y_2。

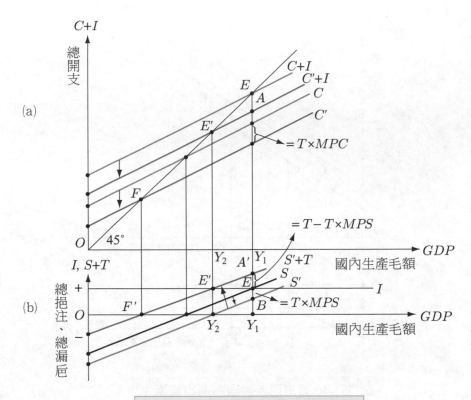

圖 17–3　租稅與國內產出均衡水準

　　假設總挹注（投資）不變，任何國內產出水準下，對民間課稅，可支配所得減少，儲蓄量減少，減少的儲蓄量等於邊際儲蓄傾向乘以所減少的可支配所得，儲蓄函數因而往下移，由 S 降為 S'。雖然儲蓄漏巵因租稅而減少，卻增加新的國民所得漏巵——租稅，而在任何國內產出水準之下，租稅使儲蓄漏巵的減少（等於邊際儲蓄傾向乘以租稅），小於租稅本身漏巵的增加。因此，在任何國內產出水準下，課稅後總漏巵線還是由 S' 升為 $S' + T$，$S' + T$ 線與 S 線之間的垂直差距等於所減少的民間消費開支 $[T - T \times MPS = T(1 - MPS) = T \times MPC]$，$S$ 線與 S' 線之間的垂直差距等於所減少的民間儲蓄，$S' + T$ 線與 S' 線之間的垂直差距就是所課的租稅$T(= A'B)$。課徵租稅使總漏巵線由 S 降為 S'，而後升至 $S' + T$，$S' + T$ 與橫軸交點 F'，對應於 C' 線與 45° 線交點 F。在原來 Y_1 的均衡產出水準下，租稅後的總漏巵 $(A'Y_1)$ 大於總挹注 (EY_1)，經由乘數作用，

國內產出水準降至較低的均衡水準 Y_2。

三、平衡預算乘數

　　經由以上分析, 可知國內產出均衡水準因政府開支而增加, 因租稅而減少。如果我們考慮政府的開支與租稅同時存在, 而且是採開支等於租稅收入的平衡預算, 此對國內產出水準是否沒有影響呢? 答案是否定的。事實上, 平衡預算對國內產出水準仍具有與政府開支或租稅等量增加或減少的影響, 其乘數因此等於 1, 稱之為平衡預算乘數 (balanced-budget multiplier)。

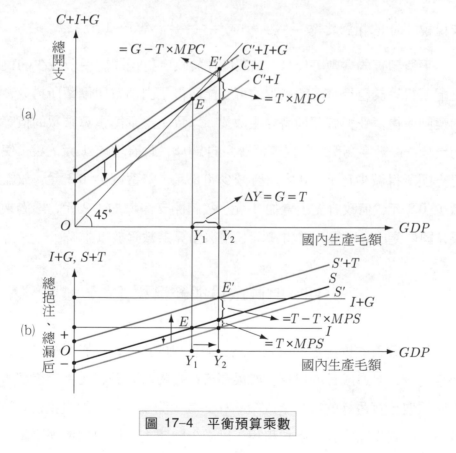

圖 17–4　平衡預算乘數

　　圖 17–4, 政府一加入經濟活動後, 便採開支與租稅相等的平衡預算。如果只有政府租稅 (T), 總開支線降為 $C' + I$, 現加上政府開支 (G), 總開

支線升為 $C' + I + G$。租稅所減少的消費量等於邊際消費傾向乘以可支配所得的減少（等於租稅），所增加的政府開支等於租稅收入，故 $C' + I + G$ 線高於原來民間之總開支線 $C + I$，其差額等於政府開支的增加減去民間消費的減少，表示總開支的淨增加量，透過乘數作用，在 E' 點總開支又等於總產出，均衡產出由 Y_1 增至 Y_2。在總挹注與總漏卮方面，政府開支使總挹注線由 I 升為 $I + G$，總漏卮線由 S 升為 $S' + T$，總挹注增加等於政府開支，等於租稅，總漏卮的增加等於租稅乘以邊際消費傾向。因此，總挹注之增加大於總漏卮之增加，在 E' 點總挹注 $(I + G)$ 再度等於總漏卮 $(S' + T)$，均衡產出由 Y_1 增至 Y_2，增加的產出 $Y_2 - Y_1$ 與政府開支 (G)，或租稅 (T) 的相對比率 $\dfrac{Y_2 - Y_1}{G}$ 或 $\dfrac{Y_2 - Y_1}{T}$，等於 1。

　　平衡預算的乘數等於 1，其關鍵在於政府對民間課稅所減少的民間可支配所得等於租稅，而所減少的可支配所得是由消費與儲蓄所構成，租稅的變動使得消費與儲蓄同時發生改變，以致產生平衡預算乘數的值等於 1 的現象。以數字為例，設邊際消費傾向為0.8，政府增加 1 元的稅，使民間可支配所得減少1 元，其中消費減少 0.8 元，儲蓄減少 0.2 元，故總開支減少 0.8 元，但政府支出增加 1 元，故總開支淨增加 0.2 元，透過乘數效果，國內產出（所得）增加 1 元，平衡預算乘數等於 1。

四、財政政策與經濟穩定

　　財政政策的實行是經由政府開支與租稅的搭配，以影響總開支，達到穩定經濟，促進成長的目標。如果經濟存在膨脹差距，發生物價膨脹，政府應採取預算盈餘的反膨脹政策——即減少開支，或增加租稅；或是雙管齊下，既減少開支，又增加租稅，以減少總開支，緩和物價膨脹壓力。例如，圖 17-5，在 $C + I + G$ 的總開支線下，產生膨脹差距 EF。如果政府採減少開支與增加租稅的政策，政府與民間開支的減少將使總開支線降為

$C' + I + G'$, 在 E 點, 經濟重新回復沒有物價膨脹的充分就業均衡 Y_f。另一方面, 政府開支減少, 總挹注線由 $I + G$ 降為 $I + G'$; 增加租稅, 儲蓄減少, 但其減少的幅度小於租稅的增加, 因此總漏卮線由 $S + T$ 升為 $S' + T'$, 在 E 點, $I + G'$ 與 $S' + T'$ 相交, 表示總挹注等於總漏卮, 經濟又回復充分就業產出均衡。

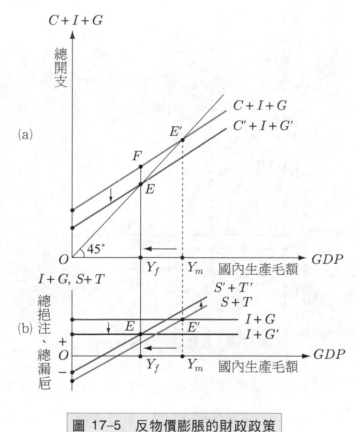

圖 17–5　反物價膨脹的財政政策

如果經濟存在收縮差距, 發生失業, 政府應採預算赤字的反衰退政策——即增加開支, 或減少租稅; 或是既增加開支又減少租稅, 以增加總開支, 促進經濟復甦, 回復充分就業產出水準。例如, 圖 17–6, 在 $C + I + G$ 的總開支線下產生收縮差距 EF。如果政府採增加開支與減少租稅政策, 政府與民間開支均將增加, 總開支線升為 $C' + I + G'$, 在 E 點, 經濟重新回復充分就業產出均衡 Y_f。又政府增加開支, 總挹注線由 $I + G$ 升為

$I + G'$; 租稅減少, 可支配所得增加, 儲蓄增加, 但其增加幅度小於租稅的減少, 因此總漏巵線由 $S + T$ 降為 $S' + T'$, 在 E 點, $I + G' = S' + T'$, 經濟回復充分就業產出均衡。

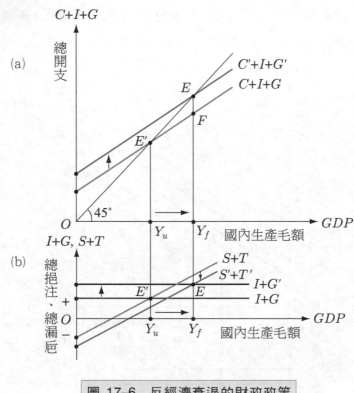

圖 17-6　反經濟衰退的財政政策

　　經濟如果處於充分就業均衡的穩定狀態, 政府是否應採平衡預算呢? 答案是否定的。因為平衡預算乘數等於 1, 具有擴張的效果, 在此情況下, 政府應採微量的盈餘預算以維持沒有物價膨脹的充分就業均衡產出。

五、效果評估

　　美國羅斯福 (Franklin Roosevelt) 總統的「新政」 (New Deal), 運用財政政策, 挽救當時陷於大蕭條的美國經濟。甘迺迪 (John Kennedy) 總統更加充分利用財政政策, 創造 1960 年代初期美國經濟的高度繁榮與成長。

這種經濟史實，正是西方工業化國家受到凱因斯有效需求理論的影響，以財政政策改變有效需求達到穩定經濟、促進經濟成長的具體表現。事實上，財政政策並非經常有著如此鉅大的成效，其效果常遭到以下因素的障礙:

1.經濟預測的困難

計量經濟學 (econometrics) 儘管有長足的進步，經濟學家目前仍難以準確預測經濟循環的波動，致無法把握適當運用財政政策的時機，甚至可能因政策採行時機的不當，而加深經濟波動的程度。

2.時間的落後

從經濟發生物價膨脹或衰退開始，至政府意識到問題的存在，有必要採取對策加以補救，這一段期間稱之為「認知落後」(recognition lag)；從政府認知要採取補救措施至財政政策的立法手續完成，這一段時間稱之為「行政落後」(administration lag)，或「行動落後」(action lag)；從財政政策的執行至其功效的發生，這當中的時間稱之為「作用落後」(operation lag)。基於以上三種的時間落後，財政政策是否能夠發揮及時穩定經濟的效果，頗值得考慮。

3.政策的抗拒

政府增加開支或減少租稅，人民歡迎；可是減少開支或增加租稅，往往受到人民的反對，這種抗拒使民主國家的政府難以順利使用減少開支或增稅的手段，作為對抗物價膨脹的工具。

4.政策的不協調

理論上中央與地方政府應採一致的行動，以加強反循環政策的效力。實際上，由於租稅結構與制度的特性，地方政府的收入與支出與一般經濟活動的榮衰成正相關的變化，致使地方政府的收支情形每每削弱或抵銷了中央政府財政政策的效果。

5.政策工具的效果不同

雖然政府開支與租稅的改變均可用來對抗經濟波動，但開支的變動馬上就引起總開支的改變，開支變動對經濟所產生的影響是直接的、確定的，

其效果較強，且可預料。可是，租稅的變動須透過消費或投資的變動，才能改變總開支，對經濟所產生的影響是間接的、不穩定的，其效果較弱，且難以預料。再者，租稅的效果也將視其變動為暫時性或永久性而定。如果租稅變動是暫時而非永久的，則人民的消費或投資行為可能不會改變（或變動相當小），租稅變動影響經濟的效果也就相當有限（甚至沒有）。

6.排擠效果

如果政府自金融市場取得開支增加所需的資金，這將使民間可用資金減少，所以政府的開支雖增加，民間的開支卻將減少；或是，政府的投資增加，可能減少了民間的投資機會，因而抵銷部分財政政策的擴張效果，這種現象稱之為排擠效果 (crowding-out effect)❶ 。

基於以上的認識，財政政策並非對抗經濟波動的萬靈藥，其產生的效果也非立竿見影，要能達到預期的效果，有賴各種政策的妥善配合。

 第3節

自動性財政政策：內在穩定因子

與權衡性財政政策相對的是非權衡性財政政策 (nondiscretionary fiscal policy)，這是指無需政府特意採取政策行動，經濟體系存有自動的機能，能夠在經濟繁榮時使政府的預算盈餘增加或赤字減少，防制物價膨脹，經濟衰退時使政府的預算赤字增加或盈餘減少，防制經濟衰退。具有這種功能的制度安排又稱為經濟體系的「內在穩定因子」 (built-in stabilizer) 或「自動穩定因子」 (automatic stabilizer)，主要有：

---

❶ 與排擠效果相對的為誘導效果 (crowding-in effect)，這表示政府的開支（尤其是資本開支）增加，將使得社會經常資本的存量增加，而使私人的生產成本降低，因而誘導私人進行更多的投資。

㈠累進所得稅

經濟繁榮，國民所得提高，透過所得稅累進稅率，政府稅收增加得更多，緩衝民間可支配所得快速增加，產生緩和開支增加的制衡功能，使經濟不致於過分膨脹；反之，經濟衰退，國民所得減少，經由所得累進稅率，政府稅收減少得更多，防制民間可支配所得大幅減少，產生緩和開支減少的制衡功能，使經濟免於過度衰退。

㈡社會安全保險

經濟繁榮，失業率低，政府的社會安全稅收自動地增加，失業補貼及其他救助支出則隨同減少，減輕物價膨脹壓力；經濟衰退時，失業率高，政府的社會安全稅收自動地減少，失業補貼及其他救助支出則增加，有刺激經濟復甦的功能。

以非權衡性財政政策作為穩定經濟的工具，有以下兩點應該注意：

⑴自動穩定機能的穩定力量有限，不足以應付重大的經濟波動。因此，充其量只能作為輔助，而不能取代權衡性財政政策。

⑵內在穩定因子中的累進所得稅制度，使國內產出（所得）增加的同時，稅收的增加較支出來得快，自動發生預算盈餘，致使充分就業無法維持，可能妨礙經濟成長，或阻礙經濟的復甦。這種自動穩定因子於充分就業或經濟復甦的過程中所產生的預算盈餘困擾，稱之為財政拖累 (fiscal drag)。在此情況下，為促進經濟的健全發展，政府應宣佈減稅或增加支出，以消除財政拖累，這種措施稱之為財政花紅 (fiscal dividend)。

第 4 節　公　債

一、公債的發行

　　一個國家有緊急危難——如戰爭、天災人禍，或要進行重大建設，政府要籌措所需的資金，通常有三種可行的途徑：①增加租稅，②發行通貨，與③發行公債 (government or public debt)。最健全的理財方式是以租稅收入來支付開支，但在以上情況下，不是國民付稅能力低，便是課稅會抵銷政府增加開支的效果。最簡單快速且有效的資金籌措方式是增加通貨發行，一方面可以增加政府開支，另方面民間消費與投資不受影響，可以有效達成就業、產出與所得增加的目的。可是，經驗顯示，以增加通貨發行來支付開支所需，其流弊往往是一發即不可收拾，很容易引起物價膨脹。因此，除非經濟處於嚴重失業而無計可施時才採此策外，在一般情況或經濟接近充分就業時，實不宜採用增加通貨發行的方式來籌措資金。

　　最後，也是最保守可靠的籌款方式是由政府舉債，發行債券——公債，由本國人民承購——內債 (internal debt)，或由外國人承購——外債 (external debt)，將國外或國內民間閒置資金移轉到政府手中使用。對於政府公債的發行，古典學派的學者持反對的態度，認為政府公債的發行是一種罪惡，將使後代國民的負擔加重，是一種對後代不公平的措施。另外，有人更認為政府公債不斷增加的結果，將使國家債信動搖，甚至破產；也有人認為政府公債對社會的淨財富 (net wealth) 並沒有影響，因此政府以發行公債增加開支將被家計部門減少開支所抵銷，以發行公債來挹注預算赤字將無法改變社會的總開支。這些論點是否正確呢？值得我們深入探討。以下我

們從不同角度，討論對公債發行所可能產生後果的質疑。

二、公債的後果

㈠後代負擔問題

對私人而言，父債子還，上一代的負債構成下一代的負擔[2]。對社會全體而言，只要國家存在，每代都可以舉新債還舊債，一直延續下去到永遠，誰也不負擔。而且，若政府於經濟衰退時發行公債，增加開支，不只使當代社會得到產出增加的利益，後代也因此可以享受到資本累積增加、生產能量提高的好處，並不會真正加重其負擔。其次，如果戰爭致使公債增加，當代的人也是節衣縮食，並非完全由下一代的人所承擔。最後，如果公債的期限不長，則公債的利息是以當代人的納稅來支付，利息收入也是同代的人得到，不會發生後代負擔公債的問題。

㈡政府債信與破產問題

個人無法償付其債務，則宣告破產，債信喪失。這種個體的觀點並不能適用於總體，只要國家存在，可以增稅、發行通貨、或舉新債等方式來償還舊債，無限期以債養債。因此，就經濟的觀點而言，公債並不會引起國家財政破產，其憂心純屬心理因素所使然。

㈢淨財富問題

公債是一種金融資產，因此有人認為如果政府減稅而以增加公債的發行來融通預算赤字，將使社會金融資產的數量增加，社會的淨財富因此增加，而使私人部門的開支增加。但是，有人認為這種看法，忽略了一個事實，那就是目前公債的數量增加必然導致未來租稅的提高以支付公債還本

---

[2] 根據現行法律，子女只要拋棄繼承權即可不必承擔父母親的債務。

付息的開支，而未來所增加之租稅的折現值將等於目前所發行之公債的價值（或所減少的租稅）❸，兩者相互抵銷的結果，公債的發行並不會使得私人部門的淨財富增加，其總開支因此維持不變。這種以公債融通政府預算赤字不會影響社會（私人）總開支（或公債不具淨財富效果）的看法，稱為李嘉圖中性論點 (Ricardian neutrality proposition)❹，或貝羅一李嘉圖對等性定理 (Barro-Ricardo equivalence theorem)——即未來的租稅增加將會完全對等於目前的租稅減少。

在後代負擔、國家債信與破產、及淨財富等問題的爭論之外，一般相信公債可能產生以下的經濟後果：

1.外債負擔

如果外債是用之於增加消費，以本國稅收支付外國人公債利息，其利息收入開支發生於外國，對本國生產沒有幫助，是本國納稅人的一種負擔。可是，如果外債是用之於增加投資，而使本國產出的增加大於或等於所支付外國人的公債利息，這並不會構成本國人民的實際負擔。

2.資本消耗負擔

若政府以公債支應消費開支增加，將促使生產增加，資本折舊加速，如果不予補充，資本存量將減少，使後代承受的生產能量降低，這對後代將是一種負擔。

3.物價膨脹後果

政府以公債支應開支增加，或民間因持有公債資產而增加消費（即公債具有淨財富效果），均可能引起需求拉升的物價膨脹，而對社會造成不利的影響。

4.所得重分配後果

公債持有者與納稅者並非均是相同的人群，通常持有公債的人大都是

---

❸ 例如，今年政府發行 100 億元的公債，在其餘的幾年政府為了這些公債的還本付息勢將提高租稅，所增加之租稅的折現值將相當於 100 億元。

❹ 這種稱呼事實上並不很妥當，因為李嘉圖(David Ricardo) 本人並不認為以公債融通政府預算赤字不會影響社會的總開支。

高所得者, 而政府以取自一般人民的稅收充當公債利息, 支付給高所得者, 對一般所得較低而未擁有公債的人, 是一種移轉支付負擔, 因而產生不利的所得重分配後果。有人認為此種說法只適用於稅制不健全的社會。因在健全的累進稅率制度下, 高所得者納的稅也多, 其本身既是公債利息的所得者, 也是公債利息稅負的負擔者, 並不會發生移轉支付負擔與所得重分配的後果。

5.公債操作負擔

社會必須花費一部分的資源用於舊債還本付息與銷售新債的活動, 這是實質的社會成本負擔。

6.政策的牴觸

財政當局為了減輕公債利息負擔, 必然主張維持較低的利率水準, 這在物價膨脹時期將與貨幣當局主張提高利率對抗物價膨脹的政策相衝突。

7.減少民間投資

假設民間資金不用於購買公債, 將用之於其他投資用途而不致於閑置, 在此情況下, 民間資金用於購買公債, 將減少投資, 除非政府將公債收入用之於投資性開支, 否則社會的資本存量將會減少。

8.政府開支的浪費

公債的發行, 可能導致政府開支沒有節制, 養成浪費的習慣, 而使人民的租稅負擔日漸加重, 物價膨脹的壓力日增❺ 。

縱使公債沒有嚴重的後代負擔與國家破產的問題, 但鑒於以上公債可能發生的不良經濟後果, 對於公債的發行應有遵守的準則:

⑴公債增加的速度不宜大於實質國內生產毛額增加的速度, 即公債對國內生產毛額的比率不宜提高, 以免人民負擔加重, 導致人民對公債的抗拒。

⑵公債的利息負擔只能佔實質國內生產毛額很小的比例。

---

❺ 為避免這種現象發生, 各國通常都會立法限制公債的發行數量。

(3)外債不同於內債，風險較大，應隨時具有償還外債的國際準備能力，以維持國際的債信。1980 年代，許多開發中國家──如智利、墨西哥、阿根廷──積欠鉅額的外債而無力償還，不僅影響本身的經濟穩定與成長，也造成重大的國際金融問題。東南亞各國於 1997 年下半年所引發的亞洲金融風暴也與外債有關，這值得今後各國借舉外債時引為殷鑑。

三、公債的優點與穩定效果

雖然公債所受到的批評貶多於褒，但以現代經濟的眼光來衡量，公債的存在對經濟有著以下正面的積極效果：

1.提供民間良好的儲蓄工具

公債以政府為擔保，本金安全可靠，利息收入穩定，又具有容易變現的高度流動性，是民間儲蓄投放的良好對象，對於吸收民間資金、健全金融（債券）市場有很大的貢獻。

2.作為經濟政策的工具

財政當局在預算赤字時可以發行公債，預算盈餘時收回公債，以公債的增減來執行財政政策；貨幣當局可以在金融市場進行公開市場操作，買賣公債，以控制貨幣供給量，兩者均以公債為政策工具來達到穩定經濟的目標。

3.創造經濟的穩定與成長

權衡性的財政與貨幣政策因有公債工具的存在才得以順利執行，因而能夠動用民間儲蓄，有效改變總需求，以達到經濟穩定與成長的目標。

四、債券價格與利率

同其他債券的價格一樣，理論上公債的價格與利率呈減函數的關係，即利率上升，公債價格下跌，利率下跌，公債價格上升。這種債券（公債）價格

與利率之間呈減函數的關係是這樣導出的。假設買一張永久性債券 (perpetual or consol bond)（即只付息不還本），每年有一塊錢的利息收入，這張債券的價格應該是多少呢？將以上問題以數學式表示為：$P \times r = 1$，P 為債券價格，r 為利率。可知 $P = \dfrac{1}{r}$，表示債券價格為利率的倒數，其與利率呈減函數的關係。

債券價格與利率之間的關係，可以更一般化表示如下。設持有永久性債券的每年利息收入為 D 元，市場利率為 $r\%$，當債券市場達於均衡時，債券的價格 (P) 將等於債券利息收入的折現值 (PV)，即 $P = PV$，而

$$
\begin{aligned}
PV &= \frac{D}{(1+r)} + \frac{D}{(1+r)^2} + \cdots + \frac{D}{(1+r)^n} \\
&= \frac{D}{1+r}\left[1 + \frac{1}{(1+r)} + \frac{1}{(1+r)^2} + \cdots + \frac{1}{(1+r)^{n-1}}\right] \\
&= \frac{D}{1+r}\cdot\frac{1}{1 - \dfrac{1}{1+r}} \\
&= \frac{D}{1+r}\cdot\frac{1+r}{r} \\
&= \frac{D}{r}
\end{aligned}
$$

因此，$P = PV = \dfrac{D}{r}$。證明了債券（或證券）的價格與利率呈減函數的關係。

重　要　名　詞

年度平衡預算	週期平衡預算
功能理財	充分就業或高就業水平預算
權衡性財政政策	平衡預算乘數
公債	認知落後

行政落後	作用落後
排擠效果	非權衡性財政政策
內在穩定因子	財政拖累
財政花紅	李嘉圖中性論點

摘　　要

1. 政府於現代經濟活動中所扮演的角色雖日益增加，但一般人均認為政府的活動應限於擔任私人部門不願或無力從事的經濟活動、協助民間有利社會的經濟活動、限制民間有害公眾的經濟活動、及舉辦社會福利事業等方面。

2. 近代咸認政府應具有有效派用資源、穩定經濟活動、及重分配所得的功能。美國國會更於 1946 年通過就業法案，正式賦予政府穩定經濟的新使命，政府經濟活動的範圍因而更加擴大。

3. 在不同的時期，曾有不同的預算思想指導政府財政政策的執行，最初著重的是年度平衡預算，依次演變為週期平衡預算、功能理財、及充分就業或高就業水準預算等。

4. 政府購買財貨與勞務的開支是國內產出的一種挹注，在其他情況不變下，國內產出水準與政府開支呈增函數的關係。政府租稅是國內產出的一種漏巵，在其他情況不變下，國內產出水準與政府租稅呈減函數的關係。

5. 政府採取開支等於租稅的平衡預算，將使國內產出水準與開支或租稅成等量的變動，稱之為平衡預算乘數，此乘數之值等於 1。

6. 為了達到沒有物價膨脹的充分就業國內產出目標，經濟存在膨脹差距時，政府應採減少開支、增加租稅，或既減少開支又增加租稅的緊縮性財政政策。經濟存在收縮差距時，政府應採增加開支、減少租稅，或增加開支與減少租稅雙管齊下的擴張性財政政策。經濟處於充分就業產出均衡時，政府應採微量盈餘預算以維持沒有物價膨脹的充分就業均衡產出。

7. 以財政政策改變有效需求來達成經濟穩定與成長，確實有過重大的成效，但其實行時常遭遇到預測困難、時間落後、政策抗拒、中央與地方政府政

策不協調、不同政策工具效果差異、及公私開支發生排擠效果等困境。

8. 除政府有意採行的權衡性財政政策外，經濟體系存在的累進所得稅與社會安全保險制度，具有自動穩定經濟的功能，是一種非權衡性的財政政策，又稱內在穩定因子或自動穩定因子。

9. 發行公債是政府籌措財源的手段之一，公債雖然沒有一般人所擔心的後代負擔、政府債信與破產的問題發生，但卻可能產生外債負擔、資本消耗負擔、物價膨脹、所得重分配、公債操作負擔、政策的牴觸、民間投資減少、及政府開支浪費等不利的經濟後果。

10. 公債的發行應有所限制，有其遵循的準則。適當的公債發行，具有提供民間良好儲蓄工具、作為財政與貨幣政策工具、及輔助經濟穩定與成長的優點。

問題練習

1. 財政政策的主要工具是預算控制，關於預算的運作哲學，過去已有很多轉變，試評述之。

2. 試就總開支對總產出及總挹注對總漏巵平衡法，以圖形剖析政府的開支與租稅對均衡國民所得水準的影響。

3. 何謂平衡預算乘數？設某經濟的邊際消費傾向為 0.75，現如政府減少開支 5 億元，同時減少租稅 5 億元，對該國的所得水準將有何影響？試剖析之。

4. 假定某國經濟有收縮差距 20 億元存在，其邊際儲蓄傾向為 0.25，此差距將對該國內產出水準發生什麼影響？政府宜採何種財政對策？政府開支或租稅應變動多少才能消除此差距？

5. 試就財政政策的經濟效果評論之。

6. 權衡性與自動性財政政策有何不同？近代的經濟體系內主要有那些內在的穩定因子？試扼要列述之。

7. 政府為何有必要發行公債以籌措資金？對於公債的發行，你的看法如何？

8. 試論公債是否為社會的一種淨財富。

第 18 章　貨幣與金融市場

　　貨幣是一個國家最重要的金融資產,瞭解貨幣是瞭解一個國家經濟活動所不可或缺的。本章主要在於介紹有關貨幣的性質、種類與價值,及貨幣的供給與需求等基本概念。

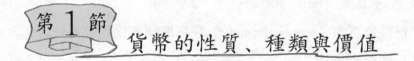

第 1 節　貨幣的性質、種類與價值

一、貨幣、信用與債

　　貨幣是一個經濟社會大眾所共同接受的支付工具,是人類適應經濟活動需要的重要發明之一。經濟活動與貨幣的關係正如機器與潤滑油,或船與水的關係一樣,適量的貨幣,可以促進經濟活動順利運行,提高經濟活動效率,有促進就業、產出、物價穩定,及加速經濟成長的作用;不適量的貨幣,則將妨礙經濟活動的運行,導致就業、產出、及物價的嚴重波動,並減緩經濟的成長。因此,如何使貨幣在經濟活動中扮演積極有益的角色,

是經濟學主要的研究課題之一。

作貨幣用的物體稱為幣材，良好的幣材須具有很高的價值、可耐久使用、不易毀損、容易分割、及攜帶方便等條件，但是很難有一種幣材能夠完全符合這些條件。貨幣的演進可按幣材的性質分為:

1.商品貨幣 (commodity money)

多為貴重金屬，如金、銀、銅、鐵〔因此又稱為金屬貨幣 (metallic money)〕，或牛、羊、豬、石頭、骨頭、可可豆等❶。這些物品既可作為商品交易，亦被有些社會當作貨幣用來作為交易的媒介，在這情況下，貨幣的幣值與幣材本身的價值相近，因此又稱之為實體貨幣 (full bodied money)。這種貨幣不易分割、保存，且攜帶不方便，隨著經濟的發展，逐漸被淘汰。

2.紙 幣(paper money)

晚近作為幣材的條件已放寬，特別著重在攜帶方便，成為代表性的物品，只是一種符號、表徵，其作商品的價值小，作貨幣的價值高，現代世界各國的通貨均以紙幣為主❷。

3.銀行貨幣 (bank money)

又稱存款貨幣 (deposit money)。在高度商業化的經濟社會，為應付鉅額交易及頻繁的支付之需，以對銀行所存的活期存款 (demand deposit) 或支票存款 (checking deposit) 開發支票作為支付的工具，這種活期或支票存款即為銀行貨幣或存款貨幣，已成為近代工商社會最普遍使用的支付工具。現在美國十分之九以上的交易活動均以支票支付，商業銀行所發行的活期存款貨幣佔歐美各國貨幣供給的絕大比例❸。

---

❶ 戰時集中營裡以香煙為貨幣的情形很普遍，中國古時曾以布、貝、刀等物品作為貨幣。

❷ 根據大陸學者李千與周祉征的考證，世界上最早的紙幣出自中國元朝（西元 1279 年至 1368 年）。波斯大約於 1294 年發行紙幣，其款式是模仿中國的；美國在 1692 年，法國在 1716 年，英、俄兩國則在更晚才發行紙幣。

❸ 目前我國的存款貨幣包括支票存款、活期存款、及活期儲蓄存款，其佔狹義貨幣供給的比例約為 83%。

4.電子貨幣 (electronic money)

由於電腦資訊產業的快速發展，現代社會的支付系統已逐漸朝向可以節省票據清算與紙上作業成本的電子化交易。例如，可以先交易後付款的信用卡 (credit card)，交易時由消費者帳戶立即扣除款項的借貸卡 (debit card)，可以顯示卡中尚有多少貨幣餘額的儲值卡 (stored value card) 或電子錢包 (electronic purse)，電子資金轉帳系統 (electronic funds transfer systems)〔如自動櫃員機 (automated teller machine, *ATM*)〕，或電腦網路等方式來進行交易。全世界所有已開發國家與金融界有一共同的趨勢，那就是在付款、處理、及記錄金錢交易，已逐漸遠離現金、支票，而傾向電子貨幣，朝向無現金社會 (cashless society) 演進。

理論上，任何物品只要具有貨幣的功能就是貨幣，不管政府是否承認或規定。但是，近代的貨幣之所以具有為大眾所共同接受的力量，完全是由政府所賦予。政府並不需用強制的命令，只要規定其為納稅與解決債務糾紛的合法工具，只承認這種媒介具有無限支付能力的法償 (legal tender) 地位，它就能成為社會大眾所共同接受的貨幣❹ 。

政府規定作為法償的貨幣，其本身不見得一定具有價值，只要是經政府認定發行的就可以。政府發行貨幣，自民間取得資源的使用權；人民接受政府所發行的貨幣，將原先自己可使用的資源交予政府，這是一種人民將資源借予政府而取得政府償還憑證——貨幣——的信用關係。因此，由政府所發行的貨幣是政府欠人民的債。現代的貨幣主要由通貨 (currency) 與活期存款所構成，前者代表中央銀行的負債，後者代表商業銀行的負債。

二、貨幣與近似貨幣

要對貨幣定下一個確切的界限並不容易，經濟學家們對於一個經濟社

---

❹ 我國中央銀行法第 13 條即明訂中央銀行發行之貨幣為國幣，對於中華民國境內之一切支付，具有法償效力。

會的貨幣內涵往往有著不同的意見，以下我們特就三種最基本的貨幣供給範圍加以介紹。

(一)狹義的貨幣

傳統上，經濟學者將流通中的通貨 (currency in circulation) 與活期（或支票）存款視為貨幣，這是最狹義的貨幣供給，以 M_1 表示之。政府發行的通貨，並不全是社會上有效的貨幣供給，銀行中庫存的通貨並未在市面上流通，不包括在貨幣供給的範圍內。

一個國家的通貨只有中央銀行可以發行[5]，通貨包括紙幣與鑄幣 (coin) 兩種，通常紙幣為主幣，鑄幣為輔幣[6]。輔幣是為了便利找零之用而發行的金屬貨幣，是一種代用貨幣 (token money)，其面值 (par or face value) 必定大於其幣材之內在價值(intrinsic value)，否則將被民眾熔化當作金屬出售[7]。商業銀行可以通貨作為存款準備，進而創造活期存款貨幣，故通貨又稱之為強力貨幣 (high-powered money) 或準備貨幣 (reserve money)，或貨幣基礎 (monetary base)。

活期存款是人們存於商業銀行、低利率，但在需要時可以立即提取的存款[8]。實際上，存戶顧客並不一定要自己存錢於銀行裡，商業銀行可以對顧客放款的方式來創造活期存款，只要商業銀行答應放款，就等於顧客自己已有對等的金額存在銀行。因為活期（支票）存款是可以開發支票作

---

[5] 我國中央銀行係於 1928 年 11 月根據「中央銀行條例」設立，但在 1942 年 6 月「統一發行辦法」公佈前，所謂四行（中央、中國、交通、中國農民）分享銀行券發行權。實際的統一發行權是到對日抗戰勝利（1945 年）後才由中央銀行所獨享。

[6] 我國國幣的基本單位為圓，輔幣為角、分，其為有限法償。有些國家的鑄幣即使不為輔幣，但其能清償的金額有一上限，在我國則無此限制。

[7] 1973 年10 月首次世界能源危機發生後，原物料價格大幅上漲，當時我國 1 元硬幣（約與目前 10 元硬幣的大小相當）就曾大量被熔化當作金屬出售，造成 1 元硬幣的短缺。

[8] 在我國，支票存款是無息的；美國從 1980 年起准許對活期存款給付利息。

為支付工具的即期存款，其功能與一般的通貨並無不同，因此，它又被稱為支票存款貨幣 (checkbook money) 或銀行貨幣。金融市場發達的國家，人們多以活期存款開發支票進行交易，這樣可以節省交易時間，增進經濟效率。因此，隨著一個國家經濟發展程度的提高，活期存款佔貨幣供給的比重愈見增加❾。

(二)近似貨幣

有些金融資產具有貨幣的大部分功能，但不完全等於貨幣，這種具有貨幣性 (moneyness) 的資產，在必要的情況下可以很快地轉換成通貨或活期存款，一般稱之為近似貨幣 (near money) 或準貨幣 (quasi-money)。具有這種高度流動性的資產主要有：

1.定期存款 (time deposits)

為有一定時期之限制，存款人憑存單或依約定方式提取之存款。早先定期存款的提領須事先通知銀行，且非到期不能提款，否則取消利息，現在的定期存款可以扣除不足期的利息而提早提領。

2.儲蓄存款 (savings deposits)

為個人或非營利法人，以積蓄資金為目的之活期或定期存款。商業銀行或各種金融中介的儲蓄存款，在通常的情況下與定期存款的性質非常類似，可以扣除不足期的利息後提領。

3.流動性短期資產 (liquid short term assets)

例如，短期（18 個月及以下）國庫券 (treasury bills)、儲蓄債券 (saving bonds)、商業本票 (commercial paper)，及銀行承兌匯票 (bankers' accept-ance) 等屬之。這幾種資產因為具有高度變現的能力，人們擁有近似貨幣的金融資產愈多，愈感到富有，其消費傾向因而提高，而使社會的消費增加。

---

❾ 按我國銀行法，活期存款為存款人憑存摺或依約定方式，隨時可提取之存款；支票存款為依約定憑存款人簽發支票，或利用自動化設備委託支付隨時提取不計利息之存款。

目前我國有三種不同內涵的貨幣供給 (money supply)——M_{1A}、M_{1B} 及 M_2。M_{1A} 包括貨幣機構與郵匯局以外各部門持有之通貨〔即通貨發行額減去庫存現金 (cash in vaults) 後的餘額〕、支票存款（包括本票、保付支票及旅行支票）、及活期存款；M_{1B} 為 M_{1A} 再加上活期儲蓄存款(passbook savings deposits)；M_2 為 M_{1B} 再加上定期存款與定期儲蓄存款、外匯存款 (foreign currency deposits)、郵政儲金（包括劃撥儲金、存簿儲金、及定期儲金）、附買回交易餘額 (repurchase agreements)（指銀行賣出附買回約定債、票券交易餘額中，屬企業及個人部分）、及外國人新臺幣存款（包括國外非金融機構持有之活期性及定期性存款）所構成的準貨幣❿。這種貨幣供給的範圍我們可以再繼續擴大下去，但是貨幣的範圍太泛濫，就如同沒有定義一般。

不同範圍之貨幣定義的應用，完全視所研究的問題性質而定，有的問題適於用較廣義的貨幣定義，有的則否，須憑研究者的判斷而定。再者，一方面各國的金融市場不斷快速發展，新的金融資產或儲蓄工具不斷出現；一方面各國對金融信用工具的管制寬嚴不一，貨幣供給的內涵也就因時、因地而異。但是，各國有一共同的趨勢，那就是有愈來愈多的金融資產具有與 M_1 更加相似的特性，因此要嚴格區分 M_1 與近似貨幣也就愈加困難。

三、貨幣本位

早先的時候，任何物品均可作為貨幣，而依幣材來決定貨幣的價值。由於使用、攜帶的不方便，於是演進到本位貨幣 (standard money) 制度，即以法令規定一個國家的貨幣單位與品質，並且建立通貨與其本位之間的最後兌換條件，不再依幣材決定貨幣的價值，稱之為貨幣本位 (monetary

---

❿ 1980 年起，美國的貨幣供給定義主要為：M_1＝流通中通貨＋活期存款；$M_2 = M_1$＋小額（10 萬美元以下）定期存款（包括貨幣市場共同基金）與儲蓄存款；$M_3 = M_2$＋大額（10 萬美元及以上）定期存款。

standard) 制度。

　　任何經濟社會在不同的時期，通常有著不同的貨幣本位制度，以下就歷史上各種曾經實施的貨幣本位加以介紹。

(一)金幣本位 (gold coin standard)

　　指一個國家根據其黃金數量決定貨幣供給，並規定通貨與黃金之間的兌換關係。此制度盛行於十九世紀末期至二十世紀初期（約自 1880 年至 1931 年之間）西方各國，而後不復有任何國家採行。金幣本位的基本特性為：

　　(1)以法律規定每單位通貨的金含量，而流通中的貨幣是由金幣、百分之百黃金準備的金元券 (gold certificates)，及部分黃金準備的貨幣（紙幣、其他金屬合金的鑄幣，或活期存款）所構成。

　　(2)金幣可以自由鑄造或熔燬。

　　(3)金幣與其他通貨一樣，對所有債務均具有無限法償。

　　(4)金幣與其他通貨（金元券或中央銀行所發行的通貨）之間，可按規定比率自由兌換。

　　(5)黃金可以自由且無限制地流進或流出本國。

　　根據以上的特性可知，在金幣本位制度下，由於金幣與其他通貨之間的自由兌換關係，所以一個國家的貨幣供給量，受其黃金存量的限制，兩者之間並有著密切的正相關存在。由於金幣與其他通貨之間可以完全自由地兌換，因此金幣本位又稱之為完全的或無限的金本位 (full or unlimited gold standard)。

(二)金塊本位 (gold bullion standard)

　　在金幣本位制度下，貨幣供給隨黃金存量自動變化，政府對貨幣的管理處於被動的地位。因此，廢棄金幣本位後有些西方國家改採金塊本位，希望能夠對貨幣供給取得積極主動的節制地位。在金塊本位制度下，一個

國家的通貨單位仍以固定的黃金含量來表示，但黃金是以金塊（條）而不再是金幣的形式出現。因之，此一制度的特點為：

(1)規定每單位通貨的金含量。

(2)黃金以金塊（條）形式出現，不再鑄成金幣。

(3)貨幣由紙幣、硬幣、及活期存款構成，黃金不再於交易中流通。

(4)除特准外（如工業、藝術用途的黃金需求），對內通貨與黃金之間不再自由兌換。

(5)黃金在國際私人之間不再作為交易的清算工具，但仍以之作為異國政府之間交易的清算工具。

金塊本位與金幣本位最大的差別在於將黃金非貨幣化 (demonetized)[11]，除作為政府間的國際清算工具外，黃金在貨幣體系中所扮演的積極角色已不復存在。由於對內通貨與黃金之間無法完全自由地兌換，因此金塊本位實際上是一種有限的金本位制度 (limited gold standard)。美國自 1933 年起採行金塊本位，直到 1971 年 8 月 15 日尼克森政府宣佈中止美元與黃金之間的官方兌換關係，此一制度才告廢止。

(三)金匯兌本位(gold exchange standard)

在金幣本位盛行的同時，缺乏黃金或政治上附屬於他國的國家，可將本國通貨的單位以外國通貨來表示，根據外國通貨與黃金之間的兌換關係，本國貨幣可以間接地與黃金聯繫，此稱之為金匯兌本位。

隨著 1930 年代初期金幣本位的廢止，金匯兌本位也不復存在。但是，第二次世界大戰末期，為了重建戰後國際金融秩序，促進各國間的國際貿易與經濟成長，非共產主義國家於 1944 年建立新的國際金匯兌本位制度，其具有以下兩點特性：

(1)由於第二次世界大戰後，自由世界大部分的黃金集中於美國，於是美國財政部依據國際協議，訂定 1 盎斯黃金等於 35 美元的兌換率，准許

---

[11] 黃金非貨幣化是指黃金不再於交易中流通。

外國中央銀行自由地以 35 美元向美國財政部兌換 1 盎斯的黃金。

　　(2)戰後大多數的非共產國家，都缺少黃金或只握有很少量的黃金，於是經由國際協議，她們的中央銀行將其本國通貨單位的面值與美元釘住，維持固定的匯率關係，在公開市場互相買賣。

　　第二次世界大戰結束後，國際間的金匯兌本位制度確實發揮了促進國際貿易與經濟成長的功能。但是，1960 年代開始，美國大量美元外流、國內持續物價膨脹，加上其黃金存量的減少，導致各國對美元信心的動搖，屢次發生各國中央銀行向美國擠兌黃金的風潮。至 1971 年 8 月 15 日，尼克森總統宣佈美國財政部不再對外國中央銀行兌換黃金，此一以美國為首的國際金匯兌本位制度終告結束，黃金在國際金融中所扮演的角色被貶至最低的程度。至此，黃金的貨幣功能完全喪失。

(四)複本位制 (bimetallic standard)

　　一個國家的通貨單位分別以固定重量的兩種金屬來表示時（通常是金與銀），稱之為複本位制。在一個同時盛產金與銀的國家——如美國，或銀與銅的國家——如中國，有可能採行這種複本位制度⑫。但是，金融史實證明，這種制度往往產生不能令人滿意的結果，英國財政家葛萊興 (Sir Thomas Gresham) 便是首先提出複本位制可能發生不利結果的第一人，而建立起所謂的葛萊興法則 (Gresham's law)。

　　葛萊興法則指出：若一個國家採用複本位制度，同時有兩種具有相同法償能力的不同金屬貨幣流通，當兩種金屬的市場價比與法定價比不同時，與法定價比相比，市場上較貴金屬的貨幣將被窖藏、熔燬、或輸出，直到完全從市場流通中消失，而只剩較便宜金屬的貨幣存在市面，成為流通交易的媒介為止。因此，便宜的貨幣〔劣幣 (bad money)〕驅逐了較貴的貨幣

---

⑫ 中國在清朝時即曾實施銀、銅併存的複本位制度。銀有銀圓、銀角。銀圓為主，一銀圓折合十銀角。銅有銅元與制錢，制錢為最小單位，銅元對制錢有當二十、當十、當五、當二等四種。銀圓開鑄時規定為每一銀圓對一百枚當二十銅元，實際比率隨銀、銅市價而有高低。

〔良幣 (good money)〕，這種情形稱之為葛萊興法則，又稱劣幣驅逐良幣法則。

例如，在一個實行複本位制的國家，政府規定金與銀的法定鑄比 (mint ratio) 是1比15，表示 1 個金幣可以換得 15 個的銀幣，或 1 單位重量的金，可以換 15 單位重量的銀，金與銀的比價是 1 比 15。設金與銀的市場比價 (market ratio) 為 1 比 16，不同於 1 比 15 的法定鑄比。在此情況下，人們可依鑄幣自由熔燬權，將定值過低的金幣熔燬成金塊而後在自由市場上換得 16 單位重量的銀塊，再將銀塊鑄成 16 個銀幣，以 15 個銀幣向政府換得 1 個金幣，淨賺 1 個銀幣。將所換得的金幣再予熔燬，重複上述過程，可以獲利無窮。最後，與政府法定鑄比相比較，在市場上較貴的貨幣——金幣，將被窖藏或熔燬，市場上只剩較便宜的貨幣——銀幣——流通，而成為真正的銀幣本位制。如果金與銀的市場比價為 1 比 14，與政府法定鑄比 1 比 15 相比較，市場上較貴的銀幣將從流通中消失，最後成為金幣本位制。因此，只要政府所規定的金銀鑄比與市場金銀價比不同，經由葛萊興法則，複本位制將成為單一本位制度。

㈤不兌換紙幣本位 (inconvertible paper or fiat money standard)

一個國家的紙幣通貨單位仍以金屬單位來表示，但不允許人民以紙幣向政府兌換等量金屬，稱之為不兌換紙幣本位。 1940 年代開始，西方國家為國際貿易清算的目的，在國與國之間實行金塊或金匯兌本位，但為了應付必要的經濟情況，使貨幣供給免於受到黃金數量的限制而有更大的控制力量，以加速本國經濟復甦，遂於國內採行不兌換紙幣本位制度，在國內黃金不再與本國通貨相互兌換，本國的貨幣供給因此得以更具伸縮性。自 1940 年代而後，不兌換紙幣本位制度成為世界各國國內通行的貨幣本位制度。

我國行政院依「動員戡亂時期臨時條款」於 1949 年制定「銀元及銀元兌換券發行辦法」，明訂中華民國國幣以銀元為本位，新臺幣為記帳單位，

並訂定新臺幣對銀元兌換率為 3 比 1，實施雙軌貨幣制度。1991 年 4 月 30 日午夜 12 時正動員戡亂時期終止後，我國貨幣本位與記帳單位分離的現象即告結束，新臺幣由記帳單位成為貨幣本位。

四、貨幣的功能

就經濟的觀點而言，人之所以為萬物之靈，乃在於發明貨幣，貨幣發揮其功能，使人類可以互通有無，進而提高物質生活，促進經濟繁榮，發展文明。經濟學家一般認為貨幣具有以下四個基本的功能：

㈠交易的媒介(medium of exchange)

个透過貨幣而進行直接的以物易物交易活動，需要交易雙方的慾望雙重一致 (double coincidence of wants) 並相互達到妥協，才能完成交易。在物物交換經濟 (bater economy)，人們須生產大部分自己需要的財貨，並且要花費很多的時間進行交易，故生產力低落，經濟很難發展。貨幣的使用，人們先將自己生產的財貨與勞務換取貨幣，而後購買自己所需要的財貨與勞務，貨幣成為交易的媒介，使物與物之間的交易間接發生。於此貨幣經濟 (money economy) 興起，經濟活動簡化，物物交換的困擾得以避免，個人與地區得以進行專業與分工合作，生產力提高，交易活動增多，市場擴大，經濟得以發展。因此，經濟學家們認為作為交易媒介是貨幣所具有之最重要的功能[13]。

㈡價值的標準(standard of value)

在物物交換經濟，一種財貨與勞務的價格須由其他各種財貨與勞務來加以表示。因此，在有 n 種產品的社會裏，將產生 $\dfrac{n(n-1)}{2}$ 個的交換比

---

[13] 除通貨與活期存款外，其他的金融資產（如定期存款）並不具有交易媒介的功能，這是為何經濟分析著重於 M_1 的原因之一。

率。但是，貨幣可用以作為不同財貨與勞務之間相對價值的測量尺度，成為社會共同的記帳單位 (unit of account)。不受地域的限制，任何財貨與勞務的價格均可以共同的貨幣單位表示。如此，方便財貨與勞務價值的比較，減少了交換比率（以某一種產品作為貨幣之後，n 種產品只有 $n-1$ 個交換比率），便利交易活動的進行。

㈢遞延支付的標準 (standard of deferred payments)

在物物交換經濟，很難有一定的標準來表示債權與債務的量與質。有了貨幣，任何債權與債務的契約行為，均可以共同的貨幣單位記載，借貸與償付均以貨幣為工具，可以避免許多無謂的糾紛。因此，貨幣便利了契約行為的發生，對於交易的進行、公司的組織、及投資的進行均有莫大的幫助。

㈣價值的貯藏 (store of value)

以實物形式保存財富，不僅受到時間與地域的限制，更有腐壞、變質的缺點。因此，儲蓄難以發生，資本累積不易，而使生產技術無法進步，生產無法擴大。以貨幣作為價值貯藏的工具，不受時間與地域的限制。在物價穩定的情況下，以貨幣作為保有財富的工具，雖不若以債券、股票等資產作為保有財富的工具能有生息或增值的收入，但卻享有財富價值穩定與擁有完全流動性的優點[14]。

五、貨幣的價值

如果是商品貨幣，貨幣的價值等於幣材商品本身內在的價值。在可兌

---

[14] 信用卡 (credit card) 本身不具任何實質價值——即不具價值貯藏的功能，因此它並不是貨幣（信用卡之所以具有交易媒介的功能乃是因為其背後有通貨或活期存款支持）。

換的金本位或其他貴金屬本位貨幣制度下，貨幣的價值決定於所能兌換之貴金屬的價值。可是，在現代信用紙幣貨幣制度下，貨幣本身只是一張紙，亦不能向政府兌換金銀等貴金屬，為何人們還是希望擁有貨幣，而貨幣的價值到底如何決定呢？

事實上，貨幣為一綜合商品 (composite commodity) 的化身，不兌換紙幣之所以有價值而為人們所接受，乃在於它能夠被用來購買各種財貨與勞務及償付債務。貨幣的價值並不在於其單位（或面值）的大小，因為這只是一種名目價值 (nominal value)，貨幣的實質價值 (real value) 在於它的購買力──即所能購買之財貨與勞務的多少。每單位貨幣所能購買的財貨與勞務的數量愈多，貨幣的價值愈大；反之，則愈小。因之，貨幣的購買力決定於物價水準，兩者並呈減函數的關係，即物價水準愈高（低），貨幣購買力愈低（高）。因此，每單位貨幣的價值等於物價水準的倒數（$V = \dfrac{1}{P}$，V 表示每單位貨幣價值，P 表示物價水準），貨幣價值與物價水準呈減函數的關係。

貨幣的功能是否能夠發揮，端賴於貨幣價值是否穩定，這就是為何物價水準的穩定普遍受到關心的原因。此外，由於貨幣價值決定於實質購買力而非名目單位，因此人們之希望擁有的並非貨幣本身，而是貨幣背後所具有之對財貨與勞務的購買力。

第 2 節　貨幣的供給與需求

一、通貨的發行制度

一般而言，一個國家的通貨發行制度不外乎以下三種：

1.百分之百準備原則 (100 percent-reserve principle)

根據此一原則，一個國家的通貨數量等於準備 (reserves) 數量，通貨數量的變動與準備數量的變動之間有完全的對應關係存在。在此情況下，一個國家的通貨有百分之百的準備支持。目前我國新臺幣的發行以金銀、外匯、合格票據、及有價證券折值為百分之百（或十足）準備，但硬幣免提發行準備。

2.信用（或無準備）發行原則 (fiduciary-issue principle)

在此一原則下，一個國家的通貨發行沒有任何的準備支持，貨幣當局可以隨意發行任何數量的通貨而不受任何限制。採行此種發行原則，通貨發行量容易流於沒有節制而肇致物價膨脹。因此，在正常的情況下，很少有國家採行這種發行原則。

3.部分準備原則 (fractional-reserve principle)

根據此一原則，一個國家的通貨發行準備只佔通貨發行數量的某一比例而已。在此情況下，準備數量的變動可以導致通貨發行數量作更大比例的改變。

二、貨幣的供給

　　貨幣的發行與供給，並不是相同的一件事。因為政府所發行的通貨數量與其流通數量並不一致，有一部分的通貨被金融機構用來作為庫存準備金，此一部分的貨幣在市場上不發生作用，是一種閑置貨幣 (idle money)。只有在市場上流通、發生作用的活動貨幣 (active money)，才是有效的貨幣供給 (effective money supply)。因此，貨幣供給的定義是指：任何一個經濟社會，在一定的時點，市面上流通的通貨及活期存款兩者的總量。此處所稱的貨幣供給當指狹義的貨幣定義 M_1 而言。貨幣供給為一存量的觀念，這表示談到貨幣供給時，是指在某一時點的貨幣數量總額。

　　貨幣供給量的多寡，攸關國計民生，一般經濟學的討論，通常均假定它不受經濟體系內在因素的影響，而是一種由貨幣當局所決定的外生政策變數 (exogenous policy variable)。因此，在縱軸代表貨幣的使用價格（或持有貨幣的機會成本）——利率，橫軸代表貨幣數量的圖形上，貨幣供給曲線為一與橫軸垂直的直線。圖 18–1，M^s 代表貨幣供給線，其與橫軸交於 $\overline{M}$ 點，表示政府決定貨幣供給為定量 $\overline{M}$，而不受利率的影響。

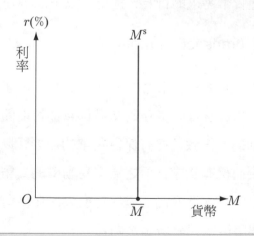

圖 18–1　貨幣供給量為不受利率影響的外生政策變數

三、貨幣的需求

　　任何資產轉換為貨幣（通貨或活期存款）的難易程度稱為流動性 (liquidity)。貨幣本身就是貨幣，因此具有完全且充分的流動性。是故，對貨幣的需求也就是對流動性的需求，人們願意或偏愛將其部分所得或財富以貨幣形態來保有就是流動性偏好 (liquidity preference)，願意持有貨幣的比例愈高（低），流動性偏好愈強（弱）。

　　貨幣餘額可區分為實質餘額 (real balance) 與名目餘額 (nominal balance)。以數字表示的名目貨幣餘額 (M) 經物價指數或水準(P) 平減後，即得到以實物表示的實質貨幣餘額 $\left(\dfrac{M}{P}\right)$。經濟學上假設人們所關心的是貨幣的購買力而非貨幣的名目數量，因此貨幣需求是一種實質而非名目的概念，即人們所關心的是持有之名目貨幣能夠購買到多少的財貨與勞務。但是，在物價水準不變的情況下，實質貨幣需求餘額將等於名目貨幣需求餘額（即 $\dfrac{M}{P} = \dfrac{M}{1} = M$）。

　　為何人們願意或偏愛將部分的所得或財富以貨幣的形態來保有呢？凱因斯對於人們這種貨幣需求的行為，提出了以下三個理由解釋：

㈠交易動機 (transaction motive)

　　家計或企業單位通常是在相隔一段時間（如 1 星期或 1 個月）才取得所得或收入，但其購買財貨與勞務的交易行為卻可能隨時發生。為應付這種收入與支出時間的不一致，遂有保留貨幣的需要，以應付交易的開支。這種基於交易需要而保有貨幣，稱之為交易動機的貨幣需求，其與所得水準有密切的關係。所得水準愈高，交易量愈大，交易動機的貨幣需求也就愈多，故其主要與所得水準呈增函數關係。

㈡預防動機 (precautionary motive)

　　無論家計或企業，均可能遭遇天災、人禍、失業、或罷工等意外情況。由於這些臨時事故的發生不能事先預知，保有若干貨幣以備不時之需，可免於以其他資產變現應付急需時所可能招致的資本損失，因此社會大眾有基於預防動機而保有貨幣的必要。所得水準愈高，愈有能力準備更多的貨幣作為預防之用途，故預防動機的貨幣需求主要與所得水準呈增函數關係。

㈢投機動機 (speculative motive)

　　經濟情況經常會有變動，市場隨時可能出現有利的交易機會（如大減價，或債券、股票價格下跌），為圖利用這種有利的交易機會而保有貨幣，是為投機動機的貨幣需求。此種動機的貨幣需求，屬可有可無的投機性而非必要性的貨幣需求，其與所得水準無多大的關係，但與利率水準有密切的關係。利率水準愈高，持有貨幣的機會成本愈大，故投機動機的貨幣需求主要與利率水準呈減函數的關係。

　　除了以上凱因斯認為人們持有貨幣的三大動機之外，現代金融理論認為資產組合分派動機 (portfolio allocation motive) 亦是人們持有貨幣的重要原因之一。貨幣具有價值貯藏的功能，人們在比較各種資產的報酬率、流動性、及風險後，來決定各種資產的持有。貨幣具有完全的流動性、沒有風險，雖然沒有利息報酬，但如果物價緊縮，則有購買力增加的報酬。因此，資產組合理論 (portfolio theory) 認為人們將從資產需求 (asset demand) 的觀點來持有貨幣以貯藏價值。

　　將交易、預防、及投機動機的貨幣需求彙總，是為與所得水準 (Y) 呈增函數關係，與利率水準 (r) 呈減函數關係的貨幣總需求 (M^d)❶⑮　。以數學式表示，貨幣總需求函數〔或流動性偏好函數 (liquidity preference function)〕

---

⑮ 事實上，交易、預防、及投機動機的貨幣需求，均受所得與利率水準的影響，只是程度大小有所不同而已。

$M^d = L(Y,r) \dfrac{\partial L}{\partial Y} > 0, \dfrac{\partial L}{\partial r} < 0, \partial$ 為偏微分 (partial derivative)。在所得水準一定下，貨幣需求總量完全決定於利率水準的高低——即 $M^d = L(r)$。是故，在所得水準一定下，圖 18–2 中的貨幣需求曲線——又稱流動性偏好曲線 (liquidity preference curve) 的形態，是與利率呈減函數關係的負斜率曲線。但是，當利率降至很低的水準時（如 r_f），保有貨幣的機會成本很低，人們對貨幣的需求彈性將無限大，貨幣需求曲線因此成為一條水平線，這種情形稱之為流動性偏好陷穽 (liquidity preference trap)。它通常只有在經濟嚴重蕭條時才會發生，故在一般的情況下是不予考慮的。

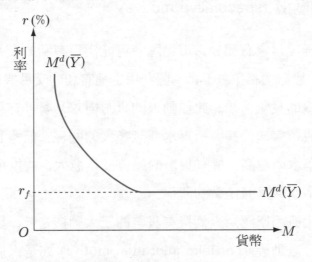

圖 18–2　貨幣需求曲線

　　圖 18–3，所得水準提高或流動性偏好增強，總貨幣需求曲線往上移（由 $M^d \to M^{d'}$），稱之為「貨幣需求」的增加，表示任何利率水準下的貨幣需求量增加；反之，所得水準下降或流動性偏好減弱，曲線往下移（由 $M^d \to M^{d''}$），稱之為「貨幣需求」的減少，表示任何利率水準下的貨幣需求量減少，這兩種改變統稱之為「貨幣需求」的改變。在一定的流動性偏好與所得水準之下，隨著利率的改變，「貨幣需求量」沿著貨幣需求曲線而改變，如由 E 點移至 A 點和 B 點，稱之為「貨幣需求量」的改變。

　　圖 18–3，一定的貨幣需求曲線 (M^d) 與一定的貨幣供給存量 (M^s)，相

交於 E 點，決定了市場的均衡利率 (r^*)。在此利率水準下，貨幣的總供給
$(\overline{OM})$ 等於貨幣的總需求(r^*E)，貨幣市場達於供需相等的均衡。貨幣需求
的改變（圖 18–3）或貨幣供給的改變（圖 18–4），終將使得均衡利率發生

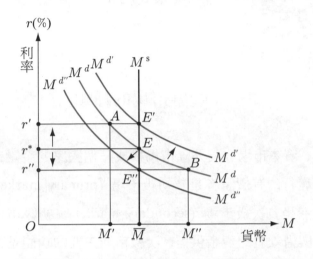

圖 18–3　貨幣需求的改變與均衡利率的決定

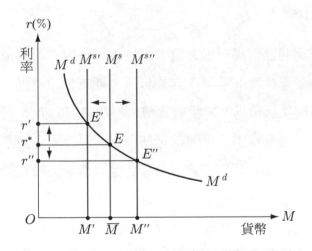

圖 18–4　貨幣供給的改變與均衡利率的決定

升至 r' 或降至 r'' 的改變。這種由貨幣需求與供給共同來決定均衡的利率
水準，是為凱因斯學派的流動性偏好利息理論 (liquidity preference theory
of interest)。

第 3 節 金融市場與金融機構

一、金融市場的種類

貨幣市場、資本市場、及外匯市場構成一個國家的金融市場。在金融市場上買賣新發行的有價證券是為初級市場 (primary market)，買賣已經存在之有價證券是為次級市場 (secondary market)。初級市場主要的功能是撮合儲蓄者與借款者的資金供需；次級市場主要的功能是提供風險分擔 (risk-sharing)、流動性 (liquidity)、及資訊 (information)。

㈠貨幣市場

如同財貨與勞務市場一般，貨幣的供給與需求亦可形成一種市場。貨幣市場包括金融業拆款市場與 1 年期以下短期有價證券進行交易的公開市場（初級市場與次級市場）。我國貨幣市場於 1976 年 5 月成立，目前交易的工具包括：商業本票、可轉讓定期存單、銀行承兌匯票、商業承兌匯票、國庫券、及 1 年內到期之政府公債、金融債券與公司債等。在貨幣市場買入信用工具者為資金的供給者，賣出信用工具者為資金的需求者，當貨幣市場資金的供給與需求達於均等，貨幣市場達於均衡，此時所決定的均衡利率，也就是凱因斯學派流動性偏好利息理論之均衡利率的決定。

健全的貨幣市場使得短期資金能夠得到充分且有效的運用。短期資金過多者可以賺取利息收入，資金不致閒置；缺乏短期資金者可以借得所需資金。這種調劑短期資金的功能，對於資本市場、外匯市場、及財貨市場的健全發展有很大的幫助。

㈡資本市場

資本市場是指買賣 1 年期以上或未定期限（如股票）之有價證券的交易場所（公開市場）。我國資本市場始於 1962 年 2 月臺灣證券交易所成立，目前交易的工具包括: 政府公債、公司債、金融債券、中央銀行儲蓄券、中央銀行可轉讓定期存單、亞銀債券、及股票等。當資本市場可貸資金 (loanable fund) 的供給，等於可貸資金的需求時，資本市場達於均衡，此時所決定的均衡利率，也就是可貸資金利息理論之均衡利率的決定。

我國貨幣與資本市場的參與者主要有銀行（包括中央銀行、信用合作社、農漁會信用部）、票券與信託公司、保險公司、公民營事業、個人、及非營利事業團體。買賣有價證券時有盈虧，若賣出時的價格大於買進時的價格，盈餘的部分稱之為資本利得 (capital gain)；若賣出的價格小於買進時的價格，虧損的部分稱之為資本損失 (capital loss)。任何時候，金融市場中不同的證券各有不同的利率報酬，其高低主要視風險的大小、期限的長短、稅負的規定、及其他許多因素而定。一般而言，在同一時間內各種證券的利率大致呈同方向的變動。證券的風險愈小，期限愈短，證券收入稅負愈低，其利率較低；相反地，證券的風險愈大，期限愈長，證券收入稅負愈高，其利率較高。至於如何在風險與利率報酬之間作取捨，端視個人的主觀價值而定。

㈢外匯市場

現代國際間的交易活動，如同個人之間的交易活動一樣，絕大部分是以貨幣為媒介，並非是以物易物而進行的。但是，由於各國所使用的通貨並不相同，因此國際間的交易不同於國內交易，唯有克服國際間通貨單位不同的困難，國際間的交易活動才能順利進行，這種提供國際間不同通貨互換、交易的場所，是為外匯市場 (foreign exchange market)。外匯市場的

需求與供給將決定外匯市場的價格——匯率 (foreign exchange rate)。

　　貨幣、資本、及外匯市場之間是彼此密切相關，而無法分離的，三者所決定的利率、股價、及匯率更是受到人們關注的重要經濟指標。大部分的已開發國家自己與彼此之間均已建立健全熟練與相互關係密切的金融市場，對於投資資金的取得與運用有很大的幫助，是企業與政府投資資金的主要來源。開發中國家金融市場不健全，是其投資進行與經濟發展的障礙之一。貨幣市場提供短期資金，資本市場提供長期資金，外匯市場使國際貿易與投資活動能夠順利進行，這三個市場相輔相成，對於一個國家資金的運用與經濟的發展，必然有著莫大的貢獻。

二、金融機構

　　金融市場的借貸或買賣雙方往往不是直接進行交易，而是以金融機構 (financial institutions) 作為中介來進行交易，因此金融機構又稱為金融中介 (financial intermediaries)。一個國家唯有金融機構健全，金融市場才能順利、穩定地運作。我國現行的金融統計（如中央銀行出版的《中華民國臺灣地區金融統計月報》）以能否創造貨幣為準則，將金融機構劃分為貨幣機構與其他金融機構如下：

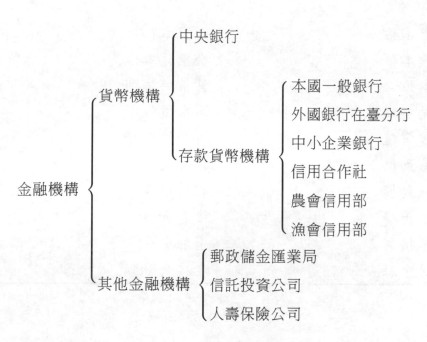

同樣經營金融業務的產物保險公司、票券公司、及證券金融公司，因所提供之金融性負債與其他金融機構差異甚大，故在我國中央銀行的金融統計中並未併入金融機構部門內，而將其視為民營事業部門。

傳統上，資金的借貸大多是以金融機構為媒介進行的（例如，儲蓄者將錢存於銀行，銀行再將其放給借款者），這種操作稱為間接金融 (indirect finance)。但是，近年來直接金融 (direct finance)逐漸興起，愈來有愈多的借款者以發行股票或債券來向儲蓄者直接取得資金，而不再透過金融中介，這對金融機構的營運與獲利產生很大的衝擊。

重要名詞

商品貨幣	實體貨幣
銀行貨幣	強力貨幣
狹義貨幣	近似貨幣

貨幣本位	金幣本位
金塊本位	金匯兌本位
複本位	葛萊興法則
不兌換紙幣本位	名目價值
實質價值	流動性偏好
交易動機	預防動機
投機動機	貨幣市場
資本市場	資本利得
資本損失	金融中介
間接金融	直接金融

摘　要

1. 人們接受政府所發行的貨幣, 等於將自己可支配的資源借予政府而取得政府償還的憑證——即貨幣。因此, 政府所發行的貨幣是一種信用, 是政府欠負人們的一種債務。

2. 流通中的通貨與活期存款構成最狹義的貨幣, 又稱 M_1。定期存款、儲蓄存款、及流動性短期資產等具有貨幣性的金融資產, 在必要的情況下, 可以很快地轉換成通貨或活期存款, 故稱為近似貨幣。狹義的貨幣供給再包括不同的近似貨幣而使貨幣供給的範圍不斷地擴大。

3. 貨幣本位的實行至今曾有金幣本位、金塊本位、金匯兌本位、複本位、及不兌換紙幣本位等制度。

4. 在不同的社會裏, 凡具有充當交易媒介、價值標準、遞延支付標準、及價值貯藏等四種貨幣基本功能的物品, 均可作為貨幣。

5. 在不兌換紙幣本位制下, 貨幣的價值決定於其所能購買之財貨與勞務的數量, 貨幣價值因此與物價水準呈減函數關係。

6. 經濟分析時, 通常假設貨幣供給是由貨幣當局決定的一種外生政策變數, 是一種存量的觀念。

7. 貨幣需求又稱流動性需求, 對保有貨幣的喜好程度就是流動性偏好。凱因斯認為人們基於交易動機、預防動機、及投機動機而產生對貨幣的需求。

8. 金融市場包括貨幣市場、資本市場、及外匯市場, 各有其交易的主體與不同的供需者。健全的金融市場使得一個國家長短期資金隨時能夠獲得最有效的利用而不致於閒置, 對於經濟發展能夠產生很大的貢獻。

問 題 練 習

1. 試述貨幣、信用與債之間的關係。現代貨幣發行的基礎是什麼？為何貨幣是政府對人民的一種負債？

2. 什麼是貨幣？何謂近似貨幣？活期存款為何是屬於 M_1 呢？

3. 何謂貨幣本位制度？試扼要列述主要的貨幣本位制度。

4. 何謂葛萊興法則？試舉例說明之。

5. 貨幣的功能有那些？貨幣的價值如何決定？

6. 貨幣發行與貨幣供給有何不同？貨幣供給為何是一種存量的觀念？

7. 何謂流動性偏好？凱因斯認為貨幣需求為何發生？其與利率及所得水準有何關係？

8. 貨幣需求量的改變與貨幣需求的改變有何不同？決定兩者的因素是什麼？

9. 貨幣市場與資本市場有何異同？兩者交易的信用工具與買賣雙方的參與者主要是那些？

10. 何謂間接金融？直接金融？目前我國的金融機構有那些？

第19章 銀行與貨幣創造

一個國家的貨幣在經濟活動中功能的發揮與其銀行（或金融）制度有密不可分的關係。本章即在於介紹一個國家的銀行制度的安排，著重於瞭解商業銀行的運作，及其如何創造與收縮存款貨幣。

第1節 銀行制度

貨幣的發行，必須經過銀行才能順利運行於經濟社會之中，故每個國家均有其銀行或金融制度 (banking or financial system)。一般而言，任何一個國家的金融制度有中央銀行、商業銀行、及其他金融中介三大類。

一、商業銀行

商業銀行是一個國家最重要的金融機構，以從事各種存款及貸款的存放業務為主❶。商業銀行通常屬於私人銀行，亦有少數是官方資助而成立。

---

❶ 我國銀行法對商業銀行的定義為：以收受支票存款，供給短期信用為主要任務之銀行。

長久以來我國主要的商業銀行均是由私人與政府合資組成，但政府股份佔較大的比例，因此大多屬公營銀行的性質，近年來政府推動公營事業民營化，大量釋出公營銀行的政府持股，最終目標是要將公營銀行完全變成民營的私人銀行。1991 年 7 月起，政府開放私人銀行的成立，首批 15 家銀行均已開始營業。目前我國的商業銀行由兩大系統組成，一是規模較大的一般商業銀行——如臺灣、交通、第一、彰化、華南、及其他（包括新成立的銀行）等商業銀行，一是規模較小的中小企業銀行——如臺灣、臺北區、臺南區、高雄區、及其他區等中小企業銀行，及信用合作社與農漁會信用部。

在金融自由化與國際化、金融機構大型化的趨勢下，我國除了修正「銀行法」與制訂「金融機構合併法」外，更進一步於 2001 年 7 月公布實施「金融控股公司法」，使得我國金融機構得以朝「股權集中化、組織大型化、經營多角化」的方向發展。2001 年 7 月公布實施「金融控股公司法」後，允許金融業能以控股公司型態跨業經營，金融控股公司所控制的子公司得經營銀行、保險、證券、及相關金融等業務。此種金融跨業經營型態不但可以滿足客戶一次購足 (one stop shopping) 金融商品的需求，並可達到分散經營業務風險及開創新商機的目的。至 2002 年底，我國財政部總計核准 14 家金控公司成立。

美國的商業銀行可按其取得許可證的方式分類為國民銀行 (national banks)，是向聯邦政府註冊取得許可證的銀行；州銀行 (state banks)，是向州政府註冊取得許可證的銀行。國民銀行依法律規定為聯邦準備制度 (Federal Reserve System) 的當然會員銀行 (member banks)，州銀行可自由決定是否參加為聯邦準備制度的會員銀行，但除了較小的州銀行外，一般較大的州銀行均是聯邦準備制度的會員銀行。由於國民銀行與州銀行的同時並存，因此美國的銀行制度稱之為雙軌銀行制度 (dual banking system)。

由於商業銀行具有經由放款與購買有價資產而創造活期存款貨幣的功能，故其對於貨幣的供給扮演著相當重要的角色。一般而言，商業銀行的

業務主要有:

1.存　款

接受個人、企業、或政府的支票、活期、定期、及儲蓄存款,視情況按市場利率給付利息。

2.放　款

在銀行法的限制下,對個人、企業、或政府機關放款,按放款時間的長短、金額的大小、借款人的信用、及市場的利率,對放款收取不同的利率。存、放款之間的利息差額是商業銀行最主要的收入。商業銀行之所以為金融中介,即指接受存款與放款而言。

3.匯　兌

商業銀行從事異地間資金調撥的匯兌業務,一方面減少商業交易的不便,對商業活動有很大的幫助;一方面可以收取手續費與賺取時間差距的利息收入,增加銀行的收入。

4.承　兌

顧客可持商業匯票或信用狀請求商業銀行承兌 (acceptance),由承兌銀行保證該票據於到期日時兌現,商業銀行並因此取得手續費的收入。

5.貼　現

以未到期的票據向商業銀行貸款,商業銀行可以取得貼現日與票據到期日之間的利息收入及手續費。

6.代理收款與付款

商業銀行為擴張業務,對個人或機關提供免費的收、付款服務,其目的在於吸收存款與建立良好的社會聲譽。

7.金融投資

商業銀行的資金主要用之於放款業務,但亦有部分資金投資於購買國庫券、公債、及公司債券等有價證券與不動產,以賺取資本利得與利息收入。

8.外匯買賣

由於國際貿易與投資活動的快速成長，買賣外匯賺取買價與賣價之間的差額已成為各商業銀行的主要收入之一。

除商業銀行外，另有以從事專門特定業務為主的專業銀行 (special banks)——例如土地銀行、交通銀行、農民銀行、及輸出入銀行等，其性質與功能和一般的商業銀行相近，但有法定的特種業務對象，故可視為特種的商業銀行❷。

二、其他金融中介

推動金融市場交易活動進行的機構，稱之為金融中介。商業銀行接受活期與定期存款，而後利用這些存款進行放款或購買生利資產，為儲蓄者與投資者之間金融活動的媒介，故為金融中介。除了商業銀行外，尚有許多金融機構進行資金收授與買賣信用工具，執行儲蓄者與投資者之間金融交易的功能，這些金融機構是商業銀行以外的其他金融中介。

目前我國的信託投資公司、郵政儲金匯業局、人壽保險公司、產物保險公司、及票券金融公司等，均是商業銀行以外的其他金融中介，它們主要接受顧客的退休金、保險金、或信託金等作為定期存款，而後將所收得的資金用作消費者抵押貸款，或用於購買股票、政府債券、公司債券、及期票等流動性較低的有價證券，或用於購買不動產。

這些金融機構雖與商業銀行同屬金融中介，但是兩者有著重要的功能差異存在。商業銀行有著其他金融中介所沒有的獨特功能，即經由對個人或企業授予或收回活期存款的信用放款，因而創造或消減貨幣的供給，其亦可經由買賣信用工具而創造或消減活期存款貨幣。由於商業銀行具有創造存款貨幣的功能，因此對於總需求、產出、就業、及物價水準有很大的影響，其在經濟活動中所扮演的角色遠較其他金融中介來得重要。

---

❷ 目前我國銀行法所稱的銀行包括商業銀行、儲蓄銀行、專業銀行、及信託投資公司。

三、中央銀行

中央銀行 (central bank) 是全國金融中介的控制中心。各國的中央銀行制度並不一致，大部分的國家採行單一中央銀行制度，亦有少數國家採行複式中央銀行制度，美國則採聯邦準備制度。各國成立中央銀行的目的主要在於提供有利的貨幣環境，以穩定物價，協助經濟成長、高度就業、金融穩定、及國際收支平衡等經濟目標的達成。中央銀行對銀行業者主要是管理、監督、及協助的關係，其與一般商業銀行最大的不同在於商業銀行對個人進行存放款營業，而中央銀行並不對個人進行存放款營業，只是對商業銀行與政府進行存放款的業務，故稱之為銀行的銀行 (bankers' bank)，是商業銀行的「最後奧援者」 (last resorter)。

中央銀行主要的功能（或責任）有下列幾項:

1.發行通貨

近代國家只有中央銀行有通貨的發行權，提供社會適量的通貨供給也是中央銀行的責任。

2.金融監理

檢查全國的商業銀行是否按銀行法交易，準備金是否足夠，是否依法規進行存放款、外匯交易，俾以維持全國的金融穩定，不致發生混亂。

3.代理國庫

中央銀行是政府的銀行，代理國庫的收支，所有稅收須繳到中央銀行，國庫支票也須向中央銀行提領，但這些業務中央銀行亦可委託商業銀行或其他金融中介辦理。

4.制訂與執行金融政策

中央銀行最主要的任務在於配合經濟情況的需要，制訂適當的金融政策。透過金融監理，限制存、放款或進行公開市場操作，變更存款準備率及貼現利率等方法，以維持適量的貨幣供給。

5.管理外匯

各國對外匯市場的管制或外匯政策的釐訂均由中央銀行執行，藉以便利國際資金的融通及國際貿易的拓展。

6.保管存款準備

商業銀行對於規定的法定存款準備金，依法須存放於中央銀行或保存於自己行庫內，俾便中央銀行控制信用貨幣的發行數量，保證金融的安定。

7.票據交換

由於大部分的商業銀行在中央銀行均有準備存款，中央銀行於是成為各商業銀行票據清算的中心，但此一業務亦可委託商業銀行辦理。

8.提供銀行資金

商業銀行資金不足時，可持本身或顧客未到期的票據向中央銀行請求貼現，以取得準備資金❸。中央銀行亦可對銀行辦理短期融通或擔保放款之再融通。

我國中央銀行於 1961 年 7 月在臺灣復業（在這之前由臺灣銀行代理中央銀行業務），設有理事會、監事會，總裁 1 人，副總裁 2 人，任期均為 5 年，期滿得續加任命。理事會由理事 11 至 15 人組成，由行政院報請總統派充之，並指定其中 5 至 7 人為常務理事，組成常務理事會，這是中央銀行最重要的決策機構。中央銀行總裁、財政部長、及經濟部長為理事會的當然理事，並為常務理事，理事中有實際經營農業、工商業、及銀行業者至少各 1 人。除當然理事外，理事任期 5 年，期滿得續派連任。總裁為理事會及常務理事會的主席，理事會主要職權為審議有關貨幣、信用、及外匯之政策。

監事會由監事 5 至 7 人組成，由行政院報請總統派充之，行政院主計長為當然監事。除當然監事外，監事任期為 3 年，期滿得續派連任。監事會主席 1 人由監事互推之。監事會主要負責中央銀行之資產、負債、帳目、貨幣發行準備、及貨幣發行數額之查核。目前我國中央銀行設有業務局、發行局、外匯局、國庫局、金融業務檢查處、經濟研究處、秘書處、及

---

❸ 依我國銀行法，銀行對遠期匯票或本票，以折扣方式預收利息而購入者，稱為貼現。

會計處，以辦理各項業務。我國中央銀行原先隸屬於總統府，1979 年 11 月中央銀行法修正，中央銀行改為隸屬於行政院。

　　美國的中央銀行是根據 1913 年的聯邦準備法案 (Federal Reserve Act) 成立聯邦準備制度，其由 12 個分佈於全美各地地位平等的聯邦準備銀行 (Federal Reserve Bank) 組成，聯合執行中央銀行的任務，並以國民銀行（當然參加）與州銀行（自由參加）共約 4,000 家為其會員銀行。美國並於 1933 年成立聯邦存款保險公司 (Federal Deposit Insurance Corporation, FDIC)，對顧客在商業銀行 10 萬美元以內的存款提供兌現的保險，確保存款的安全❹ 。

　　美國 12 個聯邦準備區中，每一區均設一聯邦準備銀行，全國另有 26 個分行。各準備銀行雖帶有地方色彩，但聯合發揮中央銀行的功能，以公眾利益而非追求利潤為目標。聯邦準備制度設有理事會 (Board of Governors)，由理事 7 人組成，皆由總統任命，理事候選人皆是全國工商企業、財政金融、或經濟學界很有名望的人。理事任期 14 年，不得連任，採用輪迴制，即每兩年有一理事任期屆滿，此作用乃使總統在其任期內最多只能更換 3 至 4 位理事，期使政治對貨幣政策的影響減至最小。理事會是聯邦準備制度的最高權力機構，負責決策與監督聯邦準備制度，理事會主席由總統從 7 位理事中選任之，任期 4 年。

　　聯邦準備制度理事會下設：①聯邦公開市場委員會 (Federal Open Market Committee)，由 12 位委員組成，包括理事會 7 位理事與 12 個聯邦準備銀行中的 5 位總裁 (president)，是一個執行性質的委員會，其主要功能是對於聯邦準備銀行在紐約公開市場進行證券的買賣，作政策性的決定，俾達到控制貨幣供給的目的。②各種委員會——如聯邦諮詢委員會 (Federal Advisory Council)，其成員由代表不同經濟利益團體的傑出人士組成，是一個顧問性質的委員會，其功能在提供實際問題的建議，給理事會作為決策的參考。

---

❹ 我國亦於 1985 年 1 月 9 日公佈實施「存款保險條例」，而於同年 9 月 27 日成立中央存款保險公司，接受金融機構要保，以保障存款人權益。

第 2 節 商業銀行的運作

一、基本原則

活期存款的存放是商業銀行的主要業務，而此種活期存款貨幣的創造功能，使得商業銀行不同於其他的金融中介。商業銀行依據金匠法則 (goldsmiths' principle)，創造銀行信用，該法則是古時候英國專門代人保管黃金的金匠根據日常黃金存取的情況所發現之部分準備的經驗法則。如以現代的商業銀行比作古代的金匠，金匠法則的含意為：在任何一定的時日，任何一家商業銀行的所有顧客，不可能同時提取他（她）們的存款，在有些顧客提取現金，減少存款的同時，必然有其他的顧客存入現金，增加存款。在一般的情況下，通常在一段時間內提取與存入現金的數量約略趨於相等，商業銀行對其存款因此只須保留部分準備，以備存戶提款之需，其餘部分則可以貸款方式放出，以求利息收入。

商業銀行根據金匠法則作為其營運作業的基本原則，只要一段期間內，提取與存入現金的數量大致相等，銀行則無需將全部的現金存款作為提款的準備，只需保有部分的現金準備便足以應付日常的提款需要。因此，由金匠法則衍生了近代商業銀行存放業務所依據的部分準備原則。

依據金匠法則，通常商業銀行的資產負債表中之現金準備資產只佔其存款負債的一小比例而已，這種商業銀行實際營運作業的作法，稱之為部分準備原理 (fractional reserve principle)。現金準備並不能帶給商業銀行任何收入，因此除非是受到法令的限制或基於安全的理由，商業銀行都將其現金準備減到最少的程度，它們瞭解到只須持有相當於存款負債之一部分

的現金準備，便足以應付通常的提款需要，將其餘大部分的現金存款加以運用，可為其帶來收益。

二、銀行的資產負債表

如同一般企業組織，商業銀行亦有表示其財務營運狀況的資產負債表。根據此表可以對商業銀行的作業有更進一步的瞭解。一般而言，簡化的商業銀行資產負債表（如表 19-1）中的資產主要有現金準備、放款、及投資三項。其中以對顧客的放款 (loan) 佔資產的比例最大；投資是指購買政府或企業的證券或不動產；現金準備是庫存現金或存於中央銀行的存款準備，由於不能產生任何收入，故通常佔資產的比例最小。活期與定期存款是商業銀行的主要負債，資產與負債的差額是淨值 (net worth)，包括資本額與未分配盈餘兩部分。

表 19-1　簡化的商業銀行資產負債表

資　　　產	負債及淨值
現金準備	活期存款
放　　款	定期存款
投　　資	淨　　值

三、法定準備的意義與作用

為健全商業銀行的營運與確保顧客存款的安全，通常政府對於銀行的存款負債都規定必須保有準備，以達到穩定金融的目的。存款準備有各種不同的準備觀念：

(一)法定準備 (legal reserves)

凡是法令准許作為商業銀行存款負債準備的資產均為法定準備，包括商業銀行在中央銀行的準備存款、商業銀行本身的庫存現金、及商業銀行之間的同業存款。銀行實際持有法定準備的總額，稱為實際準備 (actual reserve)。此外，商業銀行所擁有的短期金融資產，如國庫券、短期政府公債、或銀行承兌票據等，雖非法定準備之一部分，但因其在必要時能夠迅速變現，因此有商業銀行的第二準備 (secondary reserve) 或流動準備 (liquid reserve) 之稱。各國央行對於銀行各種存款準備金比率──即法定準備率 (legal reserve ratio) 通常是訂定在一最高與最低的範圍內，而後視情況需要在這範圍內隨時調整❺ 。又為促使銀行對其資金保持適當的流動性，我國央行規定存款貨幣機構對其存款應提 7% 的流動準備。

(二)應提準備 (required reserves)

這是法令規定商業銀行對其存款負債必須保有的最低法定準備數量，應提準備對存款負債的比率稱之為應提準備率 (required reserve ratio)，其介於法定準備率的高低限之間。

(三)超額準備 (excess reserves)

商業銀行實際保有的法定準備超過應提準備的餘額部分稱之。超額準備可由商業銀行自由使用，作為對顧客放款或投資於購買證券。商業銀行所持有的法定準備數額不能低於應提準備額，如有此種情況發生，它將受到中央銀行的處分❻ 。超額準備與應提準備之和等於實際準備。

---

❺ 從 1999 年 7 月 7 日起，我國中央銀行對各種存款所規定的法定準備率取消下限（即法定準備率可以為零），而上限分別為: 支票存款 25%，活期存款 25%，儲蓄存款15%，定期存款 15%。

❻ 我國中央銀行法第 23 條規定，中央銀行對於繳存存款準備不足之銀行，得就其不足部分予以短期融通，但得加收中央銀行所訂之重貼現率及其

(四)借入準備 (borrowed reserves)

為商業銀行向中央銀行的貼現窗口 (discount window) 以貼現率所借入的準備。商業銀行的超額準備扣除借入準備後的餘額稱為自由準備 (free reserve) 或淨超額準備。在有借入準備的情況下，商業銀行所保有的法定準備等於借入準備與非借入準備 (unborrowed reserve) 之和。初級經濟學通常假設商業銀行沒有向中央銀行借入準備，因此超額準備等於自由準備。

最初，中央銀行規定商業銀行對其存款負債至少必須保有應提準備的數量，其作用乃是在於消極的保障顧客的存款安全與避免銀行一時無法應付提現而倒閉的風險。晚近，中央銀行對商業銀行應提準備的規定，其作用乃是在於積極的透過應提準備率的改變，以達到控制貨幣供給數量的目的。因此，應提準備的規定成為現代貨幣政策的重要工具之一。由於活期存款的提存較定期存款來得頻繁，變動性也較大，因此法令所要求的應提準備率，對活期存款也就較對定期存款的為高。

在我國，包括本國一般銀行、外國銀行在臺分行、中小企業銀行、地區性商業銀行、信用合作社、農漁會信用部、以及郵匯局等收受存款的機構，依照規定，無論是收存支票存款、活期存款、定期存款或是儲蓄存款，只要是涉及新臺幣的存款，都要提列存款準備金，以供各銀行週轉、因應流動需求等各種用途。

可充當存款準備金的項目，除了各銀行的庫存現金外，還包括存放在央行準備金帳戶、臺灣銀行或合作金庫開設的存款準備金帳戶、或跨行業務清算基金專戶中的存款。可充當流動準備金項目的有：超額準備、銀行互拆借差、國庫券、可轉讓定期存單、銀行承兌匯票、商業承兌匯票、商業本票、公債、公司債、及金融債券等。

央行的存款準備金帳戶分為準備金甲戶及乙戶兩種，甲戶為憑開戶收受存款機構所簽發的支票，可以隨時存取，但是不計利息，這部分在 1998

他融通利率 1 倍以下的利息。

年 11 月約佔 25% 的應提準備額。準備金乙戶為開戶收受存款機構的憑存摺，不得任意存取，但酌予給息。一般而言，乙戶只有在存款機構發生異常提領等緊急資金需求時，才能在帳戶餘額內申請融通， 1998 年 11 月約存放 60% 的應提準備額，近 7,000 億元。存款準備金乙戶的利率在 1975 年由 3.6% 調降到 2.4%，並一直維持到 1998 年 11 月 15 日， 11 月 16 日才調升至 2.7%，這是央行為提振國內經濟 23 年來首次以直接增加銀行利息收入的方式，來直接補貼銀行，間接降低銀行的資金成本。

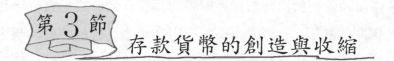

第 3 節 存款貨幣的創造與收縮

一、個別銀行的存款擴張與收縮

商業銀行與其他金融中介不同之處在於其有創造活期存款貨幣的功能。這種功能源於商業銀行對於存款負債只須保留部分的應提準備，所剩的超額準備全部可自由使用，作為放款或投資購買有價證券，而創造活期存款貨幣。這種存款貨幣創造的過程可用個別銀行的資產負債表說明。（凡有＊或※號者，表示每筆登錄中所牽涉的兩項對應變動的科目，＋表示增加，－表示減少，以下各表均同。）

為了分析簡便起見，我們假設個別銀行（甲）原先的資產、負債與淨值處於平衡，均予省略，不在資產負債表的帳面上表現。現有顧客存入甲銀行現金 100 元，甲銀行帳上立刻增加 100 元的法定準備資產，增加 100 元的活期存款負債。現假定應提準備率是 20%， 100 元的法定準備中， 20 元須作為應提準備金，剩餘 80 元為超額準備金，可以悉數用來對顧客放款（或投資），甲銀行因此增加了 80 元的放款（或投資）資產，同時增加了

80 元的活期存款負債（放款仍以活期存款方式存入本銀行），資產負債表兩邊同時達於 180 元的平衡（表 19-2）。因此，甲銀行吸收了 100 元的現金存款——貨幣供給的減少（因為庫存現金不包括在貨幣供給之中），但增加了 180 元的活期存款——貨幣供給的增加，最後整個社會貨幣供給淨增加了 80 元，這是甲銀行利用其超額準備所額外創造的存款貨幣。

表 19-2　個別銀行（甲）的存款貨幣創造

資　　　產		負債與淨值	
*法定準備	+$100	*活期存款	+$100
應提準備	+$20		
超額準備	+$80		
※放　　款	+$ 80	※活期存款	+$ 80
（投資）			
總計	+$180	總計	+$180

如果甲銀行一開始被提領現金 100 元，其資產負債表上將減少 100 元的法定準備現金，減少 100 元的活期存款負債。所減少的法定準備中，20 元是應提準備的減少，80 元是超額準備的減少，因此減少了 80 元的放款，減少了 80 元的活期存款貨幣，社會的貨幣供給淨減少了 80 元，這是存款貨幣的收縮（表 19-3）。

表 19-3　個別銀行（甲）的存款貨幣收縮

資　　　產		負債與淨值	
*法定準備	-$100	*活期存款	-$100
應提準備	-$20		
超額準備	-$80		
※放　　款	-$ 80	※活期存款	-$ 80
總計	-$180	總計	-$180

二、全銀行體系的存款貨幣創造與收縮

　　將個別銀行之存款貨幣創造與收縮的過程加以推廣，可以得到全銀行體系的存款貨幣創造與收縮。首先，我們假設全銀行體系由單獨一家銀行（甲）所構成——即獨佔銀行體系，那麼全銀行體系存款貨幣的創造與收縮，只是上例個別銀行存款貨幣創造與收縮過程的延續。

　　假設甲獨佔銀行接受了個人 A 的 100 元現金存款，應提準備率仍為 20%，第一階段甲銀行可以超額準備 80 元放款給個人 B，因此創造了 80 元的存款貨幣。接著，個人 B 以 80 元的活期存款支票向個人 C 購買財貨，個人 C 持支票向甲銀行兌現，由於整個社會只有甲銀行一家，假設個人 C 將得到的現金仍然存入甲銀行，因此在第二階段甲銀行有法定準備 80 元，扣除 16 元的應提準備，尚餘 64 元的超額準備，可將其放款給個人 D，又創造了 64 元的存款貨幣。同樣地，個人 D 持 64 元的活期存款支票向個人 E 購買財貨，重複上述過程，在第三階段甲獨佔銀行可創造額外的存款貨幣 51.2 元。如此繼續下去，甲獨佔銀行在每階段皆可創造與超額準備數量相等的存款貨幣，直到最後，甲銀行不再有超額準備存在，再無放款能力，原先 100 元現金存款所引起的存款貨幣創造過程停止。

　　將以上每一階段所創造的存款貨幣彙總（100 元 ＋ 80 元 ＋ 64 元 ＋ 51.2 元 ＋⋯＋ 0 元），其總額將是原先銀行體系所增加現金存款的倍數，這是全銀行體系的存款貨幣創造（表 19-4）。相反地，如果一開始甲獨佔銀行現金被提出而不再存入銀行，每一階段存款貨幣的減少將等於超額準備的減少，最後所有存款貨幣的減少將為原先銀行體系現金存款減少的倍數，這是全銀行體系的存款貨幣收縮。

表 19-4　獨佔銀行體系的存款貨幣創造

第一階段

資產		負債與淨值	
*法定準備	+$100	*活期存款 (A)	+$100
應提準備	+$20		
超額準備	+$80		
※放　　款 (B)	+$ 80	※活期存款(B)	+$ 80
總計	+$180	總計	+$180

第二階段

資產		負債與淨值	
*法定準備	+$ 80	*活期存款 (B)	$ 0
應提準備	+$16	*活期存款 (C)	+$ 80
超額準備	+$64		
※放　　款 (D)	+$ 64	※活期存款(D)	+$ 64
總計	+$144	總計	+$144

第三階段

資產		負債與淨值	
*法定準備	+$ 64	*活期存款 (D)	$ 0
應提準備	+$12.8	*活期存款 (E)	+$ 64
超額準備	+$51.2		
※放　　款 (F)	+$ 51.2	※活期存款 (F)	+$ 51.2
總計	+$115.2	總計	+$115.2

⋮　　　　　　　　　⋮

第 N 階段

資產		負債與淨值	
*法定準備	$0	*活期存款	$0
應提準備	$0		
超額準備	$0		
※放　　款	$0	※活期存款	$0
總計	$0	總計	$0

如果全銀行體系是由許多家的商業銀行構成，任何一家銀行增加或減

少現金存款，亦將使全銀行體系產生與獨佔銀行體系相同結果的存款貨幣創造與收縮。同樣地，假設每一家銀行原先的資產、負債與淨值均不表現在其個別的資產負債表帳面上，應提準備率仍為 20%。首先，甲銀行收到個人 A 的 100 元現金存款，法定準備增加 100 元，將 80 元的超額準備放款給個人 B，創造存款貨幣 80 元，個人 B 持80 元的活期存款支票向個人 C 購買財貨，個人 C 持支票向甲銀行兌現，而後將所得現金存入乙銀行，乙銀行增加 80 元的法定準備現金存款，將 64 元的超額準備放款給個人 D，創造存款貨幣 64 元，個人 D 持64 元的活期存款支票向個人 E 購買財貨，如同上述，丙銀行可以創造51.2 元的存款貨幣，繼續上述過程，每家銀行皆可創造其超額準備的額外存款貨幣。

將每家銀行所創造的存款貨幣彙總，其總額將是原先銀行體系所增加之現金存款的倍數，這是全銀行體系的存款貨幣創造（表 19-5）。反之，若從開始有一家銀行被提領現金，全銀行體系存款貨幣的收縮將為原先銀行體系現金存款減少的倍數。因此，無論是獨家或多家銀行的銀行體系，其存款貨幣創造與收縮的原理均相同。

觀察多家銀行體系的存款貨幣創造過程，可以得到商業銀行創造存款貨幣的重要法則，即：在全銀行體系中，任何個別銀行最多只能額外創造與其超額準備相等數量的存款貨幣，但全銀行體系則能額外創造其超額準備之倍數的存款貨幣。

表 19-5　全銀行體系的存款貨幣創造

甲銀行

資產		負債與淨值	
*法定準備	+$100	*活期存款 (A)	+$100
應提準備	+$20		
超額準備	+$80		
※放　　款 (B)	+$ 80	※活期存款 (B)	+$ 80
總計	+$180	總計	+$180
*法定準備 (−$80)	$ 20	活期存款 (A)	$100
應提準備	$20		
超額準備	$ 0		
放　　款 (B)	$ 80	*活期存款 (B)(−$80)	$ 0
總計	$100	總計	$100

乙銀行

資產		負債與淨值	
*法定準備	+$ 80	*活期存款 (C)	+$ 80
應提準備	+$16		
超額準備	+$64		
※放　　款 (D)	+$ 64	※活期存款 (D)	+$ 64
總計	+$144	總計	+$144
*法定準備 (−$64)	$16	活期存款(C)	$80
應提準備	$16		
超額準備	$ 0		
*放　　款 (D)	$64	*活期存款 (D) (−$64)	$ 0
總計	$80	總計	$80

丙銀行

資產		負債與淨值	
*法定準備	+$ 64	*活期存款 (E)	+$ 64
應提準備	+$12.8		
超額準備	+$51.2		
※放　　款 (F)	+$ 51.2	※活期存款 (F)	+$ 51.2
總計	+$115.2	總計	+$115.2
*法定準備 (−$51.2)	$12.8	活期存款 (E)	$64
應提準備	$12.8		
超額準備	$ 0		
放　　款 (F)	$51.2	*活期存款 (F)(−$51.2)	$ 0
總計	$64	總計	$64

<u>餘類推</u>

三、存款擴張乘數

　　獨佔或多家銀行的銀行體系皆可由現金（通貨）存款的增加而創造倍數的存款貨幣，這過程如表 19-6 所示。

表 19-6　銀行體系存款貨幣的創造過程──應提準備率 20%

銀行	新存款	應提準備	超額準備	新放款
甲	$100.00	$ 20.00	$ 80.00	$ 80.00
乙	80.00	16.00	64.00	64.00
丙	64.00	12.80	51.20	51.20
丁	51.20	10.24	40.96	40.96
戊	40.96	8.19	32.77	32.77
己	32.77	6.55	26.22	26.22
庚	26.22	5.24	20.98	20.98
辛	20.98	4.20	16.78	16.78
壬	16.78	3.36	13.42	13.42
癸	13.42	2.68	10.74	10.74
以上 10 家銀行	$446.33	$ 89.26	$357.07	$357.07
所有其他銀行	$ 53.67	$ 10.74	$ 42.93	$ 42.93
整個銀行體系	$500.00	$100.00	$400.00	$400.00

　　根據表 19-6 可知，整個銀行體系增加 100元的現金（通貨）存款，在應提準備率為 20% 下，最後將導致整個銀行體系的存款貨幣增加 500 元，其中400 元為各銀行利用其超額準備進行放款所額外創造的存款貨幣， 100元為最初所增加的現金（通貨）存款。由表 19-6 可知，直到所增加的現金（通貨）存款均充作應提準備之用時，整個銀行體系的存款貨幣創造過程才停止。

　　根據表 19-6 可以得到銀行體系的存款貨幣創造為：

$$存款貨幣變動 = 最初現金（通貨）存款變動 \times \frac{1}{應提準備率}$$

$$額外創造（或縮減）的存款貨幣 = 最初超額準備變動 \times \frac{1}{應提準備率}$$

以上應提準備率的倒數——即 $\frac{1}{應提準備率}$，稱之為存款擴張乘數 (deposit expansion multiplier) 或貨幣供給乘數 (money supply multiplier)，表示銀行體系的通貨存款增加或減少，將使法定準備金增加或減少，而引起存款貨幣變量成倍數的增加或減少。以文中（或表 19–6）數字為例，銀行體系增加 100 元的通貨存款，導致存款貨幣增加等於 $100 \text{元} \times \frac{1}{0.2} = 500$ 元；導致額外創造的存款貨幣增加等於 $(1 - 0.2) \times 100 \text{元} \times \frac{1}{0.2} = 400$ 元，存款擴張乘數為 $\frac{1}{0.2} = 5$。存款擴張乘數的產生是因部分準備制度所致，這與國民所得乘數產生的過程相類似，不同的是此處係以應提準備率而非以邊際儲蓄傾向作為分析的依據。將應提準備率視為邊際儲蓄傾向，將可發現存款貨幣乘數產生的過程與國民所得乘數產生的過程完全相同。

根據存款貨幣創造公式，應提準備率的改變將使超額準備與存款擴張乘數兩者同時發生改變，而使存款貨幣創造與收縮的程度加強。因此，應提準備率是執行貨幣政策的強有力工具之一。

重要名詞

金融中介	專業銀行
銀行之銀行	聯邦準備制度
金匠法則	部分準備原理
法定準備	第二（流動）準備

應提準備　　　　　　　　　　應提準備率
超額準備　　　　　　　　　　借入準備
自由準備　　　　　　　　　　個別銀行存款貨幣創造
銀行體系存款貨幣創造　　　　存款擴張乘數

摘　　要

1. 一個國家的金融機構大致可分為中央銀行、商業銀行、及其他金融中介三大類。

2. 商業銀行的業務主要有存款、放款、匯兌、承兌、貼現、代理收款與付款、金融投資、及外匯買賣等。

3. 商業銀行是一種金融中介，能夠經由放款與投資而創造活期存款，但其他金融中介則不具此種功能。

4. 中央銀行是全國金融中介的控制中心，只對商業銀行而不對私人營業，故又稱銀行的銀行，是商業銀行的最後奧援者。

5. 中央銀行的功能主要有發行通貨、金融監理、代理國庫、制訂與執行金融政策、管理外匯、保管存款準備、票據交換、及提供銀行資金等。

6. 美國的中央銀行稱為聯邦準備制度，由 12 個地位平等的聯邦準備銀行與其 26 個分行所組成，國民銀行與州銀行為其會員銀行，並設聯邦存款保險公司。

7. 美國聯邦準備制度的權力中心為 7 人組成的理事會，理事會下設有聯邦公開市場委員會與聯邦諮詢委員會。

8. 商業銀行存、放業務所根據的基本原則，乃是由古時金匠法則所衍生而來的部分準備原理，因而利用應提準備以外的餘額，乃有創造活期存款的功能產生。

9. 商業銀行的資產負債平衡表中，資產主要有現金準備、放款、及投資，負債主要是活期存款、定期存款，資產與負債的差額是淨值。

10. 在實際營運作業中，商業銀行的現金準備資產只佔其活期與定期存款的一小比例而已，這稱為部分準備原理。

11. 銀行之實際準備與應提準備之間的差額稱為超額準備。應提準備與存款
    負債的相對比率稱為應提準備率。應提準備規定的最初作用在於保障顧
    客存款的安全，晚近則成為中央銀行控制貨幣供給量的有力工具。

12. 根據部分準備原理，商業銀行可經由放款或投資購買有價證券而創造活
    期存款貨幣。對個別銀行而言，每家銀行只能創造與其超額準備等量的
    活期存款；對整個銀行體系而言，則能創造相當於銀行體系最初所增加
    之通貨存款倍數的活期存款，倍數的大小視應提準備率而定，且與之呈
    減函數（或反變）的關係。

13. 銀行體系通貨存款（或準備）的改變，將使其創造活期存款的數量成倍
    數的改變，此倍數稱之為存款擴張乘數，等於應提準備率的倒數。

1. 商業銀行主要從事那些業務？其與其他金融中介在功能上有何差異存在？

2. 中央銀行與商業銀行有何不同？中央銀行主要的功能（或任務）有那些？

3. 何謂部分準備原理？其與金匠法則有何關係？其對商業銀行的營運作業有何影響？

4. 試述法定準備、應提準備、及超額準備之間的關係。政府規定商業銀行必須保有應提準備的用意何在？

5. 商業銀行如何創造信用貨幣？在全銀行系統中個別單獨的銀行創造信用貨幣的極限為何？全銀行系統創造信用貨幣的極限又如何？試舉數字例證說明之。

6. 設應提準備率為0.2，全銀行體系共有 A、B、C 三家商業銀行，現 A 銀行增加 100 元的現金存款，試問 A 銀行可因此經由放款而創造多少活期存款？全銀行體系可共同創造多少活期存款？若每一家銀行於收到存款時，均增加 0.05 的額外準備，則全銀行體系所能額外創造的活期存款為多少？

第20章 中央銀行與貨幣政策

財政政策與貨幣政策是一個國家最重要的兩種經濟政策，前者主要由行政當局執行，後者主要由貨幣當局──即中央銀行執行❶。本章旨在介紹中央銀行如何執行貨幣政策，並探討其可能的成效。

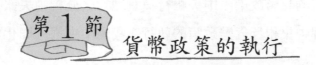

第 1 節 貨幣政策的執行

一、貨幣政策的意義與目標

貨幣政策是指：一個國家透過中央銀行，視全國的經濟情況，調節其全國的貨幣供給量或利率水準，以達到維持經濟穩定與促進經濟成長的目標。更具體地說，短期間，貨幣政策的執行要在經濟衰退之時，增加貨幣供給量、降低利率，採擴張性或寬鬆性貨幣政策 (expansionary or easy money

---

❶ 在我國，財政政策是由行政院透過政府的預算執行之。目前我國中央銀行雖隸屬於行政院，但對貨幣政策有其獨立行使的權力。

policy)，以刺激總開支，達到提高就業、增加產出的目標；在經濟膨脹之時，減少貨幣供給量、提高利率，採收縮性或緊縮性貨幣政策 (contractionary or tight money policy)，以抑制總開支，達到穩定物價、避免物價膨脹的目標。長期間，中央銀行應該採行穩定成長的貨幣政策，維持適度增加的貨幣供給量與適當的利率水準，以利經濟活動的進行，達成促進經濟成長的目標。

以貨幣政策達成經濟目標，其過程是中央銀行斟酌現實情況，利用各種適當的貨幣政策工具，藉以影響商業銀行超額準備的數量，改變其創造信用的能力，因而改變貨幣供給量，使利率水準發生改變；或是直接改變利率水準，以影響人們借貸意願，改變總開支需求，使就業、產出、所得、及物價水準跟著調整。

二、中央銀行的資產負債表

一個國家的貨幣政策由中央銀行負責執行，分析中央銀行的資產負債表將可以瞭解中央銀行貨幣政策的執行。我國中央銀行簡化的資產負債表如表 20-1 所示。

表 20-1　我國中央銀行簡化的資產負債表

資　　　產	負 債 與 淨 值
國外資產（外匯）	通貨發行額
對政府放款及墊款	政府存款
買入有價證券	金融機構存款
對金融機構債權	準備性存款
庫存現金	其他存款
其他資產	央行發行單券
	其他負債
	淨　　　值

資料來源：中央銀行經濟研究處，《中華民國臺灣地區金融統計月報》。

我國中央銀行的資產以國外資產（外匯）佔絕大比例（主要作為通貨

發行準備之用），其次是對金融機構的債權，第三是其他資產，庫存現金及有價證券所佔比例很小。我國中央銀行的負債以金融機構存款（包括存款貨幣機構與郵匯局的準備性存款，及金融機構之國庫存款、定期存款、郵匯局的轉存款）所佔比例為最大，其次是通貨發行，第三是政府存款〔主要是國庫存款，其次是機關存款（包括中美發展基金存款）〕。

　　中央銀行採行貨幣政策的結果最後必然反映於其資產負債表上。改變應提準備率將使金融機構的準備性存款發生改變，改變貼現率將使對金融機構的債權發生改變，進行公開市場操作將使得有價證券發行與持有的數量發生改變。這些措施均將使得銀行體系持有的法定準備數量發生改變，進而影響整個社會的貨幣供給數量。

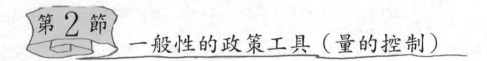

第 2 節　一般性的政策工具（量的控制）

　　中央銀行在執行貨幣政策時，有許多的政策工具可加採用，其中應提準備率、貼現率、及公開市場操作等三種政策工具的運用，對全面的銀行信用量與經濟活動有很大的影響。因此，它們的付諸實施稱之為一般性的控制 (general controls) 或量的控制 (quantitative controls)。

一、調整應提準備率

　　個別商業銀行需有超額準備才能放款，整個銀行體系的存款貨幣創造能力視超額準備的數額與存款擴張乘數的大小而定，超額準備與存款擴張乘數的大小，又同時取決於應提準備率的高低。因此，中央銀行若要對抗經濟衰退，可以降低應提準備率，採放寬信用政策，使銀行體系的超額準備與存款擴張乘數同時提高，增強存款貨幣的創造能力，因而增加銀行信

用（或存款貨幣）供給，以增加貨幣供給量，使利率降低，以促進投資，增加有效需求，激發經濟的繁榮。相反地，中央銀行若要對抗經濟膨脹，可以提高應提準備率，採緊縮信用政策，使銀行體系的超額準備與存款擴張乘數同時下降，降低存款貨幣的創造能力，因而減少銀行信用（或存款貨幣）供給，以減少貨幣供給量，使利率升高，投資水準降低，減少有效需求，抑制經濟的膨脹。

例如，銀行體系增加 100 元的法定準備現金存款，如果應提準備率為 20%，額外創造的存款貨幣等於 $(1 - 0.2) \times 100$ 元 $\times \dfrac{1}{0.2} = 400$ 元。 在這式中，超額準備是 $(1 - 0.2) \times 100$ 元，等於 80 元，擴張乘數是 $\dfrac{1}{0.2}$，等於 5。如果應提準備率提高為25%，額外創造的存款貨幣減為 $(1 - 0.25) \times 100$ 元 $\times \dfrac{1}{0.25} = 300$ 元，其中超額準備降至 75 元，擴張乘數降至 4，可見應提準備率的改變，使超額準備和擴張乘數兩者都受影響，其改變存款貨幣的效果是雙重的。

二、調整貼現率

如同社會大眾向商業銀行借款一般，商業銀行可以向中央銀行借款並給付利息。兩者不同之處，商業銀行借給社會大眾活期存款貨幣而很少提領現金，但中央銀行借給商業銀行的是可全部充作法定準備的強力貨幣，因而增強了銀行體系的存款貨幣創造能力。

商業銀行可以本身持有的未到期票據向中央銀行請求貼現，根據規定的貼現率，扣除應給付中央銀行票據貼現日至到期日之間的利息，取得存在中央銀行的準備存款 (reserve deposits) 的增加，故貼現率是商業銀行的利息成本費率。此外，商業銀行亦可持顧客向其貼現的未到期票據，轉向中央銀行請求重貼現 (rediscount)，支付中央銀行按貼現率——此情況下稱

之為重貼現率 (rediscount rate)——計算的利息，而增加在中央銀行的準備存款❷。

表 20-2　商業銀行向中央銀行貼現

中　央　銀　行

資　　產	負債與淨值
對商業銀行放款 $+\$X$	商業銀行準備存款 $+\$X$

商　業　銀　行

資　　產	負債與淨值
中央銀行準備存款 $+\$X$	中央銀行借款 $+\$X$

　　假設商業銀行持票據向中央銀行貼現，兩者的資產負債表將發生如表 20-2 的變化。表中 (+) 表示增加，商業銀行增加了在中央銀行的準備存款資產，但同時也增加了對中央銀行的借款負債，借貸雙方依然平衡。中央銀行增加了對商業銀行的放款資產，但也增加對商業銀行的準備存款的負債，借貸雙方同樣保持平衡。商業銀行對於向中央銀行借得的準備存款並不需要保有法定準備，所有的借入準備存款等於超額準備的增加，均可用以創造存款貨幣，增加貨幣供給量。

　　因為貼現率是商業銀行向中央銀行借款的利息成本費率，貼現率的改變將間接地使其對社會大眾放款的利率發生改變。因此，中央銀行如要放寬信用，可以降低貼現率，降低商業銀行的貼現成本負擔，就會間接降低商業銀行的放款利率，使其可以增加放款。如要緊縮信用，中央銀行可以提高貼現率，提高商業銀行的貼現成本負擔，間接提高商業銀行的放款利率，放款將會減少。放款的增加或減少，使貨幣供給同時發生改變，故貼現率的調整可作為對抗經濟波動的工具。

---

❷ 根據中央銀行法第 19 條，我國中央銀行得對銀行辦理以下各項融通：① 合格票據之重貼現，期限為工商票據不得超過 90 天，農業票據不得超過 180 天；②短期融通，期限不得超過 10 天；③擔保放款之再融通，期限不得超過 360 天。

三、公開市場操作

中央銀行在證券公開市場進行證券的買賣，以影響商業銀行的超額準備，達到改變貨幣供給量與利率水準的目的，稱之為公開市場操作 (open market operation)❸。在這三種貨幣數量控制的工具之中，以此種操作運用最為迅捷、簡便，且效果最為直接可靠，晚近成為各國中央銀行最常使用的貨幣政策工具。

如為對抗物價膨脹，而執行緊縮信用，中央銀行可在公開市場賣出證券。若是商業銀行買進證券，中央銀行與商業銀行的資產負債表，將發生如表 20-3 的變化。

表 20-3　商業銀行買進中央銀行賣出的證券

中　央　銀　行		
資　　　產		負債與淨值
證　券	$-\$X$	商業銀行準備存款 $-\$X$
商　業　銀　行		
資　　　產		負債與淨值
證　券	$+\$X$	
中央銀行準備存款	$-\$X$	

若是私人而非商業銀行買進證券，私人可以活期存款支票給付中央銀行，經由票據清算，中央銀行的資產負債表的變化仍與表 20-3 一樣，但個人及商業銀行的資產負債表的改變將如表 20-4。

---

❸ 公開市場意指任何人（包括金融機構）均能自由參與買賣的市場。我國中央銀行法第 26 與 27 條明訂，中央銀行得視金融狀況，於公開市場買賣由政府發行或保證債券及由銀行發行之金融債券與承兌或保證之票據；中央銀行為調節金融，得發行定期存單、儲蓄券、及短期債券，並得於公開市場買賣之。

表20-4　個人以活期存款支票買進中央銀行賣出的證券

個　　　　　人	
資　　產	負債與淨值
證　　　券　　　+$X	
活　期　存　款　−$X	

商　業　銀　行	
資　　產	負債與淨值
中央銀行準備存款　−$X	活　期　存　款　−$X

　　表中 (−) 與 (+) 分別表示減少及增加。因此，無論是商業銀行或私人買進中央銀行出售的證券，均使商業銀行減少與證券價值相等的準備存款，超額準備隨之減少，存款貨幣創造能力減弱，因而達到緊縮信用的目的。

　　如為對抗經濟衰退而執行放寬信用，中央銀行可在公開市場買進證券。如所買進的證券是由商業銀行賣出，則將使中央銀行與商業銀行的資產負債表發生如表 20-5 的變化。

　　如買進的證券是由個人賣出，中央銀行以本票支付個人，個人再將本票存入其往來的商業銀行，經由票據清算，中央銀行的資產負債平衡表仍與表 20-5 一樣，而商業銀行與個人的資產負債表則變化如表20-6。

表 20-5　中央銀行買進商業銀行賣出的證券

中　央　銀　行	
資　　產	負債與淨值
證　　　券　　　+$X	商業銀行準備存款+$X

商　業　銀　行	
資　　產	負債與淨值
證　　　券　　　−$X	
中央銀行準備存款　+$X	

表 20-6　中央銀行買進個人賣出的證券

個		人	
資　產		負債與淨值	
證　　券	$-\$X$		
活　期　存　款	$+\$X$		
商　業　銀　行			
資　產		負債與淨值	
中央銀行準備存款	$+\$X$	活　期　存　款	$+\$X$

　　由表 20-5 與 20-6 可知，中央銀行不論買進商業銀行持有或個人手中的證券，均將使商業銀行在中央銀行的準備存款增加與證券價值相等的數量，超額準備隨之增加，存款貨幣創造能力增強，因此可以達到放寬信用的目的。雖然中央銀行兩種不同來源的證券買進，最後均使貨幣供給增加的數量相等，但其過程則有所不同，舉例說明如下：

　　設應提準備率為 20%，當中央銀行向商業銀行買進 100 元的證券時，商業銀行的準備存款與超額準備均增加 100 元，其額外創造的存款貨幣等於 100 元 $\times \dfrac{1}{0.2} = 500$ 元。當中央銀行向個人買進 100 元的證券時，商業銀行在中央銀行的準備存款增加 100 元，但其超額準備只增加 80 元（因為須對個人 100 元的存款提存 20 元的應提準備），其額外創造的存款貨幣等於 80 元 $\times \dfrac{1}{0.2} = 400$ 元。但是，在中央銀行向個人買進 100 元證券的同時，已經額外增加了 100 元的貨幣供給（將個人手中 100 元的證券轉變為 100 元的活期存款），故總的貨幣供給仍然是增加 500元（= 400 元 + 100 元）。同理，商業銀行或個人買進中央銀行出售的證券而使貨幣供給緊縮的過程可依上述情形類推。

　　總之，中央銀行如果在公開市場賣出證券，這將減少商業銀行持有的法定及超額準備，透過存款貨幣擴張乘數，使存款貨幣呈倍數的減少，因而緊縮了信用；如在公開市場買進證券，這將增加商業銀行持有的法定及超額準備，透過存款貨幣擴張乘數，使存款貨幣呈倍數的增加，因而放寬

信用。職是之故，中央銀行可以隨時視經濟情況的需要，迅速有效地進行公開市場操作，控制貨幣供給量，以達成政府當局所希望的經濟目標。

　　我國由於受到經濟結構與金融制度的限制，長久以來中央銀行主要以調整重貼現率、存放款利率，及存款準備率作為調節信用的工具。1976 年，我國貨幣市場成立，信用工具數量逐漸增加，中央銀行於 1979 年 1 月起才正式進行公開市場操作。在當時，公開市場操作主要係為調節銀行準備部位之季節性變動而進行的防禦（或調節）性操作。近年來，公開市場操作已為我國控制貨幣供給的一種主動性操作。此外，為加強重貼現率之運用，中央銀行於 1980 年 3 月建立貼現窗口制度，凡合格票據均可自動獲得貼現。

第 3 節　選擇性的政策工具（質的控制）

　　如果要對特定的經濟對象實行信用控制，中央銀行可以採行選擇性的控制 (selective controls)——又稱之為質的控制 (qualitative controls)，對某些信用的供給訂定不同的條件，以影響資金流向，並藉以達到影響貨幣供給與經濟活動的目的。這種政策對銀行信用與經濟活動的影響不像一般性的控制來得廣泛，通常都是用以補充量的控制之不足，主要有下列幾種政策工具：

㈠證券交易保證金率

　　中央銀行規定證券交易中必須付現 (down payment) 的最低比例，稱之為保證金率 (marginal requirement rate)。證券交易的保證金率愈高，證券交易付現的金額愈大，因此減少證券交易的信用貸款，有抑制證券市場買賣活動的作用；證券交易的保證金率愈低，證券交易付現的金額愈小，

因此增加證券交易的信用貸款，有促進證券市場買賣活動的作用❹ 。

㈡消費者信用分期付款率

中央銀行規定消費者購買房屋或耐久消費財時，第一次的最低付現額與最長的分期付款期限，可以改變消費者需求，以對抗經濟循環。當經濟膨脹時，提高第一次付現額與縮短分期付款期限──即提高分期付款率，可以緊縮消費者信用，減少消費者支出；經濟衰退時，降低第一次最低付現額與延長分期付款期限 ──即降低分期付款率，可以放寬消費者信用，增加消費者支出❺ 。

㈢道義性規勸

中央銀行並不採取直接的行動，而由總裁口頭或書面發表政策性的談話，陳述對當前經濟情況與信用的看法，暗示未來可能的政策方向，以影響銀行的放款活動，達到改變貨幣供給量的目的，這種作法稱之為道義性規勸 (moral suasion)❻ 。在經濟膨脹時，中央銀行提出信用過度擴張的警告，要求各商業銀行自行抑制放款數量，以免中央銀行實行量的控制政策，商業銀行將會重視中央銀行的規勸而減少信用擴張；反之，在衰退時，中央銀行將鼓勵各商業銀行增加放款，擴張信用，達到增加貨幣供給的目標。

㈣選擇性的利率或信用額度控制

為促使社會資源作最有效的利用與改變產業結構，中央銀行可以對不同產業的投資訂定不同的放款利率與信用額度，以使資金由某種投資轉移

---

❹ 我國中央銀行法第 30 條即明訂，中央銀行就銀行辦理對證券商或證券金融公司之融通，訂定辦法管理之。

❺ 我國中央銀行法第 29 條即明訂，中央銀行於必要時，得就銀行辦理購建房屋及購置耐久消費品貸款之付現條件及信用期限，予以規定，並管理之。

❻ 中央銀行訂定貼現窗口的使用規則亦常被稱為道義性規勸。

到其他投資。例如，對紡織業的投資提高放款利率、降低信用額度，對機械工業的投資降低放款利率、提高信用額度，資金將由紡織業移轉到機械業，以促進機械業的發展❼ 。

我國選擇性的信用控制主要表現於各種政策性放款，例如，外銷貸款、特專案進口融資、進口機器設備外幣融通、中小企業週轉金專案貸款、中長期信用特別基金放款等。這些質的信用控制與我國的經濟發展有相當密切的關係。

第 4 節　貨幣政策效能的評估

一、貨幣政策的優點

贊成以貨幣政策對抗經濟波動的人，認為貨幣政策有以下的優點：

1.快速且富於彈性

不同於財政政策的採行需要經過一段時間的立法程序，貨幣政策的運用可以隨時很快地執行，能夠及時有效地應付經濟情況的改變。

2.不受政治的干擾且政治上易於接受

貨幣政策是依據銀行法而執行，銀行法早經訂立，不能隨時改變，不受黨派的控制（美國的聯邦準備制度理事會的 7 位理事，是每兩年改選一位，因此任一現任總統無法控制過半數的理事，故理事會有其超然的地位）❽ 。財政政策則須經國會的審議，易受到政黨的阻力與影響。此外，

---

❼ 我國中央銀行法第 28 與 31 條即分別明訂，中央銀行於必要時，得對擔保放款規定最高貸放率及對各類信用規定最高貸放限額。

❽ 1979 年中央銀行法修訂，將中央銀行由隸屬於總統府改為隸屬行政院受到強烈的反對，理由即為擔心貨幣政策受到立法院的干預而喪失其客觀

由於貨幣政策對人民的影響是間接的，不易為個人所察覺，而且對全社會產生相同的影響，因此較易為大眾所接受，遭遇到的阻力也就較小。

3.中立性

中央銀行實施一般性的控制政策，對全社會的信用量與經濟活動有相同的影響，並沒有對特定對象或部門有差別待遇，故量的控制本身是一種中立的貨幣政策。至於政策實行後，某些產業或個人感受到特別的影響，乃是自由市場競爭的結果，不應認為貨幣政策本身具有差別性。相對地，財政政策的執行、租稅及政府支出的改變對不同的經濟對象或部門產生不同的影響，因此為非中立性的。例如，政府在某一地區從事公共建設，對該地區的發展有很大的幫助，對其他地區則無同等的利益；對進口品課徵關稅，消費者必須負擔較高的價格，而生產者則受到保護的利益，所以是非中立性的。

二、貨幣政策的限制

貨幣政策雖有上述優點，但其實施仍受若干的限制，其主要者如下：

1.政治的干擾仍然存在

表面上中央銀行不受政治的干擾，但實際上總統仍可利用理事會理事與總裁（或理事會主席）的選派及透過國會的關係，間接影響理事會或總裁的決策，因而影響貨幣政策。

2.缺乏準確性

對抗經濟循環，貨幣政策工具調整的程度及數量都不易準確的測度，而財政政策則可以準確地控制預算。例如，貨幣數量與利率的調整幅度不夠，無法達到預期的效果；調整得太過分，經濟情況則將產生逆轉。

3.預測與時間落後

性。目前我國中央銀行隸屬行政院，但其總裁由總統而非行政院長任命，任期 5 年，期滿得續加任命。

　　貨幣政策雖然可以快速的採行，但與財政政策一樣，仍面臨不能事先準確預測經濟情況的改變與以下的各種時間落後：

　　⑴認知的時間落後。經濟情況已經改變，但未能馬上認知，以致未能及時採行適當的貨幣政策。

　　⑵管理或行動的時間落後。政策的決定到付諸實行，有著時間落後。如中央銀行採放寬銀根措施，商業銀行或採觀望的態度，或工商企業界仍無投資的積極意願，均將發生管理或行動上的時間落後。

　　⑶效果的時間落後。政策付諸實行到產生效果，中間必須經過一段時間，這一時間落後很可能會使政策產生反穩定的效果。例如，在物價膨脹時採取緊縮信用政策，待政策發生效果時，經濟情況可能已轉變為走向衰退，如此，緊縮的政策不但未能及時阻止膨脹，反而加深了後來發生的衰退。

　　4.與政府理財政策每相牴觸

　　在物價高漲時期，為抗拒物價膨脹，中央銀行主張採行高利率政策以緊縮銀根，但財政當局適需發行新公債以收回到期的舊公債，為減輕公債的利息負擔，恆希望利率愈低愈好，因此與貨幣政策反膨脹的作法相牴觸，兩者每難協調兼顧。

　　5.非真正中立性

　　表面上中央銀行提高利率，社會全體都面對高利率，貨幣政策因此沒有差別性。但事實上對生產者、投資者、及債務人不利（須支付較高的利息成本），而對儲蓄者及債權人有利（有較多的利息收入）。相反地，降低利率對債權人與儲蓄者不利，而對生產者、投資者、及債務人有利。此外，若是提高利率，對借款投資的產業——如建築業，與投資孕育期很長的重工業，將有特別不利的影響，妨礙此等產業的發展。因此，對於面臨產業轉型期的發展中國家，高利率的政策是不宜輕率使用的。

　　6.不宜用以對抗成本推動的物價膨脹

　　因生產要素價格上升而產生的成本推動物價膨脹與因貨幣供給過多所

導致的需求拉升物價膨脹的性質不同，前者是總供給曲線往上移的結果，後者則是總需求曲線往上移的結果。在成本推動的物價膨脹情況下，以緊縮信用、減少總需求來對抗物價膨脹，雖然也能使物價下降，但造成失業的增加，產出的進一步減少。

圖 20-1，總供給曲線往上移，物價水準由 P^* 上升至 P'，國民所得由 Y^* 下降至 Y'。若以緊縮信用、減少總需求來對抗物價膨脹，物價水準將回降至 P^*，但國民所得卻進一步下降至 Y''。因此，除非社會能夠忍受產出與就業的進一步減少，否則對成本推動的物價膨脹不宜以貨幣政策作為對抗的工具。

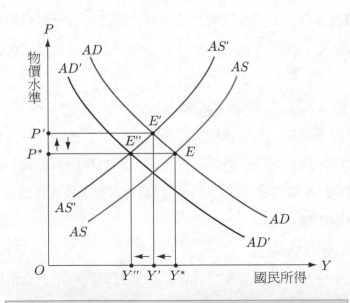

圖 20-1　貨幣政策不宜用以對抗成本推動的物價膨脹

7.無法預知大眾的反應

貨幣當局提高利率欲使大眾減少借款，但大眾如對未來經濟情況抱樂觀的預期，他們將不會減少借款；降低利率欲使人們增加借款，但人們如對未來經濟景氣持疑慮的態度，他們將不會增加借款。此外，凱因斯學派認為貨幣政策主要是經由改變利率，影響投資而產生經濟效果，如果投資缺乏利率彈性——即投資者對利率的改變缺乏反應，貨幣政策的效果將非

常地有限。

8.貨幣流通速度發生改變

中央銀行以緊縮銀根政策對抗物價膨脹，信用量與貨幣供給量雖然減少，但貨幣流通速度可能提高，總開支可能因此不變或減少有限，抵銷了信用緊縮的部分效果。相反地，以放寬銀根政策對抗衰退，信用量與貨幣供給量雖然增加，但貨幣的流通速度可能降低，總開支因此不變或增加有限，抵銷了信用擴張的部分效果。

9.未能全面控制信用

除商業銀行外，尚有許多不受中央銀行約束的其他金融中介，它們雖然不能創造存款貨幣，但可以進行投資或對顧客放款，因此在中央銀行緊縮信用時，它們的放款可能反而增加，抵銷了中央銀行緊縮貨幣政策的部分效果❾ 。其次，商業銀行或大公司大多持有有價證券，在信用緊縮時，將證券出售，公司可以獲得投資所需資金，銀行可以獲得額外的超額準備，增強創造存款貨幣的能力，抵銷了緊縮貨幣政策的部分效果。以上兩種情況均非中央銀行能夠有效控制，貨幣政策因此未能達到全面控制信用的理想。

10.難以均勻對抗經濟循環

一般而言，貨幣政策用以對抗物價膨脹——尤其是需求拉升的物價膨脹，其效果較大；對抗衰退則受到相當的限制，其效果較小，因為：

⑴若是經濟衰退情況很嚴重，人們對未來持悲觀的看法，縱然放寬信用，降低利率，人們亦不願借款投資——這被比喻為「可以把馬兒牽到河邊，但卻無法強迫牠喝水。」

⑵經濟衰退，產品滯銷，廠商營運狀況不良，財務狀況不佳，中央銀行縱然放寬銀根，增加商業銀行的超額準備，但鑒於放款的呆帳風險很大，

---

❾ 為防止這種情形發生，我國中央銀行法第 31 條明訂，中央銀行認為貨幣及信用情況有必要時，得對全體或任何一類金融機構，就其各類信用規定最高貸放限額。

商業銀行亦不願增加放款。

　(3)嚴重的經濟衰退，貨幣市場可能陷於凱因斯的流動性陷穽之中——即人們對貨幣的需求彈性為無限大，信用放寬，增加的貨幣供給將均被人們所持藏，而無法使利率水準再下降，因此無法刺激投資增加，提高有效需求。

擴張性貨幣政策	緊縮性貨幣政策
一般性控制	貼現率
重貼現率	公開市場操作
選擇性控制	保證金率
道義性規勸	認知的時間落後
行動的時間落後	效果的時間落後

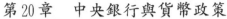

摘　　要

1. 貨幣政策是指政府透過中央銀行，視全國的經濟情況，調節貨幣的供給數量或利率水準，以求達到維持經濟穩定與促進經濟成長的目標。

2. 中央銀行執行的貨幣政策有一般性控制（量的控制）和選擇性控制（質的控制）兩大類，前者有改變應提準備率、改變貼現率、及從事公開市場操作等三種主要的政策工具，後者有改變證券交易保證金率、改變消費者信用分期付款率、道義性規勸、及選擇性利率與信用額度控制等政策工具。

3. 應提準備率的調整會使超額準備與存款擴張乘數同時發生改變，貼現率的調整會使放款利率改變而影響企業界的借款意願，公開市場操作直接改變商業銀行體系的超額準備，因而使商業銀行創造存款貨幣的能力發生改變，影響貨幣的供給數量。

4. 贊成貨幣政策者認為其具有快速且富於彈性、不受政治干擾且政治上易於接受、及中立性等優點；反對者認其仍不免受政治干擾、缺乏準確性、預測困難、非真正中立性、不宜用以對抗成本推動的物價膨脹、與政府理財政策時相牴觸、無法預知大眾反應、貨幣流通速度發生改變、未能全面控制信用、及無法均勻對抗經濟循環等缺點。

1. 何謂貨幣政策？一般性的控制與選擇性的控制各有那些政策工具可以運用？試列述之。

2. 何謂應提準備率？中央銀行改變應提準備率為何會影響到貨幣的供給量？試以簡單的數字例證說明之。

3. 設應提準備率為0.2，當中央銀行在公開市場買進 100 元的債券，對貨幣供給量的可能最大影響如何？試剖述之。

4. 試述貨幣政策的優點與限制。

5. 為穩定經濟，中央銀行應如何運用三大政策工具？

第 21 章　貨幣、產出與物價

　　根據前面一章的分析，我們知道，貨幣當局採取放鬆銀根政策，增加貨幣供給，可使利率降低，促進投資，提高國民生產水準；採取緊縮銀根政策，減少貨幣供給，可使利率升高，減少投資，降低國民生產水準。據此而言，貨幣數量與國民產出水準有著密切的關係。

　　另一方面，古典學派認為貨幣數量的改變，對於國民產出水準並無影響，所引起變化的只是物價水準，貨幣數量與物價水準有著密切的關係。因此，我們有必要對於各種的貨幣理論加以探討，俾瞭解不同理論對於貨幣數量、產出、及物價水準三者之間的關係有何不同的看法。

第 1 節　古典學派的貨幣理論

一、交易方程式

　　關於貨幣數量與物價水準之間的關係，美國耶魯大學已故經濟學教授費

雪 (Irving Fisher)，首先提出了交易方程式 (equation of exchange)——又稱為費雪方程式 (Fisher equation)——來加以闡釋，此方程式為：

$$MV = PY$$

上式中，M 代表包括通貨及活期存款的貨幣供給量，V 代表貨幣的所得流通速度 (income velocity of money)，P 代表全部交易之最後財貨與勞務的平均物價水準，Y 代表實質國內產出。所謂貨幣的所得流通速度 (V) 是指：1 單位的貨幣於一段時間（通常是 1 年）之內用以購買最後財貨與勞務的平均次數。其測度的公式為：

$$V = \frac{PY}{M}$$

由於 V 是表示貨幣供給量 (M) 與國內產出總值——即名目國內產出 (PY) 之間的關係，故稱之為貨幣的所得流通速度。在交易方程式 $MV = PY$ 中，MV 代表社會的總開支[1]，等於總需求；PY 代表社會的總產出，等於總供給，亦即等於生產的總收入。交易方程式所表示的因此是一種古典學派恒等式的觀念——社會的總開支恒等於總收入，總需求恒等於總供給，$MV \equiv PY$，這是一種不證自明的定義恒等式，所以早期的經濟分析家並未予以理論上的重視。

二、劍橋現金餘額方程式

交易方程式以強調貨幣具有的交易媒介功能為出發點。另有以英國經濟學家馬歇爾 (Alfred Marshall) 為首的劍橋學派 (Cambridge School)，強調貨幣所具有的價值儲藏功能，提出與交易方程式相類似的劍橋現金餘額方程式 (Cambridge cash balance equation)：

---

[1] 貨幣每轉手（流通）1 次即發揮 1 次的功能，1 單位貨幣流通 10 次所發揮的功能等同於 10 單位貨幣流通1 次所發揮的功能。

$$M^d = kPY$$

上式中，M^d 代表貨幣需求量，P 代表平均物價水準，Y 代表實質國內產出（所得），k 代表貨幣需求佔貨幣所得 (PY) 的比例。當貨幣市場均衡時，貨幣需求等於貨幣供給，等於貨幣存量——$M^d = M^s = M$，故現金餘額方程式可以寫成：

$$M = kPY$$

與交易方程式 $MV = PY$ 相比較，明顯地 $k = \dfrac{1}{V}$，表示貨幣需求（現金餘額）佔貨幣所得的比例等於貨幣所得流通速度的倒數——即 $\dfrac{M}{PY} = k = \dfrac{1}{V}$，貨幣所得流通速度愈大（小），貨幣需求佔貨幣所得的比例愈小（大），兩者呈反變的關係。

三、貨幣數量學說

古典學派的經濟學者認為，交易方程式 $(MV = PY)$ 中的貨幣所得流通速度 (V)，與現金餘額方程式 $(M = kPY)$ 中貨幣所得內保有現金（貨幣）餘額的比例 (k)，均是決定於一個社會長期的支付習慣、金融（銀行）制度、與人們保有貨幣的態度（即流動性偏好），其值相當穩定，短期間不可能有所變動。因此，可以假設 V 與 k 在方程式中的值固定不變。又因古典學派認定價格自動伸縮的機能確保經濟充分就業，全經濟長保充分就業的產出，因此亦可假設 Y 在方程式中的值固定不變。既然 V、k、及 Y 的值均固定不變，很明顯地可以看出，當 M 發生改變時，為維持等式兩邊的相等，P 必然隨之發生對應的改變。這種關係可用式子清楚顯示。

交易方程式可以改寫為：

$$P = \frac{MV}{Y} = \left(\frac{V}{Y}\right) M$$

劍橋現金餘額方程式可以改寫為:

$$P = \frac{M}{kY} = \left(\frac{1}{kY}\right) M$$

由以上兩式可知,在 V 與 k 固定不變,及 Y 為固定充分就業產出的假設下, M 的變動必然導致 P 呈同方向、同比例的變動。根據這種關係,古典學派提出貨幣數量學說 (quantity theory of money) 來闡述貨幣在經濟活動中所扮演的角色。所謂貨幣數量學說是指:貨幣供給量發生改變時,物價水準將隨之發生同方向、同比例的變動。例如,貨幣供給量增加 50%,整個物價水準也將隨之升高 50%;貨幣供給量減少 50%,物價水準也將隨之降低 50%。

古典學派的貨幣理論是以從交易方程式或現金餘額方程式引申出來的貨幣數量學說為重心。據此,古典學派經濟學家認為貨幣並不能影響到經濟體系內的任何實質變數〔如產量、相對價格(包括實質利率)〕,其所能影響的只是名目的物價水準變數,貨幣在經濟活動中所扮演的角色猶如障眼的面紗一般 (money is a veil)。如果人們沒有貨幣幻覺——即經濟行為只受經濟體系內之實質變數而不受貨幣名目變數的影響,貨幣數量的變化對實質的經濟活動並不能產生影響。因之,古典學派提出貨幣中性 (neutrality of money) 與二分 (dichotomy) 之論。所謂貨幣中性論是指,貨幣供給變動只影響物價水準而對實質經濟變數沒有影響,貨幣在經濟活動中所扮演的角色是中性的。所謂二分論是指,將整個經濟二分為實質部門與貨幣部門,實質部門的需求與供給只受相對價格的影響,而與貨幣供給及絕對物價水準無關,由實質部門決定經濟體系的相對價格,進而決定經濟體系的其他實質變數,貨幣部門則決定經濟體系的絕對物價水準。

總結以上所論,我們可以將古典學派的貨幣理論歸結為:

貨幣數量增加(減少)→ 物價水準提高(下降)

第 2 節　凱因斯學派的貨幣理論

在凱因斯的理論模型裏，綜合交易、預防、及投機動機的貨幣總需求 (M^d) 是所得 (Y) 與利率 (r) 的函數——$M^d = L(Y, r)$。如果貨幣供給由 M^s 增加至 $M^{s'}$，根據圖 21-1(a)，在目前的利率 (r^*)、所得水準 (Y^*)、及已知之流動性偏好程度之下，貨幣供給超過貨幣需求 EF 的數量，超額的貨幣供給將使貨幣市場的利率降至 r'，貨幣市場才又重新回復均衡。利率的下降，將刺激投資的增加——圖 21-1(b)，而使總開支需求提高，透過乘數效果，就業與產出均將增加——圖 21-1(c)。由於凱因斯討論的是低於充分就業的經濟情況，故就業與產出的增加在接近充分就業之前，並不會刺激物價水準的上漲。

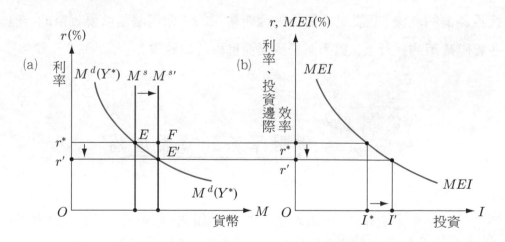

圖 21-1　凱因斯學派貨幣理論的圖解

根據上述的推理，凱因斯學派認為在一般的情況下，貨幣對經濟活動確能發生實質的影響，其過程為（↑號表示增加，↓號表示下降）：

貨幣↑ → 利率↓ → 投資↑ → 乘數效果 → 產出與就業↑

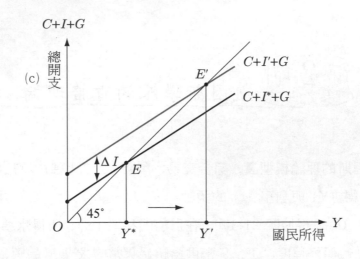

圖 21-1　凱因斯學派貨幣理論的圖解

　　但是，如果經濟情況嚴重蕭條而有流動性陷阱存在時，貨幣供給的增加將無法使利率下降；或沒有流動性陷阱存在，利率能夠下降，但投資缺乏利率彈性，兩種情況均將使投資與開支需求無法增加，就業與產出的水準也就無法提高。在此情況之下，貨幣政策無以奏效，而應採財政政策以挽救經濟的危機。因此，本質上凱因斯學派的貨幣理論是重視貨幣的，但在實際政策的採行上，凱因斯學派反而重視財政政策。

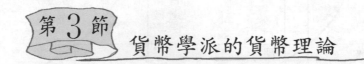

第 3 節　貨幣學派的貨幣理論

　　1936 年凱因斯發表《一般理論》之後，凱因斯理論風行一時，各國政府也以凱因斯所主張的財政政策作為對抗經濟循環的主要工具，貨幣政策所扮演的角色被貶至最低的程度。自 1950 年代中期，以芝加哥大學傅利曼教授為首的一些經濟學家，開始對財政政策展開攻擊，重新認定貨幣在經濟活動中的重要性，並主張以貨幣政策作為對抗經濟循環的主要工具，這種論點稱之為貨幣主義 (monetarism)，持此論者被稱之為重貨幣論者 (monetarist)。

貨幣學派的貨幣理論可說是一種革新或現代的貨幣數量學說。古典學派的貨幣理論認為貨幣流通速度 (V) 或所得保有貨幣的比例 (k) 與產出水準 (Y)，維持固定不變，故貨幣數量的改變並不會影響實質的經濟變數而只是引起物價水準的變動而已。

貨幣學派的學者一方面承認現實的經濟情況並非充分就業，另一方面認為貨幣流通速度與所得內保有貨幣的比例，在長期間並非固定不變的，它受到社會大眾對未來經濟情況的預期或經濟所處的商業循環階段的影響。例如，人們對未來經濟情況悲觀或經濟正處於衰退的階段，儲蓄將會增加，如果投資不作相對的增加，貨幣流通速度將下降，所得內保有貨幣的比例將增加。雖然長期間貨幣流通速度或所得內保有貨幣的比例可能發生改變，但是短期間而言，其變動是相當有限，而且目前有足夠的經濟知識來預測它的變動。

因此，貨幣學派認為貨幣數量的改變除了會引起物價水準的變動外，亦將使產出發生改變。貨幣數量的波動因此是導致經濟波動的主要原因。但是，只要貨幣供給維持適度穩定的成長率，將可確保經濟的穩定與成長。貨幣學派認為貨幣對經濟活動產生影響的過程如下。根據現金餘額方程式 $M = kPY$，人們（包括消費者與廠商）心目中有一理想的 k——即所得內希望保有實質現金（或貨幣）餘額 (real cash or money balance) 的比例。當經濟衰退時，貨幣當局採放鬆銀根政策，增加貨幣供給，結果使人們手中實際的實質貨幣餘額大於希望保有的實質貨幣餘額，為了減少手中過多的貨幣餘額，人們因此增加支出（包括消費與投資），增加需求，刺激了就業、產出、及物價水準的上升。

在這過程中，人們手中原本過多的實質貨幣餘額，將會由於物價水準的上升而逐漸下降，最後必然達到一新的物價水準，使得人們手中的實質貨幣餘額等於希望保有的實質貨幣餘額，貨幣需求的增加等於貨幣供給的增加，就業、產出、及物價達於新的不再變動的穩定水準。至於產出與物價增加的程度孰大，將視經濟情況而定，經濟愈接近充分就業，貨幣供給的

增加，反映於產出增加者愈小，反映於物價上漲者愈大；經濟距離充分就業愈遠，貨幣供給的增加，反映於產出增加者愈大，反映於物價上漲者愈小。因此，貨幣學派對貨幣在經濟活動中所扮演的角色給予積極的肯定。

上述的貨幣作用過程可以表示為（↑號表示增加或上升）：

$$\text{貨幣}\uparrow \rightarrow \text{實質貨幣餘額}\uparrow \rightarrow \text{支出}\uparrow \nearrow \text{就業與產出}\uparrow \atop \searrow \text{物價水準}\quad\uparrow$$

雖然貨幣學派認為貨幣數量變動在短期間對產出與物價水準均有影響，但由於他們認為產出在長期間必然達於充分就業的水準，因此與古典學派的論點相同，貨幣學派亦認為貨幣數量變動在長期間只影響物價水準而無法改變產出水準。

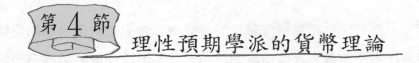

第 4 節　理性預期學派的貨幣理論

預期 (expectation) 這個變數在經濟理論中早就受到重視，例如，討論供給與需求的決定變數時，即提到預期的影響。但是，在傳統的經濟理論中，預期被視為是一外生變數——即預期是源於經濟模型外的一種主觀心理判斷。但是，到了 1970 年代初期，有一批學者對於預期對經濟活動的影響予以更大的重視，並將預期的形成予以內生化——即預期是根據經濟模型內的訊息而形成的，這種預期被稱為理性預期 (rational expectations)，持此論者形成了所謂理性預期學派，又被稱為新興古典總體經濟學 (new classical macroeconomics)，以別於傳統的古典總體經濟學❷ 。

理性預期學派的基本假設主要為：

⑴人們充分利用所有可獲得的訊息來作預測。根據此一假設，理性預

---

❷ 新興古典學派可說是加入理性預期變數的古典學派，但一般通常將理性預期學派與新興古典學派兩個名詞相互替代使用。

期論者提出所謂的理性預期假說 (rational expectations hypothesis)，即人們充分利用所有可獲得之訊息所作的預測，將是中正、不偏 (unbiased) 的，也就是不會產生持續高估，或持續低估的預測偏差。因此，理性預期並不是指預測隨時均是準確的，而是指預測平均而言是準確的。

理性預期假說無異於假設人們具有準確的前瞻 (forward looking) 能力。例如，只要人們知道貨幣當局增加貨幣供給，將理性地預期物價上漲發生；只要人們知道貨幣當局減少貨幣供給，將理性地預期物價下跌發生。

⑵價格與工資富於伸縮韌性。此一假設與古典總體理論相同，因此所有的市場將隨時維持供給等於需求的均衡，新興古典總體經濟學因此是一均衡模型。

新興古典總體經濟學的這兩個假設曾受到相當強烈的批評。在現實的社會，訊息的取得是需要付出代價（成本）的，訊息的流傳並不完全，人們可能無法分辨各種不同訊息對於決策的有用性（或重要性），因此理性預期假設實際上無法成立。價格與工資富於韌性只是一種理論的理想，價格與工資具有無法向下調整的僵固性似乎更符合真實的經濟情況，因此價格機能也就難以確保所有的市場隨時均保持供需均等的平衡。

古典學派認為經濟經常處於充分就業狀態，因此經濟政策將對產出沒有任何影響，貨幣數量的變動將只影響物價水準而無法改變產出水準。理性預期學派認為經濟狀態平均而言是充分就業的——即有時低於充分就業，有時高於充分就業，但平均等於充分就業。因此，在某種情況下，經濟政策將可以對產出與就業發生影響。

理性預期學派將經濟政策區分為預期的與非預期的兩種。人們對於預期的經濟政策將事先防範，因此，預期的經濟政策將無法影響實質的產出與就業。例如，勞工預期政府將增加貨幣供給，物價將上漲，因此要求提高工資以維持實質工資不變。如此，預期的貨幣供給增加只影響物價水準，對於實質產出與就業將無法產生任何影響。相反地，非預期的經濟政策將影響物價水準、實質產出、及就業。例如，勞工沒有預期政府將增加貨幣

供給，因此認為物價將不會上漲，而沒有要求提高工資。但是，政府出其不意地增加貨幣供給，導致物價上漲，而使實質工資下跌，雇主因此增加勞工雇用，就業與實質產出因而增加。

至此，我們可以將新興古典學派與古典學派不同之處歸納如下：

(1)古典學派認為經濟「總是」（或經常）處於充分就業狀態；新興古典學派認為經濟「平均」處於充分就業（或自然失業率）狀態——即就業（產出）有時低於充分就業，有時高於充分就業，但平均起來等於充分就業。

(2)古典學派認為經濟（貨幣）政策無法影響產出——因為經濟總是處於充分就業狀態；新興古典學派認為預期的經濟（貨幣）政策無法影響產出，但非預期的經濟政策可以影響產出。

(3)古典學派認為貨幣是中性的——貨幣數量的變動只影響物價，不影響產出；新興古典學派認為預期的貨幣數量變動是中性的，但非預期的貨幣數量變動並不是中性的。

重要名詞

交易方程式	貨幣所得流通速度
劍橋現金餘額方程式	貨幣數量學說
貨幣中性論	二分論
理性預期	理性預期假說
預期的貨幣政策	非預期的貨幣政策

摘　　要

1. 交易方程式 $MV = PY$，係以貨幣具有交易媒介的功能為基礎，是一種恒等式的觀念，表示總需求等於總供給，總開支等於總收入。在充分就業產出與貨幣所得流通速度不變下，貨幣數量的變動將使物價水準呈同方向同比例的變動。

2. 劍橋現金餘額方程式 $M = kPY$，是以貨幣具有價值儲藏的功能為基礎。在充分就業產出與所得保有貨幣的比例不變下，貨幣數量的變動仍將使物價水準呈同方向同比例的變動。

3. 根據交易方程式或劍橋現金餘額方程式，可以引申出古典學派的貨幣理論——即貨幣數量學說，認為在充分就業產出下，貨幣數量的變動只能使物價水準呈同方向同比例的變動而不會影響到經濟體系內任何的實質變數。因此，古典學派的貨幣理論只是一種貨幣數量增加→物價水準上升的關係，而將經濟活動劃分為實質與貨幣兩個部門。

4. 凱因斯學派的貨幣理論是一種貨幣數量增加→利率下降→投資增加→總開支需求提高→乘數效果→產出與就業增加的關係。但是，由於可能存在的流動性陷阱與投資缺乏利率彈性，故凱因斯學派理論上雖然重視貨幣，但實際政策上反而重視財政政策。

5. 貨幣學派認為在貨幣流通速度或所得保有貨幣的比例相當穩定且可預測的情況下，貨幣數量的改變短期間必然會同時影響經濟體系內實質與名目的變數，其理論是：貨幣數量增加→實質貨幣餘額增加→支出增加 ↗ 就業與產出增加 ↘ 物價水準提高 。但是，貨幣學派認為貨幣數量的改變長期間只能影響物價水準而無法改變經濟體系內的任何實質變數。

6. 理性預期學派認為人們充分利用所有可獲得之訊息所作的預測，將是中正、不偏的。此一學派主張預期的貨幣供給變動將只影響物價水準，而無法影響實質的產出與就業；非預期的貨幣供給變動將使物價、產出、及就業發生改變。

1. 何謂交易方程式？何謂現金餘額方程式？試用此二式說明貨幣數量學說的意義。

2. 簡述古典學派、凱因斯學派、及貨幣學派對貨幣數量、產出與物價水準的看法。

3. 試以圖形說明凱因斯學派的貨幣理論。

4. 何謂理性預期假說？理性預期學派對於貨幣政策效果的看法如何？

第22章　經濟穩定政策

　　任何一個經濟社會，對於經濟目標的追求可以歸為兩大類，即短期間追求經濟穩定，長期間追求經濟成長。本章目的在於介紹經濟穩定的內涵及有關達成經濟穩定的政策爭論。

第 1 節　經濟穩定的中心問題

　　充分就業、物價穩定、經濟成長、國際收支平衡、及經濟自由等目標，一直是自由經濟社會所追求的理想經濟境界。可是，在某些情況下，這些經濟目標每每相互衝突而不能同時兼顧。因此，經濟學者莫不竭盡智慮，研究如何利用各種政策工具，以求經濟情況的全盤協調而能同時達成上述的經濟目標。

一、充分就業與物價穩定

　　古典學派認為韌性工資可以使經濟經常處於充分就業，產品市場隨時

保有充分就業的產出。而且，根據貨幣數量學說的理論，只要政府能夠適當地控制貨幣數量，物價水準可以維持穩定。因此，除了遭遇重大動亂，或發生戰爭，引起貨幣供給過多，導致物價膨脹外，充分就業與物價穩定是可以同時存在的。

凱因斯學派否定了古典學派樂觀的看法，認為經濟常處於非充分就業的狀態，獨佔與工會力量使價格與工資缺乏向下調整的韌性；再者，縱使它們能夠向下調整，亦未必能刺激有效需求，增加就業。充分就業無法像古典學派主張的那樣能夠自動達成，而須經由政府協助才能實現。在政府以財政政策增加有效需求，提高就業的同時，除非經濟是處於嚴重失業的狀態，否則隨著就業、所得水準的提高，將會產生需求拉升的物價膨脹，而使物價水準逐漸上漲。

即使是在大量失業的情況下，若獨佔廠商與工會組織仍然要求價格與工資的上漲，將引起成本推動的物價膨脹。無庸置疑地，當經濟接近充分就業時，成本推動之外再加上需求拉升的壓力，物價水準必然上漲得更快。因此，在經濟處於非充分就業的狀態，成本推動可說是物價上漲的主因，只有經濟接近充分就業之際，需求拉升的物價膨脹壓力才會發生作用。

物價穩定與充分就業之所以很難同時達成，主要原因在於：

1.資源供需失調

接近充分就業時，有些資源（包括勞動力）發生短缺，有些資源可能還有剩餘。由於資源的缺乏流動性與價格的僵固性，資源無法由過剩的市場移轉到短缺的市場或降低價格，而資源短缺的市場則要素價格上升，促使生產成本提高，帶動物價水準的上漲。

2.工會的力量

在經濟邁向充分就業時，全面失業的情形減少，工會要求提高工資的誘因增強，並且容易實現。在工資增加大於生產力提高的情況下，於是促使全面物價水準的提高。

3.要素報酬的轉嫁

當經濟接近充分就業，企業家往往以提高產品價格作為實現增加工資與提高利潤盈餘的手段，物價水準因此上漲。

理想的經濟境界是物價穩定的充分就業。但是，以上的分析與菲力普曲線告訴我們這是無法同時達成的目標。政府當局面對的問題是如何有效利用各種政策工具，在長期間使菲力普曲線的位置儘可能移近原點及曲線愈平滑——因為離原點愈近的菲力普曲線表示可以實現愈低之失業率與物價膨脹率的組合，曲線愈平滑表示減少失業必須增加的物價膨脹代價愈小。在短期間，政策的重點是要在已知的菲力普曲線上，選擇一點能為社會大眾接受的失業與物價膨脹率的組合，並以適當的政策工具促使實現。

由左上方往右下方傾斜的菲力普曲線所顯示的失業率與物價膨脹率之間的抵換關係，正是凱因斯學派所得就業理論對就業與物價水準之間關係的看法。但是，貨幣學派的學者認為這種失業率與物價膨脹率之間的抵換關係，只存在於短期之間。長期間，由於勞動者貨幣幻覺的消失及對物價膨脹的預期，將使失業率與物價膨脹率之間的抵換關係消失，菲力普曲線成為一條與自然失業率相交的垂直線。

圖 22-1，設目前經濟情況處於 U_n 點，U_n 為自然失業率，物價膨脹率為零。若政府希望將失業率進一步降低而採擴張性政策，導致實際的物價膨脹率大於人們預期的物價膨脹率，這將使實質工資水準下降，廠商因此增加勞工雇用，而使就業增加，失業率下降，經濟情況移到 E 點。但是，實際的物價膨脹率大於預期的物價膨脹率的結果，勞動者將提高對物價膨脹率的預期，因此要求進一步提高工資以維持其實質工資購買力不變，這將使就業水準下降，而使失業率恢復到原來的自然率水準。如此，勞動者將預期物價膨脹率提高至等於實際物價膨脹率的結果，這將使菲力普曲線由 PC_1 往上移至 PC_2，經濟情況處於 F 點，結果是失業率不變，但物價膨脹率上升。若政府仍再想進一步使失業率低於 U_n，徒然使菲力普曲線更往右上方移動，經濟情況隨 $F \rightarrow G \rightarrow H$ 的軌跡移動，均衡點上升到 H

點 ●。將 U_n、F、H 等短期均衡點的軌跡予以連接,就形成了與自然失業率相垂直的長期菲力普曲線。因此,貨幣學派認為失業率與物價膨脹率之間的抵換關係只存在於短期間,長期間,菲力普曲線為一垂直線,失業率與物價膨脹率之間不再有抵換的關係。

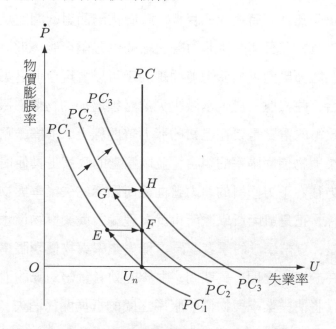

圖 22-1 失業率與物價膨脹率之間抵換關係的消失

　　1970 年代興起的理性預期學派認為人們能夠準確地(或不偏地)預測未來物價的變動,因此預期的物價膨脹率將等於實際的物價膨脹率,勞動者總是要求將名目(貨幣)工資提高至維持實質工資不變的水準。在此情況下,政府採取擴張性的經濟政策將徒然導致物價水準的上升,無法使實質工資下降,因此無法使失業率低於自然失業率的水準。是故,即使是在短期間,菲力普曲線亦將是一條與自然失業率相交的垂直線,失業率與物價膨脹率之間在短期間亦無相互抵換的關係。

● 這種因為物價膨脹預期而導致菲力普曲線不斷往右上方移動的現象,稱之為預期擴大的菲力普曲線 (expectations-augmented Phillips curve)。美國的經濟學者研究發現,1950 至 1970 年代,美國之菲力普曲線的變動與這種情況相符合。

二、經濟成長與物價穩定

任何經濟社會，短期間追求的是充分就業與物價水準的穩定，長期間追求的是經濟成長。如何在經濟穩定中求經濟成長，經濟成長中求經濟穩定，亦是經濟政策的重大挑戰。

投資具有構成有效需求與增加生產能量的雙重特性。因此，為了促進經濟成長，提高國民所得水準，最重要的是增加投資，累積資本。如此，一方面可以增加有效需求，刺激生產；一方面可以擴大生產能量，增加產出。投資的增加需要以放鬆銀根、降低利率、及增加公共投資來達成，但這又時常引起需求快速增加而導致物價的上漲。反之，要抑制物價膨脹，維持物價的穩定，往往需要緊縮銀根，提高利率，減少公共支出，以免需求過多，但這又不利於促使投資的增加，以致阻礙經濟的成長。因此，加速經濟成長與物價穩定時常是相互衝突而難以抉擇的目標。

三、充分就業與國際收支平衡

一個國家財貨與勞務的出口收入與資本流入的貨幣總值等於財貨與勞務的進口支出與資本流出的貨幣總值，稱為國際收支平衡 (balance of payments)。前者大於後者，稱為國際收支順差 (surplus)；前者小於後者，稱為國際收支逆差 (deficit)。

為了達到充分就業，貨幣當局通常採取低利率政策來刺激投資，增加就業。但是，較低的利率水準往往使國內資金流到國外，以尋求較高的利息報酬。再者，充分就業之際，一方面國民所得水準提高，進口能力增強，進口增加；一方面物價水準上漲，本國產品在國際市場上的相對價格提高，競爭能力減弱，出口減少。這些因素均不利於國際收支而可能發生逆差。

為了改善國際收支，減少逆差，貨幣當局將採緊縮的貨幣政策。如此，

首先會產生全面的緊縮效果，抑制國內需求與進口需求；其次，減少物價膨脹壓力，降低國內產品價格，增強本國產品在國際市場的競爭力；最後，利率提高，使資金從國外回流。雖然利用緊縮銀根的貨幣政策能夠改善充分就業所引起的國際收支逆差，但這又往往肇致經濟衰退的後果。因此，充分就業與國際收支平衡亦是難以同時並存的經濟目標。

四、市場自由與節制

如前所述，古典學派認為一切經濟活動無須政府干涉，只要任由市場價格機能自由發揮，便能自動達於理想的經濟境界。在完全競爭的自由市場，韌性價格機能確保充分就業；適量的貨幣供給可以維持價格穩定；韌性匯率制度 (flexible exchange rate system)──即匯率隨市場供需的變化而變動，可以自動達成國際收支平衡。因此，古典學派認為自由市場不僅使個人經濟活動免於受到政府管制而致福利受損，同時也自然達成社會全體共同希望的各項經濟目標。

完美的自由市場是建立於完全競爭的基礎之上，唯有完全競爭的情況確立，自由市場的價格機能才能充分發揮，經濟理想的目標才能實現。但是，現實的經濟社會，知識訊息不完全，獨佔、工會、及利益團體等不完全競爭的力量普遍存在，完全競爭只是一種理想而無法實現；而且，真實的經濟社會並非如古典學派所說的處於充分就業、物價穩定、及國際收支平衡的狀態，相反地，經濟波動與國際收支失衡屢有發生。凡此，均需要在以自由市場為主之下，政府對經濟活動加以必要的節制，以對抗不完全競爭的力量，防止經濟的波動與國際收支失衡的發生，並以各種政策工具節制經濟活動，將其納入正軌，使其步向持續經濟成長的坦途。

第 2 節　經濟穩定的政策

一、穩定政策論戰

　　無論是理論或實證上，對於如何穩定經濟，貨幣學派和凱因斯學派各有不同的政策主張。根據貨幣學派，無論政府執行盈餘或赤字預算，若非貨幣數量變動的配合，將無法對國民產出有永久的影響。例如，政府由民間借得資金以執行赤字預算，如此貨幣數量不變，但政府支出增加的效果，將被利率提高導致民間支出減少的效果所抵銷（即排擠效果），這樣的赤字預算將無以產生所得擴張效果。相反地，假如政府是以增加貨幣發行來融資赤字，國民產出將會增加，但這增加應歸於貨幣擴張而非財政赤字的效果。

　　貨幣學派認為由於對未來經濟情況預測的困難、貨幣數量變動的效果存有長期與多變的時間落後，權衡性的貨幣政策——即貨幣當局視經濟情況而採行變動貨幣數量或利率水準的貨幣政策——時常導致並加深經濟的不穩定。因此，主張以貨幣法則 (monetary rule) 代替權衡性貨幣政策，即貨幣數量每年按一定的百分比增加，而非由貨幣當局視經濟情況作權衡的改變，如此可以確保經濟的穩定與成長。關於此點，凱因斯學派批評貨幣學派過分簡化了影響經濟的因素，只重貨幣數量，而忽略了許多其他因素。例如，開支的增加，可能是受到預期因素的影響而與貨幣數量無關。凱因斯學派承認貨幣當局難免也會犯錯，但以固定的法則代替權衡的機變，將使得貨幣當局的功能無法發揮，貨幣數量無法視經濟情況（或貨幣需求）的變動而調節，這將導致利率大幅波動，而使經濟情況的波動可能更加惡化。

　　凱因斯學派又認為貨幣學派有時混淆了因果關係。開支意願的改變將導致對貨幣需求的改變，因而引起貨幣數量的改變。在這情況下，貨幣數量的變動是開支意願變動的結果，而非其原因，這正與貨幣學派所主張的因果關係相反。

　　對於利率，凱因斯與貨幣學派各有不同的看法。根據凱因斯學派，貨幣數量改變對國民產出的影響是透過利率對開支的影響而達成。要是流動性陷阱存在，利率無法降低，或投資缺乏利率彈性，縱然貨幣數量增加，亦無法影響國民產出水準。因此，凱因斯學派是以利率作為銀根緊鬆的指標、貨幣政策影響經濟活動的樞紐。對貨幣學派而言，影響就業、產出、及物價的重要因素是貨幣數量（更準確而言，應為實質貨幣餘額），而非利率水準。

　　貨幣學派認為由貨幣需求函數導出的貨幣流通速度，較所得乘數（或消費傾向）穩定且可加預測。因此，貨幣數量改變對總開支的影響效果，較財政政策更穩定有效。凱因斯學派認為貨幣流通速度（或貨幣需求）受到利率與預期的影響，而這兩者是不穩定的，故貨幣流通速度是不穩定的，貨幣數量改變的效果因此可能被貨幣流通速度的改變所抵銷，而所得乘數（或消費傾向）較貨幣流通速度更穩定，政府租稅或開支的改變，較之貨幣數量的改變，對總開支有著較為穩定且可預測的效果，因此財政政策較貨幣政策有效。

　　總言之，凱因斯學派根據貨幣需求可能存在流動性陷阱、投資缺乏利率彈性、及貨幣需求函數（或貨幣流通速度）不穩定等理由，而主張以財政政策來穩定經濟；貨幣學派根據政府開支會排擠私人開支（投資）、乘數效果不穩定等理由，而主張以貨幣政策來穩定經濟。凱因斯學派主張財政政策可以影響產出，貨幣政策無法影響產出，故政府應採行財政政策；貨幣學派主張貨幣政策可以影響產出，財政政策無法影響產出，故政府應採行貨幣政策。這兩個學派的政策主張到後來形成財政論者 (fiscalist) 與貨幣論者兩個極端的政策爭辯。

二、財政政策

財政政策的利用在於改變政府的支出或租稅，影響總需求，以消除膨脹或收縮差距，達到充分就業與物價穩定的目標。在一定的潛在生產能量下，實際的國民產出決定於開支水準。當國民產出小於充分就業水準時，增加政府開支或減稅，可以增加總開支、增加產出、減少失業；當需求過多的物價膨脹壓力存在時，減少政府開支或增稅，可以減少總開支，抑制物價膨脹。

改變政府開支或租稅的不同之處，在於政府開支的改變使政府部門在整個經濟活動中所佔的比重發生改變；租稅因改變可支配所得而影響消費支出，使私人消費在整個經濟活動中所佔的比重發生改變。究竟以改變政府開支或租稅或兩者兼用的手段來達成經濟目標，應視社會對於政府參與經濟活動容忍的程度與資源在公私經濟部門間派用的效率而定。

就政策效果而言，政府開支改變較租稅改變的效果來得直接、穩定。因為政府支出改變多少，總開支就馬上改變多少，而租稅的改變，須先影響可支配所得，再透過邊際消費傾向改變消費數量，才能使總開支發生改變。在現實生活裏，也可能政府在增加租稅之時，人們減少儲蓄，政府在減少租稅之時，人們增加儲蓄，以維持消費水準的不變。如此，租稅改變的效果將被儲蓄的改變所抵銷。

政府以發行公債來融通開支增加，將導致利率水準提高，而使私人的開支減少，這種排擠效果的存在，可能使財政政策無法發揮改變總開支，影響產出的功效。但是，政府開支（尤其是資本開支）的增加，可以使社會的經常資本存量增加，而使私人生產成本降低，因此刺激私人投資的增加，這種誘導效果 (crowding-in effect) 的存在，將加強財政政策改變總開支，影響產出的功效。是故，政府支出增加對總開支、產出影響程度的大小，視排擠效果與誘導效果的相對大小而定。

三、貨幣政策

貨幣政策是由中央銀行改變貨幣供給數量或利率水準以影響經濟活動，追求沒有物價膨脹的充分就業。經濟發生膨脹差距時，貨幣當局應緊縮銀根，以減少總開支，抑制物價膨脹；經濟發生收縮差距時，則應放鬆銀根，以增加總開支，提高就業、增加產出。

貨幣數量對國民產出的影響，凱因斯學派的主張是經由利率的改變，影響投資，改變總開支，而決定國民產出水準。他們並認為貨幣政策如果發生作用，將使投資佔總需求的比重發生改變。貨幣學派認為貨幣數量的變化，使消費者與廠商持有的實質現金餘額發生改變，消費與投資開支因此改變，進而影響產出與物價水準。

四、所得政策

針對日益普遍之成本推動的物價膨脹，有些經濟學家建議以直接的工資與價格管制作對策，但是實際施行的經驗顯示，其效果並不顯著，而且產生許多的流弊。有鑒於此，經濟學家們另建議以所得政策 (income policy) 來對抗成本推動的物價膨脹。

一般而言，所得政策包含三個意義。首先，對整個經濟的工資或其他形式的所得（如利潤、利息與地租）與物價的上漲率制訂一定的目標。例如，允許物價水準每年增加的程度不超過 5%，或每年工資的增加不超過某一比率。第二，對於工會和廠商的工資（或其他形式所得）與價格決策，訂定詳細的指導綱領 (guidelines)，以期整體的經濟目標能夠達成。例如，為了達成穩定物價的目標，這些綱領將告訴廠商與工會，如何的價格與工資決策是可以容忍的。第三，確立誘導機能，使廠商與工會遵循上述的指導綱領。所得政策和直接的工資與價格管制之不同，就在於它著重誘導廠

商與工會自動地遵循指導綱領。例如，政府可以公開指責廠商或工會的決策違反指導綱領，或以給予儲備原料與公共採購之優惠來獎勵或處罰特別的產業與廠商，誘導它們遵循指導綱領。

美國曾經在甘迺迪與詹森總統時代實行所得政策。當時的工資價格指導綱領是：為了追求沒有物價膨脹的工資決策，個別產業工資的上漲率不得高於全經濟生產力的平均增加率。如此，可以維持全經濟每一單位產出的平均勞動成本不上升，物價因此得以穩定。根據此一綱領，為了達到全面的物價穩定，生產力增加超過全面平均生產力提高的產業，表示其單位勞動成本下降，應該削減價格；生產力增加小於全面平均生產力提高的產業，表示其單位勞動成本提高，允許其適當的提高價格；個別產業與全面生產力的提高相等時，其價格應該維持不變。

指導綱領另外允許勞工短缺的產業，其工資上升可以較全面平均數為高，藉以吸引勞工；又利潤不足以吸引投資或工資以外之其他成本大幅上升的產業，其產品價格上升可以高於全面平均數，藉以激勵投資。

所得政策一方面違反市場經濟自由的精神；另一方面，除非其實施是永久性的，否則往往無法達到抑制物價膨脹的目的。再者，廠商可以職位升遷提高工資，將產品稍為改變而以新產品提高價格出售等方法來規避所得政策的管制。因此，所得政策實施的成效相當有限，目前世界上已很少有國家採行這種經濟政策。

政策的協調

一、能否協調

凱因斯學派主張，只有計畫（或事前）的儲蓄等於計畫（或事前）的投資，經濟才能達到均衡。貨幣學派主張，只有消費者與廠商實際保有等於意願保有的實質貨幣餘額，經濟才能達到均衡。事實上，必須這兩個條件同時滿足，經濟才能達到均衡。

凱因斯學派認為經濟可能存在流動性陷穽或投資缺乏利率彈性，因此捨棄貨幣政策而主張以財政政策來穩定經濟活動。相反地，貨幣學派認為排擠效果將使財政政策無法改變總開支，因此主張以貨幣政策來穩定經濟活動。事實上，這兩種論點均為極端、特殊的情況，實際的經濟社會大都介於這兩種情況之間。因此，財政政策與貨幣政策通常均能對經濟活動產生某一程度的影響，在實際的運作上，兩種政策可以搭配協調，以對抗經濟波動，達成目標。

例如，經濟發生收縮差距時，政府應採增加開支、減稅與增加貨幣供給的共同協調政策，使圖 22–2 中的總開支線由 $(C+I+G)'$ 升為 $C+I+G$，經濟回復物價穩定的充分就業水準；經濟發生膨脹差距時，政府應採減少開支、增稅與減少貨幣供給的共同協調政策，使總開支線由 $(C+I+G)''$ 降為 $C+I+G$，經濟回復物價穩定的充分就業水準。

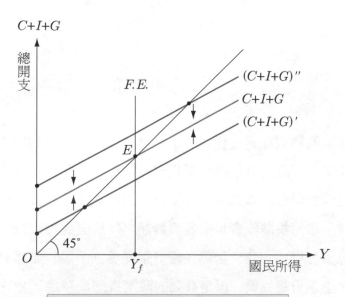

圖 22-2　財政與貨幣政策的共同採行

二、如何協調

　　適當的政策搭配，可以使原本相互衝突的經濟目標相互協調，而同時適度達成。例如，採取放鬆銀根—緊縮財政的政策搭配，可以達成沒有物價膨脹的經濟成長。為了達到預期的投資水準並且避免引起物價膨脹，可以採取減少政府開支、提高租稅的緊縮財政政策，配合擴張性的貨幣政策的誘導，使充分就業水準下的投資等於充分就業水準下的儲蓄，而使生產能量不斷增加，經濟因此能夠持續成長。但是，投資的增加必須來自儲蓄的增加，所以追求沒有物價膨脹的經濟成長必須以減少消費為代價。

　　緊縮銀根—放鬆財政的政策搭配，可以使充分就業與國際收支平衡同時達成。緊縮貨幣使利率水準上升，外國向本國籌募的借款與本國人民購買外國的證券減少，資金外流減少，有利於國際收支的平衡。為了抵銷緊縮貨幣對國民所得與就業引起的不利影響，可以同時採取擴張的財政政策，增加政府開支、降低租稅，以彌補可能的投資減少。這種的政策搭配將因緊縮的貨幣政策，提高利率，導致投資減少，付出長期間經濟成長減緩的

代價。

三、待決問題

　　充分就業與物價穩定是任何自由經濟社會夢寐以求的經濟目標。理論上，膨脹或收縮差距均可以財政或貨幣政策加以消除，以達到物價穩定的充分就業目標。但是，菲力普曲線告訴我們在真實的經濟社會裏，兩者難以同時達成，如何抉擇確實是個經濟難題。財政與貨幣政策對於穩定經濟到底應該扮演怎樣的角色，仍然在經濟學界受到爭論。雖然有跡象顯示兩種政策的採用正日趨協調，但是有效的政策搭配尚待進一步的研求。

　　雖然適當的貨幣與財政政策搭配，可以幫助經濟達到充分就業，但是不完全競爭的市場因素卻使價格難以穩定，傳統的貨幣或財政政策難以對抗這種成本推動的物價膨脹。以工資—價格管制或所得政策來對抗這種不完全競爭所產生的物價膨脹，又將導致資源分派的扭曲、生產力的降低、經濟自由的損害、及其他種種的困難，這些社會成本甚至大過物價膨脹的損害。

　　以上只是我們面對許多難以解決的經濟問題當中的一小部分，經濟社會的情況日益複雜，我們面臨的難題將日益增多。針對現實和未來的發展，經濟學家仍須不斷的努力，面對新的挑戰，謀求困難問題的解決。

重要名詞

| 貨幣法則 | 所得政策 |

摘　要

1. 不同的經濟目標之間往往相互衝突而難以同時兼得，政府應尋求各種可能的政策協調，以求盡可能兼顧這些經濟目標。

2. 古典學派認為只要物價具有韌性並控制適當的貨幣數量，可以同時達成充分就業與物價穩定。凱因斯學派認為由於價格缺乏向下調整的韌性，再加上資源供需失調、工會把持的力量、及要素報酬的轉嫁，經濟無法同時達成充分就業與物價穩定。

3. 降低利率並增加公共投資以追求經濟成長，將使有效需求過多，物價難以穩定。提高利率並減少公共投資以追求物價穩定，將使投資減少，經濟難以成長。

4. 充分就業之際，往往由於物價膨脹，利率水準低、所得與物價水準高，而導致國際收支逆差。採緊縮貨幣政策，提高利率，降低物價，雖可改善國際收支，但這又難免導致經濟衰退的後果。

5. 古典學派認為在自由競爭市場下，經濟可以自動達到充分就業、物價穩定、及國際收支平衡的美好境界。但在自由競爭的基本條件並不存在、理想目標無法自動達成的情況下，政府就須對經濟活動加以調劑。

6. 凱因斯學派主張以財政政策，貨幣學派主張以貨幣政策來穩定經濟。兩者並對於貨幣權衡政策與貨幣法則政策、貨幣數量與物價的因果關係、利率與貨幣數量的作用、及所得乘數（或消費傾向）與貨幣流通速度的穩定程度，各有著不同的看法。

7. 財政政策的執行在於改變政府開支或租稅，影響總開支，藉以達到充分就業與物價穩定的目標。一般而言，政府開支直接影響總開支，租稅則先影響可支配所得，再透過邊際消費傾向，才能影響總開支，政府開支

因此較租稅的效果來得直接、可靠。

8. 貨幣政策是由中央銀行控制貨幣數量，以影響經濟活動。凱因斯學派認為貨幣政策改變利率，影響投資，改變總開支，而決定國民就業產出水準。貨幣學派認為貨幣政策改變人們手中的實質貨幣餘額，影響消費與投資支出，進而決定產出與物價水準。

9. 所得政策是根據工資價格指導綱領，要求個別產業的工資應隨經濟社會生產力的改變而調整，再根據單位勞動成本的變動來調整產品價格，這樣將可維持物價水準的穩定。

10. 凱因斯學派主張必須計畫的投資等於計畫的儲蓄，貨幣學派主張必須意願保有的實質貨幣餘額等於實際保有的實質貨幣餘額，國民所得水準才能達於均衡。事實上，唯有這兩個條件同時滿足，經濟才能達到全面的均衡。

11. 採取放鬆銀根—緊縮財政的政策搭配，可以達成沒有物價膨脹的成長；採取緊縮銀根—放鬆財政的政策搭配，可以使充分就業與國際收支平衡同時實現。因此，適當的政策搭配，可以協調經濟目標並使其有限度的同時實現。

1. 試就充分就業與物價穩定、經濟成長與物價穩定、充分就業與國際收支、及自由市場與節制等經濟目標能否協調與同時達成,陳述己見。

2. 凱因斯學派與貨幣學派對經濟穩定政策爭論的要點何在? 你個人的看法如何?

3. 試述在理論與實際上,凱因斯學派與貨幣學派能否協調? 如何協調?

4. 假定經濟有膨脹或收縮差距存在,試問該國當局宜採何等財政與貨幣政策消除該差距,以求恢復沒有物價膨脹的充分就業?

第 23 章　經濟成長概要

　　所得就業理論是一種靜態均衡的探討，屬於短期的分析。假設資源或投入要素的數量固定，所得就業理論研究的中心是如何使現有的生產能量作最充分及有效的利用，使實際產出儘可能接近或等於潛能的充分就業產出。因此，所得就業理論是以固定生產能量或充分就業產出為前提，著重總開支需求變化的調整，以尋求最大均衡的就業、產出水準。

　　經濟成長是一種動態均衡的分析。從長期推進的觀點，探討提高社會生產能量的力量與決定社會經濟成長的因素，著重於實質產出擴張或供給增加的分析。

　　古典學派雖有經濟成長的看法，但傾向於悲觀、黯淡的結論，而將經濟成長附在市場成長中分析。當代經濟成長理論之被重視，乃在 1940 年代以後，各開發中國家向先進國家看齊，盡力追求人民生活的改善，因而引起經濟學家對經濟成長的探討。

第 1 節　經濟成長的意義與性質

一、經濟成長的定義與測量

　　要對經濟成長下一個確切的定義並不容易。較為一般所接受的經濟成長定義為：一個經濟社會，隨著時間的推進，其實質充分就業產出或所得水準不斷提高的一種現象；亦即一個社會的生產可能曲線不斷向外推移的現象。更深入而言，經濟成長應有以下幾點的內涵：

㈠實質國內生產毛額不斷增加

　　從國內生產毛額的觀點來看，經濟成長表示每一期實質的國內生產毛額均大於前一期實質的國內生產毛額——即 $GDP_1 < GDP_2 < \cdots < GDP_n$，1 至 n 代表時間。這種現象就圖23–1 來看，表示社會的生產可能曲線不斷地往外移。值得注意的是，由 U 點移到生產可能曲線上，只是原先未加利

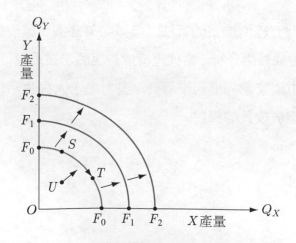

圖 23–1　生產可能曲線往外移代表經濟成長

用或低度利用的資源重新獲得充分利用而已；由 S 到 T 點的移動亦只表示生產組合的改變，兩者在經濟理論上均不能視之為經濟成長。但是，在現實的經濟社會，一個經濟社會即使處於失業或低度就業的狀態，只要其產出增加，即算是經濟成長發生。

㈡平均每人實質所得提高

實質國內生產毛額的增加並不能真正代表國民生活水準的提高。因為在談論經濟成長時，除了實質國內生產毛額的增加外，尚要考慮到人口因素，亦即要使每一個人的生活獲得改善。因此，就國民福利的觀點而言，平均每人實質所得 (per capita real income) 逐年的增加，才是經濟成長——即

$$\frac{Y_1}{P_1} < \frac{Y_2}{P_2} < \frac{Y_3}{P_3} < \cdots < \frac{Y_n}{P_n},$$ Y 代表實質國民所得，P 代表人口，1 至 n 代表時間。

㈢人口至少不減少

就經濟的觀點而言，經濟成長的目的在於養民，且使每個人的生活更富庶。倘若實質國內生產毛額不變，而人口減少，平均每人實質所得亦將增加，但這有失養民之旨，故經濟成長尚須滿足不是因人口減少而得——即 $P_1 \leq P_2 \leq \cdots \leq P_n$，$P$ 代表人口，1 至 n 代表時間。雖然經濟成長的目的在於增進人們的生活水準與維持人口持續的存在——即不以人為的手段使現有的生命人口減少，但是人口的成長亦須有所限制。早期的經濟觀念，由於是地廣人稀的農業社會，故將人口的增加，視為促進經濟成長的重要因素。晚近工業社會逐漸感受到人口膨脹的壓力，社會政策著重於降低人口增加的速率，以求達到改善人們生活的目的。

以平均每人實質所得的高低，作為衡量一個社會經濟成長的標準，最為普遍接受。但是除了物質外，人類的生活尚包括藝術、文化、休閒等精神生活，故有不少的經濟學者另以各種的標準，作為衡量一個社會經濟成

長的指標。例如，休閒時間的增加、產品品質的改善、產業結構的改變等；或從經濟福利的觀點看全國國民攝取營養的增加、用電量的增加；或由社會觀點看全國平均多少人有一張病床、多少學生有一位老師……等等不同的標準來衡量經濟成長。

二、經濟成長的重要

經濟成長之所以成為當今世界各國熱烈追求的經濟目標，乃是因其能夠帶給個人與社會以下的好處：

1.提高生活水準

經濟成長使總合與平均每人實質產出增加，提供經濟社會更多的生活資料，除了使人們現有的慾望獲得更大的滿足，並得以有能力進一步從事新的計畫，追求新的慾望滿足。食衣住行育樂各方面均能獲得改善，貧窮髒亂得以消除，物質消費的增加，顯示人們生活水準的提高。

2.減輕稀少性的壓力

一個動態成長的經濟總較靜態停滯的經濟，有著更多財貨與勞務的產出，相對於人們的慾望，這表示社會所面對的稀少性壓力減輕，人們並有更多的消費選擇機會。

3.所得重分配與均富

原來是大窮小窮，分配不均，動亂不安的社會。經濟成長使社會能夠不降低某些人的生活水準而提高其他人的生活水準，並非以現有的財貨進行重分配，而是在創造增加財貨的過程中進行分配。如果貧窮者分得較多，富有者分得較少，則經濟成長有縮小貧富差距，消滅貧窮的作用。

4.國家安全與榮譽

成長增加一個國家的經濟力量，提高國力，使其有能力負擔更多的國防支出，增進國家的安全。成長使一個國家處於更強有力的地位來處理國內外的經濟問題，並由於國民生活水準的提高，更會受到其他國家的尊重，

提高其國際地位。

　5.提升文化水準

　　文化必須在起碼的生活水準下才能產生。經濟成長更深一層的轉變在於文化方面，亦即育樂方面與生活素質的改進。因此，經濟成長非但有益於物質生活，而且在精神生活方面亦有重大影響。

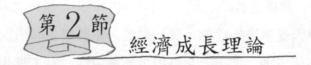

第2節　經濟成長理論

一、古典學派的成長理論

　　史密斯 (Adam Smith)、李嘉圖(David Ricardo)、及馬爾薩斯 (Thomas Robert Malthus) 等古典學派經濟學者對於經濟成長持悲觀的看法，認為經濟成長終將遲緩而至停滯，人們的生活水準最後只能維持在生存水準而無法提高，這種論點稱之為古典學派的生存水準成長理論 (subsistence theory of growth)。

　　史密斯的成長理論著重於分工專業，認為分工後可以促進專業，改進生產技術，擴大生產規模，提高生產力，經濟因此可以成長，每人所得能夠提高。但是，經濟成長的結果，人口亦隨之增加，每人所得於是降低，生活又恢復到僅足維持生存的水準，如此循環下去。繼承史密斯這種悲觀的成長看法，古典學派的學者偏重於所得分配中的工資理論——即維持生存的工資理論 (subsistence theory of wage)，認為每個人的工資（所得）只在足夠維持生存的水準上，超過此一水準時，會使人口膨脹，而工資也因之降低；低於生存水準時，會使人口減少，工資（所得）因而隨之增加。因之，人們的生活終將止於生存水準。

史密斯認為經濟可以發展，主要靠市場的擴大，發生分工專業，使生產技術改進，生產力提高，生產範圍擴大，產量增加，經濟得以成長。但是，資源的限制使經濟成長到達某一程度後自然停頓。

除了承受史密斯的資源限制成長外，古典學派的學者又根據報酬遞減法則來說明經濟成長為何終將停頓。李嘉圖的成長理論著重於以技術進步與機器設備的累積來增加生產。機器是一種資本，要發展經濟，則需要儲蓄，進行投資，累積資本。但是，資本累積的結果，也將受到報酬遞減法則的限制，經濟因此無法持續的成長。因為，在農業生產方面，將不斷增加的人口投入到固定的土地上，必將發生報酬遞減；在工業生產方面，資本累積愈多，生產增加得愈慢，資本的報酬率愈低，儲蓄與投資也就愈來愈少。如此，經濟成長逐漸緩慢下來而至停頓，最後人們的生活仍舊維持在最低生存的生活水準上。

對於經濟成長，馬爾薩斯特別重視人口因素，其發表的《人口論》(*An Essay on the Principle of Population*)，認為人口的增加較維持生存所需之產出的增加為快，亦即人口呈幾何級數的增加，而糧食只呈算術級數的增加。在固定數量的土地上，人口不斷增加的結果，終將導致勞動的報酬遞減，除非有效地阻止人口的成長，否則人類的命運終將註定是悲慘與貧窮的。

對於遏阻人口快速成長，馬爾薩斯提出的方法有：①自動的限制——如道德的約束、晚婚、或獨身生活；要是效果不彰，則將不可避免地遭遇，②被動的限制——如戰爭、疾病、或饑荒等非道德的外力，來減少人口。

古典學派認為生活水準與人口有密切的關係。圖 23-2，*LL* 代表實際生活水準曲線，即每人平均產出線。在人口少時，平均產出隨人口的增加而增加，但增加到某一限度後，報酬遞減開始發生作用，平均產出反而隨人口的增加而減少。圖中，人口為 *N* 時，每人平均產出 *NH* 達於最大，代表實際生活水準達於最高，此時的人口數量即為最適度的人口量 (optimum population)。古典學派認為只要平均每人產出（工資）超過生存水準時，人

們將生育更多的子女，人口繼續增加，由於土地的固定不變，報酬遞減將
發生作用，每人平均產出（工資）因而下降，直到實際生活水準下降到僅
只維持生存水準為止。因此，每人平均產出線與維持生存的生活水準線相
交之點 K 所對應的 M 為最大人口數量。超過此一人口數量，人們的生活
水準將低於維持生存的生活水準，饑饉、死亡增多，人口將減少，平均每
人產出（工資）將回升，直到恢復維持生存水準為止。是故，人口數量調整
的結果，人們的生活水準或工資最高只能維持在生存水準，這種論點稱之
為生存工資理論或工資鐵（銅）律 (iron or brazen law of wages)。

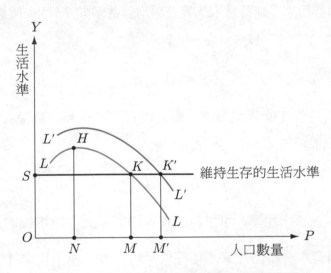

圖 23-2　生存生活水準與馬爾薩斯陷穽

　　即使由於新資源或新生產技術的發展，每人平均產出增加，而使實際
生活水準曲線由 LL 向上移至 $L'L'$，但這將只是短暫的現象。到最後，人
口會擴張至新的最大 M' 數量，人們仍將恢復原來 $MK = M'K'$ 的維持生
存的生活水準。這種維持生存的生活水準是一種人口的陷穽——稱之為馬
爾薩斯陷穽 (Malthusian trap)，亦即縱使提高每人平均產出，其結果將徒
然使人口增加，生活水準則仍無法跳出此一陷穽。

　　因為古典學派認為維持生存的生活水準是一種人們長期均衡的生活水
準，沒有獲得改善的希望。由於這種悲觀的理論，使得經濟學蒙上黯淡科

學 (dismal science) 的稱號。

二、哈羅德—多瑪成長模型

假設其他因素都能配合，而視資本是決定經濟成長的唯一要素，則充分就業經濟的成長率 (g) 等於平均儲蓄傾向 (APS) 除以資本產出比率 $\left(\frac{K}{Y}\right)$，即 $g = \frac{APS}{K/Y}$。這個簡單的成長公式是依下面的推理導引出來的。

資本由儲蓄而來，儲蓄量 (S) 等於平均儲蓄傾向 (APS) 乘以所得 (Y)，即 $S = APS \times Y$。令 $APS = \alpha$，得到

$$S = \alpha Y \tag{1}$$

儲蓄必須投資才能累積資本，假使沒有資本折舊，則毛投資 (I) 等於淨投資 (I_n)，等於資本增加量 (ΔK)，即

$$I = I_n = \Delta K \tag{2}$$

經由資本—產出比率，可以算出資本增加量對產出增加的貢獻。假設技術不變，則資本—產出比率 (β) 等於平均資本—產出比率 $\left(\frac{K}{Y}\right)$ 等於邊際資本—產出比率 $\left(\frac{\Delta K}{\Delta Y}\right)$。資本增加量因此等於資本－產出比率乘以產出增加量，即

$$\Delta K = \beta \Delta Y \tag{3}$$

要經濟達到均衡，必須投資等於儲蓄，即

$$I = S \tag{4}$$

將(1)、(2)、及(3)式代入(4)式，得到

$$\beta \Delta Y = \alpha Y \tag{5}$$

由(5)式可以得到

$$g = \frac{\Delta Y}{Y} = \frac{\alpha}{\beta} = \frac{APS}{K/Y} \tag{6}$$

將(6)式兩邊同乘以 $\frac{K}{Y}$，即 $g \times \frac{K}{Y} = APS$，表示經濟達到成長的均衡時，資本的需求 $\left(g \times \frac{K}{Y} \right)$ 等於資本的供給 (APS)。以上的充分就業成長率是根據凱因斯學派的理論架構所導出，因此有凱因斯學派經濟成長模型 (Keynesian economic growth model) 之稱。又此一模型首先由哈羅德 (R. F. Harrod) 與多瑪 (E. D. Domar) 兩位學者所提出，故又稱之為哈羅德—多瑪成長模型 (Harrod-Domar growth model)。

由哈羅德—多瑪成長模型可知，一個國家的經濟成長率與其儲蓄率呈增函數關係，與資本—產出比率呈減函數關係。在資本—產出比率固定下，一個國家只要能夠提高儲蓄率就可以加速其經濟成長。一般而言，一個國家愈工業化，其資本—產出比率愈高，而開發中國家的資本—產出比率則較低。重工業較輕工業的資本—產出比率高，因之，相同的資本投入，輕工業的產出較重工業成長快，這也是開發中國家在發展經濟時，通常都從輕工業著手的理由之一。

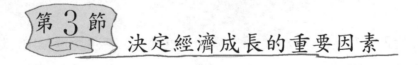

第 3 節　決定經濟成長的重要因素

一、人力資源的量與質

人口的因素對於經濟成長有正、反兩方面的效果。正的方面，人口愈多，勞動的供給愈多，生產能量也就愈大。反的方面，人口亦有其維持生

存的成本存在，人口愈多，所需的投入成本愈多，消費需求也愈大，因而成為經濟成長的障礙。第二次世界大戰後，經濟學者在對落後國家的經濟分析中，發現其落後的主因乃是人口過多。此外，在不同環境、不同時期中，相同數量的人口可能產生不同的經濟結果，以致人口結構的問題逐漸受到重視。醫藥發達與生活條件改進後，現代人的平均壽命與退休年齡延長，人口結構發生變化，不再像以往平均壽命短、兒童數量多的金字塔似的人口結構，而是老人逐漸增多的圓柱式（甚至是倒金字塔式）的人口結構。如此，依賴豢養的人愈多，壯年人相形減少，同樣可能對經濟發展產生不利的影響。

勞動產出的多寡決定於勞動的量與質，勞動生產力的高低決定於勞動品質的優劣。體弱多病、缺乏技術訓練與知識等，勞動的品質必然很低，平均每人產出很少，這樣的人口勢將成為經濟發展的阻礙。惟有具備健康良好、體力充沛、教育程度高、技術訓練多等條件的高品質勞動力，人口才是經濟成長的動力。一個社會的人力資源愈豐富，品質愈高，經濟成長也就愈快。因此，追求經濟成長的國家無不投入鉅資於營養、健康、教育、及研究的人力資本 (human capital) 形成之上。

二、自然資源的量與質

有投入才有產出，投入愈多，產出也就愈大。在生產過程中，最基本的主要投入為原料，也就是附屬於土地的自然資源。這是上天給予人類維持生存、帶動經濟成長的天然稟賦。一個國家能夠投入生產的天然資源愈充裕，品質愈高，經濟發展愈容易。

任何社會的自然資源，就其物理的存量 (physical stock) 而言，是固定不變的，但就經濟的流量 (economic flow) 來看，是會改變的。因為：①科學愈發達，新資源會陸續被發現，已知而前此無法開採的也能因技術進步而加以開採；②已發現但被視為無用的資源，當科學發達後，也可加以利

用；③被利用，但沒能有效利用的資源，在高度技術下，不僅使其效用發揮至最大，甚至可以改變用途，使其應用在最適當的用途上。因此，一個社會自然資源的量與質，就經濟的觀點而言，並非固定不變，而是與科技水準成正相關。就某一時點而言，自然資源的量與質可視為不變；但就長期而言，由於科學與技術的進步，自然資源的可用度提高，或因需求與成本的條件發生改變，使資源的經濟效益增加，這些因素均將提高自然資源的量與質。

有的自然資源使用後，可以再生——如水，因此不慮以後生產投入的缺乏。但是，大部分的自然資源使用後即形消失，不能再生——如石油，故隨著生產的增加，這種資源逐漸的耗竭。是故，為了確保經濟的成長與人類生活的方便，對於自然資源應作最有效率的利用，並妥為保存維護。

三、資本累積的速度

假設其他因素不變，一個社會經濟成長的速度與其資本存量的多寡呈增函數關係。資本累積主要靠儲蓄，儲蓄是將可供目前消費的資源節省而作為未來生產之用。任何國家為了追求經濟成長，無不設法提高儲蓄傾向，其方法有：①直接強迫儲蓄，在集權國家或極端軍國主義的國家（如戰前的日本、德國、義大利）均採直接強迫儲蓄，以限制人民生活需要，減少消費，達到資本的累積增加；②間接強迫儲蓄，以增加通貨發行融通政府的開支增加，使物價上漲，民間實質所得減少，消費減少；或增加租稅，減少民間消費，而達到資本累積的目的。一般民主國家都不採用強制手段來增加資本累積，而採取鼓勵方式——如制訂獎勵投資條例、儲蓄利息收入免稅、創新企業的利潤免稅等，來加速資本累積。

資本累積不僅是資本量而已，亦包括資本品質——機器設備生產效率的高低。一個國家的研究、發明、及創新的活動愈多，技術進步將愈快，資本的品質也就提升愈快。

　　機器設備需要有人來操作，因此資本的擴充需要有人力資源與之配合，才能積極發揮促進經濟成長的作用。一個國家資本累積的速率愈快，資本存量愈多，不但能使資本增廣 (capital widening)──更多的勞工能夠得到資本配備，而且能使資本加深 (capital deepening)──每位勞工能夠得到更多、更新的資本配備。兩者均能使勞動生產力提高，促進經濟的成長。

　　許多落後國家，由於所得低，儲蓄少，投資少，資本累積少，生產力因此無法提高，所得亦無法提高，儲蓄無由增加，形成一種貧窮的惡性循環 (vicious circle of poverty)。能否以本身或外在的力量促成資本累積，突破惡性循環，是決定落後國家經濟能否成長的關鍵。

四、專業與技術進步

　　分工合作愈細密，專業化程度愈深，生產規模愈能擴大，生產力愈能提高，則產出能夠快速增加，工資提高，每人所得提高。如此，一方面消費可以增加，一方面儲蓄與財富累積可以增加。儲蓄轉化為資本累積增加的結果，能有更多的機器設備，能夠雇用更多的勞工，進行更精細的分工合作，生產規模再擴大，形成一種良性的循環，經濟得以不斷的成長。

　　熟能生巧，專業化程度愈深，愈能推動一個國家的技術進步。資本只是一種體現技術進步的憑藉，技術愈進步，資本的累積也就愈多。除了資本外，技術進步亦可以反映在勞動方面。因此，技術進步不僅是出現在更新而且效能更好的機器設備方面的增加，也出現在生產力、管理、銷售、研究、創新等人力資源品質的提高方面。

　　新技術會使原有的資本更有效利用，使新的資本累積增加。要提高一個國家的技術水準，除了加強科學技術教育、職業訓練、鼓勵研究發明創新外，直接由國外引進適合本國環境的新技術，更能加速經濟成長，並節省研究資源的投入。

五、市場需求

　　人力、自然資源、資本累積、及技術水準，只是推動經濟成長的供給面因素，著重於經濟生產能量的決定。但是，在一個自由市場經濟制度下，除非增加的產出能夠被社會大眾所需要，否則生產將無以繼續。在需求小於供給時，生產將減少，發生失業，減少技術進步與開採資源的誘因。在此情況下，需求不能配合，縱然具有成長的供給因素，亦無法產生推動經濟成長的力量，經濟終將無法發展。

　　因此，有供給面的容許因素尚須配合有需求面的促動因素，才能充分刺激經濟成長。需求的大小，決定於市場的大小、消費者的偏好、及所得水準的高低。如國內市場需求不足，亦可以藉由突破貿易障礙，增進國際貿易，以擴充本國產品市場。總之，擴大市場，增加需求，是刺激投資，促進經濟成長的重要途徑。

六、環境因素

　　容許成長之經濟因素的存在，並不確保一個社會的經濟一定成長，還要有非經濟之環境因素的配合，才能使經濟成長得以實現。一個國家的政治不穩定，法令規章不健全，治安情況不佳，公用設施欠缺，或是民風保守，人民缺乏冒險犯難、擔負風險的精神，均將使投資者裹足不前，企業難以發展。唯有政治、社會、文化、及制度能夠提供良好的投資環境，再配合有利經濟成長的供給與需求因素，經濟才能順利成長。

重要名詞

經濟成長	平均每人實質所得
工資鐵律	人口論
馬爾薩斯陷穽	最適人口
資本—產出比率	黯淡科學
哈羅德—多瑪成長模型	資本增廣
資本加深	貧窮惡性循環

摘　　要

1. 經濟成長是指：一個經濟社會，隨著時間的推進，實質充分就業產出不斷增加的一種現象，亦即生產可能曲線不斷往外推移的一種現象。深入而言，經濟成長的含意包括實質國內生產毛額不斷增加、平均每人實質所得提高、及人口至少不減少。

2. 經濟成長之所以重要並成為各國熱烈追求的目標，在於其能夠提高生活水準、減輕稀少性壓力、促進所得重分配與均富、增加國家安全與榮譽、及提升文化水準等。

3. 亞當史密斯對經濟成長持悲觀的看法，古典學派的學者繼承此種看法，提出邊際報酬遞減法則與生存水準、人口論、及工資鐵律等理論，構成古典學派生存水準的停滯成長理論。

4. 假設資本是經濟成長的唯一因素，在其他因素都能配合下，根據哈羅德—多瑪成長模型，一個社會的充分就業產出成長率等於平均儲蓄傾向除以資本—產出比率。在資本—產出比率一定下，充分就業產出成長率與儲蓄率呈增函數的關係。

5. 決定一個社會經濟成長的因素，主要有人力資源的量與質、自然資源的量與質、資本累積速率、專業與技術進步、市場需求、及環境因素等。

問 題 練 習

1. 何謂經濟成長？其內涵為何？

2. 試以圖解剖述馬爾薩斯陷穽的意義。

3. 試述古典學派的經濟成長理論概要。

4. 假定資本是決定經濟成長的唯一要素，則在無外援的情況下，一國的充
   分就業成長率如何測定？試以簡單模型剖述之。

5. 決定一個國家經濟成長的重要因素有那些？試簡述之。

第 24 章　落後經濟與經濟發展

　　人類自古以來，大部分時間是處於貧困、匱乏的狀態。但到今日，經濟先進國家——如經濟合作暨發展組織 (Organization for Economic Cooperation and Development, *OECD*) 的會員國，卻已有很大的改變。這些國家的人民已享受一種富裕、豐饒的生活，過去貧困、匱乏的現象業已一掃而空。在美國、加拿大、西歐、日本等地，人民因為饑餓而死亡的現象可說已近絕跡，代之而起的卻是因為脂肪過多、高血壓等營養過多的病症死亡的激增。但我們能夠僅以這些經濟發展的局部情形而宣稱人類的經濟情況已經發展到了普遍富足的境界嗎？如果詳細地觀察世界各地的經濟情況，我們可以發現仍然存在著廣大低度開發的經濟地區。

　　落後國家 (under-developed countries) 又稱之為次開發國家 (less developed countries)。晚近這些國家大都在力求經濟發展，有些國家已有相當顯著的發展成就，所以被共同改稱為開發中國家 (developing countries)，或被統稱為第三世界國家 (the third world countries)，是相對於經濟已開發國家 (developed countries) 而言的。一般而言，經濟成長是對已開發國家而言，主要是指國內生產毛額的實質產出增加；經濟發展 (economic development) 是對開發中國家而言，不僅要國內生產毛額實質產出的增加，更包括文化、政治、法律等制度與經濟結構的轉變為現代化。不過，經濟學者通常將兩

個名詞替代使用而不予區分。

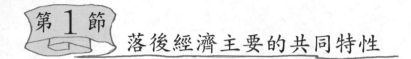

第 1 節　落後經濟主要的共同特性

　　雖然經濟落後與地理位置及種族沒有一定的因果關係存在，但開發中國家之間卻有許多下列的共同特質存在：

㈠貧　窮

　　總國民所得小，人民都很貧窮。直到 1990 年代，有些國家的每人平均實質所得尚不到 500 美元，所以國民食、衣、住、行的條件都很差，更談不上育與樂的追求。

㈡人口多、智能低

　　相對於可耕地或產出而言，人口的量多而質差，出生率很高，死亡率也高，平均壽命短。人口的結構不好，兒童多，成年工作者少，食之者眾，生之者寡，每一成年人的生活負擔很重。國民受教育者少，文盲多，教育程度低，知識與技術缺乏，少數受過高級教育的知識分子，並不是為國家創造事業，服務社會，而是替外國人做買辦。

㈢資本缺乏

　　資本的來源是儲蓄，開發中國家本身的生活水準低，每人平均所得只夠糊口，沒有餘力儲蓄，故無法累積資本；政府的收入也很少，因此無力進行公共資本投資，社會經常資本的供給嚴重不足。

㈣雙元經濟 (dualistic economy) 甚至三元經濟 (triplistic economy) 的存在

開發中國家的產業結構以傳統自給自足的農業——即勞力多、資本少的耕作為主，多數勞力從事缺乏效率的農業，因沿舊習而不改進耕種方法，故平均每人產出很低。但在這自給自足的經濟外，同時又有新興城市的市場經濟或外人特權經濟的存在，其生產和消費的型態與傳統農業經濟有天壤之別。

㈤貧窮的惡性循環

開發中國家貧窮的原因就是貧窮，落後的本身既是貧窮的原因，亦是貧窮的結果。圖 24-1，由於人口眾多，素質差，缺乏資本，知識技術水準低，生產力低，每人平均所得低，故儲蓄為零或接近於零，無法投資，沒有資本累積，無法採用新的機器設備，也無力進行教育與訓練的投資，每人的生產力無法提高，因此低所得再產生低所得，形成一種貧窮的惡性循環。

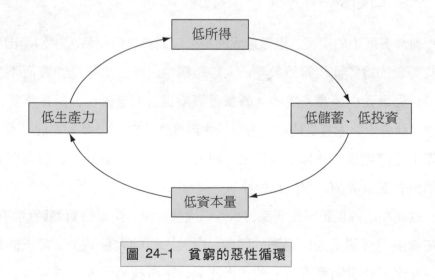

圖 24-1　貧窮的惡性循環

㈥制度的落後

除經濟落後外,開發中國家的政治、法律、社會等制度也粗略而僵化,無法因人、因時、因地、及因事而作彈性適當的改變,不合理地限制個人創業的衝力、創新、及冒險的意念。

第 2 節　經濟發展的障礙

每個國家在追求經濟發展的過程中,總是會遇到障礙的,但有的障礙除去的快,有的障礙除去的慢。當阻礙經濟成長的因素大都消除後,可以說這個國家已經不再是落後國家了。這些阻礙開發中國家經濟發展的因素主要有以下各項。

㈠人口過多

經濟發展中的國家,阻礙最大的是人口過多,致使每人平均產出偏低,有些勞動的邊際產出接近於零。人口結構中,最大部分是消費而不生產的人口,兒童死亡率高,成年人營養健康不良,未老先衰,退休年齡太早等現象。社會上,尤其是農村,普遍發生隱藏性失業,很多人表面上有工作,實際上邊際產出等於零,看起來一家人都在從事農業活動,但每個人的勞力都沒有充分發揮,產出都很小。

歐洲在十四世紀黑死病流行,人口大量減少,對當時實為時代的慘劇,但在慘劇中解決了人口過剩的問題。由於人口的大量減少,勞工的供應不足,促使研究發明節省勞力的生產工具,生產技術因而快速進步,隨後發生了工業革命,帶動了歐洲經濟的發展。至今,過多的人口實在是印度、印尼、孟加拉、菲律賓、及中國大陸等國家經濟難以發展的最大障礙。由

此可知，家庭計畫與節育對經濟發展的重要性。

(二)就業低，人力資本缺乏

　　開發中國家的經濟活動以傳統的農業為主，絕大部分的勞力是在農業部門就業，工業部門尚未發達，很少有增加就業的機會。在固定面積的耕地上，人口不斷增加，如只須三個人做的工作，卻由十個人來做，透過邊際報酬遞減法則，使農業勞動的邊際生產力接近或等於零，形成低度就業或隱藏性失業。

　　人口多，但生之者寡，食之者眾，經濟發展的成果容易很快地被增加的人口所吞噬。如能發展勞力密集的輕工業，將農村隱藏性失業的過剩勞力，由農業部門移至輕工業部門，使農民每人平均所得提高，使原來在農業部門不具生產性的勞力，得以成為工業部門生產的勞力。利用農業部門充沛的過剩勞動供給來發展工業，不僅能夠發展開發中國家的經濟，促進工業化，而且能夠解決農村隱藏性失業的問題。如此，人口將由阻礙而變成推動經濟成長的因素。臺灣經濟發展之所以順利迅速，主要的因素之一就是土地改革方案與勞力密集輕工業有效地利用農村過剩勞力策略的成功。

　　隱藏性失業不只會發生在農業部門，若一個國家只有少數工業吸收勞力的話，也會有隱藏性失業存在，不過仍以農業部門較為嚴重。因此，唯有大量且快速發展勞力密集的輕工業，再逐步發展到重工業，工業化才能成功。若一開始就發展資本密集的重工業，反而會加深（隱藏性）失業的程度。

　　經濟落後國家的人力資本（受過高深教育及科技訓練的高級人力），面臨人才外流 (brain drain) 的嚴重問題。開發中國家一方面雖感人力資本的缺乏，另一方面人才卻大量外流或無法加以有效利用。這是因為社會未能提供足夠適當的就業機會給高級人力，以致人才外流；或因教育措施與社會發展未能配合，造成國內高級人力的供需失調而產生學非所用，大才小用的現象，矯正之道，在注重全國人力與教育的規畫。

㈢自然資源貧乏或低度利用

經濟落後國家大多集中在熱帶地區，而熱帶地區的天然資源大都比較貧乏，天氣燠熱，土地不是貧瘠沙漠就是潮濕沼澤，不利農業發展。有些經濟落後國家雖然有相當豐富的天然資源（礦產），但由於缺乏資本及技術，自己苦於無力開採，故一個國家的天然資源稟賦豐富與否，不能用絕對的概念來測度，因為天然資源的稟賦只意謂著與目前資本、技術水準的相對關係。同樣的資源稟賦在技術進步的國家卻可提供社會更大程度的利用韌性與擴張途徑。例如，一個社會燃料木材缺乏，可由使用煤來克服，煤稀少可由使用水力發電來克服，水力資源缺乏，更可由原子能提供新的解決途徑。這點說明了開發中國家的資源情況，應由它們現在與未來的潛力來衡量。當我們由此觀點來看時，將明顯地發現開發中國家的資源大部分還沒使用，或低度使用，甚或低效率地錯誤使用，這些開發中國家有的還蘊藏著鉅量低度開發的土地、礦產、水力資源等等。

適當的技術知識、資本、熟練勞力、及企業家精神的結合，將使得開發中國家的資源能量大大的提高。無可否認的，也有許多開發中國家的天然資源像少數已開發國家如日本、荷蘭般的匱乏，但貧窮國家的有效資源大部分尚未被開發，則是為無可置疑的事實。假若這些資源能夠有效地被利用，則其人民的生活水準必可大幅地提高。此外，開發中國家擁有的天然資源種類往往也很少，專靠利用一種自然資源來謀求發展，往往是相當不可靠的。例如，巴西的咖啡或智利的銅礦，國際價格高時，自然能帶動經濟的發展，但是一旦國際價格下跌，則會嚴重影響經濟的發展。

㈣技術問題

國內生產的多寡，一方面決定於生產要素投入的多少，一方面決定於生產效率的高低——即技術的水準。在這方面，開發中國家共同面臨以下的問題：

　　⑴開發中國家缺乏資本，無充足財力進行研究與發展，技術無法迅速進步。

　　⑵沒有技術進步，就沒有資本的累積，因為技術是由機器設備等資本財貨體現出來的，因此形成一種資本無法累積與技術無法進步的惡性循環。

　　⑶先進國家大量投資於研究與發展，技術遙遙領先開發中國家，故開發中國家可以不必自己投資於技術的研究與發展，可以由國外引進技術以求發展，模仿先進國家的技術，輸入先進國家的資本設備，如此可以加速經濟發展的步調。但是，這必須考慮到技術適應 (adaptation) 的問題，即所引進的外國技術必須能適應本國的國情，而不能毫無選擇地採用外國的技術。技術必須與人配合，才能發生作用，有新技術改進，就必須有人能操作運用新的機器設備，否則只是徒然進口一批機器廢鐵。因此，要設法使外國技術在本國生根，而不是盲目的移植。

㈤社會經常資本的不足

　　社會經常資本或公共基礎設施的直接投資報酬雖然看不出來，但卻可以使私人的生產成本降低、投資報酬提高。開發中國家的公共基礎設施——如道路、港口、機場等，極為缺乏，投資環境不佳，私人投資裹足不前，產業無法發展。

㈥缺乏有效的行政組織

　　許多開發中國家的政府動亂無常，腐敗無能，行政效率非常低落。因此，開發中國家要求發展，必須要有一個誠實、穩定、健全的政府組織，制訂完善的法律、規章、制度，使人們的經濟活動有一定的準繩可以遵循，才能鼓勵人們投資，創造事業。

㈦缺乏資本累積能力

　　資本累積靠儲蓄，儲蓄則靠所得剩餘。開發中國家一般人民的生產力

低，所得低，故沒有累積資本的能力。少數富有的地主，並不把他們的儲蓄投資在生產性的事業上，而把儲蓄浪費於土地投機、建築豪華的別墅，甚至將資本流出而從事國外投資，或盡情地享受先進國家的高級奢侈品。因此，即使有儲蓄，也無法化成有益經濟發展的生產性資本累積。可是，這也可能是由於開發中國家缺乏有利的投資機會與市場，致使有錢人把儲蓄花費在奢侈、浪費的用途上。

㈧國際貿易的問題

許多開發中國家因其生產集中於某些原料或農產品，所輸出的多為初級產品，進口的多為國內不能製造的工業產品，因此在對外貿易上時常處於不利的地位。初級產品的供給價格彈性甚低，在國際市場上其需求價格彈性亦低，因此其國際市場價格波動甚大。此種現象對開發中國家造成若干不利於經濟發展的因素。

當初級產品的國際價格上漲時，國際收入增加，可有足夠的外匯收入，供資本形成以發展工業，但此時往往是工業投資誘因較低的時候。因為輸出增加的刺激，國內發展的重點可能一窩蜂地移向初級產業的擴張，在其熱衷獲利之時要求其轉變產業結構，是不太可能做得到的。反之，當初級產品的國際價格下跌時，外匯收入減少，此時產業界自覺而迫切想發展工業，無奈由於外匯收入減少，資本形成的能力已經減低，遂致力不從心。再者，由於進行國際貿易，開發中國家許多國內工業非藉保護便無法生存，其影響所及，常使原已稀少的資本財被用在生產力較低的用途，不能做最適當有效的利用，因而導致資源的浪費。

㈨落後的意識形態與制度

開發中國家廣大羣眾的無知及營養不良，使勞動沒有效率。有些落後的社會宗教觀念甚至由稱頌苦行生活而阻礙人們改善物質生活的期望。安貧樂道、知足常樂的修身觀念，每使社會缺乏朝氣，降低經濟發展的衝力。

社會階級制度與其他形式的社會約束，限制了人們冒險創業與職業選擇的
機會。一個人的社會地位由封建繼承與傳統習俗而定，而非由個人的努力
與能力來決定，個人想要創業革新，時常受到多方的阻礙。在開發中國家，
具有經驗、教育、進取精神而從事企業計畫的企業家，通常是少之又少，
這是開發中國家經濟發展的最大障礙之一。

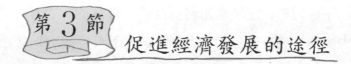

第3節　促進經濟發展的途徑

　　雖然開發中經濟存在許多成長的障礙，但這些障礙可能意味著經濟發
展的最大缺陷，也可能意味著經濟發展的最佳契機。譬如，有些開發中國
家的最大成長障礙係制度（不健全的政府、不合理的法律），祇要對這制度
有所改革，立即可以引起大量資金與技術的投入發展。有些地區，其成長
的契機可能在於農業生產的引進新技術，例如利用化學肥料與優良種子。

　　雖然開發中經濟同時存在著許多障礙，但有時針對某一問題的解法，
遠比對所有問題同時解決為上策❶　。不過，這種著重打破某一顯著障礙，
祇可說是短期暫時的策略。因為一種障礙獲得解決後，其他障礙立即變得
重要。例如，當農民已掌握新技術後，跟著而來的是如何取得資本以增加
產量。為了取得資本，貸款與有關融資的法律必須配合，因而制度也要跟
著改進，其他成長的障礙也就逐漸顯露出來。因此，一個問題的解決，可
先自某一因素開始，但它的成功與否又視其他許多因素而定，所以最後還
是要將所有的成長障礙克服，才能克竟全功。以下我們就開發中國家解決
這些成長障礙的可能途徑加以探討。

---

❶ 這牽涉到所謂平衡成長 (balanced growth) 與不平衡成長 (unbalanced
　growth) 發展策略的爭論。前者是指將有限的資源均勻地投入於經濟的各
　部門來求同步一致的發展，後者是指將有限的資源集中投入於經濟的少
　數部門以求突出領先的發展。

(一)人口問題

產量的增加，並不一定意謂著成長，許多開發中國家的人口快速成長，吞沒了技術改進、產量增加的果實。現代科學於克服疾病方面的成功，遠勝於促進糧食的增產，所以現代落後地區的人民，因糧食不足而受到的死亡威脅較病菌的威脅為大❷。勞力為生產投入的重要因素，落後地區人口在量的方面已不成問題，主要是如何提高這一豐富的人力資源的效率，那就是改進人力素質。沒有優良的人力素質，就不可能成功地使用現代生產技術與採用現代商業組織。改善人力資源的計畫主要有：

(1)控制人口的成長——提倡家庭計畫，設立節育指導中心，提高結婚最低年齡的限制，以解決人口過份膨脹的危機。

(2)控制疾病、推行健康與營養計畫——如此人們便可身體健康、精神愉快，促使這些人成為更具有生產力的勞動者。

(3)進行教育、訓練投資——掃除文盲，訓練人們使用新的農工業技術，培養具有現代管理、行政技術的經理人員、企業家。雖然這是一種無形的人力資本投資，但其效果卻是重大深遠的。

(4)解決隱藏性的失業——為了更有效地使用人力資源，提高農業生產效率，加速工業成長，應將農業部門所蘊藏的隱藏性失業的人力善加利用。

(二)資本形成

當先進國家憂慮著儲蓄過多 (oversaving) 使有效需求不足而導致大量失業之際，開發中國家正因儲蓄不足 (undersaving) 而著急。由於儲蓄不足而導致投資不足 (underinvestment)，經濟成長無以發生。開發中國家的儲蓄與投資，不僅在量的方面不足，而且由全國經濟發展的觀點來看，其投

❷ 1960 年代國際間曾大力推動所謂的「綠色革命」(Green Revolution) 以增加農業生產，此一活動對某些國家產生良好的成效，但對全世界而言，其效果相當有限。

資結構的品質亦不佳。例如，在許多開發中國家，可見豪華別墅的建立，而工廠和公共設施卻少有人投資。開發中國家大部分的人民既然生活於最低生存水準的邊緣，那麼資本如何形成呢？大體上這可由兩方面進行：

(1)本身的力量，即國內資本形成。經由政府對所得、財產、消費財貨加重課稅而進行強迫儲蓄。如此，抑制消費，形成政府資本，將資源由消費財貨的生產移轉成資本財貨的生產。或政府藉由發行通貨來融通公共投資計畫，以物價膨脹來達到強迫儲蓄的目的。

(2)外在的力量，即國外資本的流入。經由貸款、援助、或外國的投資，開發中國家能夠獲得擴大生產的資金與設備。國外資本的流入是基於互利的原則，因為當富有國家的大部分高利潤投資機會枯竭時，其資金移轉到開發中國家的高利潤投資機會，這對於兩方面均有好處。由外國的投資除了可以獲得資本外，尚有：①引進新技術，②增加就業機會，及③帶進新觀念的優點。但是，外國的投資亦有其缺點：①外國投資大多是在初級產業上，會使本國人民感覺到外國在剝削本國勞工，榨取本國資源，而產生抗拒。外國為了抵制這種民族性的反抗，就有干涉本國內政的可能。②外國私人投資在於謀求利潤，故基於外國私人利益的觀點，不一定會投資在本國急需發展的產業上。職是之故，在經濟民族主義高漲的今日，如何訂立合理互惠的外人投資法規，確保外資免於政治風險，以吸引外資的流入，實為開發中國家資本形成的重大關鍵。

事實上，各開發中國家莫不設法引進外資，能否獲得足夠的外資，成為經建計畫能否順利推動、經濟能否成長的關鍵因素。自第二次世界大戰之後，眾多的開發中國家向已開發國家及國際金融組織〔如世界銀行 (World Bank)、國際貨幣基金 (IMF)〕借入了龐大的資金，自 1973 年能源危機之後，更透過歐洲金融市場借入石油輸出國家組織 ($OPEC$) 會員國鉅額的油元收入。有些國家（如我國）確實得外資之助，而有顯著的經濟成長績效，國際收支漸趨改善、穩健，債信與債務負擔的問題並不存在。但是，大部分的國家借得外資之後，並沒有妥善、有效地將這些資金用於生產性的用

途上,而是將其用於消費、缺乏效率的用途上,因此無法促使經濟順利成長,國際收支反而日益惡化,債務負擔遂成為其經濟成長、以至國際金融穩定的一大障礙。

對開發中國家而言,外資的引進若能促使其經濟快速成長,則外債累積問題將不至於發生。若經濟成長遲緩,外債將會形成累積問題,進而對長期的經濟發展產生不利的影響。開發中國家債務危機對國際社會的影響是既廣且深的。就廣度而言,其影響波及全世界各國的經濟、政治、及社會發展;就深度而言,其後遺症將拖延長久,非短期所可消除。

㈢技術進步與創新

技術與創新是離不開資本的,資本財為技術的具體表現。由於大部分的技術具有可移植性,開發中國家大可不必從頭摸索起技術的發明,她們可以模仿先進國家的技術,可以輸入先進國家的資本設備。如此,自可加速經濟發展的步調。日本、德國、前蘇聯在經濟發展初期,派遣優秀學生到外國學習科學技術,便是一良好的例子。但是,為鞏固、加強經濟發展的基礎,社會上應具有刺激技術進步的環境,諸如:普及的教育、思想交流的自由、企業的競爭與進取精神、提供充裕的研究資金、設有研究部門的大規模企業等。

為了使資源更有效地運用,技術發明的成果能夠付諸實用,加上先進技術需要有特殊的條件來配合,所以需要生產手段的新結合──創新。具體地說,創新即是新財貨的創造,新生產方法的採行,新市場的開闢,新資源的開發,新產業組織管理的形成。當少數企業家推動創新開始後,一般人就起而仿效,出現所謂「創新的叢生」(clustering of innovation),這種創新活動的成群出現,便能造成經濟的繁榮。開發中國家的技術進步與創新,應吸收先進國家的經驗,由個人、企業、及政府共同合力來進行,如此才能開創出一條適合於自己環境的發展途徑。

㈣自然資源的使用

貧窮國家雖然典型的為自然資源的貧乏，但資源低度利用卻比資源分配不平均更為嚴重。自然資源、資本累積、技術、及勞力構成了經濟成長的界限，如果自然資源能夠有效地運用，仍可達到目前的生產可能界限之上。雖然有人譏諷說：石油的發現並不能治療好落後，但我們可見到石油開採幫助了資本的形成，加速了中東地區走向開發之途。因之，開發中國家應該對於不合理的土地分配，從事土地改革，對於水力、森林、礦產等自然資源採取有效運用與保護措施。

㈤擴展國際貿易

並非所有開發中國家都像中東產油國家那般幸運有豐富的石油蘊藏，絕大部分的開發中國家都是同時處於資源稟賦貧乏、需求慾望只能獲得低度滿足的狀態。因此，在追求經濟發展的過程中，根本無法採取自給自足、閉關自守的策略，而唯有走上藉助外力、以貿易促進成長的途徑。

雖然有些經濟學家認為開發中國家與已開發國家進行貿易的結果，由於貿易條件 (terms of trade) 不利於開發中國家，貿易利得因此大部分歸已開發國家享有。在極端的情況下，貿易的結果，不但不會提高開發中國家的實質所得，反而使得她們的福利水準下降。但是，更多的經濟學家認為，國際貿易至少可使開發中國家獲得無形有利的學習效果 (learning effect)，即使開發中國家輸出的大多是初級產品，但在與先進國家不斷交往與競爭的過程中，可以獲得新的觀念、新的生產方法、及新的技術，而使經濟與社會結構不斷的更新、改良。因此，國際貿易對開發中國家經濟發展的貢獻，可以分為直接利益與間接利益兩種。直接利益包括：①經由國際專業分工，可使生產效率提高、國民所得增加；②經由貿易的誘導，生產結構將會發生有利的改變。間接利益包括：①國際貿易提供經濟發展工業化所需的資本財及中間產品；②國際貿易是技術移轉、觀念現代化、管理知識、

及企業家精神引進的媒介；③貿易之門一開，可以促進國際資本移動，使更多的資本財經由直接外國投資，從先進國家移轉至開發中國家；④自由貿易可以打破開發中國家普遍存在的獨佔情況，提高競爭的程度，增進資源有效的派用。職是之故，近代許多國家都是經由國際貿易作為促進經濟發展的手段，並且獲致良好的績效。

㈥文化制度的改進

先進國家雖可幫助開發中國家的資本形成、技術革新，但開發中國家若一味迷信外來的經濟援助，反而會延緩自身的發展。因為資本、技術、自然資源是由人來支配的，開發中國家經濟發展之所以緩慢，部分係種因於根深蒂固的傳統文化與經濟制度的僵固，使得企業缺乏有效吸收勞力、資本、及技術的潛力。就亞當史密斯而言，他以自由主義經濟思想家的立場，力主經濟成長端賴合理的制度，在一合理制度下，經由「目不可見的手」的引導，經濟成長自然可以發生。若社會制度富於韌性，人們的努力自可提高，更多的智慧與資本將用之於生產。

經濟的發展，是一種舊社會解體而新社會重組的過程，但這必是徐緩漸進的過程。在社會的發展過程中，人們必須破舊立新，視時代環境的需要，形成適宜的政策、制度，並且透過宣傳與實際行動，改變社會的價值觀念，打破阻礙成長的意識形態，使其有利於現代化的推展。

開發中國家可以期望由他人的幫助來進行經濟發展，但是基本的成長動力必須來自其本身。除非希求物質生活改善的慾望覺醒，否則其經濟是不可能起飛的。成長的過程是需要付出相當代價的，必須有新的制度、價值標準、及意識形態來引導成長的進行，否則社會必動盪不安而解體。為了帶動成長的進行，首先必須建立一有效率、開明的政府組織，當這個神經中樞意識到成長的需要時，其他的組織單位便會跟著配合活動起來。

事實上，大部分開發中國家的政府於經濟發展過程中，扮演著極為重要的角色。因為：①幾乎所有的開發中國家均缺乏現代企業經驗，所以政

府須承擔起企業家的功能；②政府必須大量投資於社會經常資本的建立，且必須負責全面的經濟規畫；③開發中國家的市場組織大都是原始形態且價格機能缺乏效率，無法自動有效地執行資源的派用，這種缺陷必須由政府來彌補。雖然走向開發國家的路程遙遠而艱難，但在全國人民共同的努力、奮鬥下，終必能享受到經濟成長的果實。再者，開發中國家的經濟發展，可以先進國家的經濟發展為借鏡，只要能夠作正確的選擇，去蕪存菁，必可塑造出一適合自己環境的理想、完美的經濟社會。

重　要　名　詞

落後經濟	經濟發展
經濟成長	雙元經濟
三元經濟	貧窮惡性循環

摘　　要

1. 經濟成長通常是對已開發國家而言的，主要是指實質國內生產毛額的增加；經濟發展通常是對開發中國家而言的，不僅指實質國內生產毛額的增加，更包括文化、政治、法律等制度與經濟結構的轉變為現代化。不過，經濟學者通常將兩個名詞替代使用而不予區分。

2. 地理位置與種族雖然與經濟落後沒有一定的因果關係，但開發中國家卻有貧窮、人口眾多、人力資本少、資本缺乏、多元經濟、貧窮惡性循環、及制度落後等共同的特點。

3. 人口過多、就業低、人力資本缺乏、自然資源貧乏或低度利用、技術落後、社會經常資本不足、缺乏有效的行政組織、缺乏資本累積與投資、國際貿易不利、及落後的意識型態與制度等，均是開發中國家追求經濟發展所面臨的主要障礙。

4. 開發中國家要能促進經濟發展必須由解決人口問題、資本形成、技術進步與創新、自然資源使用、擴展國際貿易、及文化制度的改進等途徑著手，才能實現。

問題練習

1. 低度開發國家通常具有那些共同的特性？為什麼有人說「落後是貧窮的原因，亦是貧窮的結果」？

2. 阻礙開發中國家經濟發展的障礙主要有那些？如何去除這些障礙？

3. 試討論開發中國家如何提高技術水準及累積資本。

第 **25** 章　經濟成長與生態環境

經濟成長並非只是正產出的增加而已，它往往伴隨著生態破壞，環境污染等負產出的增加。正產出是人們所喜好的，而負產出卻是人們所厭惡的。如何在經濟成長與生態環境的維護之間，尋求一平衡點，以使人類的物質享受與生活品質能夠同時提升，是人類所應努力追求的正確目標。

第 **1** 節　成長的代價

如果經濟成長永遠是代表人類幸福的增加，那麼成長有百利而無一弊，愈快速的成長愈好。事實上，經濟成長使人類物質產出的增加，是否即代表人類幸福的增加，頗受許多人的懷疑。他們瞭解到，成長是需有犧牲代價換取的，有時付出的代價甚至較成長產出的利益來得大。縱然成長給予社會的利多於弊，但利益可能將是一時的，而害處卻是後代長遠的，屆時曾經努力追求成長而享受其果實的人可能已經死亡，而由後代承受成長所遺留的禍害。而且，人類生活的改善應是物質與精神兩方面同時並進的，若追求物質享受的增加是以精神生活品質的降低為代價，是否值得，能否

表示幸福的提高，均值得吾人深思。

一、休閒與工作

所得與休閒同樣能夠帶給人們效用滿足。在每一個人一天 24 小時固定的時間下，可以選擇多工作少休閒，以增加所得，亦可以多休閒少工作，寧願賺取較少的所得，而有充足的休息。因此，休閒也是一種選擇，視個人的工作意願與價值觀念而定。

充分就業的經濟成長經常表示勞動生產力的提高、技術的改進、效率的增進、及資本的累積等事實，但也經常表示勞動人數的增加與工作時間的延長，在追求個人所得增加之際，同時達到經濟成長的目標。個人所得的增加，除了部分歸於生產力的提高外，也可能表示個人工作時間的延長，休閒的減少。因此，快速的經濟成長經常是社會人們更加辛勤工作的結果，休閒的減少成為追求經濟成長的代價。

雖然休閒的效用難以金錢估計，但經濟發展程度愈高，人們工作愈忙碌，愈覺得它的珍貴。是故，忽略了休閒的減少，祇以國內生產毛額增加的經濟成長來表示社會福利的提高，未免有所偏失。

二、消費與投資

社會生產能量不斷擴大，經濟才能成長。為達此目的，人們必須忍受目前消費的減少，增加儲蓄，進行投資，累積資本，擴大生產能量，以增加未來的產出。因此，未來生產的增加，經濟的成長，是以增加投資，犧牲目前的消費滿足為代價。

凱因斯學派的成長模型，以投資量除以資本─產出比率，便決定了成長率。事實可能並非如此單純，因為：

⑴投資並不限於機器設備等有形的生產資產，亦包括人力資源、技術

訓練、及研究發展等無形生產資產的投資。這些無形的投資對社會生產的貢獻非常重要，但一時卻無法作準確的估計。

⑵無形的投資無法以資本—產出比率來計算其對產出的貢獻。例如，教育投資對社會、文化的貢獻，無法反映在國內生產毛額之中。

⑶投資生產增加的產出，其內涵若非人們需要的產出，則此種成長並不能代表社會福利的增加。

基於以上的認識，我們知道追求成長需以犧牲目前的消費為代價，但亦不能太過急切盼望投資增加能夠對於物質生活的改善有著迅速顯著的效果。

三、現時成本與未來受益

人們通常有偏重現時（目前）消費與休閒的時間偏好，因此，犧牲愈多的現時休閒與消費以換取更高的經濟成長率，並不一定代表經濟福利的增加。要評估某一經濟成長率的經濟福利效果，必須對追求成長所付出之現時消費與休閒減少的代價，與未來經濟成長可能得到的受益，加以比較才能確定。

在比較現時成本與未來受益時，我們必須考慮以下的問題。首先，現時消費與休閒的減少，能夠換取多少未來消費與休閒增加的受益。其次，這種未來的受益，需要多少時間才能實現。最後，現時的成本如何與未來的受益相比較。關於第三點，我們可以時間偏好率 (time preference rate) 將未來可能得到的受益加以折現，求其折現值，而後與現時成本相比較。

四、環境品質與財貨生產

目前經濟學對於經濟成長的測量，普遍以祇包含財貨與勞務的國內生產毛額的增加為計算的標準。但是，在增加財貨與勞務生產的同時，空氣、水

污染、噪音、擁擠、垃圾等負國內生產毛額不斷地增加，山、川、湖、澤等自然景觀與生態不斷受到破壞，人類生活環境的品質下降，喪失農業社會田園生活的那種閒情逸緻，造成人們生活極大的不適與精神的苦悶。若就這些負的因素加以考慮，可知追求財貨生產增加所付出之環境品質惡化的代價未免太大，吾人不應予以忽視。有人因此認為追求國內生產毛額的更佳組合與更好的品質，可能較之追求國內生產毛額數量的增加更為重要。

五、經濟安全與進步

德國經濟學家熊彼德 (J. A. Schumpeter) 認為經濟成長主要是由於創新帶動投資活動而產生。創新是一種偶然突發而非經常順利發生的事件，創新的出現必定會使經濟活動產生波動，引起結構性或技術性的失業、原有資本與技術的過時，導致新的投資活動，以新的生產方法來取代原有的生產方法。職是之故，自由市場經濟的經濟成長存在安全與進步相互衝突的特性，在一個動態成長的社會裏，某種程度的經濟不安全是無可避免的。要追求經濟成長、進步，唯有承擔風險、從事冒險的企業創新活動才能達到。因之，安全與進步雖非對立的兩個極端，但需要社會大眾作某種程度的協調與抉擇。

第 2 節　生態環境與自然資源

一切生產活動的根本在於原料的投入，勞動、資本、土地、及企業家精神等生產要素投入均只是針對投入的原料（或中間投入）來創造附加價值。假設一個國家沒有對外進行貿易，則其可採取之原料投入數量的多寡決定於其自然資源稟賦的豐吝。但是，任何一個國家的自然資源稟賦數量

並非絕對的，它必須視資源的性質與人們如何採取、保存而定。

一、自然資源的性質

一般而言，我們可以將自然資源按其性質的不同分類如下：

1.免費資源與稀少性資源

免費資源是指供給無限，不必付出任何代價（成本）即可取得的資源。目前世界上屬於這類的資源相當的少，通常以空氣（一般天然存在非經淨化的空氣）為例。稀少性資源是指供給有限，必須付出代價（成本）才可取得的資源。就全世界一體的觀點而言，世界的自然資源應都屬於稀少性資源。

2.可再生資源與非再生資源

可再生資源 (replenishable resources)，又稱非耗竭性資源 (nonexhaustible resources)，是指經採收之後，過一段時間，能夠自然再生產、再創造的資源。大體而言，世上的動、植物均屬可再生的資源，可以世代無限延傳重生。非再生資源 (nonreplenishable resources)，又稱耗竭性資源 (exhaustible resources)，是指地球表面上供給數量固定，經採收之後，在可見的未來供給無法獲得補充的資源。例如，地球上大部分的礦藏屬之。

3.可回收資源與無法回收資源

非再生資源又可分為可回收 (recyclable) 與無法回收 (nonrecyclable) 兩種。前者是指經利用後，可以花費成本予以再處理，而供未來世代再利用的資源，例如金、銀、銅、鐵、鋁等金屬礦產屬之；後者是指經利用後，無法予以再處理而供未來世代再利用的資源，例如煤、石油、天然氣等燃料屬之。

二、可再生資源的利用

就總體的觀點而言，可再生資源——如魚產、木材、牲畜——為社會全體所共同享用，屬於社會全體所有，因此經濟學家又稱它為共同財產資源 (common property resource)。由於可再生資源具有共同財產的特性，因此如同公共財一樣，可再生資源的利用將會有外部性產生，主要的外部性有下列兩種：

1.排擠外部性 (congestion externality)

在現有的可再生資源存量下，一個人對於可再生資源採收（或收穫）的數量愈多，將使其他的人能夠採收的數量愈少，取得的成本愈高，這種現象稱為排擠外部性。例如，一位漁人捕撈愈多的魚，則其他的漁人所能捕撈的魚量將愈少，捕撈成本也將愈高。

2.世代間外部性 (intergenerational externality)

雖然可再生資源是能夠再生產、再創造的，但這可能需要很長的一段時間才能夠完成。因此，這一代的人採收愈多的可再生資源，下一代能夠採收的可再生資源的數量也就愈少，所需付出的成本也愈高，這種現象稱為世代間外部性。例如，樹木的成長需要很長（幾十年）的時間，這一代的人砍伐愈多的樹木，下一代的人所能利用的樹木將愈少，取得的成本也將愈高。

因此，即使某些資源是可再生的，但如果對其採收沒有任何管制，必然產生很大的排擠與世代的外部性，而使得實際存量小於最適存量，肇致社會其他的成員與下一代可採收的資源減少、成本提高。是故，對於可再生資源的採收（獲取）也是應有所節制的。

大地環境對於廢棄物的處理可以視為是一種再生的過程。大地環境如同一個巨槽一般，它將人類所遺留的廢棄物予以生化分解而後吸收，使這些廢棄物成為對人類無害之物。但是，這種過程可能相當緩慢，耗時相當

長久，而且如果廢棄物的數量太大，大地環境的這種功能也將大大地受到傷害。

三、非再生資源的利用

根據非再生資源的特性可知，即使每年的需求數量固定不變，非再生資源的存量將每年遞減。因此，非再生資源的採收（獲取）較之可再生資源存在更大的排擠與世代間外部性。由於非再生的特性，因此可以預料得到，若對非再生資源的開採沒有任何限制，則在其他情況（如科技、偏好）不變下，非再生資源的價格將隨時間而遞增，下一代因此必須付出比較高的價格才能享用這些非再生的資源。

雖然非再生資源的價格可能與時俱增，但後代子孫的生產力與所得水準均將提高，而有能力負擔更高價格之非再生資源的消費。因此，對於非再生資源的利用不在於其未來價格的提高，而是各代不應過度耗用，而應保存、遺留適量的非再生資源以供下一代使用。

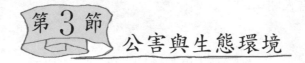

第 3 節　公害與生態環境

經濟成長與環境污染 (environmental pollution) 兩者有密切的正相關。無論是在增加財貨生產的過程或財貨消費使用之後，均增加生態環境受到污染的公害，故隨著產出、消費的增加，環境污染的程度也就愈來愈嚴重。這種事實各國普遍存在，日漸受到人們的關心，並尋求各種途徑來改進日益惡化的環境污染問題。

有些人為了維持生態環境的完善，反對一味地追求快速的經濟成長，更因此主張零經濟成長 (zero economic growth)，認為社會應該尋求更有效

率的生產方法，來改善產品品質，使產出作更佳的組合，以減少環境的污染。如此，實質的產出縱然沒有增加，人類生活的福祉仍可獲得提高。

為何許多國家環境污染、生態惡化的問題日趨嚴重呢？一般認為是人口過多、私人成本與社會成本失衡這兩個原因所致。

一、過多人口論

過多的人口通常被認為是環境污染增加、生態惡化的主要原因。人口增加，一方面需要增加生產以維持生活水準，生產活動所產生的空氣、水、噪音、化學物品的污染因此增加；另一方面，人口增加、消費增加，產生大量消費後的廢物——垃圾，再加上大量使用清潔劑、殺蟲劑、及塑膠製品，使得自然環境原有自淨的能力無法消融這些大量生產與消費後的負產出，生態環境因而受到嚴重的破壞。

人口增加而集中，都市化程度加深的結果，產生擁擠、噪音、水土流失、生活緊張等。職是之故，如何保持一個最適人口水準，使空氣、水、化學物品、垃圾、擁擠、噪音、水土流失等社會公害減少，以維持生態環境的平衡，是值得吾人關切的。

二、私人成本與社會成本失衡論

廠商或個人在生產與消費的過程中，產生環境污染的公害，使其他的人遭到損害而沒有獲得適當的補償，這種外部不經濟的產生使市場價格機能因此失其功效，而無法發生正確的資源派用功能。

價格機能是建立在一項基本假設上，即吾人對於個人或廠商使用資源的成本能夠準確計算。當外部不經濟的公害發生時，個人或廠商使用資源所支付的私人成本，不再等於社會成本，此時包含公害損失在內的社會成本高於私人成本。由於價格祇反映私人成本，因此價格機能不再能夠引導

社會資源作最有效的利用。譬如，河川上游的紙漿工廠免費使用河川的水，但其生產過程排出大量廢水，使水資源受到污染，造成水中生物的死亡，下游的居民需要花費大量的開支才能恢復水的清潔品質，但紙漿工廠在計算生產成本時，並未把水中生物的死亡與淨水的開支予以考慮，因此紙漿生產的社會成本大於廠商的私人成本。

　　當個人或廠商使用資源而使其他的個人或廠商增加額外的開支時，私人成本就不等於社會成本。在此情況下，唯有讓因生產而引起公害的個人或廠商負擔消除該公害的費用時，私人成本與社會成本才相等，產量才能達到社會的最適水準。例如，如果紙漿工廠對其生產所排出的大量污水，不必支付任何代價，則生產的私人成本小於社會成本，成本低估的結果會使產量過多。從社會的觀點來看，這表示社會過多的資源使用於紙漿生產，價格機能未能發揮誘導資源獲致最適分派的功能。如果能夠讓紙漿工廠負擔水的污染成本——這種作法稱為外部性內部化 (internalize)，則生產成本提高，紙漿的產量將減少而達於社會的最適水準。

　　由以上的分析可知，當某種產品的生產或消費產生外部不經濟公害，致使私人成本小於社會成本時，將導致該產品的生產或消費過多，而使社會的污染公害增加。

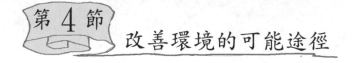

第4節　改善環境的可能途徑

一、污染防治的得失

　　資源的使用產生環境污染，使得私人成本小於社會成本，而且經濟成長得愈快，環境污染有愈嚴重的趨勢。因此，需要由政府，或是利用政策措

施，使私人承擔污染的成本，以改進日漸惡化的生態環境。環境的改進必須動用資源，付出代價。要將公害完全消除，使環境維持最理想（零污染）的境界，這將需要極為鉅大的花費，這種花費與所得到的收益相比較，是否值得，不無懷疑。因此，對於公害的問題吾人應存一個基本的認識，即改進環境並不是將公害完全消除，達於零污染，而是將其減輕到人們所能容忍的程度。

一般而言，經濟分析上有三種方法用以衡量改進環境污染的得失，這三種方法是：邊際分析法、成本—效益分析法 (cost-benefit analysis)、與成本—效果分析法 (cost-effectiveness analysis)，簡述如次。

㈠邊際分析

環境的改善需要付出成本，但也將產生收益。當改善環境額外增加的邊際成本等於其所增加的收益時，污染防治的數量達於最適，改進環境的淨得 (net gain) 達到最大。

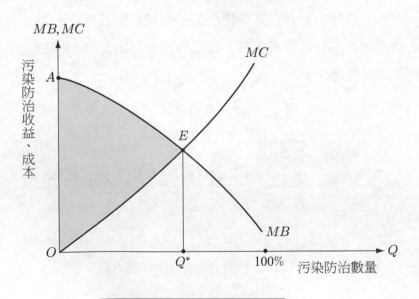

圖 25-1 最適污染防治數量

圖 25-1，縱軸代表污染防治的邊際收益 (marginal benefit, MB)，及

邊際成本 (marginal cost, MC)，橫軸代表污染防治數量（Q）。污染防治的邊際收益曲線為一負斜率的曲線，表示隨污染防治數量的增加，所產生的社會邊際收益愈來愈小；污染防治的邊際成本曲線為一正斜率的曲線，表示隨污染防治數量的增加，所需增加的成本愈來愈多。兩條曲線相交於 E 點，決定社會的最適污染防治數量為 Q^*，在此一污染防治數量下，環境污染的改進使社會福利增加達到 OAE 面積的最大水準。由圖形可以看出，如要達於 100% 的污染防治數量（即零污染），則污染防治所需的邊際成本遠大於邊際收益。對於社會全體而言，是不值得這樣做的。

例如，河川上游紙漿工廠排放廢水，污染河川。假如每增加 1 塊錢的改進污染設備開支，河川污染因此降低，使下游的居民增加大於 1 塊錢的漁獲量或減少 1 塊錢以上的淨化河水的開支，表示社會福利有淨的增加。這 1 塊錢的改進設備開支是值得花費的，如此繼續進行，直到最後 1 塊錢的污染改進開支，只能使下游的居民剛好增加 1 塊錢的漁獲量或是剛好減少 1 塊錢的淨化水開支，此時社會福利的淨增加達到最大，改進污染設備的投資即應終止。

邊際分析法是理論上的理想。但在實際的社會，由於污染防治的邊際效益與邊際成本難以量度，因此要決定最適的污染防治數量也就相當困難。

㈡成本－效益分析

對於改進環境污染，可以有各種不同的計畫方案，評估各個計畫可能產生的所有預期成本與預期效益的折現值，而後決定採行的計畫，這稱之為成本—效益分析。通常對於效益與成本的差距或效益與成本之比率愈大的計畫，應愈優先採行。據此原則的改進環境計畫，將使社會的福利增加最大。

這種分析方法，時常遭遇到無法對各個計畫的效益與成本給予正確的定義、測度、及折現等問題，且有時基於其他因素的考慮而很難單純由成本—效益的分析確定計畫的優先次序 (priority)。

㈢成本－效果分析

如果一個環境改進的目標已經確定—例如，空氣污染或噪音要減少到某種程度——所需考慮的只是成本，那麼成本—效果分析將告訴我們選擇成本最小的用作改進環境計畫，其效果即是最好的。因此，成本—效果分析並非用以決定進行何種目標的環境改進，而是目標決定後再用以確定執行的計畫。

這種分析方法，其中成本的多寡與污染防治目標的高低有密切的關係，目標定得低，縱使成本小，對於污染防治並無多大助益；目標定得高，成本可能相當鉅大，而使得污染防治計畫難以執行。

二、可能的途徑

當代的人們對於經濟發展所產生的環境污染與生態破壞，已有深刻的認識，並體驗到其嚴重的後果。因此，有識之士與專家學者們提出各種主張，期能制訂有效的政策，以改進生態環境，提高人類生活的品質，恢復自然界的平衡，確保未來經濟發展的持續。一般而言，對於如何改進與防止環境的污染與生態的破壞，有以下幾個可能的途徑：

㈠對產生污染者徵稅

許多經濟學者主張製造污染的人，應該負擔污染的成本。當經濟主體在從事經濟活動時，產生的污染超過正常界限，應對其產生的污染予以徵稅，而使其成為經濟活動成本的一部分。如此，可以使污染成本內部化，而藉由價格機能來達到污染管制的目的。

對此主張，贊成者認為有幾點好處：①經由污染稅的徵收，可以對污染的產生有某種程度的管制作用；②對人口較密地區徵收較高的污染稅，人口較疏地區徵收較低的污染稅，可以鼓勵工廠遷出城市，有均勻分散污

染，使其不致過於集中而產生災害的作用；③污染稅成為廠商生產成本的一部分，將影響生產與價格的決策，可以刺激生產方法的改進以減少污染。

反對者認為：①並不是任何的污染均能予以發現測度，因此對有些污染無法徵稅；②除了污染稅外，勞工、原料的供給與市場等因素，更是影響廠商設廠位置的重要因素；③改進污染的收益與成本難以估計，無法對廠商的生產決策產生作用；④最適污染稅稅率難以決定。因此，徵收污染稅對社會產生的效益有限，執行上也相當困難。

㈡出售污染權利

如同產品在自由市場藉由價格機能決定價格一般，可以在一定時間，一定的地方，出售定量的污染許可權利，以管制污染。在出售之污染權利的數量一定下，需求愈多，價格愈高，需求愈少，價格愈低。如此，經由價格機能，由供需決定污染權利的價格，可以達到以價制量的目的。如果價格很高而使得財力較弱的廠商無法負擔時，為防止財力雄厚的廠商形成寡佔或獨佔，可採融資或某種形式的輔助措施，以使其有能力購買污染權利。

如果技術上的問題能夠克服（如污染的測度，約束廠商污染排放量不能超過所購買的權利），出售污染權利被認為是解決環境污染問題最有效率的方法。

㈢對改進污染予以補貼

對於進行改進污染的廠商，政府可以給予直接或間接之不同形式的補貼。例如，直接給付減少污染的支出，補貼污染防治設備，對改進污染設備免稅，對購買污染控制設備給予租稅扣抵 (tax credit)──即政府准許某項支出之全部或部分得以抵減應繳稅額的一種制度，並准其加速折舊等。這幾種補貼方案有幾點值得考慮：

⑴要減少污染至某一程度，直接給付補貼較之給予污染設備投資租稅扣抵為佳。因為前者能使廠商尋求最低成本的防治污染方法，後者則無此

種誘因。

(2)如果對於廠商的污染防治投資給予補貼，應該特別針對能夠增加收入或減少成本之可能提高利潤的設備予以補貼。如此，可以增加利潤，提高廠商改進污染的誘因。

(3)補貼給付應與正常的污染標準相聯繫，亦即接受補貼的污染者，應將污染減少至正常的標準以下，這樣的標準雖然難以訂定，但卻關係著補貼計畫能否有效執行。

(4)防治污染補貼給付，違反公平受益原則 (fair benefit principle)——尤其是以一般性的租稅收入支付補貼。雖然全社會由防治污染補貼得到受益，但是有人認為防治污染開支應是生產成本的一部分，應由購買此種產品的消費者負擔防治污染成本，而不應由社會全體負擔。

(5)如果對於廠商的防治污染投資設備予以間接租稅扣抵補貼，將違反公平原則。因為這樣的租稅扣抵，意謂著有些納稅人（非污染排放者）較其他的人（排放污染者）必須繳納更多的稅，這將使租稅制度受到扭曲，導致資源的錯誤分派。

基於以上的種種考慮，防治污染補貼計畫雖然常被建議，但不見得是最好的政策方針。

㈣直接管制

政府可以訴諸於立法的權力，訂定法令，使用許可證、區域管制、註冊登記、及強迫污染維持在某一標準內等方法，將公害、污染置於直接管制之下。對於違反者予以法律的制裁，以確保人們的健康與安全。

對於污染防治採取直接管制，有人認為將流於僵硬與缺乏效率的形式管制，污染防治成本無法達於最小，更須付出重大的監控與執行成本，因而肇致更嚴重的資源錯誤分派。例如，對污染徵稅同樣可以達到減少污染的目的，但與直接管制比較，前者讓廠商能有更大的自由來調整其生產。因此，在自由經濟的社會，應待一切市場取向機能 (market-oriented mechanism)

的措施均告失效後，才值得考慮採取直接管制措施。

　　污染稅、污染權利、補貼、或直接管制，何者是防治污染最有效的對策呢？污染有各種不同的種類與來源，應視污染的性質，對不同種類的污染，採取不同防治污染的政策措施，以達到最有效改善環境品質的目的。

重 要 名 詞

環境污染	零經濟成長
可再生資源	非再生資源
可回收資源	無法回收資源
排擠外部性	世代間外部性
公害	邊際成本—邊際收益分析
成本—效益分析	成本—效果分析

摘　　要

1. 增加產出是要付出代價的。在追求經濟成長的過程中，一個社會必須付出增加工作減少休閒、減少消費增加投資、犧牲目前等待未來、環境品質惡化、及犧牲安定等代價。

2. 自然資源按其性質可分為免費資源與稀少性資源、可再生資源與非再生資源，非再生資源又可分為可回收資源與無法回收資源。

3. 無論是可再生或非再生資源，對其採收具有排擠外部性與世代間外部性。因此，基於資源共享的理念，任何人、任何世代對於自然資源均不應過度耗用，而應保存、遺留適量的資源供其他的人及世代使用。

4. 由於人口不斷增加且集中、生產時只計私人成本而不計社會成本，乃在經濟成長的過程中導致環境污染與公害的問題日益嚴重。

5. 遵循邊際成本對邊際收益、或成本對效益、或成本對效果的分析，可以使改善環境污染或公害的成本最小，而獲得的利益最大。

6. 為了改進或防止環境的污染與生態的破壞，曾經提出的政策建議有：課徵污染稅、出售污染權利、對改進污染予以補貼、及直接管制。每一種政策均有利弊得失，至於何種政策最為有效，應視污染的種類與來源而定。

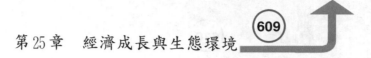

1. 在追求經濟成長的過程中，吾人必須付出那些代價？對於經濟成長與人類幸福你的看法如何？對於「零經濟成長」的主張，你的看法如何？

2. 按性質的不同，資源可分為那幾類？你對於不同資源的採收利用看法如何？

3. 為何許多國家環境污染、生態惡化的問題會日益嚴重呢？試提出你的看法。

4. 經濟成長與環境污染有何關係？你認為如何才能有效改善日益惡化的生態環境呢？

 臺灣經濟發展的歷程

　　個人努力奮鬥，克勤克儉，要由貧窮走向富裕之路並不難。但是，一個國家或社會的經濟發展並不如個人追求致富般容易，必須克服許多的困難與障礙，才得以走向成長之路，逐漸達到富裕強盛的境界。自第二次世界大戰後，世界各開發中國家無不在自力與外力的支援下，積極追求經濟發展。但是，經過 50 年，到了二十一世紀即將來臨的今天，真正能夠脫離惡性貧窮循環，達到自立成長的國家，猶如鳳毛麟角，屈指可數，我國便是這少數經濟發展成功的國家之一。我國經濟發展的成就，被讚為世界經濟發展的奇蹟，我們成功走向經濟發展的過程，則成為許多開發中國家追求經濟發展的借鏡。在本附錄我們將簡要介紹我國經濟發展的歷程，以瞭解我國的經濟發展策略與成果。

 經濟發展階段

　　依時間的先後次序及各時期經濟活動的特性，臺灣的經濟發展過程，大致可劃分為：①戰後重建，②進口替代，③出口擴張，及④第二次進口替代等不同的階段。

　　自 1945 年臺灣光復，1949 年中央政府自大陸播遷來臺，以至 1951

年,可說是臺灣經濟發展的戰後重建階段。第二次世界大戰期間,臺灣飽受盟軍的轟炸,泰半的公共設施及生產設備俱燬於炮火之中。日本投降,政府接收臺灣之時,滿目瘡痍,百廢待舉。接著,中共叛亂,大陸形勢逆轉,政府於 1949 年播遷來臺,大量的技術人力、管理人才、及資本也隨著政府撤退到臺灣,這些由大陸撤退來臺的人力與資本,注入了臺灣經濟發展的動力。初期積極從事戰後的重建工作,以戰前 1937 年的臺灣生產淨額為基準,1946 年只及 1937 年生產淨額的 55%,但到了 1950 年便達到了 105%,恢復了戰前生產的最高水準。至 1952 年,臺灣的生產淨額更高達 1937 年的 119%,由此開始邁向新階段的經濟成長之路。

　　1952 至 1960 年可以說是臺灣經濟發展的進口替代階段。在戰後重建時期,大部分的公共設施及生產設備不但均已重建,而且更替換新,生產能量提高,同時國內的有效需求市場也隨著復原而擴大。囚此,原本由國外大量進口的非耐久消費財,藉由保護政策的施行,便改由國內自行生產以減少進口,這就是所謂的進口替代。其結果是 1952 至 1958 年間消費財進口佔總進口的比率,持續地由 19.9% 降為 6.4%。進口替代的成功,一方面不僅可以創造國內的就業機會,增加生產,又可以減少當時極為匱乏的外匯支出。同時,更由於紡織、食品加工、塑膠、成衣、橡膠、鞋類、及木材製品等進口替代產業的發展成功,而使得工業產品佔出口的比重,由 1952 年的 8.1% 增加為 1960 年的 32.3%。

　　臺灣是一個海島型經濟,幅員狹小,天然資源貧乏,國內市場的吸納力有限。由於進口替代產業的快速擴張,至 1950 年代的末期,進口替代產業的國內市場已漸趨飽和,而必須另外尋求其他的市場。在此情況下,臺灣以其在進口替代階段已經建立的良好輕工業基礎,加上數量充沛、素質優良的便宜勞工,所生產的輕工業產品遂在國際市場上逐漸取得競爭的優勢,打開了國際市場,創造了大量勞力密集輕工業產品出口的局面,這一時期大致從 1961 至 1973 年,通常稱之為出口擴張階段。

　　至 1973 年,工業產品佔出口的比重達到 84.6%,出口佔國民生產毛

額的比重由 1952 年的 8.51% 提高為 1973 年的 47.22%。出口快速擴張的結果,使得平均每年經濟成長率由 1951 至 1960 年的 8.07% 提高為 1961 至 1970 年的 9.63%,每人實質所得平均每年成長率由 1951 至 1960 年的 4.27% 提高為 1961 至 1970 年的 7.30%,工業部門的成長率也相對的由平均每年 11.86% 提高為 16.47%。由於平均每人所得不斷的提高,相對地個人的平均儲蓄傾向也由 1952 年的 3% 提高為1973 年的 24%,資本形成毛額佔國民生產毛額的比重則由 1952 年的 15.3% 提高為 1973 年的 29.1%。

在出口快速擴張階段,進口以原料、零件、及機器設備為主,出口則以勞力密集的輕工業產品為主。這一階段工業生產的特色是投入大量非技術勞工,創造大量的就業機會,但產品的附加價值卻很低。經過十餘年的快速出口擴張帶動全面的經濟成長,整個經濟同時處於充分就業與物價穩定的狀態。但到了 1970 年代初期,國內外的經濟情勢發生重大的改變,臺灣的經濟受到很大的衝擊,而必須改弦易轍,另謀長期發展的途徑。

這些重大的變化,首先是長期勞力密集輕工業快速發展的結果,不斷吸收大量農業部門的剩餘勞力,而使工業部門的勞力供給逐漸感到短缺,工資因而不斷上漲,勞力密集的輕工業產品在國際市場上的競爭優勢逐漸喪失,這種情況更由於許多其他開發中國家開始積極利用其廉價的勞力,推動勞力密集出口產業而更顯得嚴重。其次,1973 年10 月中東戰爭爆發,引起石油危機,石油價格暴漲,導致世界經濟處於停滯膨脹的狀態,各先進工業國家為了彌補其大量石油進口而產生的國際收支逆差,遂採取限制國際貿易的措施,這也使得臺灣的勞力密集產品出口遭受極大不利的影響。在此情況下,為了提升我國經濟發展的程度,加強我國產品在國際市場的競爭能力,增加出口產品的附加價值,減輕對外貿易依賴的程度,提高經濟的自立性,繼續創造就業機會,工業發展的方向因而逐漸由勞力密集產品出口擴張的生產,轉移到原本進口的中間生產投入、零組件、基本原料、資本財、及耐久消費財的生產,稱為第二階段進口替代,以別於 1952 至 1960 年第一階段的非耐久消費財進口替代。在實施第二階段進口替代(約

自 1974 年開始）的同時，我們更致力於資本及技術密集工業的發展，推動
資本及技術密集產品的出口，以實現第二階段的出口擴張。

第 2 節　經濟結構的轉變

　　過去 50 年臺灣經濟發展的成果，可由表 1 顯示出來。在這 50 年間，
除少數幾年外，臺灣的實質國內生產毛額增加率（經濟成長率）與每人實
質國民所得增加率均相當高，失業率自 1965 年開始便一直低於 4% 而處於
充分就業的狀態，物價水準除了少數幾年超過兩位數字外，大多數的年份
均保持於相當穩定的水準，貿易餘額（出口減進口的差額）從 1971 年起，
除 1974 及 1975 年外，均為順差。這些經濟指標所顯示的經濟發展成果，
與世界其他各國比較起來，均有過之而無不及。

　　以下，我們要進一步由各種經濟統計資料的觀察，來證實臺灣的經濟由
落後、低度開發的狀態，轉變為進步、工業化的現代經濟結構。首先，由表
2 觀察生產結構之轉變。臺灣的經濟成長與生產結構的轉變有著密切的正相
關，快速的經濟成長伴隨著迅速的生產結構轉變。為便於觀察起見，我們
將全經濟劃分為農業、工業、及服務業三個部門。在 1952 年，各部門對國
內生產淨額的貢獻為：農業佔 32.2%，工業佔 19.7%，服務業佔 48.1%。
至 2002 年，農業、工業、及服務業對國內生產淨額的貢獻分別為 1.9%、
31.0%、及 67.1%，農業比重顯著下降，工業比重迅速上升，表示我國的經
濟結構已由農業生產為主、工業生產為輔的農業經濟，轉變為工業生產為
主，農業生產為輔的工業經濟，並進一步發展到以第三級產業為主的服務
業化經濟。

表 1 臺灣經濟發展之重要指標

單位: %; 百萬美元

項目 年度	(1) 經　濟 成長率 (%)	(2) 失業率 (%)	(3) 平均每人實質 所得增加率 (%)	(4) 消費者物 價上漲率 (%)	(5) 貿易餘額 （百萬美元）	
1952	12.0	4.37	8.9	−	−	71
1955	8.1	3.81	4.5	−	−	78
1960	6.3	3.98	2.2	18.5	−	133
1965	11.1	3.29	6.0	−0.1	−	106
1970	11.4	1.70	8.7	3.6	−	43
1974	1.2	1.53	−2.2	47.5	−	1,327
1975	4.9	2.40	2.1	5.2	−	643
1976	13.9	1.78	12.0	2.5	+	567
1977	10.2	1.76	7.4	7.0	+	850
1978	13.6	1.67	9.9	5.8	+	1,660
1979	8.2	1.27	6.5	9.8	+	1,329
1980	7.3	1.23	3.5	19.0	+	78
1981	6.2	1.36	2.4	16.3	+	1,412
1982	3.6	2.14	2.4	3.0	+	3,316
1983	8.4	2.71	6.8	1.4	+	4,836
1984	10.6	2.45	10.0	−0.04	+	8,497
1985	5.0	2.91	4.0	−0.2	+	10,624
1986	11.6	2.66	14.3	0.7	+	15,680
1987	12.7	1.97	11.7	0.5	+	18,695
1988	7.8	1.69	7.0	1.3	+	10,995
1989	8.2	1.57	7.2	4.4	+	14,039
1990	5.4	1.67	4.2	4.1	+	12,498
1991	7.6	1.51	6.2	3.6	+	13,318
1992	7.5	1.51	6.3	4.5	+	9,463
1993	7.0	1.45	6.0	2.9	+	8,030
1994	7.1	1.56	5.3	4.1	+	7,700
1995	6.4	1.79	4.1	3.7	+	8,109
1996	6.1	2.60	6.3	3.1	+	13,572
1997	6.7	2.72	5.8	0.9	+	7,656
1998	4.6	2.69	4.4	1.7	+	5,917
1999	5.4	2.92	2.9	0.2	+	10,901
2000	5.9	2.99	2.7	1.3	+	8,310
2001	−2.2	4.57	−2.5	−0.01	+	15,629
2002	3.5	5.17	2.9	−0.2	+	18,067

資料來源: 行政院經建會, *Taiwan Statistical Data Book 2003*。

表 2　各產業對國內生產淨額的貢獻

單位：%

業別\年度	總計	農業	工業				服務業				
			次總	製造業	營造業	水電燃業氣	次總	商業	運輸倉儲及通信業	政府服務	金融、保險及工商服務業
1952	100.0	32.2	19.7	12.9	3.9	0.9	48.1	17.9	4.2	9.6	9.6
1955	100.0	29.1	23.2	15.6	4.8	1.0	47.7	16.6	4.3	11.0	9.5
1960	100.0	28.5	26.9	19.1	3.9	1.7	44.6	15.3	4.7	10.7	8.9
1965	100.0	23.6	30.2	22.3	4.0	2.1	46.2	15.8	5.4	10.2	9.2
1970	100.0	15.5	36.8	29.2	3.9	2.4	47.7	14.5	6.0	11.5	9.8
1974	100.0	12.4	40.7	32.8	4.5	2.2	46.9	13.8	5.8	9.3	10.1
1975	100.0	12.7	39.9	30.9	5.3	2.6	47.4	13.2	6.0	10.5	10.5
1976	100.0	11.4	43.2	33.8	5.7	2.4	45.5	12.5	5.9	9.8	10.5
1977	100.0	10.6	44.0	34.2	6.1	2.5	45.4	12.4	5.9	9.7	10.6
1978	100.0	9.4	45.2	35.6	6.1	2.5	45.4	12.1	6.0	9.6	10.9
1979	100.0	8.6	45.3	35.9	6.2	2.3	46.1	12.3	5.9	9.7	12.1
1980	100.0	7.7	45.7	36.0	6.3	2.5	46.6	13.1	6.0	9.7	12.7
1981	100.0	7.3	45.5	35.6	5.7	3.3	47.2	13.3	6.0	10.4	13.8
1982	100.0	7.7	44.3	35.2	5.0	3.3	47.9	13.3	6.0	10.9	13.7
1983	100.0	7.3	45.0	35.9	4.6	3.7	47.7	13.0	6.0	10.5	13.1
1984	100.0	6.3	46.2	37.5	4.3	3.8	47.5	13.2	6.3	10.2	13.3
1985	100.0	5.8	46.3	37.6	4.1	4.0	47.9	13.3	6.4	10.3	13.8
1986	100.0	5.5	47.1	39.4	3.8	3.5	47.3	13.0	6.2	9.4	13.0
1987	100.0	5.3	46.7	38.9	3.9	3.4	48.0	12.9	6.1	8.9	13.6
1988	100.0	5.0	44.8	37.1	4.2	3.0	50.1	13.3	6.3	9.5	15.1
1989	100.0	4.9	42.3	34.6	4.5	2.9	52.8	13.5	6.2	9.7	17.6
1990	100.0	4.2	41.2	33.3	4.7	2.8	54.6	14.2	6.2	10.6	18.2
1991	100.0	3.8	41.1	33.3	4.7	2.7	55.1	14.6	6.2	11.1	17.8
1992	100.0	3.6	40.1	31.8	4.9	2.7	56.3	15.1	6.3	10.8	18.8
1993	100.0	3.6	39.3	30.6	5.3	2.7	57.0	15.3	6.3	10.5	19.4
1994	100.0	3.5	37.7	29.0	5.6	2.6	58.8	15.6	6.4	10.3	21.0
1995	100.0	3.5	36.4	27.9	5.4	2.6	60.1	16.3	6.4	10.4	21.4
1996	100.0	3.2	35.7	27.9	4.9	2.5	61.1	16.8	6.4	10.4	21.7
1997	100.0	2.5	35.3	27.8	4.7	2.4	62.1	17.2	6.4	10.2	22.8
1998	100.0	2.5	34.6	27.4	4.4	2.3	63.0	17.8	6.6	10.0	22.7
1999	100.0	2.6	33.2	26.6	3.9	2.2	64.3	18.5	6.7	10.2	22.9
2000	100.0	2.1	32.4	26.4	3.4	2.2	65.5	19.3	6.7	10.2	22.8
2001	100.0	1.9	31.1	25.6	2.9	2.2	67.0	19.3	6.9	10.6	23.3
2002	100.0	1.9	31.0	25.7	2.6	2.3	67.1	19.4	7.0	10.5	23.6

資料來源：行政院經建會，*Taiwan Statistical Data Book 2003*。

　　其次，由表 3 觀察勞動力就業結構之轉變，亦可以反映出臺灣經濟發展的特性。表內資料顯示，農業就業人口的比重，由 1952 年的 56.1% 降至 2002 年的 7.5%，工業及服務業的就業人口比重，則分別由 1952 年的 16.9% 及 27.0% 提高為 2002 年的 35.2% 及 57.3%。第二級與第三級產業就業人數比重的提高，表示一個國家的就業結構愈現代化，農業部門存在勞動力過剩或隱藏性失業的情形愈少。值得注意的是，臺灣農業就業人口的絕對數量於 1965 年首次減少，根據兩部門發展模型 (two-sector model)，這表示臺灣的經濟發展於此之際到達了轉捩點。

　　表 4 為臺灣對外貿易結構的改變。在 1960 年代之前，臺灣的出口主要以農產品及農產加工品為主，其佔出口的比例達 80% 以上。至 2002 年，臺灣的出口中，農產品及農產加工品所佔的比例只有 1.6%，而工業產品所佔的比例則高達 98.4%。這種資料顯示，臺灣已不同於一般開發中國家以初級產品及其加工品的出口為主，而是以工業產品出口為主的國家。過去臺灣出口的工業產品，主要是由國外進口原料、半製成品、零件，然後經過簡單裝配、加工而成的產品，是一種勞力密集而附加價值低的輕工業產品，這使得臺灣出口或進口總值佔國民生產毛額的比例偏高（很長一段時間達 50% 以上），顯示臺灣的經濟與國際貿易有極為密切的關係，並容易受到國際經濟情勢變動的感染與衝擊。近年來，由於經濟發展層次的提高、工資上漲，臺灣的出口產品已加速地由勞力密集轉變為資本、技術密集。

　　就進口產品結構觀察，在 1952 年進口產品中，資本財佔 14.2%，農工原料佔 65.9%，消費財佔 19.9%，至 2002 年進口產品中，資本財佔 23.0%，農工原料佔 67.1%，消費財只佔 9.3%。資料顯示在 1960 年代及 1970 年代初期，由於出口擴張的順暢，資本財進口的比例有顯著提高的趨勢，至 1970 年代中期後，由於我國第二次進口替代政策的推行，可以看出資本財進口的比例有下降的趨勢。農工原料進口的比例一直維持在 60～70% 之間，顯示臺灣自然資源稟賦的貧乏，因此，唯有進口大量的原料、中間投入，生產活動才能順利進行。消費財的進口比例在 1950 年代初期有非常顯

表 3　各產業的就業人數比重

單位：％

業別 / 年度	總計	第一級行業	第二級行業					第三級行業			
		農、林、漁、牧業	次總	礦業及土石採取業	製造業	營造業	水電燃氣業	次總	商業	運輸業	其他服務業
1952	100.0	56.1	16.9	1.9	12.4	2.4	0.2	27.0	10.6	3.4	13.0
1955	100.0	53.6	18.0	1.8	13.2	2.7	0.3	28.4	10.1	4.0	14.3
1960	100.0	50.2	20.5	2.3	14.8	3.1	0.3	29.3	10.0	4.4	14.9
1965	100.0	46.5	22.3	2.2	16.3	3.4	0.4	31.2	10.3	4.8	16.1
1970	100.0	36.7	28.0	1.6	20.9	5.1	0.4	35.3	13.6	5.4	16.3
1974	100.0	30.9	34.3	1.1	27.0	5.8	0.4	34.8	14.3	5.3	15.2
1975	100.0	30.4	34.9	1.1	27.5	5.9	0.4	34.7	14.1	5.7	14.9
1976	100.0	29.0	36.4	1.2	28.7	6.1	0.4	34.6	13.7	5.8	15.2
1977	100.0	26.7	37.6	1.0	29.5	6.7	0.4	35.7	14.5	5.7	15.5
1978	100.0	24.9	39.5	1.0	30.7	7.4	0.4	35.6	15.1	4.9	15.7
1979	100.0	21.5	41.6	0.9	32.4	7.9	0.4	36.9	15.8	5.2	16.0
1980	100.0	19.5	42.5	0.9	32.9	8.4	0.4	38.0	16.2	5.1	16.8
1981	100.0	18.8	42.4	0.8	32.4	8.7	0.4	38.8	16.6	5.1	17.1
1982	100.0	18.9	41.3	0.7	31.8	8.3	0.5	39.8	17.1	5.2	17.5
1983	100.0	18.6	41.1	0.7	32.3	7.8	0.5	40.2	17.4	5.1	17.7
1984	100.0	17.6	42.3	0.6	34.2	7.1	0.5	40.1	17.5	5.1	17.6
1985	100.0	17.5	41.6	0.5	33.7	7.0	0.5	41.0	17.9	5.2	17.9
1986	100.0	17.0	41.6	0.4	34.1	6.6	0.4	41.4	17.7	5.3	18.4
1987	100.0	15.3	42.8	0.4	35.2	6.8	0.4	42.0	17.8	5.2	18.9
1988	100.0	13.7	42.5	0.3	34.6	7.1	0.4	43.8	18.9	5.2	19.7
1989	100.0	12.9	42.1	0.3	33.9	7.5	0.4	45.0	19.4	5.2	20.3
1990	100.0	12.8	40.8	0.2	32.0	8.1	0.4	46.3	19.6	5.3	21.4
1991	100.0	13.0	39.9	0.2	30.8	8.5	0.4	47.1	20.3	5.3	21.5
1992	100.0	12.3	39.6	0.2	29.9	9.0	0.4	48.1	20.5	5.2	22.3
1993	100.0	11.5	39.1	0.2	28.4	10.1	0.4	49.4	20.7	5.3	23.5
1994	100.0	10.9	39.2	0.2	27.8	10.8	0.4	49.8	21.0	5.3	23.6
1995	100.0	10.5	38.7	0.2	27.1	11.1	0.4	50.7	21.2	5.2	24.3
1996	100.0	10.1	37.5	0.2	26.7	10.2	0.4	52.4	21.8	5.2	25.4
1997	100.0	9.6	38.2	0.1	28.0	9.6	0.4	52.3	21.7	5.1	25.4
1998	100.0	8.8	37.9	0.1	28.1	9.3	0.4	53.2	22.0	5.1	26.1
1999	100.0	8.3	37.2	0.1	27.7	9.0	0.4	54.5	22.7	5.1	26.7
2000	100.0	7.8	37.2	0.1	28.0	8.8	0.4	55.0	22.8	5.1	27.1
2001	100.0	7.5	36.0	0.1	27.6	8.0	0.4	56.5	23.1	5.2	28.2
2002	100.0	7.5	35.2	0.1	27.1	7.7	0.4	57.3	24.0	5.0	28.2

資料來源：同表 2。

表 4　貿易結構之轉變

單位: %

項目\年度	輸			出	輸		入
	總計	農產品	農產加工品	工業產品	資本財	農產及工業原料	消費財
1952	100.0	22.1	69.8	8.1	14.2	65.9	19.9
1955	100.0	28.1	61.5	10.4	16.5	74.7	8.8
1960	100.0	12.0	55.7	32.3	27.9	64.0	8.1
1965	100.0	23.6	30.4	46.0	29.3	65.6	5.1
1970	100.0	8.6	12.8	78.6	32.3	62.8	4.9
1974	100.0	4.8	10.7	84.5	30.7	62.4	6.9
1975	100.0	5.6	10.8	83.6	30.6	62.6	6.8
1976	100.0	5.0	7.4	87.6	29.1	64.7	6.2
1977	100.0	5.4	7.1	87.5	25.8	66.4	7.8
1978	100.0	5.0	5.8	89.2	24.7	68.5	6.8
1979	100.0	4.4	5.1	90.5	24.6	69.0	6.4
1980	100.0	3.6	5.6	90.8	23.4	70.8	5.8
1981	100.0	2.6	4.6	92.8	16.2	76.9	6.9
1982	100.0	2.0	5.1	92.9	16.3	75.5	8.2
1983	100.0	1.9	4.8	93.3	13.9	78.3	7.8
1984	100.0	1.7	4.3	94.0	13.6	78.6	7.8
1985	100.0	1.6	4.5	93.9	14.1	76.9	9.0
1986	100.0	1.6	4.9	93.5	15.0	75.6	9.4
1987	100.0	1.3	4.8	93.9	16.0	74.1	9.9
1988	100.0	1.4	4.1	94.5	14.9	73.7	11.4
1989	100.0	0.7	3.9	95.4	16.4	72.1	11.5
1990	100.0	0.7	3.8	95.5	17.5	70.4	12.0
1991	100.0	0.7	4.0	95.3	16.7	72.4	10.9
1992	100.0	0.6	3.7	95.7	17.9	69.3	12.8
1993	100.0	0.6	3.5	95.9	16.8	70.2	12.8
1994	100.0	0.5	3.6	95.9	15.9	70.7	13.4
1995	100.0	0.4	3.4	96.2	16.3	72.0	11.7
1996	100.0	0.4	3.1	96.5	17.9	69.0	13.1
1997	100.0	0.3	1.8	97.9	19.0	67.4	13.6
1998	100.0	0.3	1.5	98.2	23.2	63.8	13.0
1999	100.0	0.3	1.3	98.4	26.4	64.1	9.5
2000	100.0	0.2	1.2	98.6	28.0	64.1	7.8
2001	100.0	0.2	1.4	98.4	25.0	65.7	9.2
2002	100.0	0.2	1.3	98.4	23.0	67.1	9.3

資料來源: 同表 2。

著的下降，而後一直維持相當平穩的水準。近年來，由於政府推動產業國
際化與貿易自由化，關稅水準不斷降低，消費財的進口遂有增加的趨勢。
由於國民所得水準的提高，臺灣消費財的進口結構，必然由早期的以進口
生活必需品為主轉變到目前的以進口高級耐久消費財為主的情況，這正是
臺灣消費水準在質的方面提高的必然結果。

　　最後，由表 5 及表 6 可以看出臺灣人口結構的現代化與就業人力素質
的提高。表 5 顯示，自 1952 年開始，臺灣人口的出生率、死亡率、及自
然增加率分別由 4.66%、0.99%、及 3.67 % 不斷地下降。至 2002 年，出
生率為 1.10%，死亡率為 0.57%，人口自然增加率為0.53%。 15～64 歲適
於參加經濟活動之人口佔總人口的比重也由 1952 年的 55.1% 提高為 2002
年的 70.6%。這種人口結構的轉變，乃是一個國家經濟與社會結構現代化
的必然趨勢。

　　由於 15～64 歲人口在總人口中的比重持續提高，使得臺灣的依賴人口
指數 (dependent population index)──15 歲以下及 65 歲以上人口數佔 15
至 64 歲工作年齡人口數的比例──從 1952 年的81.3% 下降至 2002 年的
41.7%，顯示工作人口生活負擔的減輕，儲蓄能力得以提高，人口結構漸趨
健全。

　　表 6 顯示，臺灣就業的人口中，大專及以上教育程度者所佔的比例，
由 1978 年的 8.5%，提高為 2002 年的 30.2%；高中與高職教育程度者所
佔比例由 1978 年的 16.7% 提高為 2002 年的 36.2%；國中及以下教育程
度者所佔的比例由 1978 年的 74.8%，持續下降為2002 年的 33.6%，這種
現象顯示我國教育普及，專門及技術人力供給持續增加，就業人力的素質
不斷提高，快速的經濟成長與經濟結構的改變因而得以實現。

表5 人口結構之轉變

單位：%

項目 年度	出生率	死亡率	人口自然 增 加 率	15～64歲 人 口 佔 總人口的 比　　例	依賴人口 比　　例
1952	4.66	0.99	3.67	55.1	81.3
1955	4.53	0.86	3.67	54.1	84.7
1960	3.95	0.70	3.25	52.1	92.0
1965	3.27	0.55	2.72	52.5	90.6
1970	2.72	0.49	2.23	57.4	74.2
1974	2.34	0.48	1.86	60.4	65.4
1975	2.30	0.47	1.83	61.2	63.4
1976	2.59	0.47	2.12	61.7	62.1
1977	2.38	0.48	1.90	62.3	60.7
1978	2.41	0.47	1.94	62.8	59.3
1979	2.44	0.47	1.97	63.2	58.3
1980	2.34	0.48	1.86	63.6	57.2
1981	2.30	0.48	1.82	64.0	56.3
1982	2.21	0.48	1.73	64.2	55.7
1983	2.06	0.49	1.57	64.5	54.9
1984	1.96	0.48	1.48	65.0	53.9
1985	1.80	0.48	1.32	65.4	53.0
1986	1.59	0.49	1.10	65.7	52.1
1987	1.60	0.49	1.11	66.1	51.3
1988	1.72	0.51	1.21	66.3	50.8
1989	1.57	0.51	1.06	66.6	50.2
1990	1.66	0.52	1.13	66.7	49.9
1991	1.57	0.52	1.05	67.1	48.9
1992	1.55	0.53	1.02	67.4	48.3
1993	1.56	0.53	1.03	67.8	47.6
1994	1.53	0.54	0.99	68.2	46.6
1995	1.55	0.56	0.99	68.6	45.8
1996	1.52	0.57	0.95	69.0	44.9
1997	1.51	0.56	0.95	69.3	44.2
1998	1.24	0.56	0.68	69.8	43.3
1999	1.29	0.57	0.72	70.1	42.6
2000	1.38	0.57	0.81	70.3	42.3
2001	1.17	0.57	0.59	70.4	42.1
2002	1.10	0.57	0.53	70.6	41.7

資料來源：同表 2。

表 6　就業人力素質之轉變

單位: %

項目＼年度	總計	國中及以下				高中與高職			大專及以上		
		次總	不識字與自修	國小	國中	次總	高中	高職	次總	專科	大學及以上
1978	100.0	74.8	11.8	45.6	17.3	16.7	6.1	10.6	8.5	4.3	4.3
1979	100.0	73.1	10.8	43.9	18.4	18.0	6.3	11.6	9.0	4.5	4.5
1980	100.0	70.1	9.8	41.5	18.8	19.5	6.9	12.7	10.4	5.3	5.1
1981	100.0	68.8	9.4	40.2	19.2	20.4	7.1	13.2	10.9	5.6	5.2
1982	100.0	67.3	8.9	39.1	19.4	21.5	7.2	14.3	11.1	5.9	5.3
1983	100.0	66.1	8.9	37.8	19.3	22.4	7.0	15.4	11.5	6.0	5.5
1984	100.0	64.5	8.6	36.5	19.5	23.4	7.2	16.3	12.1	6.4	5.7
1985	100.0	63.3	8.2	35.2	19.9	24.2	7.2	17.0	12.5	6.9	5.6
1986	100.0	61.6	7.9	33.7	19.9	25.5	7.2	18.2	12.9	7.1	5.8
1987	100.0	59.6	7.1	32.6	19.8	26.6	7.4	19.2	13.8	7.7	6.2
1988	100.0	57.4	6.2	31.4	19.8	27.9	7.8	20.0	14.7	8.2	6.6
1989	100.0	55.7	5.6	30.2	19.9	28.9	8.0	20.9	15.3	8.5	6.8
1990	100.0	53.8	5.1	28.8	19.9	29.9	8.5	21.4	16.3	9.2	7.2
1991	100.0	52.8	4.6	28.1	20.2	30.5	8.8	21.6	16.7	9.5	7.2
1992	100.0	51.1	4.2	26.6	20.4	31.2	8.6	22.5	17.7	10.2	7.4
1993	100.0	48.8	3.8	25.0	20.0	32.3	8.7	23.6	19.0	10.9	8.1
1994	100.0	47.7	3.5	24.0	20.2	32.7	8.7	24.1	19.6	11.4	8.2
1995	100.0	46.2	3.3	22.8	20.1	33.2	8.5	24.7	20.6	11.8	8.8
1996	100.0	43.6	3.0	21.2	19.4	34.1	8.7	25.5	22.3	12.8	9.5
1997	100.0	42.3	2.8	20.2	19.2	33.9	8.8	25.1	23.9	13.6	10.2
1998	100.0	40.5	2.6	18.8	19.1	34.6	9.2	25.4	24.9	14.1	10.8
1999	100.0	38.5	2.1	17.3	19.1	35.3	9.3	26.0	26.2	14.9	11.3
2000	100.0	37.1	1.9	16.3	18.9	35.6	9.2	26.3	27.4	15.5	11.8
2001	100.0	35.4	1.6	15.4	18.3	35.9	9.2	26.8	28.7	16.3	12.5
2002	100.0	33.6	1.5	14.6	17.4	36.2	9.1	27.2	30.2	16.7	13.4

資料來源: 同表 2。

第 3 節 經濟發展策略

　　與臺灣具備同樣甚或更好經濟發展條件的國家並不少，但真正能同臺灣一樣經濟發展成功的國家並不多。因為經濟成長並非自發而生的，它需要主觀與客觀因素，內在與外在力量的配合，才得以成功。唯有正確經濟發展策略的執行，才能使一個國家原本存在有利的潛在經濟發展因素，發揮積極推動經濟成長的力量，對經濟發展有所貢獻。臺灣所具有的經濟發展條件並非理想，但由於經濟發展策略的正確，彌補了先天的缺陷，形成有利的經濟發展環境，帶動經濟快速的成長。這些經濟發展策略，可以簡述如下：

一、農業政策

　　在 1950 年代初期，農業部門無論在生產、就業、或對外貿易方面，均佔有很大的比重，但此時農業部門的資源並沒有獲得充分及有效的利用，閒置或低度利用的情況普遍存在。

　　一個長期以農業生產為主的國家，要想工業化，發展經濟，其所需的資源唯有從農業部門獲得。路易斯 (W. A. Lewis) 的兩部門模型經濟發展理論認為，一個落後經濟的農業部門往往存在大量剩餘的隱藏性失業勞動力，能否將農業部門這些缺乏生產性的剩餘勞動力移轉到工業部門成為生產性的勞動力，將是落後國家經濟發展能否成功的關鍵所在。這種利用農業部門剩餘勞動以發展經濟的理論，就是我國在經濟發展過程中所秉持的「以農業培養工業，以工業發展農業」政策的具體化表現。

　　由於許多極為成功的農業政策的施行，使得戰後臺灣農業穩定成長。

1953 至 1986 年，我國農業生產增加了 2 倍，平均每年增加 3.4%，較全世界的平均 2.4% 高出甚多[1]。因此，農業部門得以移轉出大量的人力與資本供工業部門發展之用。這些農業政策主要有：

(一)土地改革

從 1949 年開始，土地改革分三七五減租（1949 年）、公地放領（1951年）及耕者有其田（1953 年）三個步驟完成。此舉不僅提高農民生產意願，增加農民所得，更因配合耕者有其田政策的施行，向地主徵收土地是以公營事業股票與實物債券作為補償，因此將農業資金轉化為工業資金，並增進了全面的所得公平分配。

(二)施行稻穀價格管制

經由田賦徵實，隨賦收購，肥料換穀等措施，政府以較低價格將農村剩餘稻穀予以收購。如此，一方面政府掌握了糧源，糧食價格得以維持穩定，工資、物價上漲的壓力乃得減輕；一方面以低價收購稻穀，可說是一種隱藏性的稻穀稅 (hidden rice tax)，不僅政府取得大量收入，更使農業部門的剩餘轉移到非農業部門，作為該部門的資本形成。

(三)成立農復會（即農委會的前身）

我國政府在美國的協助下於 1948 年成立中國農村復興聯合委員會（簡稱農復會），負責農業政策的制訂與執行，輔導農民健全組織，引進新的農業生產技術及品種，推動農業公共基礎建設及改進農產品產銷制度，對於農業的生產與分配有重大的貢獻。

---

[1] 請參閱行政院經建會(1987)，《中華民國臺灣地區經濟現代化的歷程》，頁 25。

㈣有效運用美援

自 1951 至 1965 年，臺灣共接受大約 14 億美元的援助，這筆款項後來成為農復會執行各種農業計畫的主要經費來源。因此，美援對於臺灣農業的發展及資本形成，扮演一個相當重要的角色。

二、工業政策

工業化與經濟發展往往被用作替代語。因此，進口替代、出口擴張、第二階段進口替代、及第二階段出口擴張的臺灣經濟發展階段，也就代表臺灣工業化的過程與策略。

為了吸收農村大量剩餘勞力，節省有限的外匯開支，發展技術簡單、所需資本不多的勞力密集進口替代工業，為工業化起始時最適當的策略。1950 年代初期，成功的農業政策與高度的農業成長，奠定了發展進口替代工業的基礎。由於農業成長使得：①糧價穩定，減輕工業部門工資上漲的壓力，②農村繁榮，農民所得提高，為非耐久消費財提供了廣大的市場，③農業部門有剩餘的資金與勞動力移轉到非農業部門，及④地主將其資本與時間投入工業的生產。再加上政府於農村地區大力推行交通、運輸、水、電等公共基礎設施和建設，舉辦各種技術、管理訓練，勞力密集的輕工業因此得以在城市以外的農村地區普遍發展起來。進口替代工業的發展成功，不僅節省當時極為匱乏的外匯支出，解決農村嚴重的剩餘勞動的就業問題，更因工廠普遍分散設於農村地區，開展了農民的非農業所得來源，提高了農民所得，對於平均所得分配有很大的貢獻。

朝野上下深深瞭解到，幅員狹小的臺灣，唯有以出口貿易為導向才能產生足夠的有效需求，經濟才能持續成長、繁榮。因此，在 1950 年代末期國內市場漸趨飽和之際，我國便著重出口貿易的擴展，經過一番努力，終於創造 1960 年代輝煌的出口擴張時代，使得臺灣的經濟更加快速成長，工

業化的基礎更加穩固。基於長久經濟發展的經驗，衡量國內外經濟情勢的變動，政府更於 1970 年代開始推動第二階段的進口替代與出口擴張，這種循序漸進的工業化政策，成為眾多開發中國家尋求經濟發展的楷模。

三、財政及金融政策

穩定中求發展，一直是臺灣追求經濟發展所秉持的原則。事實上，在 1950 及 1960 年代的快速經濟成長過程中，我們確實同時達到了穩定與成長的雙重目標，而這是一般經濟學家認為不可能實現的。

除了實質部門外，一個經濟社會的穩定與成長，與貨幣部門亦息息相關。此外，政府的財政政策在經濟發展過程中，也扮演著重要的角色。臺灣光復初期，受到大陸動亂的影響，物價膨脹之風高漲。政府遷臺後，乃於 1949 年施行貨幣改革，採行現行的新臺幣制度[2]，使得物價膨脹率由 1951 至 1960 年的每年平均約為 9.9%，降為 1961 至 1970 年的每年平均約為 3.4%。在這一段期間，平均儲蓄傾向則由每年平均 4.1% 提高為 12.4%，政府預算與國際收支也由赤字轉為日後的持續盈餘。

在 1950 與 1960 年代中，臺灣的物價膨脹率能夠維持相當低的水準，儲蓄率能夠不斷提高，資本形成能夠快速增長，主要得力於下列幾個因素：

(1)新臺幣幣值穩定，利率維持高的水準（中央銀行的重貼現率， 1951 至 1960 年年息平均 24.27%， 1961 至 1970 年年息平均 12.11%， 1971 至 1980 年年息平均 10.00%）及政府的租稅鼓勵，提高了人們儲蓄的意願[3] 。

---

[2] 臺灣省政府於 1949 年 6 月15 日頒佈「新臺幣發行辦法」，實施幣制改革。規定以新臺幣1 元折合舊臺幣 4 萬元兌換率，並脫離法幣而與美元聯繫，規定每美元兌新臺幣 5 元。請參閱❶一書，頁 88。

[3] 1950 年3 月 25 日政府實施優利儲蓄存款辦法，一月期定存利率提高達月息 7%，折合年率高達 125%，而將社會上過多的貨幣加以吸收，這對抑制物價膨脹與穩定金融有很大的幫助。 1952 年，社會大眾對新臺幣信心逐漸產生，政府乃逐步降低優利存款利率。 1958 年底，優利存款停辦，而將其納入定期存款。以上請參閱❶一書，頁 88。

⑵貨幣供給能夠適當的擴充（貨幣供給成長率， 1951 至 1960 年每年平均 23.77%， 1961 至 1970 年每年平均 19.05%， 1971 至 1980 年每年平均 25.90%），滿足了經濟快速發展所增加的資金需求。

⑶金融機構快速發展（金融機構於 1952 年 682 家， 1961 年 714 家， 1973 年 932 家， 1981 年 1,093 家），提供了企業發展所需的資金，並將家計部門的儲蓄資金轉化為企業資本。

⑷各種有利的租稅獎勵措施，鼓勵資本快速形成。

⑸政府預算與國際收支的轉絀為盈，亦幫助了資本的形成。

四、貿易政策

資源貧乏、國內市場狹小的國家，唯有藉助國際貿易來擴展市場，才能促進經濟發展。在 1950 年代初期，臺灣農村有大量的剩餘勞力，外匯短缺，出口以稻米、蔗糖、及農產加工品為主，進口則絕大部分為民生必需品的非耐久消費財。為了解決農村勞動力的就業問題，節省外匯支出，提高經濟的自立性及促進生產的多元化，政府遂於此時採取嚴格的外匯與進口管制，並採高關稅政策，以保護本國勞力密集的非耐久消費財進口替代工業的發展。

至 1950 年代末期，進口替代工業產品的國內市場已逐漸趨於飽和。為了經濟能夠持續發展，唯有打開國際市場，政府為了出口擴張所作的努力計有：

㈠施行單一匯率

在 1950 年代初期，政府為了節省外匯支出，管制進口，實施了一套極為複雜的複式匯率制度，對不同的進出口產品分別採用不同的匯率，這對於國際貿易的進行有很不利的影響。因此，要能順利拓展貿易，首先必須劃一匯率，政府乃於 1961 年毅然改行單一匯率制度（中央銀行對外匯率掛

牌每 1 美元兌換新臺幣 40 元），鋪平了拓展對外貿易的道路。

㈡建立加工出口區與保稅工廠及倉庫

政府為鼓勵出口，凡為出口生產而在加工出口區設廠者，可以：①豁免進出口之數量管制，②出口廠商為購買設備及原料，如自己提供外匯，得免除外匯管制，③豁免進口關稅及有關稅捐，④外商利潤和資本可以自由匯出，⑤以低廉的租金提供廠商工廠用地，及⑥廠商可以 10 年分期付款的方式，向加工區請購標準廠房。

加工區的設置不僅創造大量的就業機會，並吸收大量的外資，提高我國的生產技術水準，對於出口擴張達成相當良好的績效。

㈢出口低利貸款

自 1957 年 6 月，臺灣銀行開始執行出口貸款計畫，對外銷廠商提供長期出口低利貸款，融資金額不斷增加，貸款利率亦較一般利率為低。這種出口低利貸款，是一種出口補貼，降低出口成本，增強出口品在國際市場上的競爭力。

㈣出口退稅

凡用於生產出口品之進口原料或中間投入的關稅與出口品的國內稅捐（貨物稅），得於產品出口後，辦理退稅。出口退稅減輕生產成本，增加出口商利潤，對於拓展輸出有很大的鼓勵作用。

㈤其他措施

諸如成立商品檢驗局，頒佈獎勵投資條例，由政府機構舉辦輸出保險，以及各種租稅減免獎勵措施（如每年出口收入的 2% 可自課稅所得中扣除，製造業、礦業、及手工藝業之產品出口佔其總產量 50% 以上時，准予減除所得稅 10%），均直接或間接降低出口廠商的生產成本，提高出口產品的

國際競爭能力，增加其稅後盈餘❹ 。凡此，對於增強投資誘因，加速資本形成與出口擴張，均有很大的激勵作用。

五、教育政策

人力資源不僅決定於數量，素質更為重要。臺灣之所以能夠成功地發展勞力密集輕工業，並使工業逐漸升級，得力於擁有數量豐富、勤奮守紀與素質優良的勞動力。

人力素質的培養，根本在於教育。政府自遷臺以來，對教育的推展，一直不遺餘力。根據統計資料，自 1952 至 2002 年，各級公私立學校，從 1,769 所增加為 8,222 所；在同一期間，在學學生人數由 1,187,858 人增加至 5,376,947 人。快速的教育成長中，又以專科以上的學校擴充特別迅速。在 1952 年，臺灣只有 8 所大專院校，該年度在學學生人數只有10,037 人。至 2002 年，大專院校已增至 154 所，在學學生人數增加至1,157,718 人。高等教育的快速擴張，提高了勞動力的素質，使得經濟發展所需的專門技術與管理人才的供應不虞匱乏。

人力資源是臺灣唯一最充沛的重要資源。過去臺灣經濟能夠快速發展，與人力資源獲得相當充分而有效的利用具有相當重大的關係，而人力資源的素質優良，又與教育的普及和水準的提高密不可分。今後臺灣經濟能否繼續健全發展，人力資源的充分和有效利用仍將是關鍵之所在。為了因應臺灣經濟結構朝向資本與技術密集方向的轉變，我們的教育政策應作及時相應的調整，以便受過各種教育的人力供給能夠與經濟活動的需要相配合。

---

❹ 請參閱❶一書，頁 56。

第 4 節　經濟發展與經濟福利

一、生活水準的提升

經濟發展只是一種手段，其終極目標在於提高人民的經濟福利。如果經濟成長的果實不能為社會大眾所享有，那麼經濟成長帶給人們的只是犧牲消費、增加工作、及生態破壞的痛苦。在歷經 50 年的經濟發展努力之後，臺灣人民的經濟福祉大幅提高，除了總體產出（GDP）鉅幅增加外，每人產出、所得、消費、及儲蓄也都大幅提升。全體國民在食、衣、住、行、育、樂及衛生保健方面的享用，不論是數量或品質均增長很多，社會保險與福利支出的比重也不斷提高，顯示政府對於老弱殘障、低所得階層、及弱勢團體的照顧日益重視。統計資料在在顯示，經濟發展的結果，我國國民除了有形的物質享受增加外，無形的精神生活品質亦不斷地改善。

在所得水準不斷提高之際，臺灣的所得分配也日趨平均。在 1966 年，臺灣以 5 分位法（即將地區家庭按所得大小依次排列，分成 5 個等分，每個等分包括 20% 家庭，而以收入最高 20% 家庭的平均每戶所得，與收入最低 20% 家庭的平均每戶所得之比，代表高低所得的差距，比例愈大表示所得分配愈不平均，比例愈小表示所得分配愈平均）表示的高低所得差距為 5.25 倍，至 1976 年降為 4.18 倍而成為全世界所得分配最平均的地區。但是， 1980 年代中期的股票、不動產價格狂飆，使得臺灣的所得分配急速惡化； 1990 年代產業結構的改變（傳統產業沒落、高科技產業興起），更使得高低所得差距至 2002 年時回升至 6.16 倍。所得分配的惡化，政府應予以重視，並謀求對策改善。

二、生活素質的改變

　　生活水準——尤其是物質生活——的提升並不一定表示生活素質 (quality of life) 的提高。除物質與精神生活外，生態環境更是決定生活品質高低的重要因素。過去 50 年，臺灣在追求經濟成長、提高物質享受方面有很好的表現，但這並不表示我們的生活素質亦等比例的提高。在過去的大部分時間，臺灣幾乎以追求快速經濟成長為唯一的目標，結果是經濟快速成長的目標達到了，但卻付出了生態環境嚴重破壞的鉅大代價。

　　由於在追求經濟成長的過程中疏於生態環境的維護，導致臺灣空氣污染、水污染、農地污染（毒化）、噪音、擁擠、山坡地濫墾、水土流失，以及垃圾處理、社會秩序與犯罪等方面的惡化。如果將這些負產出考慮在內，在經濟發展的過程中，臺灣全面性的生活素質可能不僅沒有提升，反而會有些微的惡化。

　　維護生態環境已成為國際間的共識。臺灣的經濟成長表現受到國際間的讚賞，但其生態環境的破壞卻被國際間引以為戒。目前先進國家時常以臺灣為例，提醒開發中國家不應一味追求實物產出的增加，而應兼顧生態環境的維護。這些先進國家，近年大都能致力於公害的消除與生態環境的維護及改進，而享有良好的生活品質。因此，今後我們應加倍努力改善生態環境，以提高生活素質，並早日進入先進國家之林。

第26章　國際貿易

國際經濟學(international economics) 是經濟學的一個重要學門，是總體與個體經濟理論的應用，其研究的內容主要有國際貿易(international trade) 和國際金融(international finance) 兩大部分。在本章，我們將對國際貿易的發生及其經濟後果作一簡單的介紹[1]。

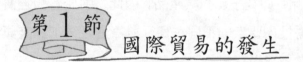
第1節　國際貿易的發生

一、國際貿易的源起

無論是個人或區域，自給自足的生產與福利總不如分工專業而後交易來得大。就一個閉鎖經濟而言，國內個人或區域之間，各按所長實行分工專業生產，而後進行交易，必能增進資源的有效利用，提高社會的產出與

---

[1] 欲進一步深入瞭解國際貿易理論，可參閱歐陽勛、黃仁德 (1996)，《國際貿易理論與政策》。臺北：三民書局。

福利，這種國內個人與區域之間分工專業與貿易的原理，同樣適用於國與國之間的關係上。

　　國際社會各個不同主權國家，就如同一個閉鎖經濟裏的不同個人或區域一樣，可分別按其生產之所長，進行國際生產的分工專業，而後再行貿易，互通有無。如此，各國必能以國際貿易為手段，實現促進資源有效利用、增加產出、提高福利的理想。國際貿易之所以必須發生，乃是由於下列幾點原因：

㈠各國經濟資源稟賦不同

　　人力、資本、土地、及企業家精神等生產要素在世界各國的分配並不均勻，各國的經濟資源稟賦差異極大。有的國家擁有廣大的肥沃土地——如澳大利亞，有利於生產土地密集 (land intensive) 的產品，如牛、羊等畜牧業；有的國家累積有數量鉅大的資本——如美國，有利於生產資本密集 (capital intensive) 的產品，如汽車、鋼鐵、化學、及電腦等產品；有的國家有豐富的人力資源——如大部分的開發中國家，有利於生產勞動密集 (labor intensive) 的產品，如鞋子、紡織產品。因此，由於各國經濟資源稟賦與各種產品生產所需投入要素的不同，實行國際生產分工專業與產品貿易，顯然較各國自給自足來得有利。

㈡國與國之間生產要素缺乏流動性

　　如果生產要素在國與國之間能夠自由且容易流動，那麼或許可以生產要素的移動來取代產品的貿易。但事實上，生產要素在國家之間不如在國內流動那樣來得容易。因此，有必要以財貨與勞務之國際貿易來彌補國際間生產要素流動性缺乏的不足。

㈢有效生產各種產品所需的技術與投入不同

　　有些產品的生產，是國內目前的技術水準或所具有的經濟資源所無法

進行或必須花費鉅大成本才能生產的，因此唯有進行國際貿易，以有易無，以彼之長補己之短，最為有利。由於生產技術與經濟資源稟賦會隨著時間的推進而改變，因此每個國家有利於專業生產的產品種類也會發生改變，國際貿易型態也就因時而有所不同。

二、絕對利益法則

曾有許多經濟學者試圖對於國際貿易的產生，提出理論的說明。其中以亞當史密斯最早有系統地根據勞動價值說，提出絕對利益法則(principle of absolute advantage) 來說明國際貿易的發生。何謂勞動價值說？嚴格而言，它是指：

⑴勞動是唯一有產出報酬的生產要素，只有勞動構成生產的成本，產品價值的高低，完全取決於生產時使用勞動量的多少。

⑵所有的勞動都是同質並獲得相同的工資報酬。

⑶每一單位產品生產所需的勞動投入數量維持不變，即每單位產品的實質成本固定。

根據此說，假設甲國及乙國將相同數量的勞動投入，全部用於生產 A 或 B 產品，可以得到表 26-1 的產出：

表 26-1　絕對利益法則（相同數量勞動投入的產出）

國別＼產品	A 產品	B 產品	P_B/P_A
甲　國	⑮⓪	30	5.0
乙　國	40	㊵	1.0

註：有○號者代表絕對利益之所在。

表26-1 顯示，相同數量的勞動投入，甲國全部用於生產 A 產品可以得到 150單位，生產 B 產品可以得到30 單位；乙國全部用於生產 A 產品可以得到 40單位，生產 B 產品也同樣可以得到 40 單位。顯然地，甲國

對 A 產品的生產具有絕對利益，乙國對 B 產品的生產具有絕對利益。在這情況下，甲國應完全專業於 A 產品的生產，乙國應完全專業於 B 產品的生產，而後進行國際貿易，甲國出口 A 產品向乙國換取所需的 B 產品進口，乙國出口 B 產品向甲國換取所需的 A 產品進口。

貿易前，甲國的國內交換比率(domestic exchange ratio) 為 5 單位 A 產品交換1 單位 B 產品，即 B 產品對 A 產品的價比為 $P_B/P_A = 5.0$；貿易後，甲國可以少於 5 單位的 A 產品來交換 1 單位的 B 產品。貿易前，乙國 1 單位的 B 產品可交換 1 單位的 A 產品，即 B 產品對 A 產品的價比為 $P_B/P_A = 1.0$；貿易後，乙國 1 單位的 B 產品可交換 1 單位以上的 A 產品。因此，兩國均專業於生產本國具有絕對利益的產品而後進行貿易，可以發揮生產的最大效率，使兩國的生產與消費同時增加，互蒙其利。

三、比較利益法則

李嘉圖同樣根據勞動價值說，提出比較利益法則(principle of comparative advantage) 來說明國際貿易的發生。假設，甲國及乙國將相同數量的勞動投入，全部用於生產 A 或 B 產品，可以得到表 26-2 的產出：

表 26-2　比較利益法則（相同數量勞動投入的產出）

產品 國別	A 產品	B 產品	P_B/P_A
甲　國	(150)	50	3.0
乙　國	40	(40)	1.0

註：有○號者代表比較利益之所在。

表26-2 顯示，甲國無論生產 A 或 B 產品均具有絕對利益。在此情況下，國際間是否就不會有分工專業與貿易發生呢？李嘉圖認為，只要自由貿易，並不一定所有的產品均在成本最低的國家生產。雖然甲國對兩種產品的生產均具有絕對利益，但可在兩利中選擇利益較大者從事專業生產；

乙國對兩種產品的生產均為絕對不利，但可在兩不利中選擇不利較小者從事專業生產。

　　如表 26–2，就 A 產品而言，甲國對乙國的比較利益為150 比 40 或 3.75 比 1；就 B 產品而言，甲國對乙國的比較利益為 50 比 40 或 1.25 比 1。顯然地，甲國生產 A 產品的比較利益較 B 產品來得大，應專業生產 A 產品；乙國生產 B 產品的比較不利較小，應專業生產 B 產品。因此，在相同數量的勞動投入下，只要兩國對兩種產品之產出相對比率不同，就會有比較利益發生。

　　其次，就貿易來看。如果沒有貿易發生，甲國國內的交換比率為 1 單位的 A 產品交換 1/3 單位的 B 產品，乙國國內的交換比率為 1 單位的 B 產產品交換 1 單位的 A 產品。貿易發生後，甲國可以1 單位的 A 產品交換 1/3 以上單位的 B 產品，乙國可以 1 單位的B 產品交換 1 單位以上的 A 產品。因此，只要兩個國家之兩種產品的國內交換比率不同，就可以進行貿易，而有貿易利得產生。

　　如果甲國及乙國將相同數量的勞動投入，全部用於生產 A 或 B 產品而得到表 26–3 的結果：

表 26–3　等成本差異（相同數量勞動投入的產出）

國別 ＼ 產品	A 產品	B 產品	P_B/P_A
甲　國	150	50	3.0
乙　國	120	40	3.0

表26–3 顯示，A 與 B 兩種產品的生產，甲國均具有絕對利益，並有相同的比較利益（150 比 120 等於 50 比 40），這種情形稱之為等成本差異 (equal cost-difference)。這將導致甲國國內兩種產品的交換比率與乙國相同，均為 3 單位的 A 交換 1 單位的B。在此情況下，A 與 B 兩種產品的國內交換比率與國外交換比率一樣，實在沒有進行國際貿易的必要，國

際貿易因此不會發生。

由以上的討論可以看出，有比較利益必有絕對利益，但有絕對利益不一定有比較利益（如表 26-3 的等成本差異）。至於有無貿易發生，則須視貿易前兩國的國內交換比率是否相同而定。

四、赫克紹—歐林模型

絕對利益與比較利益兩種古典理論以勞動生產力的不同，來說明國際貿易的發生。但是，產品生產所需的投入往往非僅勞動一種，資源稟賦、技術水準、資本累積等，在在影響生產的效率，從而決定生產的絕對及比較利益。當代國際貿易理論努力的重點之一，就是試圖從一般均衡的觀點，來發掘絕對及比較利益產生的根源，闡述國際分工與貿易的道理。在這方面有重大貢獻的是兩位瑞典的經濟學家赫克紹 (Eli Heckscher) 與歐林 (Bertil Ohlin)。

根據赫克紹—歐林模型 (Heckscher-Ohlin model)，在兩個國家，兩種生產要素（資本及勞動），兩種產品（資本密集財及勞動密集財）的情況下，國際貿易發生的原因為：①兩國的相對要素稟賦比率 (relative factor endowment ratio)（即所擁有之資本對勞動的比率）不同，且②不同產品生產所需的要素比例或密集度 (factor proportion or intensity) 不同——即資本—勞動比率不同。在此情況下，一個國家在生產相對密集使用其要素稟賦相對豐富的產品上具有比較利益，有利於專業生產並出口此種產品，這就是赫克紹—歐林定理 (Heckscher-Ohlin theorem)。舉例言之，如我國較美國有相對豐富的人力資源稟賦，即我國的勞動—資本稟賦比率大於美國，因此對於生產密集使用勞動的輕工業產品具有比較利益，適於出口勞動密集的輕工業產品。由此可知，赫克紹—歐林模型以資源稟賦與產品生產所需的要素密集度不同，來說明各國比較利益（成本）發生的原因。

在兩國的生產要素同質，生產要素可在國內自由移動，但國際間不能

自由移動的情況下，根據赫克紹—歐林模型，自由貿易的結果不僅使兩國產品的價格趨於均等，兩國生產要素的價格也將趨於均等，這就是通常所稱的要素價格均等化定理 (factor price equalization theorem)。

　　例如，與美國比較，我國勞動相對於資本豐富，工資水準較低，利率水準較高；美國資本相對於勞動豐富，利率水準較低，工資水準較高。我國出口勞動密集產品到美國，國內供給因而減少，價格上升；美國進口勞動密集產品，其國內供給增加，價格下降，最後兩國勞動密集產品的價格將趨於均等。同樣地，美國出口資本密集產品，其國內供給減小，價格上升；我國進口資本密集產品，國內供給增加，價格下降，最後兩國資本密集產品的價格將趨於均等。

　　在兩國產品貿易的過程中，我國增加勞動密集產品的生產以供出口，對勞動的需求增加，而使工資上漲；美國進口勞動密集產品，其國內對勞動的需求因而減少，而使工資下跌，兩國的工資水準因而漸趨均等。同樣地，美國出口資本密集產品使其利率上升，我國進口資本密集產品而使利率下降，最後兩國利率水準趨於均等。因此，國際貿易對一國相對豐富的生產要素，可提高其報酬，對該要素有利；對相對稀少的生產要素，降低其報酬，對該要素不利。

　　總言之，赫克紹—歐林模型即是在要素稟賦上尋求貿易發生的原因，而在要素價格均等化上發掘貿易的後果。

五、產業內貿易理論

　　產業內貿易理論 (intra-industry trade theory) 有時又被稱為異樣化產品理論 (differentiated product theory)，是當前國際貿易理論最熱門的課題之一。此一理論不同於傳統的李嘉圖及赫克紹—歐林理論，傳統理論著重產業間貿易 (inter-industry trade) 的探討，即貿易與國分別出口與進口不同產業的產品，國際間進行不同產業的分工；晚近的產業內貿易理論，則著

重貿易與國同時出口與進口同一產業的產品，國際間進行同產業的產品異樣化競爭，並認為這是更符合現實情況的國際貿易型態。

產業內貿易在先進工業化國家之間非常的普遍。例如，美國由日本進口汽車，亦出口汽車到日本；我國由美國進口電腦，但亦出口電腦到美國。最普遍被用來解釋產業內貿易之理論為規模報酬遞增與不完全競爭。對各別廠商而言，規模報酬遞增有外部的與內部的兩種，前者將可使市場繼續維持完全競爭，後者則將肇致市場不完全競爭（如壟斷性競爭、寡佔、或獨佔）。

設貿易前，兩國分別生產布與汽車。布為勞動密集財，生產為固定規模報酬，市場為完全競爭；汽車為資本密集財，生產為規模報酬遞增，市場為壟斷性競爭；每一廠商生產的汽車只有些微的不同（例如，只有顏色不同）；每一國家的消費者各有不同的偏好——如有人喜好白色車，有人喜好紅色車。國際貿易後，根據赫克紹—歐林定理，勞動豐富的國家將出口布，進口汽車，即兩國間發生產業間的貿易。但是，根據規模報酬遞增與不完全競爭理論，勞動豐富的國家仍然會出口一些汽車以交換資本豐富之國家的汽車，即兩國會發生產業內的貿易。

國際貿易之後，兩國的汽車廠商面對更廣大的市場，相互競爭的結果，有的廠商生產規模可以擴大，有的廠商生產規模則維持不變或縮小。規模報酬遞增使擴大生產規模之廠商的生產成本、產品價格下降，生產相同產品（如同一顏色的車）而生產規模不變（或縮小）之本國與外國的汽車廠商將因此遭淘汰。如此，最後本國與外國的汽車生產將各自專於某些類型（或顏色）發展。因此，國際貿易型態將是資本豐富的國家出口不同類型的汽車以交換勞動豐富國家的布與其他類型的汽車，產業內貿易（兩國間不同顏色的汽車貿易）於是發生。

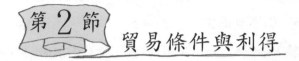

一、貿易條件之決定

各國根據比較利益決定專業生產的產品後，進一步便是進行國際貿易，以取得本國需要但生產缺乏的產品。發生貿易後，兩國間進口產品與出口產品的交換比率（或進口產品與出口產品之價格指數的比率），亦即貿易條件 (terms of trade)，如何決定呢？以表 26–2 的數據說明之。

甲國生產 A 產品具有比較利益，國內價比為 $3A:1B$；乙國生產 B 產品具有比較利益，國內價比為 $1A:1B$。因為 $3A:1B$ 不等於 $1A:1B$，故兩國間有專業生產與貿易發生。當甲國專業生產 A 產品以出口換取乙國的 B 產品時，只要能以少於 3 單位的 A 產品而換得 1 單位的 B 產品，就有貿易利得，最有利的情況是能夠以 1 單位的 A 產品換得 1 單位的 B 產品。當乙國專業生產 B 產品以出口換取甲國的 A 產品時，只要 1 單位的 B 產品能換得 1 單位以上的 A 產品，就有貿易利得，最有利的情況是能夠以 1 單位的 B 產品換得 3 單位的 A 產品。因此，兩國的貿易條件，以甲國的國內交換比率 $3A:1B$ 為上限，以乙國的國內交換比率 $1A:1B$ 為下限，均衡的貿易條件——即能使兩國彼此進口與出口數量相等的交換比率，必須介於上限與下限之間。

貿易對兩國均有利，或至少對一方有利，對另一方無損，通常是對兩國均有利，只是雙方利得有大有小。貿易條件愈接近甲國貿易前的國內交換比率，貿易對乙國愈有利；反之，貿易條件愈接近乙國貿易前的國內交換比率，貿易對甲國愈有利。若貿易條件等於乙國貿易前的國內交換比率，

則貿易利益全歸甲國所獨得，乙國未得到貿易利益，但亦無損失；若貿易
條件等於甲國貿易前的國內交換比率，則貿易利益全歸乙國所獨得，甲國
未得到貿易利益，但亦無損失。

　　古典經濟理論大師彌勒 (J. S. Mill) 曾提出交互需求法則 (law of reciprocal
demand) 來說明貿易條件決定的原則。所謂交互需求法則是指：一國的貿
易條件有利與否，端視貿易雙方交互需求的強弱程度而定。甲國對乙國出
口品的需求愈弱，乙國對甲國出口品的需求愈強，則所決定的貿易條件對
甲國愈有利，甲國的貿易利益愈大；反之，甲國對乙國出口品的需求愈強，
乙國對甲國出口品的需求愈弱，則所決定的貿易條件對乙國愈有利，乙國
的貿易利益也愈大。事實上，貿易條件通常是市場價格機能運作的結果，
而以兩國國內貿易前的交換比率，作為上限與下限。

二、貿易利得的歸宿

　　假設全世界只有甲與乙兩個國家，則進行分工專業生產與國際貿易後，
對全世界、甲國、及乙國產生的利益，稱之為貿易利得(gains from trade)。
以下我們根據勞動價值說，以表 26-2 的兩國比較利益模型，來說明貿易利
得。

　　根據勞動價值說，甲國與乙國生產 A 或 B 兩種產品均為固定成本，
即機會成本不變， A 與 B 產品的邊際轉換率不變，生產可能曲線為一直
線。因此，將表 26-2 中的數據以圖形表示，得到甲國的生產可能曲線為圖
26-1 的 EE' 直線，其斜率等於貿易前的國內價比 $3A:1B$；乙國的生產可
能曲線為圖26-2 的 FF' 直線，其斜率等於貿易前的國內價比 $1A:1B$。

　　在沒有貿易發生之前，國內的需求就決定了國內的生產，即消費點等於
生產點。如圖 26-1 與圖 26-2 的 C 點，同時代表甲國與乙國貿易前之生產
與消費的產品組合點。根據上節貿易發生的假設，發生貿易後，在固定成本
的情形下，兩國必然形成完全專業 (complete specialization) 生產，即甲國

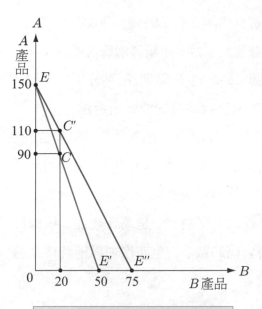

圖 26-1　甲國的國際貿易利得

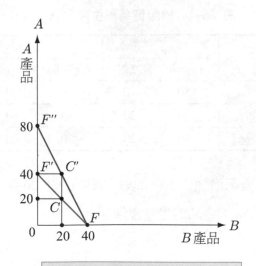

圖 26-2　乙國的國際貿易利得

完全專業生產且出口 A 產品，而進口 B 產品；乙國完全專業生產且出口 B 產品，而進口 A 產品。在貿易前，甲國國內交換比率為 3A : 1B，乙國為 1A : 1B。貿易後，假設兩國決定的貿易條件為2A : 1B，則在兩國的生產可能曲線外，分別可以得到 EE″ 與 FF″ 的貿易可能線 (trading possibilities

line)，其斜率等於貿易條件 $2A:1B$，表示兩國從事分工專業生產而後貿易，所能達到的產品消費組合，故又可稱為消費可能線(consumption possibilities line)。圖 26-1 及圖 26-2 的 E 點與 F 點分別代表兩國貿易後的專業生產點， C' 點分別代表兩國貿易後的消費組合點。

就個別國家的貿易利得而言，因為貿易可能線位於生產可能曲線之外，表示消費水準能夠大於生產水準，兩國的人民均可以較低的代價獲得所需的另一種產品，社會的經濟福利因而提高。就全世界的貿易利得而言，可以分成兩部分，一是生產增加，一是消費增加。根據圖 26-1 與圖26-2 的生產點及消費點所對應的數字，生產增加與消費增加分別為：

㈠生產增加

表 26-4　國際貿易與生產利得

	甲 國		乙 國	
	A產品	B產品	A產品	B產品
貿易後	150	0	0	40
貿易前	90	20	20	20
生產改變	+60	−20	−20	+20

上表中，「＋」表示增加，「－」表示減少。表 26-4 顯示，從生產來看，貿易利得使全世界 A 產品的生產淨增加 40 單位 ($60 - 20 = 40$)， B 產品的生產維持不變 ($20 - 20 = 0$)。

㈡消費增加

表 26-5 國際貿易與消費利得

	甲國		乙國	
	A產品	B產品	A產品	B產品
貿易後	110	20	40	20
貿易前	90	20	20	20
消費改變	+20	0	+20	0

表 26–5 顯示，從消費來看，貿易利得使全世界 A 產品的消費淨增加 40 單位，等於生產淨增加的數量，甲國與乙國分別各增加了 20 單位的 A 產品消費， B 產品的消費則維持不變。

又根據表 26–4 與表 26–5 可知，在 $2A:1B$ 的貿易條件下，甲國出口 40 單位 A 產品 $(150-110)$，換取乙國出口的 20 單位 B 產品 $(40-20)$；乙國由甲國進口 40 單位 A 產品，同時出口 20 單位的 B 產品。甲國的出口等於乙國的進口，乙國的出口等於甲國的進口，故 $2A:1B$ 為一均衡的貿易條件。綜合以上所論，可歸納各國依據比較利益進行國際貿易的經濟後果或影響如下：

1.實行國際分工，促進各國專業生產，有利於生產技術的進步

2.使世界總產出增加，消費增加，全世界福利水準提高

總產出增加是由於各國將資源由生產比較不利的產品移轉於生產比較有利的產品，使得一定存量的國際總資源獲得更充分有效派用的結果。消費增加是由於各國人民可以更低的價格獲得所需產品的結果。貿易國的生產與消費增加，其社會的經濟福利也必然隨之提高。

3.產品價格均等

在自由貿易的前提假設下，國際生產分工專業與貿易的結果，可使各貿易品的價格在國際間趨於均等。

4.要素價格均等

雖然生產要素在國際間並不能自由移動，但產品自由貿易的結果，同樣能使各國的要素價格趨於均等。

以上各論點唯有在沒有運輸費用、充分就業、完全競爭、兩國偏好相同、及自由貿易等假設下，才能成立。事實上，在真實的國際經濟社會，這些條件往往不能滿足，因此實際的國際貿易後果與理論的假說也就不盡相符。

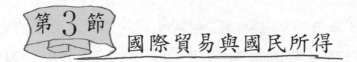

第3節　國際貿易與國民所得

國際貿易除了影響一國的資源派用、消費水準、產品與要素價格外，也會經由影響總需求，而使一國的產出、所得、及就業水準發生變化。

一、國際貿易與均衡國民所得之決定

在閉鎖經濟下，當國內總產出供給等於國內總開支需求，或國內總挹注等於國內總漏巵時，國民所得水準達到均衡。圖 26–3(a)，消費 (C)、自發性投資 (I)、及政府開支 (G)，構成國內總開支，與 45° 線交於 E 點，決定均衡國民所得水準 Y^*。圖26–3(b)，自發性投資與政府開支構成國內總挹注，儲蓄 (S) 及租稅 (T) 構成國內的總漏巵，兩者交於 E' 點，同樣決定 Y^* 的均衡國民所得水準。

在開放經濟下，出口代表外國對本國產品的需求，會提高本國的有效需求，使本國的產出、所得、及就業水準提高，故出口是本國所得的一種挹注；進口代表本國對外國產品的需求，會降低對本國產品的有效需求，使本國的產出、所得、及就業水準下降，故進口是本國所得的一種漏巵。

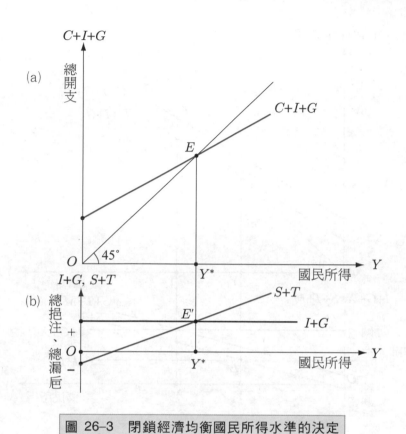

圖 26-3　閉鎖經濟均衡國民所得水準的決定

假設本國國內的消費、自發性投資、政府開支、儲蓄、及租稅，在國際貿易發生後維持不變，考慮進口與出口後的均衡國民所得水準變化如圖 26-4 所示。貿易前，國內總產出等於國內總開支，或國內總挹注等於國內總漏巵所決定的均衡國民所得水準為 Y_1。貿易後，總開支曲線由 $C+I+G$ 升為 $C+I+G+X_n$，X_n 代表使本國總需求增加之出口與進口的差額——淨出口，與 45°線交於 F 點，決定均衡國民所得水準 Y_2；或總挹注曲線由 $I+G$ 升為 $I+G+X$，X 代表出口，總漏巵曲線由 $S+T$ 升為 $S+T+M$，M 代表進口，兩者交於 F' 點，同樣決定均衡國民所得水準 Y_2。在 Y_2 國民所得水準，由圖 26-4(a)可知淨出口等於 FK；由圖 26-4(b)可知出口等於 $F'R$，進口等於 $F'K'$，兩者差額 $K'R$ 即為淨出口 FK，又稱貿易順差 (trade surplus)。

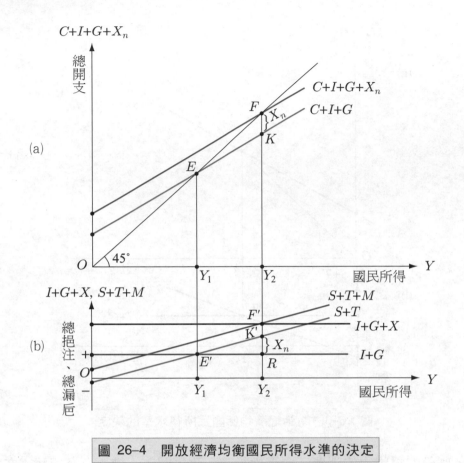

圖 26-4　開放經濟均衡國民所得水準的決定

二、國際貿易的乘數效果

由圖 26-5 可知，在其他開支項目不變下，若出口增加或進口減少，使淨出口由 X_n 增加為 X_n'，則總開支曲線由 $C+I+G+X_n$ 升為 $C+I+G+X_n'$，均衡國民所得由 Y_2 提高為 Y_2'；若出口減少或進口增加，使淨出口由 X_n 減少為 X_n''，則總開支曲線由 $C+I+G+X_n$ 降為 $C+I+G+X_n''$，均衡國民所得由 Y_2 下降為 Y_2''。顯然地，由圖可知國民所得的變化量大於淨出口的變化量，這種由於淨出口的變化而使國民所得變量成倍數改變的現象，稱之為對外貿易乘數 (foreign trade multiplier)，或開放經濟乘數 (open-economy multiplier)。

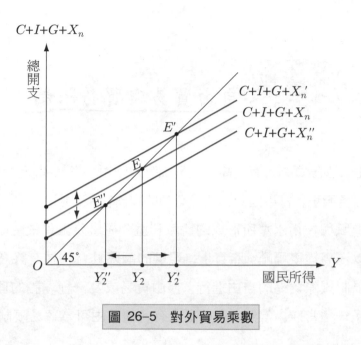

圖 26-5　對外貿易乘數

　　淨出口增加使本國生產增加，所得提高。國民所得提高後，一方面對國內產品的需求增加，有效需求進一步增加，國民所得進一步提高；一方面對國外產品的需求增加，進口因而增加，使本國有效需求減少，國民所得下降。考慮這兩種引申效果後，淨出口增加 1 單位，使國民所得增加的數量——即對外貿易乘數 (F) 等於：

$$F = \frac{1}{MPS + MPM} > 1$$

　　上式中，MPS 代表國內邊際儲蓄傾向，MPM 代表本國邊際進口傾向 (marginal propensity to import)，即所得每變化 1 單位所引起進口變化的比率，$MPM = \dfrac{\Delta M}{\Delta Y}$，$\Delta Y$ 代表所得變量，ΔM 代表進口變量。因為 $MPM > 0$, $MPS + MPM > MPS$，故開放經濟有效需求變動所產生的乘數效果 $\dfrac{1}{MPS + MPM}$ 小於閉鎖經濟有效需求變動所產生的乘數效果 $\dfrac{1}{MPS}$。

第4節 自由貿易與貿易限制

　　理論上，國際貿易具有提高世界資源有效派用，增加國際生產與消費，促進國際經濟競爭，打破國內獨佔等有利的經濟後果。因此，照理各國應依據其資源稟賦與技術水準所形成的比較利益，從事分工專業生產，進行自由貿易，以提高經濟福祉。事實上，現實的國際社會往往有許多的貿易障礙存在，限制國際貿易的自由進行，自由貿易成為一種理論的理想，貿易限制反而是一種常態。當然，事實上也有各種理由可為貿易限制作辯護。

一、貿易障礙的種類

　　阻礙國際貿易自由進行的障礙，有價格與數量兩種被運用的主要政策工具，前者經由改變進口與出口產品的價格，後者經由直接限制進口與出口產品的數量，來達到限制貿易的目的。價格的政策工具包括進口關稅 (import tariff)、出口關稅 (export tariff)、進口補貼 (import subsidy)、及出口補貼 (export subsidy)；數量的政策工具則指進口配額 (import quota) 與出口配額 (export quota)。

　　關稅是政府對進口（或出口）產品所課的稅，其目的主要在於提高進口（或出口）產品的價格，以減少進口（或出口）的數量。關稅可能是從量關稅——即對每單位進口（或出口）產品課一定量的稅，可能是從價關稅——根據進口（或出口）產品的價值課稅。政府課徵關稅或是為了取得收入，或是為了保護國內產業。以取得收入為目的的關稅，稱之為收入關稅 (revenue tariffs)，通常是針對國內沒有生產的進口品所課徵，其稅率通常並不很高；以保護國內產業為目的的關稅，稱之為保護關稅 (protective tariffs)，是為了保護國內產業免於外國產品激烈競爭所課徵，其稅率通常較收入關稅為高，主要在於使外國產品在本國市場的競爭遭受不利的影響。

補貼可視為負的關稅(negative tariffs)，亦有從量或從價補貼之分，其目的則在於降低進口（或出口）產品的價格，以鼓勵增加進口（或出口）。配額是指在一段時間內，某一種產品所能進口或出口的最大數量限制。配額通常較關稅更能阻礙國際貿易的進行，因為關稅並不能有效地限制貿易數量，而配額則能視實際的需要完全實現所要限制的貿易數量。

除關稅、配額、補貼等阻礙自由貿易的政策工具外，尚有行政方面的留難，如簽證；衛生方面的留難，如檢疫等貿易障礙存在。任何形式的貿易障礙存在，均將使國際生產專業與自由貿易的利益無法完全實現，對國際資源的派用與全世界人民的福利，均有不利的影響。

二、限制貿易論

根據比較利益進行國際分工專業生產與自由貿易，對國際社會所產生的經濟福利，是無庸置疑的。但是，每有學者或利益團體提出各種的理由，認為在某些情況下，限制貿易比自由貿易對本國比較有利。這些論點除特殊情況外，往往是一種似是而非，侷促於狹隘、短期的觀點。以下我們就保護主義者主張限制貿易的理由加以簡單介紹。

1.幼稚工業論 (infant-industry argument)

幼稚工業是指尚在發展中而無法與外國高效率產業競爭的產業。因此，幼稚工業論者主張，為了使本國的幼稚工業能有生存、發展的機會，應以關稅或配額手段，暫時保護其免於受到外國高效率產業的競爭，直到發展具有生產技術效率與經濟規模而能與外國產業競爭為止。

2.國家安全論 (national-security argument)

國家安全論者主張應以關稅保護生產民生必需與軍用國防需要的產業，使其生產達到自給自足的目標。

3.經濟多樣化論(diversified-economy argument)

高度專業化的經濟——如巴西的咖啡經濟、智利的銅礦經濟、及中東的石油經濟，其產品的出口與價格容易遭受國際市場波動的影響，對該國所得與就業的穩定有相當不利的影響。因此，經濟多樣化論者主張：藉保護關稅推動本國生產活動多樣化，將有助於國內經濟的穩定。

4.保護就業論 (employment-protection argument)

持此論者認為，保護關稅或配額的實施，可以使進口減少，增加國內有效需求，使產業擴張，而使本國就業、生產與所得水準提高。

5.保護工資論 (wage-protection argument)

保護工資論者認為，工資水準高的國家無法與工資水準低的國家相競爭，故有必要以關稅或配額來保護本國工資較高的勞工，使其免於受到外國低工資產品的競爭。

6.技術傳播論 (technology-diffusion argument)

技術傳播論者認為先進工業國家的產品具有比較利益乃是技術領先的結果。但在世界各國交往快速、頻繁，多國公司普遍存在的現代，技術知識的傳播非常迅速，由技術領先所具有的比較利益很容易喪失。除非經常有創新發生，不斷產生比較利益，否則出口競爭能力無法長久維持。據此，保護主義者認為，自由貿易將產生很大的風險，工業先進國家的產品組合與資源派用難以跟隨比較利益快速的變遷而調整，自由貿易的結果將使經濟結構失調與資源失業。

諸如此類，吾人尚可提出各種限制貿易的理由，但綜合以上各種限制貿易論點，可見大都只考慮到保護關稅或配額的短期、直接效果，而沒有顧及到長期、間接的不良影響。無論保護論者提出何種理由，總是無法抹煞自由貿易能使各國產出與消費增加，世界資源更加有效利用的事實。此外，在長期間，一個國家為了出口就必須進口的事實，也是不容保護主義者忽略的。

三、區域經濟整合

　　自由貿易可以使世界及各國的福利水準達到最大，但是，在現實的經濟社會，貿易障礙處處存在，全世界及各國的經濟福利因而降低。各國為了謀求提高社會福利水準，而尋求貿易自由化。為達到此一目標，國際間大致朝兩個不同的途徑進行，一是國際性的途徑，即透過關稅暨貿易總協定 (General Agreement on Tariffs and Trade, *GATT*) 尋求各國關稅與非關稅貿易障礙的消除或減讓，例如甘迺迪回合 (Kennedy Round)、東京回合 (Tokyo Round)、烏拉圭回合 (Uruguay Round)等多邊貿易談判均是❷；一是區域性的途徑，即尋求區域經濟整合，形成區域性的貿易集團，對內自由貿易，對外仍維持貿易障礙。

　　按組織性質的不同，區域經濟整合可以分為以下幾類：

1.自由貿易區 (free-trade area)

　　即兩個以上的國家，彼此之間商品貿易的關稅完全去除，但對外仍然個別維持原來的關稅。例如，1960 年成立的歐洲自由貿易區（或協會）(European Free Trade Area or Association, *EFTA*) 即是。自由貿易區會產生貿易偏轉 (trade deflection) 的問題，即非會員國的產品將由關稅較低的會員國進口，而後再間接轉運至關稅較高的會員國，如此將形成關稅收入與所得重分配不公平的現象。為防止此一缺失，必須嚴格巡查邊界，或是要求產地證明書 (certificates of origin)，以減少轉運的發生，但並無法完全禁絕貿易偏轉的發生。

2.關稅同盟 (customs union)

　　即兩個以上的國家，不僅彼此之間商品貿易的關稅完全廢除，並且對外採取共同一致的關稅。與自由貿易區比較，關稅同盟將無貿易偏轉的問

---

❷ 關稅暨貿易總協定已從 1995 年開始改制為世界貿易組織 (World Trade Organization, *WTO*)。

題存在。

3.共同市場 (common market)

即較關稅同盟再更進一步，將合作推展至生產要素在會員國之間可以自由移動而沒有任何的限制。

4.經濟同盟 (economic union)

即由共同市場再更進一步推展至會員國採行一致的財政、貨幣、及社會經濟政策。這是經濟整合的最高境界，會員國使用共同的通貨（或會員國通貨之間匯率永久完全固定），建立單一的貨幣銀行制度，放棄經濟政策的自主權，而由超國家的機構決定同盟內及同盟對外的一切經濟決策。

一種組織較為不完全的經濟同盟為貨幣同盟 (monetary union)──會員國使用共同的通貨（或會員國通貨之間的匯率永久完全固定）並採行協調的貨幣與財政政策。但完全的經濟同盟不僅是要求會員國之經濟政策的協調而已，更進一步要求會員國經濟政策自主權的放棄，故經濟同盟是較貨幣同盟範圍更廣、要求更嚴的一種經濟整合組織。比利時、盧森堡、及荷蘭曾於 1960 年組成經濟同盟，美國的聯邦組織被視為是如同經濟同盟的典範，歐洲共同市場 (European Common Market) 的長期目標即在於達成經濟同盟的理想。

目前全世界最為成功、著名的區域經濟整合組織為歐洲共同市場。為朝向經濟同盟發展，歐洲共同市場於1987 年通過單一歐洲法案(Single European Act, SEA)，從 1994 年 1 月開始組成世界最大的單一市場──歐洲經濟區 (European Economic Area, EEA)，廢除所有的貿易障礙，整個區域不再有內部的疆界，所有的財貨、勞務、人員、及資本均可於區域內自由移動。歐洲共同市場於 1991 年通過歐洲聯盟條約，一般稱為馬斯垂克條約(Maastricht Treaty)，此條約於 1993 年 11 月生效後，歐洲共同市場正式名稱改為歐洲聯盟(European Union, EU)，簡稱歐盟。歐洲聯盟 15 個國家中的 11 個國家從 1999 年 1 月開始實施單一貨幣制度，以歐元(Euro) 為共同的通貨單位，實現成為一經濟暨貨幣同盟的組織。

重要名詞

閉鎖經濟	開放經濟
勞動價值說	絕對利益法則
比較利益法則	國內交換比率
赫克紹—歐林模型	產業內貿易理論
相對要素稟賦比率	要素密集度
產品價格均等	要素價格均等
貿易條件	交互需求法則
貿易利得	貿易可能線
消費可能線	對外貿易乘數
關稅	補貼
配額	收入關稅
保護關稅	幼稚工業
自由貿易區	關稅同盟
共同市場	經濟同盟
貨幣同盟	歐元

摘　　　要

1. 基於各國經濟資源稟賦不同、國與國之間生產要素缺乏流動性、及有效生產各種產品所需的技術與投入不同等原因，將全世界看成一體，實施分工專業生產而後進行國際貿易，必可增進世界與各國的福利。

2. 亞當史密斯首先根據勞動價值說，提出絕對利益法則，認為各國專業於其具有絕對利益產品的生產而後進行國際貿易，可以發揮生產的最大效率並使各國的消費增加。

3. 李嘉圖同樣根據勞動價值說，提出比較利益法則，認為只要各國間有比較利益發生，各國專業於其比較利益最大或比較不利最小產品的生產，而後進行國際貿易，即可獲得國際貿易利得。

4. 兩國對於兩種產品的生產，有比較利益必有絕對利益發生，但有絕對利益並不一定有比較利益發生。有無國際貿易發生，則視貿易前兩國的國內交換比率是否相同而定，不相同才會發生貿易。

5. 赫克紹─歐林模型對於比較利益之所以發生提出了資源稟賦差異的解釋。在一定的前提假設下，只要兩國的相對要素稟賦比率不同與生產各種產品的要素比例或密集度不同，一個國家在生產相對密集使用其要素稟賦相對豐富的產品上具有比較利益，可專業生產並出口此種產品。

6. 根據赫克紹─歐林模型，自由貿易的結果，不僅各國的產品價格趨於均等，兩國生產要素的價格也將趨於均等。因此，國際貿易可以提高一國相對豐富要素的報酬，降低其相對稀少要素的報酬。

7. 產業內貿易理論根據各國的消費者偏好不同、規模報酬遞增、及不完全競爭理論，來說明貿易與國同時出口與進口同一產業的產品，國際間進行同產業的產品異樣化競爭。

8. 能使兩國進口與出口數值相等的均衡貿易條件，必須介於兩國貿易前國內交換比率所形成的上下限之間。貿易條件愈接近一國貿易前的國內交換比率，該國得到的貿易利益愈小；反之，則愈大。彌勒提出交互需求法則，說明兩國的貿易條件是由雙方對進口品的交互需求強弱程度而定。

9. 各國進行專業生產並進行國際貿易後，對全世界及各國所產生的利益，稱為貿易利得。個別國家的貿易利得是可以較低的代價獲得更多的產品消費，全世界的貿易利得是總產出與消費的同時增加。

10. 就一個開放經濟而言，在其他情況不變下，出口是本國所得的一種挹注，進口是本國所得的一種漏巵。因此，淨出口的變化將使國民所得變量成倍數的改變，稱為對外貿易乘數，或開放經濟乘數，其值等於邊際儲蓄傾向與邊際進口傾向之和的倒數。

11. 阻礙國際貿易自由進行的通常有價格與數量兩種障礙，前者主要包括有進出口補貼與關稅，後者則指進出口配額。

12. 保護主義者提出幼稚工業論、國家安全論、經濟多樣化論、保護就業論、保護工資論、及技術傳播論等理由，強調限制貿易比自由貿易對一國較為有利。但是，這些論點除在特殊情況外，往往是一種似是而非、侷促於狹隘、短期的觀點，並無法完全抹煞自由貿易所能產生的有利經濟後果。

13. 區域經濟整合按程度依序有自由貿易區、關稅同盟、共同市場、及經濟同盟等類型。目前全世界最為成功的區域經濟整合組織為歐洲聯盟，其中的 11 個國家從 1999 年 1 月開始實施單一貨幣制度，以歐元為共同的通貨單位，實現成為一經濟暨貨幣同盟的組織。

1. 一個國家為何不閉關自守，而有進行國際貿易的需要呢？

2. 什麼是絕對利益？什麼是比較利益？試用假設的例證闡明之，並用以解釋國際貿易之產生和貿易的利得。

3. 簡述赫克紹—歐林模型的要旨。

4. 何謂貿易條件？如何決定？根據交互需求法則如何決定貿易利得的分配？

5. 何謂產業內貿易？異國間同產業之內為何發生貿易？

6. 何謂對外貿易乘數？該乘數如何計算？為何小於閉鎖經濟的乘數？

7. 你對自由貿易與限制貿易的看法如何？政府有那些政策工具可用來限制貿易？

8. 區域經濟整合有那幾種類型？何謂歐元？

第 27 章　國際金融

　　國際貿易不同於國內貿易，前者關係到許多不同的國家，而不同的國家則有不同的貨幣單位與制度，後者只是以一種共同的貨幣為交易的媒介。因此，與國內交易一樣，必須有健全的國際金融制度，國際貿易才能順利進行。國際金融所探討的實際上就是國際貿易的貨幣面，它使我們瞭解國際貿易是如何進行的❶。更具體地說，國際金融的主題在分析國際收支與外匯市場的運作。

第 1 節　國際收支帳之內容與含意

　　所謂國際收支 (balance of payments) 是指：一個國家以貨幣形式記載在一段時間內，本國居民與世界其他各國居民之間的所有經濟交易活動的概要。這裏所稱的居民包括個人、企業、及政府等長久居住或設立於本國的單位，經濟交易活動則指商業交易與非商業的移轉支付。國際收支帳是

---

❶ 欲進一步深入瞭解國際金融理論，可參閱歐陽勛、黃仁德 (1997)，《國際金融理論與制度》。臺北：三民書局。

根據複式簿記基礎記載的，到最後借項總額 (total debit) 必然等於貸項總額 (total credit)，而保持收支平衡，故國際收支帳又稱之為國際收支平衡表。帳中的借項代表使本國國際準備流出到外國的交易活動，通常以負號表示；貸項代表使外國國際準備流入到本國的交易活動，通常以正號表示。表 27-1 列示一個國家簡化之國際收支總帳的內容。

表 27-1　國際收支帳戶

項　　目	借　方	貸　方
一、經常帳		
(一)商品與勞務貿易		
1.商品與勞務輸入 ………………	(−)	
2.商品與勞務輸出 ………………………		(+)
(二)所得		
1.支付外國的薪資與投資所得 ……	(−)	
2.收入外國給付的薪資與投資所得 ………………		(+)
(三)經常移轉		
1.本國對外國的經常移轉 …………	(−)	
2.外國對本國的經常移轉 ………………………		(+)
	(−)　或	(+)
二、資本帳		
本國對外國的資本移轉 ………………	(−)	
外國對本國的資本移轉 ………………………		(+)
	(−)　或	(+)
三、金融帳		
(一)直接國外投資		
1.本國對外國的直接投資 …………	(−)	
2.外國對本國的直接投資 ………………………		(+)
(二)證券投資		
1.本國購買外國的證券 …………	(−)	
2.外國購買本國的證券 ………………………		(+)
(三)其他投資		
1.本國對外國的其他投資 …………	(−)	
2.外國對本國的其他投資 ………………………		(+)
	(−)　或	(+)
四、誤差與遺漏	(−)　或	(+)
五、準備資產	(−)　或	(+)

　　表內國際收支帳中各項目均是本國與世界其他各國之經濟交易活動收支的記載，即財貨與勞務之輸出與輸入，或資金之流出與流入的外匯記帳。當財貨與勞務輸入或資金流出時，本國國際準備減少，記借方；當財貨與勞務輸出或資金流入時，本國國際準備增加，記貸方。帳中各項目的含意如下：

一、經常帳

　　經常帳 (current account) 是國際收支帳的主幹，與一個國家當期經濟活動的榮枯、國民所得的高低有密切的關係。它包括：①有形商品與無形勞務（如運輸、旅遊、保險、銀行、版稅、權利金、及經紀等勞務）的輸出與輸入；②本國與外國之間的薪資與投資所得——即兩國常住居民之間相互進行直接投資、證券投資、或其他投資的股利、股息等收支；③經常移轉，指兩國之間資本移轉以外的無償性移轉。

　　經常帳中有形之商品（財貨）的輸出與輸入的差額，稱之為貿易餘額 (balance of trade)；經常帳之借、貸雙方的差額，稱之為經常帳餘額 (balance on current account)。經常帳餘額如為盈餘或順差 (surplus)，是一種本國的淨國外投資 (net foreign investment)；如為虧差或逆差，是一種本國的淨國外負投資 (net foreign disinvestment)。

二、資本帳

　　資本移轉與非生產性、非金融性資產（如專利權、商譽等無形資產）屬之，而資本移轉係指固定資產所有權的移轉、與固定資產有關的資金移轉、及債權人無償地免除債務人的負債。

三、金融帳

金融帳 (financial account) 係記錄本國常住居民與外國常住居民之間的私人金融交易，包括①直接國外投資 (direct foreign investment)，指一個國家的常住居民取得或增加對另一個國家的企業所有（控制）權。本國常住居民對外國進行直接投資，資本流出、國際準備減少，記借方；外國常住居民對本國進行直接投資，資本流入、國際準備增加，記貸方。②證券投資(portfolio investment)，指兩國常住居民私人之間證券的交易。本國常住居民購買外國的證券，是一種證券的進口，但是一種資本的流出（出口），資金流出、國際準備減少，記借方；反之，資金流入、國際準備增加，記貸方。③其他投資，指金融交易中不屬於直接投資、證券投資、及準備資產的交易，如貿易信用、借款、現金與存款等屬之。其他投資的資本流動主要是為便利商業貿易的融資、賺取利率的差額、或投機而產生。

四、誤差與遺漏

國與國之間經濟交易活動的種類與項目非常的繁雜，國際收支帳實無法將其全部予以完整地記載。因此，無可避免地需要以誤差與遺漏項目調整國際收入與支出之間的差額，經過這個項目調整後，才能真正顯示官方準備所要交易的餘額。由經常帳至誤差與遺漏等項目，有時又稱為線上 (above the line) 項目，之後的項目則稱為線下 (below the line) 項目。

五、準備資產

準備資產 (reserve assets) 係指貨幣當局（中央銀行）所控管的國外資產〔包括貨幣性黃金、特別提款權 (special drawing rights)、國際貨幣基金

準備部位 (IMF position)、外匯存底、及其他債權〕，可以隨時動用以直接
融通國際收支失衡或在外匯市場干預本國通貨的匯率。經過誤差與遺漏項
目調整後，如果借方大於貸方，本國的國際收支發生逆差（虧差），表示本
國中央銀行對外國政府（外國中央銀行）的淨負債增加，本國的中央銀行必
須將國際準備資產移轉給外國的中央銀行，本國的官方準備淨減少，應記
貸方，而使總借等於總貸；如果借方小於貸方，本國的國際收支發生順差
（盈餘），表示本國中央銀行對外國政府（外國中央銀行）的淨負債減少，
外國的中央銀行必須將其國際準備資產移轉給本國的中央銀行，本國的官
方準備淨增加，記借方，而使總借等於總貸，故此項又稱為官方平衡或清
算項(official balancing or settlement items)。

　　一個國家在一段期間（通常 1 年）內，經常帳、資本帳、金融帳、及
誤差與遺漏的借方總額不等於貸方總額，稱之為國際收支失衡 (balance of
payments disequilibrium)。如果借方總額大於貸方總額，稱之為逆差（或虧
差）失衡 (deficit disequilibrium)；借方總額小於貸方總額，稱之為順差（或
盈差）失衡 (surplus disequilibrium)。無論是逆差或順差失衡，由於官方準
備資產項的調整，最後國際收支帳在帳面上必然維持借貸平衡。

第 2 節　外匯市場的建立與均衡

　　國際貿易並非物物交換，必需藉助貨幣作為交易媒介，才得順利進行。
但是，各國均有不通的通貨，因此有時需先將本國通貨換成外國通貨才能用
以支付給外國。同樣地，由外國取得外國通貨收入，也需先換成本國通貨，
而後才能在本國使用。因此，必須要有健全的外匯市場 (foreign exchange
market)，使本國通貨能與外國通貨相互交換，而後國際貿易才能順利進行。

　　外匯 (foreign exchange) 是指一個國家所擁有可作為國際支付工具的外

國通貨，但也包括以外國通貨表示的支票或匯票等金融資產。能夠作為外匯的外國通貨，必須是國際間所共同接受的通兌通貨 (convertible currencies)，如美元、日圓、英鎊、或歐元等。外匯市場則指進行外匯買賣的地方，其主要的功能在於：①使國際間的通貨與資金能夠有效地轉換與移動，②便利國際貿易的清算與國際信用的調節，③進行即期 (spot) 與遠期 (forward) 的外匯買賣，以拋補匯率變動的風險。外匯市場形成的要件與每個市場一樣，需要有外匯的需求與供給。

一、外匯的供給與需求

假設美元是唯一的國際支付工具且我國有自由的美元外匯市場存在，那麼對美元外匯的需求由何產生？其主要是來自於：①我國居民希望由美國進口財貨與勞務，②我國居民希望對美國進行移轉支付，③我國居民希望購買美國的金融資產或對美國進行直接國外投資，④美國居民希望將其在我國的資產或所得匯回，及⑤我國居民希望增加其擁有的美元資產餘額。

相對地，在美元外匯市場，供給主要來自於：①我國財貨與勞務的出口，②美國居民對我國進行移轉支付，③美國居民購買我國的金融資產或對我國進行直接投資，④我國居民將其在美國的資產或所得匯回，及⑤我國居民為減少其擁有的美元資產而予以出售。

美元的需求與供給構成我國的美元外匯市場，下一步便是探討美元價格——即匯率的決定，與外匯市場的均衡。

二、外匯市場的均衡

在一個自由競爭，沒有人為或政府干預的外匯市場，匯率 (foreign exchange rate) 是由外匯的需求與供給雙方所共同決定的。如同任何商品一樣，人們對外匯的供給與需求亦符合自由市場的供需法則，即外匯需求與

其價格（匯率）呈減函數的關係，外匯的供給與其價格（匯率）呈增函數的關係。是故，圖 27–1 中外匯市場之需求線的斜率為負，供給線的斜率為正。深入而言，外匯需求代表財貨進口需求，外匯供給代表財貨出口供給。匯率上升、國幣貶值，一方面將使進口品的國幣價格上升，進口減少，外匯需求減少；另一方面將使出口品的外幣價格下跌，出口增加，外匯供給增加。如此，將產生負斜率的外匯需求曲線，正斜率的外匯供給曲線。

匯率是指一種通貨換取另一種通貨 1 單位所需支付的單位數。如換取 1 單位美元（以 $ 表示），需要支付 30 單位臺幣（以 NT 表示），則臺幣對美元的匯率為 $NT30 = \$1$。能夠使外匯市場達到供需均衡的匯率，稱之為均衡匯率 (equilibrium exchange rate)。如圖 27–1，橫軸代表美元數量，縱軸代表臺幣對美元的匯率 $e = \dfrac{NT}{\$}$。外匯市場的美元需求 $D_\$ D_\$$ 與供給 $S_\$ S_\$$ 交於 E 點，決定均衡匯率 e^*（假設是 $NT30 = \$1$）及均衡外匯數量 $\$^*$。

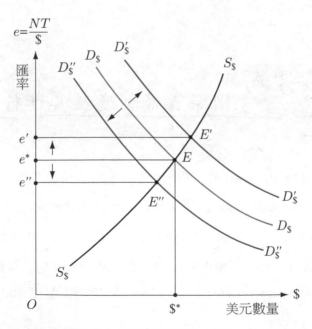

圖 27–1　外匯市場均衡匯率的決定與變動

在外匯供給不變下，如果外匯需求增加——由 $D_\$ D_\$$ 增加為 $D'_\$ D'_\$$，則均衡匯率由 e^* 上升為 e' ——如由 $NT30 = \$1$ 升至 $NT32 = \$1$，表示匯率升高，本國通貨貶值 (depreciation)；如果外匯需求減少——由 $D_\$ D_\$$ 減為 $D''_\$ D''_\$$，則均衡匯率由 e^* 下降為 e'' ——如由 $NT30 = \$1$ 降為 $NT28 = \$1$，表示匯率下降，本國通貨升值 (appreciation)。同樣地，在外匯需求不變下，外匯供給增加，使匯率下跌，本國通貨升值；外匯供給減少，使匯率上升，本國通貨貶值。

匯率上升，外國通貨 1 單位所能換取的本國通貨單位增加，表示本國通貨相對於外國通貨貶值。因此，以外國通貨表示的本國產品價格下跌，會使本國出口增加；以本國通貨表示的外國產品價格上升，會使本國進口減少。相反地，匯率下降，外國通貨 1 單位所能換取的本國通貨單位減少，表示本國通貨相對於外國通貨升值。因此，以外國通貨表示的本國產品價格上升，會使本國出口減少；以本國通貨表示的外國產品價格下跌，會使本國進口增加。

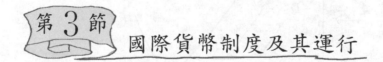

第 3 節　國際貨幣制度及其運行

長久以來，世界各國為了謀求國際貿易與金融的順利進行並維持本國經濟的穩定，曾經實施不同的國際貨幣制度 (international monetary system) 來作為外匯市場運行的準則，這些制度主要有金本位制度 (gold standard system)、自由浮動匯率制度 (freely floating exchange rate system)〔或韌性匯率制度 (flexible exchange rate system)〕、及可調整固定匯率制度 (adjustable fixed exchange rate system)。

一、金本位制度

　　金本位制度是國際間最早實行的國際貨幣制度，在 1914 年第一次世界大戰之前及戰後 1920 年代的短暫期間，世界各主要貿易國家均採行此制度。在每一個國家的單位通貨均含有一定的黃金量及黃金可以自由輸出與輸入的條件下，金本位制度的匯率由各國單位通貨含量的相對比率——即鑄幣平價率 (mint-parity rate) 所決定的。假設，黃金在國際間的價格相同，每單位臺幣含黃金2 喱 (grain)，每單位美元含黃金 60 喱，則在金本位制下，臺幣對美元的法定匯率（平價）(par rate of exchange) 為 $NT30 = \$1$。雖然如此，金本位制下的匯率並非完全固定的，考慮國與國之間黃金的交易與運送成本後，市場匯率將被限制在範圍相當狹小的黃金輸出點 (gold-export point) 與黃金輸入點 (gold-import point) 之間變動。匯率的變動以黃金輸出點為高限，以黃金輸入點為低限。

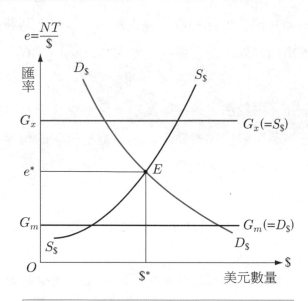

圖 27–2　金本位制度下匯率的決定與變動

　　如圖 27–2，假設在金本位制下，臺幣對美元根據含金量所決定的法

定匯率（平價）為e^*，等於 $NT30 = \$1$，此一匯率使外匯市場的供需達於均等。若臺灣與美國之間每 60 喱黃金的運送成本（包括運費、保險費、手續費等）為臺幣 0.5 元，則市場匯率將不會高於黃金輸出點 G_x 的匯率——$NT30.5 = \$1$，不會低於黃金輸入點 G_m 的匯率——$NT29.5 = \$1$。當市場匯率升高至 $NT30.5 = \$1$ 或以上時，本國居民寧願輸出黃金到美國換取美元。因為只需在本國花費 30 元臺幣購得 60 喱的黃金，再加上0.5 元臺幣的黃金運送費用，即可在美國換取 1 單位的美元。因此，凡市場匯率達到以輸出黃金在國外換取外匯的成本等於在國內購買外匯的成本時，此一匯率稱之為黃金輸出點。在此匯率下，外匯市場的外匯供給彈性無限大——如 G_xG_x 水平線成為外匯供給曲線。

當市場匯率降低至 $NT29.5 = \$1$ 或以下時，本國居民寧願以外匯向美國換取黃金輸入。因為以 29.5 元臺幣在本國外匯市場換取 1 單位美元，而後向美國購得 60 喱的黃金，付出 0.5 元臺幣的黃金運送費用，運送黃金回國後，可以換得 30 元臺幣。因此，凡市場匯率達到以輸入黃金來換取本國貨幣的收入等於直接出售外匯的收入時，此一匯率稱之為黃金輸入點。在此匯率下，外匯市場的外匯需求彈性無限大 ——如 G_mG_m 水平線成為外匯需求曲線。

在金本位制下，由於法定的平價匯率維持不變且黃金可以在國際間自由移動，故匯率在黃金輸出點與輸入點之間維持相當的穩定，這種匯率的穩定性被認為是金本位制度最大的優點。

二、自由浮動匯率制度

自由浮動（或韌性）匯率制度是指一個國家的匯率完全沒有人為的干預，而由外匯市場之供給與需求的力量所決定的一種制度。如圖 27–3，臺灣美元外匯市場的需求與供給決定了均衡匯率 e^*。

在外匯需求（即進口需求）不變下，出口減少，國際收支逆差，外匯供

給減少，匯率由e^*上升為 e_1，表示臺幣貶值，使以外幣（美元）表示的本國產品價格下跌，出口增加；使以本國貨幣表示的外國產品價格上升，進口減少。如此，藉由市場力量自動消除國際收支逆差。相對地，出口增加，國際收支順差，外匯供給增加，匯率由e^*下降為 e_2，表示臺幣升值，使以外幣（美元）表示的本國產品價格上升，出口減少；使以本國貨幣表示的外國產品價格下跌，進口增加，國際收支順差因而自動消除。因此，在自由浮動匯率制度下，讓匯率隨外匯市場上需求與供給的力量自由變動，即可使國際收支自動達於平衡。

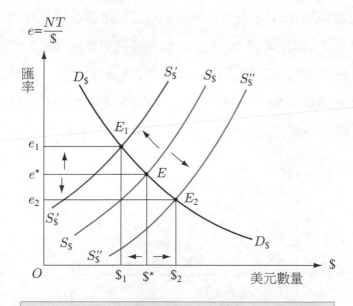

圖 27-3　自由浮動匯率制度下匯率的決定與變動

三、可調整固定匯率制度

這個制度是第二次世界大戰後，至 1973 年初世界各國普遍實行的國際貨幣制度，是金本位制度與自由浮動匯率制度折衷的一種制度，具有自動調整、穩定、及浮動等特點。

為了使匯率變動對國際貿易與資本移動的不利影響減至最低，可調整

固定制度將匯率的變動釘住在相當狹小的範圍之內。在匯率變動界限的決定與維持方面，可調整固定制度與金本位制度十分相似。如圖 27-4，假設我國採行可調整固定匯率制度，最初所決定的匯率為 e^*——稱之為平價匯率 (parity exchange rate)，而後釘住此一匯率。設訂定的匯率上限(upper limit) 為 U_l，下限 (lower limit) 為 L_l。在上限與下限之間，匯率可隨市場力量自由浮動，但政府貨幣當局將以國際準備為工具，維持匯率不高於上限，不低於下限。如果外匯需求由 $D_\$ D_\$$ 增為 $D'_\$ D'_\$$，在自由浮動匯率制度下，匯率將升至 e'，但在此制度下，貨幣當局將拋售不足之 FG 數量的美元——等於收進的 $\square HFGJ$ 臺幣，使匯率維持於上限，故在匯率上限，外匯的供給曲線 $U_l S_f$ 彈性無限大。反之，如果外匯需求由 $D_\$ D_\$$ 減為 $D''_\$ D''_\$$，在自由浮動匯率制度下，匯率將降至 e''，但在此制度下，貨幣當局將收購過多之 QR 數量的美元——等於放出 $\square PQRS$ 數量的臺幣，使匯率維持於下限，故在匯率下限，外匯的需求曲線 $L_l D_f$ 彈性無限大。

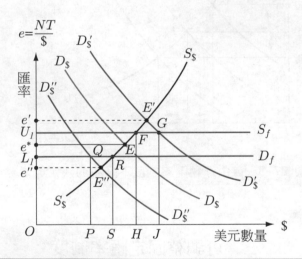

圖 27-4　可調整固定匯率制度下匯率的決定與變動

　　1973 年 3 月之前的可調整固定匯率制度，按照國際貨幣基金 (International Monetary Fund, IMF) 的規定，一個國家唯有其國際收支發生基本失衡 (fundamental disequilibrium) 時，才可以調整其平價匯率與上下限。

所謂的基本失衡是指：一個國家的國際收支失衡（赤字或盈餘）是一種經濟結構或長期的現象，而不是可以市場機能或國內政策迅速加以改正的短期現象。在這情況下，連續地累積或減少外匯（國際準備）是不適當且無法忍受的，因此經由平價匯率的改變來調整國際收支是被認可的。如同自由浮動匯率制度一般，可調整固定匯率制度的實行，希望經由匯率在上限與下限之間的自由浮動而達到國際收支自動調整的理想。但往往由於上下限的幅度太小或基本失衡的存在，以致於無法發揮預期的自動調整國際收支的功能。

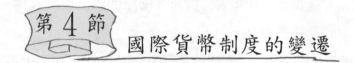

第 4 節　國際貨幣制度的變遷

　　國際貨幣制度——有時又稱為國際貨幣規則 (international monetary regime) 或國際貨幣秩序 (international monetary order)，是指各國為便利國際貿易與金融活動的進行，而對國際收支與匯率所作的規則、慣例、工具、設施、及組織的安排。

　　理想的國際貨幣制度應是能使國際貿易與金融活動達於極大，並使貿易利得均享。為達此一理想目標，國際間在各個不同的時期，曾採行各種不同的國際貨幣制度。建立完善的國際貨幣制度，以利國際間貿易與資本移動的順利進行，以使貿易利得能夠均享、國際收支能夠順利調整、匯率能夠維持穩定，一直是各國所共同追求的目標之一，這一努力的歷程甚是艱辛、漫長，至今未嘗中止。國際貨幣制度迄今屢有變遷，下面作一概略的回顧。

一、布萊頓森林制度之前的國際貨幣制度

大約自 1880 年迄 1914 年，即第一次世界大戰之前，國際間盛行金本位制度。在這一段期間，英國國勢強大，經濟力量雄厚，黃金是各國最主要的國際準備資產，英鎊則是國際間主要的清算工具，倫敦成為國際金融的中心，形成一種以黃金與英鎊為中心的國際金本位制度，也有人稱這是一種英鎊匯兌本位制度 (sterling exchange standard system)，黃金與英鎊同時為各國認同的國際準備。 1914～1918 年大戰期間，歐洲各國向美國採購大量的物資，大量黃金流往美國，美元在國際間的地位因此提高，但英鎊在國際準備中的地位仍在美元之上。

第一次世界大戰之後，各主要貿易國家均遭受嚴重的物價膨脹，戰前的匯率及各國通貨與黃金之間的兌換關係無法繼續維持，這些國家乃紛紛放棄金本位制度，而於 1919～1924 年期間採行韌性（自由浮動）匯率制度，但其效果卻不甚理想。因此，在 1920 年代中期之後，大部分的國家又恢復固定匯率及黃金與通貨自由兌換的金本位制度。但是，由於英鎊幣值的高估（因為英國戰後遭受嚴重的物價膨脹，但仍恢復戰前英鎊對黃金的平價）與各國黃金準備的不足，因此當 1929 年世界經濟大恐慌爆發，歐洲各國紛紛要求將其持有的英鎊兌換為黃金，英國被迫不得不於 1931 年 9 月宣佈英鎊對美元貶值並停止英鎊與黃金的兌換，放棄金本位制度，各國也相繼仿效。至此，短暫復活的國際金本位制度完全崩潰。

在暗淡的 1930 年代，國際間又暫時恢復韌性匯率制度。第二次世界大戰結束後，英國海外殖民地紛紛獨立，其國勢及經濟力量一落千丈，英鎊在國際金融中的地位因而淪落為次等的地位。在這同時，大戰期間世界各國向美國採購大量的物資，美國的黃金數量不斷增加，至 1948 年，美國擁有 244 億美元的黃金，佔當時全世界 345 億美元貨幣性黃金的 70% 以上。又在戰後，美國的國勢及經濟力量躍居世界之首位，對外進行大規模

的援助與貸款，美元大量外流，美元遂成為國際間清算的主要工具。因此，第二次世界大戰後，美元取代英鎊，國際貨幣制度成為以黃金及黃金與美元自由兌換的一種制度，紐約則取代倫敦成為國際金融中心。

二、布萊頓森林制度的建立

1930 年代的韌性匯率制度，導致各國競相貶值的紊亂局面。為了重建第二次世界大戰後的國際金融秩序，尋求穩定的國際貨幣體系，各主要貿易國家遂於 1944 年在美國新罕布什爾州的布萊頓森林舉行會議，籌劃戰後國際貨幣制度的建立，因此戰後的國際貨幣制度又稱為布萊頓森林制度 (Bretton Woods System)。

布萊頓森林會議創設了戰後促進國際金融合作與協調的主要機構——國際貨幣基金 (International Monetary Fund, IMF)，世界上大部分的國家均參加此一組織（我國於 1980 年因中共加入而退出）——並採用任職於美國財政部的經濟學家懷特 (H. White) 提出的方案（另一方案為凱因斯所提出，沒有被接受），建立了指導戰後國際金融運行的可調整固定匯率制度。此一制度希望能夠避免韌性匯率制度下的匯率不穩定、金本位制度下的匯率僵硬及其調整所產生的內部失衡等缺點，而擷取韌性匯率下市場自動調整機能與金本位制度下匯率穩定的優點。可調整固定匯率制度的建立，主要根據兩個原則，第一是維持各國匯率的穩定，即各會員國經由其通貨與黃金的平價而決定匯率後，應該運用國際準備干預市場匯率的波動，使其不得超過基金公告匯率的上下各百分之一界限；第二是促進自由貿易，即禁止各會員國對於國際貿易進行數量或外匯的直接管制，但准許各國限制資本的移動，以避免外匯市場受到投機活動的干擾。

雖然國際貨幣基金希望各會員國能夠以市場干預或財政及貨幣政策來維持公告匯率的穩定，但當會員國的國際收支處於基本失衡時——即長期的國際收支逆差或順差，基金准許各會員國改變其通貨與美元的平價來調

整國際收支，亦即各會員國可以重新將其通貨釘住新的平價匯率，但變更的幅度不得超過基金最初公告匯率的 10%，否則須事先徵得基金的同意，才可變動。

在布萊頓森林制度下，只有美元與黃金保持固定平價的自由兌換關係，美元因此成為最主要的關鍵（準備）通貨，各國均視美元與黃金為具有同等地位的國際準備，其他各國的通貨再透過與美元固定匯率的關係，而與黃金維持間接的聯繫。因此，布萊頓森林制度的可調整固定匯率制度，事實上也是一種以美元為中心的金匯兌本位制度。在這種情況下，整個國際貨幣制度的安危便繫於美元是否穩定之上。

三、布萊頓森林制度的動搖

1947 年開始實施（國際貨幣基金在這年開始運作）的布萊頓森林制度，對於恢復國際金融秩序、促進國際金融合作、擴展世界貿易與經濟成長，確實有重大的貢獻。但這種以美元為基礎的國際貨幣制度，在創立之後隨即面臨美元所帶來的問題，其中以流動性、調整、及信心等三大國際貨幣問題最為國際金融學者所關注。

㈠流動性 (liquidity) 問題

構成各國國際準備的黃金、關鍵通貨、國際貨幣基金準備部位、及特別提款權中，黃金數量增加有限，國際貨幣基金部位只可供會員國短期國際收支逆差融通之用，特別提款權於 1970 年才開始分配且數量不大，關鍵通貨以美元為主，而美元的供給則有賴於美國國際收支的逆差。在 1946 至 1949 年之間，美國雖然對外進行大規模的援助與貸款，但由於其國際貿易呈現大量順差，國際間的美元準備增加有限，是為美元短缺 (dollar shortage) 時期。

從 1950 年至 1970 年之間，美國國際收支漸次由少量的順差而成為鉅

額的逆差，美元大量外流，各國擁有的美元數量不斷增加，是為美元過剩
(dollar glut) 時期。無論美元短缺或過剩，總是造成國際流動性不足與過多
的困擾。美元短缺使國際流動性不足，國際貿易與金融活動無法有效開展，
阻礙了世界的經濟成長與福利水準的提高；美元過剩使國際流動性過多，
表示美國的國際收支有相當的赤字，雖然國際流動性可獲得足夠的補充，
但對美元幣值的信心必然下降。但是，若美國的國際收支改善，逐漸恢復
均衡，對美元的信心雖能提高，但國際流動性即無法獲得足夠的補充，這
就是所謂的「流動性困境」 (liquidity dilemma) 的難題，也是布萊頓森林
制度的根本缺點之所在。

㈡調整 (adjustment) 問題

布萊頓森林制度的基本原則之一是維持匯率穩定，除非會員國的國際
收支發生基本失衡，否則是不能調整匯率的。事實上，一方面要適時的認
知基本失衡的存在相當困難；一方面各國均儘量避免以變動匯率來調整國
際收支，因為通貨貶值象徵政府政策的失敗與國家威望的受損，通貨升值
也會遭到出口產業的強烈反對。因此，除非一國的國際收支遭到強大的壓
力，否則是不會輕易變動匯率的。但是，一方面當應該變動匯率而不變動
的時間持續愈久，以其他方法來調整國際收支所付出的代價也就愈大，更
會引起投機性的資本移動，而加深國際收支的危機；另一方面，要選擇一
個新的中心匯率重新釘住，並不容易，往往不是偏低就是偏高，前者使本
國通貨幣值高估，國際收支會逆差，後者使本國通貨幣值低估，國際收支
會順差，但大部分的國家選擇新的匯率時，均有偏高的傾向。

㈢信心 (confidence) 問題

當一國的國際收支失衡而未能獲得及時有效調整時，對該國的幣值與
匯率的信心就會動搖，而容易引發大規模投機性的資本移動。信心的問題
在布萊頓森林制度下顯得特別嚴重，因為美國 1960 年代開始的大量國際

收支逆差一直未能改善，各國對美元的信心動搖，大量投機的資本移動必然使得各國通貨對美元匯率無法維持在國際貨幣基金所公告中心匯率的上下 1%範圍內，美元對黃金的平價亦必無法繼續維持。

布萊頓森林制度以美元為中心，只要美元的數量不能提供國際間適當的流動性、美國國際收支逆差的情況不能獲得調整，各國對美元的信心必然動搖，則此制度必然無法繼續維持下去。對美元的信心繫於美元的幣值是否穩定及美元與黃金之間的平價及自由兌換的關係能否繼續維持而定。

自國際貨幣基金成立迄 1968 年 3 月之前，美元對黃金一直維持 35 美元兌換 1 盎斯黃金的平價。但自 1960 年代開始，美元外流的數量愈來愈大，達到數百億元之鉅，而美國的黃金存量則逐漸減少。因此，當 1968 年 3 月以美元兌換黃金的投機風潮達到最高時，美國被迫宣佈實施黃金兩價制 (two-tie system)，將官方與私人的黃金市場分開。官方黃金市場仍維持 35 美元對 1 盎斯黃金的自由兌換，私人黃金市場則由市場供需自由決定黃金的價格，這種轉變可說是布萊頓森林制度開始動搖的徵兆。

黃金兩價制的實行，使得全世界一大部分黃金的價格如同普通商品一般，隨市場供需自由波動，其結果是黃金扮演的貨幣功能減弱——即黃金非貨幣化，其對國際貨幣制度的影響力與對美元的威脅因而減輕。事實上，黃金兩價制的實行使布萊頓森林制度的運行更加倚重美元，但只要官方黃金市場的平價與自由兌換關係能夠繼續維持，這個制度仍然可以發揮其原來的功能。但是，由於 1960 年代末期，美國貿易逆差繼續惡化，越戰支出不斷增加及私人海外投資大量擴張，美元外流的情況愈見嚴重，再加上 1967 年的英鎊貶值，使得各國對主要關鍵通貨（美元）的信心更為動搖。至此，其他通貨對美元的匯率偏低，美元幣值高估的情況已至為明顯，美元唯有貶值，美國的國際收支才有改善的希望，這一情勢是當時國際間所共同認定的。

美元即將貶值的預期於 1971 年夏天達到頂點，國際投機活動異常活躍，短期資本由美國大量流出，各國政府向美國要求將其持有的過多美元兌

換為黃金的壓力日益增加。美國處於這種困境下，遂單獨採取行動挽救美元危機，乃於 1971 年 8 月 15 日，尼克森總統宣佈關閉黃金交易之窗 (gold window)，終止按照官方平價兌換黃金，放棄美元與黃金固定平價的關係。

四、布萊頓森林制度的崩潰

為了挽救布萊頓森林制度的固定匯率制度，各國代表於 1971 年 12 月在美國華盛頓史密松寧中心 (Smithsonian Institution) 召開會議，達成了史密松寧協定，但僅一年多的時間，該協定又告崩潰。

根據史密松寧協定，國際收支大量順差的德、日兩國通貨──馬克、日圓，均作大幅升值。美國同意美元貶值──即降低美元的含金量百分之八左右，各國再與貶值後的美元建立新的中心匯率，並允許實際匯率在新的中心匯率上下各 2.25% 的幅度內波動。但美元的貶值，各國匯率的重新調整與匯率波動幅度的放寬，並不能有效解決各國國際收支失衡的問題。英、美兩國國際收支逆差的情況仍然嚴重，德、日兩國國際收支順差繼續存在，投機性的資本移動又對國際收支與匯率產生重大的壓力。至 1973 年初，外匯市場的壓力已達新匯率無法繼續維持的地步，大量的短期資金由美國流往德、日等國際收支順差的國家，各主要貿易國家終於決定放棄維持可調整固定匯率制度，而於 1973 年 3 月 19 日宣佈實施管理浮動匯率制度 (managed floating exchange rate system)，全世界主要通貨之間的匯率，主要由市場力量來決定，但各國中央銀行得隨時干預外匯市場，以影響匯率的變動。至此，史密松寧協定崩潰，布萊頓森林制度徹底地瓦解，重建穩定匯率的國際貨幣制度的努力終告失敗。

採管理浮動匯率的國家，若故意採行各種干預政策，使國幣貶值，以利出口增加，則稱為糝雜的浮動 (dirty float)。採管理浮動匯率制度的國家中，有的國家單獨讓其通貨對所有的外國通貨浮動，是為單獨浮動；有的是幾個國家的通貨結成一體，對所有其他國家的通貨共同浮動，而彼此間

的通貨則保持於某一範圍內變動的穩定匯率關係。對於管理浮動匯率的採行，各主要工業國家莫不寄以無限的期望，希望能夠藉由匯率自由變動來達成國際收支自動調整的功能。但 1973 年 10 月石油危機爆發，油價邊漲，使得非產油國的國際收支產生重大的逆差失衡，國際金融的流動性、調整、及信心等問題益加嚴重。管理浮動匯率實施幾年的結果，各國的國際收支仍處鉅幅失衡的狀態，顯示管理浮動匯率制度的匯率調整功能並未臻理想，各國仍不得不依賴國際信用與準備或直接的市場干預，來調整國際收支。

1973 年以後，並非所有國際貨幣基金的會員國均採行管理浮動匯率制度。主要工業國家雖然紛紛採行管理浮動匯率制度，但絕大部分基金的會員國（尤其是開發中國家）仍實施可調整固定匯率制度，而此時的固定匯率制度，不再是布萊頓森林制度下釘住美元的一種制度。有的國家將其通貨釘住某種單一通貨——如美元、英鎊或法郎，稱為單一釘住 (unitary peg)；有的國家將其通貨釘住一籃 (basket) 其他通貨，稱為複合釘住 (composite peg)；也有些國家將其通貨釘住特別提款權。這些實施固定釘住匯率的國家，為了維持匯率穩定，經常採取各種措施干預匯率，故實際上與管理浮動匯率制度已無多大的差別。

回顧過去這段國際貨幣制度變遷的歷史，儘管布萊頓森林制度不盡完美，但卻對 1946 年以後將近四分之一世紀的世界經濟穩定與發展有重大的貢獻，而它的崩潰亦是 1970 年代國際經濟不穩定的主要因素。韌性匯率的實行雖未曾產生重大的不利後果，但亦未產生預期般的美好作用。如何重新建立一穩定有效的國際金融制度，仍待各國政府與經濟學者們共同努力。

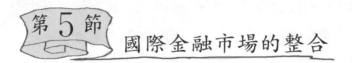

第 5 節　國際金融市場的整合

　　在各國官方致力於國際貨幣制度之建立與改革的同時，民間的國際金融合作亦有相當的成就，甚至超越官方合作之上，其中以歐洲金融市場的成就最為卓越，影響也最為深遠。

一、歐洲通貨市場

　　歐洲通貨市場 (Euro-currency market) 是指在歐洲地區主要由銀行及多國籍公司從事短期外國貨幣借貸的市場，它並與各國從事通貨買賣之外匯市場相結合。歐洲通貨市場的形成，主要係由於：

　　⑴二次世界大戰後美國對外進行大規模援助、貸款及駐軍，美元大量外流。

　　⑵歐洲各國經濟快速復甦，對美國產生貿易順差。

　　⑶ 1950 年代美蘇冷戰，蘇俄及東歐各共產國家懼怕在美國的存款被凍結，乃將存款轉存於歐洲銀行。

　　⑷ 1960 年美國聯邦準備制度訂定「Q規則」 (Regulation Q)，對美國國內銀行的存款規定利率上限，而國外分行存款的利率、期限、及存款準備則不受限制，促使許多美國投資者將資金轉存於歐洲國外分行，以求更高的利息收入。

　　以上因素使得歐洲各國銀行擁有的美元遽增，這些歐洲美元 (Euro-dollar) 形成在美國之外的美元借貸市場，稱之為歐洲美元市場。歐洲通貨市場交易的通貨除美元外，尚有英鎊、瑞士法郎、日圓等各國通貨，而均冠以歐洲 (Euro) 一詞——如歐洲日圓 (Euro-yen)、歐洲英鎊 (Euro-sterling)

等，表示在日本或英國本國以外的銀行或金融機構所收受的日圓或英鎊存款，而供作放款或投資的資金來源。到後來，凡以銀行為中介，從事本國通貨之外其他國家通貨的借貸市場，統稱為歐洲通貨市場。

二、歐洲債券市場

隨歐洲通貨市場之後出現的是歐洲債券市場 (Euro-bond market)。1963 年美國由於嚴重的資本外流，而公佈課徵「利息平衡稅」 (Interest Equalization Tax, *IET*)，對美國居民所購買的外國證券課稅，以限制資本外流。其後，更於 1965 年限制美國商業銀行及其他金融機構對國外企業放款， 1968 年更限制對外直接投資。這些措施雖然對於改善國際收支沒有多大的幫助，但使美國私人公司欲進行國外直接投資者，僅能在美國以外的金融市場籌措資金。同時，外國人在美國因而不易發行債券取得長期資金，只好轉往美國以外地區發行美元債券，於是形成美國之外的歐洲美元債券市場。到後來，凡不是以債券發行當地國家通貨為單位表示的債券，統稱為歐洲債券——如歐洲瑞士法郎債券、歐洲英鎊債券（即在瑞士、英國以外國家發行，但以瑞士法郎、英鎊為單位表示的債券）。

三、歐洲單一貨幣

歐洲各國形成共同市場之後，思考進一步將經濟整合推展至貨幣同盟的境界，以達歐洲各國政治與經濟完全整合，最後實現歐洲聯邦的理想。1970 年韋納報告 (Werner Report) 建議歐洲共同市場會員國成立貨幣同盟，並為貨幣同盟構建了藍圖，希望以貨幣同盟為跳板，以達到歐洲經濟與政治全面整合的境界。

為達成貨幣同盟，歐洲共同市場會員國第一步在 1972 年 3 月成立歐洲蛇形 (European snake)，以穩定歐洲通貨彼此之間的匯率，進而於 1979

年 3 月建立歐洲貨幣制度 (European Monetary System, *EMS*)。至 1990 年 10 月，除葡萄牙與希臘外，12 個歐洲共同市場會員國中的 10 個國家均參加此一制度。會員國通貨均有以歐洲通貨單位 (European Currency Unit, *ECU*) 表示的平價（或中心匯率），再根據平價決定任兩國之間的雙邊中心匯率，允許匯率在中心匯率上、下各 2.25% 的範圍內波動，但英國與西班牙的通貨則暫時允許在中心匯率上、下各6% 的範圍內波動，這種安排是為歐洲貨幣制度的匯率機制 (Exchange Rate Mechanism, *ERM*)。中心匯率定期檢討，如果一國通貨的相對價值發生根本上的變動，則變動中心匯率。由於匯率可以在一狹小的範圍內波動，所以 *EMS* 並非一真正的貨幣同盟。

　　歐洲經濟共同體（即歐洲共同市場）於 1991 年通過歐洲聯盟條約〔一般稱為馬斯垂克條約 (Maastricht Treaty)〕，計畫在 1999 年 1 月開始實施歐洲單一貨幣。馬斯垂克條約規範下的歐盟可說是一完全的經濟暨貨幣同盟 (Economic and Monetary Union, *EMU*)。為達成此一目標，除了在 1994 年成立歐洲單一市場外，歐盟的 15 個會員國於 1995 年 12 月在西班牙的首府馬德里開會，就歐洲經濟暨貨幣同盟如期在 1999 年 1 月 1 日實施達成協議，並敲定以歐元 (Euro) 為日後歐洲單一貨幣的正式名稱。 1999 年 1 月 1 日起，歐盟中的 11 個會員國的通貨開始轉換為新幣（歐元），並從 2002 年起，這 11 個國家各自的通貨已完全廢除，而只有一種貨幣——歐元在市面上流通。此外，歐元區 (Euro Area) 的國家也成立了歐洲中央銀行制度 (European System of Central Banks, ESCB)——如同美國的聯邦準備銀行制度，統籌整個歐元區的貨幣政策與匯率政策。

重要名詞

國際金融	國際收支帳
經常帳	資本帳
金融帳	準備資產帳
貿易餘額	直接國外投資
順差失衡	逆差失衡
外匯市場	均衡匯率
升值	貶值
黃金輸入點	黃金輸出點
金本位制度	自由浮動匯率制度
可調整固定匯率制度	匯率上限
匯率下限	基本失衡
英鎊匯兌本位制度	布萊頓森林制度
國際貨幣基金	美元短缺
美元過剩	史密松寧協定
管理浮動匯率制度	單一釘住
複合釘住	歐洲通貨市場
歐洲美元	歐洲債券市場
歐洲美元債券	歐洲單一貨幣

摘　要

1. 唯有健全的國際金融體制，國際貿易才能順利進行，國際金融所探討的主要是國際貿易的貨幣面。

2. 國際收支帳主要用以表示一個國家，在一段時間內，對外的經濟活動績效，其內容主要有經常帳、資本帳、金融帳、誤差與遺漏、及準備資產交易帳。由於根據複式簿記原理記載，最後借項總額必然等於貸項總額，國際收支帳因此又稱國際收支平衡表。

3. 透過外匯市場，本國通貨與外國通貨之間得以相互交換，國際貿易才能順利進行。外匯是指一個國家所擁有可作為國際支付工具的通兌通貨資產。

4. 外匯的供給與需求構成外匯市場，能夠使外匯供給等於需求的匯率，稱為均衡匯率。匯率是指一種通貨換取另一種通貨 1 單位所需支付的單位數，如果匯率為國幣／外幣交換比率，則匯率上升表示本國通貨貶值；下降，表示本國通貨升值。

5. 國際貨幣制度主要在於作為外匯市場運行的準則，迄今曾經實施過的國際貨幣制度主要有金本位制度、韌性匯率制度、及可調整固定匯率制度。

6. 金本位制度下，匯率由各國通貨的含金量所決定，其上限為黃金輸出點，下限為黃金輸入點。

7. 一個國家的匯率完全沒有人為干預而由外匯市場供需所決定，稱為韌性匯率制度，其優點是藉由市場匯率的自由變動，國際收支能夠自動調整。

8. 可調整固定匯率制度下，中心匯率一經訂定後，貨幣當局應以國際準備干預外匯市場，使匯率維持在上限與下限之間。採行可調整固定匯率制度的國家，唯有國際收支發生基本失衡，才可以調整中心匯率。

9. 1944 年布萊頓森林制度創設了國際貨幣基金，由 1947 年開始實行可調整固定匯率制度，規定各國匯率波動的幅度不得超過中心匯率上下各百分之一的界限，除國際收支遭遇基本失衡外，不得變更中心匯率。

10. 在布萊頓森林制度下，只有美元與黃金保持固定平價的自由兌換關係，各國通貨再透過與美元固定匯率關係，而與黃金維持間接的聯繫，因此可說是一種以美元為中心的金匯兌本位制度。

11. 以美元為中心的布萊頓森林制度自創設後隨即面臨流動性、調整、及信心三大問題。自 1968 年 3 月美國實施黃金兩價制，此一制度開始動搖，至 1971 年 8 月美國宣布關閉黃金交易之窗，停止美元與黃金之間的固定平價兌換關係，此一制度可說宣告崩潰。

12. 1971 年 12 月為挽救布萊頓森林制度而達成的史密松寧協定，雖然重新調整各國的中心匯率並放寬匯率波動幅度，但由於各主要工業國家的國際收支失衡仍然嚴重，外匯投機風潮仍然不止，終於 1973 年 3 月宣佈放棄可調整固定匯率制度而採管理浮動匯率制度。至此，布萊頓森林制度徹底瓦解。

13. 布萊頓森林制度崩潰後，主要工業國家採行管理浮動匯率制度，其中有單獨浮動與共同浮動之分；絕大部分的基金會員國仍繼續採行可調整固定匯率制度，有單一釘住與複合釘住之分。

14. 歐洲通貨市場是以銀行為中介，從事本國通貨之外其他國家通貨的短期資金借貸市場，其以歐洲美元為主；歐洲債券市場是非以債券發生當地國家通貨為單位表示的債券所形成，其以歐洲美元債券為主。

15. 歐盟的 11 個國家從 1999 年 1 月開始實施單一貨幣制度，歐元成為這些國家共同的通貨單位。

問　題　練　習

1. 何謂國際收支帳？其內容有那些主要項目？

2. 什麼是外匯？其需求與供給的主要來源各為何？

3. 金本位制度下，匯率如何決定？匯率的變動有何限制？試圖解剖述之。

4. 何謂自由浮動匯率制度？此一制度的優點何在？

5. 何謂可調整固定匯率制度？其匯率的變動有何限制？

6. 何謂基本失衡？面對此種情況，可調整固定匯率制度如何調整其國際收支？

7. 在布萊頓森林制度下，有所謂的流動性、調整、及信心等三大國際貨幣問題，試釋其意。

8. 何謂歐洲通貨市場？其形成的原因為何？其與歐洲美元有何關係？

9. 何謂歐洲債券？何謂歐洲單一貨幣？

10. 概述國際貨幣制度的演變。

經濟學 —— 原理與應用　黃金樹／編著

　　本書企圖解釋一門關係人類福祉以及個人生活的學問 —— 經濟學。它教導人們瞭解如何在有限的物力、人力以及時空環境下，追求一個力所能及的最適境界；同時，也將帶領人類以更加謙卑的態度，相互包容、尊重的情操，創造一個可以持續發展與成長的生活空間，以及學會珍惜大自然的一草一木。隨書附贈的光碟有詳盡的圖表解說與習題，可使讀者充分明瞭所學。

統計學　陳美源／著

　　統計學可幫助人們有效率的瞭解龐大資料背後所隱藏的事實，並以整理分析後的資料，使人們對事物的不確定性有更進一步的瞭解，並作為決策的依據。本書著重於統計問題的形成、假設條件的陳述，以及統計方法的選定邏輯，至於資料的數值運算，則只用一組資料來貫穿每一個章節，以避免例題過多所造成的缺點；此外，書中更介紹如何使用電腦軟體，來協助運算。

現代管理通論　陳定國／著

　　本書首用中國式之流暢筆法，將作者在學術界十六年及企業實務界十四年之工作與研究心得，寫成適用於營利企業及非營利性事業之最新管理學通論。尤其對我國齊家、治國、平天下之諸子百家的管理思想，近百年來美國各時代階段策略思想的波濤萬丈，以及世界偉大企業家的經營策略實例經驗，有深入介紹。

現代企業概論　陳定國／著

　　本書用中國式之流暢筆法，把作者在學術界十六年及企業實務界十四年之工作與研究心得，把各企業部門之應用管理，深入淺出分析說明，可以讓初學企業管理技術者有一個完整性的、全面性的概況瞭解，並進而對企業必勝之「銷、產、發、人、財、計、組、用、指、控」十字訣之應用，有活用性之掌握。

管理學　伍忠賢／著

　　抱持「為用而寫」的精神，以解決問題為導向，釐清大家似懂非懂的概念，並輔以實用的要領、圖表或個案解說，將其應用到日常生活和職場領域中。標準化的圖表方式，雜誌報導的寫作風格，使你對抽象觀念或時事個案，都能融會貫通，輕鬆準備研究所等入學考試。

策略管理　伍忠賢／著

　　本書作者曾擔任上市公司董事長特助，以及大型食品公司總經理、財務經理，累積數十年經驗，使本書內容跟實務之間零距離。全書內容及所附案例分析，對於準備研究所和EMBA入學考試，均能遊刃有餘。以標準化圖表來提綱挈領，採用雜誌行文方式寫作，易讀易記，使你閱讀輕鬆，愛不釋手。並引用多本著名管理期刊約四百篇之相關文獻，讓你可以深入相關主題，完整吸收。

投資學　伍忠賢／著

　　本書讓你具備全球、股票、債券型基金經理所需的基本知識，實例取材自《工商時報》和《經濟日報》，讓你跟「實務零距離」，章末所附的個案研究，讓你「現學現用」！不僅適合大專院校教學之用，更適合經營企管碩士(EMBA)班使用。

財務管理　伍忠賢／著

　　細從公司現金管理，廣至集團財務掌控，不論是小公司出納或是大型集團的財務主管，本書都能滿足你的需求。以理論架構、實務血肉、創意靈魂，將理論、公式作圖表整理，深入淺出，易讀易記，足供碩士班入學考試之用。本書可讀性高、實用性更高。

財務管理——理論與實務　張瑞芳／著

　　財務管理是企業的重心所在，關係經營的成敗，不可不用心體察，盡力學習控制管理；然而財務衍生的金融、資金、倫理……，構成一複雜而艱澀的困難學科。且由於部分原文書及坊間教科書篇幅甚多，內容艱深難以理解，因此本書著重在概念的養成，希望以言簡意賅、重點式的提要，能對莘莘學子及工商企業界人士有所助益。並提供教學光碟（投影片、習題解答）供教師授課之用。

期貨與選擇權　陳能靜、吳阿秋／著

　　本書以深入淺出的方式介紹期貨及選擇權之市場、價格及其交易策略，並對國內期貨市場之商品、交易、結算制度及其發展作詳盡之探討。除了作為大專相關科系用書，亦適合作為準備研究所入學考試，與相關從業人員進一步配合實務研修之參考用書。

財務報表分析　洪國賜、盧聯生／著

　　財務報表是企業體用以研判未來營運方針，投資者評估投資標的之重要資訊。為奠定財務報表分析的基礎，本書首先闡述財務報表的特性、結構、編製目標及方法，並分析組成財務報表的各要素，引證最新會計理論與觀念；最後輔以全球二十多家知名公司的最新財務資訊，深入分析、評估與解釋，兼具理論與實務。另為提高讀者應考能力，進一步採擷歷年美國與國內高考會計師試題，備供參考。

財務報表分析題解　洪國賜／編著

　　本書為《財務報表分析》的習題解答，透過試題演練，使讀者將財務報表分析技術實際應用於各種財務狀況，並學習如何以最正確的資訊作出最適當的決策。對於準備考試者，更是你不得不備的參考書。

國際貿易理論與政策　歐陽勛、黃仁德／著

　　在全球化的浪潮下，各國在經貿實務上既合作又競爭，為國際貿易理論與政策帶來新的發展和挑戰。為因應研習複雜、抽象之國際貿易理論與政策，本書採用大量的圖解，作深入淺出的剖析；由靜態均衡到動態成長，實證的貿易理論到規範的貿易政策，均有詳盡的介紹，讓讀者對相關議題有深入的瞭解，並建立起正確的觀念。

國際貿易實務詳論　張錦源／著

　　買賣的原理、原則為貿易實務的重心，貿易條件的解釋、交易條件的內涵、契約成立的過程、契約條款的訂定要領等，均為學習貿易實務者所不可或缺的知識。本書按交易過程先後作有條理的說明，期使讀者對全部交易過程能獲得一完整的概念。除進出口貿易外，對於託收、三角貿易……等特殊貿易，本書亦有深入淺出的介紹，彌補坊間同類書籍之不足。

國際貿易實務　張錦源、劉　玲／編著

　　對於國際貿易實務的初學者來說，一本內容簡潔且周全的入門書，可使初學者有親臨戰場的感覺；對於已經有貿易實務經驗者而言，連貫的貿易實例與統整的名詞彙編更有助於掌握整個國貿實務全貌。本書期能以簡潔的貿易程序、周全的貿易單據、整套貿易文件的實例連結及附加價值高的名詞彙編，使學習國際貿易實務者，皆能如魚得水的悠游於此一領域。

財政學　徐育珠／著

　　本書係作者根據多年從事教學及參與實際財稅改革經驗，所撰寫而成的一部有關財政學的專門書籍。最大特點是內容豐富，範圍不但包括了財政學的各種理論，而且也包括了現今各國政府重要財稅措施，及其對人民生活與社會福祉的影響。可用作大專院校學生和研究生財政學課程的教科書及主要參考書籍，也可作為財稅從業人員的進修讀物。

成本會計（上）（下）　費鴻泰、王怡心／著

　　本書依序介紹各種成本會計的相關知識，並以實務焦點的方式，將各企業成本實務運用的情況，安排於適當的章節之中，朝向會計、資訊、管理三方面整合型應用。不僅可適用於一般大專院校相關課程使用，亦可作為企業界財務主管及會計人員在職訓練之教材，可說是國內成本會計教科書的創舉。

成本會計習題與解答（上）（下）

費鴻泰、王怡心／著

　　本書分為作業解答與挑戰題。前者依選擇、問答、練習、進階的形式，讓讀者循序漸進，將所學知識應用於實際狀況；後者為作者針對各章主題，另行編寫較為深入的綜合題目，期望讀者能活用所學。不論為了升學、考試或自修，相信都能從本書獲得足夠的相關知識與技能。

管理會計　王怡心／著

　　資訊科技的日新月異，不斷促使企業 e 化，對經營環境也造成極大的衝擊。為因應此變化，本書詳細探討管理會計的理論基礎和實務應用，並分析傳統方法的適用性與新方法的可行性。除適合作為教學用書外，本書並可提供企業財務人員，於制定決策時參考；隨書附贈的光碟，以動畫方式呈現課文內容、要點，藉此增進學習效果。

管理會計習題與解答　王怡心／著

　　會計資料可充分表達企業的營運情況，因此若管理者清楚管理會計的基礎理論，便能十足掌握企業的營運現狀，提昇決策品質。本書採用單元式的演練方式，由淺而深介紹管理會計理論和方法，使讀者易於瞭解其中的道理。同時，本書融合我國商業交易行為的會計處理方法，可說是本土化管理會計的最佳書籍。